강신주의 다상담 ❸
소비·가면·늙음·꿈·종교와 죽음 편

초판 1쇄 펴낸날	2013년 12월 24일
초판 11쇄 펴낸날	2025년 11월 3일

지은이 강신주	편집 김혜윤 김현정 이심지 이정신 이지원 홍주은
펴낸이 이건복	디자인 김태호
펴낸곳 도서출판 동녘	마케팅 임세현
	관리 서숙희 이주원

만든 사람들
편집 이정신 조유나   디자인 조하늘 고영선   표지 레터링 김기조   본문 일러스트 이에스더

인쇄·제본 영신사   라미네이팅 북웨어   종이 한서지업사

등록 제311-1980-01호 1980년 3월 25일
주소 (10881) 경기도 파주시 회동길 77-26
전화 영업 031-955-3000   편집 031-955-3005   팩스 031-955-3009
홈페이지 www.dongnyok.com   전자우편 editor@dongnyok.com
페이스북·인스타그램 @dongnyokpub

ⓒ 강신주, 2013
ISBN 978-89-7297-703-2 (04100)
　　　978-89-7297-694-3 (세트)

- 잘못 만들어진 책은 구입처에서 바꿔 드립니다.
- 책값은 뒤표지에 쓰여 있습니다.
- 이 도서의 국립중앙도서관 출판시도서목록(CIP)은 서지정보유통지원시스템 홈페이지 (http://seoji.nl.go.kr)와 국가자료공동목록시스템(http://www.nl.go.kr/kolisnet)에서 이용하실 수 있습니다.(CIP제어번호: CIP2013027074)

강신주 지음

들어가는 말

매달 마지막 주 금요일은 대학로에 있는 '벙커1'에 가는 날입니다. 〈강신주의 다상담〉(이하 〈다상담〉)이 열리는 날이니까요. '벙커1'은 세상과 싸우느라 지친 병사들이 잠시 숨을 고르고 다음 전투를 준비하는 곳입니다. 〈다상담〉이 열리면 '벙커1'에는 발 디딜 틈이 없을 정도로 많은 사람들이 찾아옵니다. 그래서 지하로 내려가는 입구와 계단이 헬게이트Hell Gate라고 불릴 정도로 복잡하기만 합니다. 찾아오신 분들 가운데에는 상담에 직접 참여하신 분도 있고, 관객으로 오신 분도 있고, 아니면 호기심에 들어와 계신 분도 있습니다. 복잡한 인파를 뚫고 대기실로 들어갈 때, 저는 너무나 심한 압박감을 받습니다. 300명이 넘는 분들의 마음, 저마다 기구한 사연의 상처들이 제 등 뒤를 무겁게 누르는 느낌입니다. 제가 치유의 전망을 주기는커녕 상처를 도지게 할 수 있다는 불안감도 제 압박감에 한몫 단단히 합니다.

그러나 뭐 어쩌겠습니까. 저녁 7시 30분이 되면 어김없이 강단에 올라서 영혼의 상처에 직면해야 하는걸요. 무슨 악업이 있어서 이런 가슴 아리는 사연들, 어떤 때는 저마저도 갑갑함에 숨이 '턱' 막히게 하는 사연들을 감당하게 되었을까요. 그렇지만 최선을 다하자고 매번 각오를 다집니다. '그래! 탈진할 정도로 한 사람 한 사람의 비릿한 고통을 껴안아 보자. 내가 힘들면 그만큼 타인은 편해질 테니.' 그렇지만 너무나 아픈 일입니다. 타인의 내밀한 상처와 서러운 고통에 직면한다는 것은. 자정이 넘어 상담이 끝나 '벙커1'을 허허롭게 떠날 때는 너무나 외롭기만 합니다. 오늘 만난 분들이 자신이 지금까지 지고 왔던 아픔과 상처를 제게 고스란히 얹고 떠났기 때문입니다. 너덜너덜해진 몸과 마음을 추스르며 바랍니다. 제가 그 아픔과 상처를 온전히 받았으니, 오늘 오신 분들은 간만에 편하게 잠을 청했으면 좋겠다고요.

혹여 이 책을 통해 절망에서 희망을 보신 분들이 있다면, 제게 절대로 고마워하지는 마세요. 사실 여러분을 통해 저는 제 존재 이유를 발견했으니까요. 고마워해야 할 사람은 그래서 바로 저라고 할 수 있습니다. 여러분이 저를 진짜 철학자로 만들어 주었으니까요. 철학 책이나 읽고 세상과 삶을 다 알았다고 떠벌리는 가짜 철학자가 아니라, 사람을 사랑하는 진짜 철학자 말입니다. 여러분 때문에 철학, 즉 필로소피Philosophy라는 학문이 앎Sophos을 사랑하는Philo 것이 아니라, 무엇인가를 사랑해야 그것에 대해 아는 학문이라는 것을 배웠습니다. 사람을 사랑해야 사람을 알게 되지, 그 역이 아니라는 것을 배운 겁니다. 그러니 지금까지 여러분이 제게 감사하다고 인사했다면, 오늘만큼은 제가 여러분에게 깊게 묵례를 드리고 싶네요. 고맙습니다. 그리고 감사합니다.

2013년 12월 9일 새벽 광화문에서 015B의 〈이젠 안녕〉을 들으며 강신주

일러두기

1. 저자가 자주 쓰는 비표준어와 비속어는 현장감을 살리기 위해 한글맞춤법에 따라 바로잡지 않았습니다. (예: 통치다, 쇼부를 치다 등)
2. 이 책에 인용한 시는 한국문예학술저작권협회의 저작권 동의를 얻어 수록했습니다. 출간 당시 저작권자 확인이 안 되어 허가를 받지 못한 작품은 추후 확인이 되는 대로 해당 저작권자의 동의를 얻겠습니다.
3. 본문에 실린 김수영의 시는 《김수영 전집1》(민음사, 2판, 2003)을 기준으로 인용했습니다.
4. 본문에 실린 사진의 저작권은 이동호에게 있습니다.
5. 본문 장 제목 등에 쓰인 서체는 캐논 EOS M체로, 사용 허락을 받았습니다.

차례

들어가는 말 4
프롤로그 | **지금까지 많이 힘드셨지요?** 12

소비

강의
- 우리가 돈을 받는 이유? 쓰라고! 24
- 자본 증식의 매개자는 누구? 바로 당신! 27
- 내세가 아닌 현세의 행복을 약속하는 세속화된 종교 31
- 돈과 상품은 동등하지 않다 39
- 그런데 우리도 상품이다 41
- 소비로 은폐하는 노동의 기억 43
- 소비, 주인이 되고 싶은 우리의 발버둥 48
- 자본주의, 우리 욕망에 가장 근접한 지배 체제 52
- 빨간 약과 파란 약, 당신의 선택은? 55

상담
- 소비를 위한 소비 60
- 인터넷 쇼핑의 늪 64
- 결핍과 소비의 상관관계 73
- 남에게만 돈을 쓰게 되는 이유 79
- 돈 없이도 삶의 질을 유지하는 방법 83
- 자본주의적 삶을 탈피하고 싶지만 돈도 필요합니다 91
- 지금 돈을 쓰면서 즐겁게 사는 게 좋습니다 98
- 돈 없는 사랑의 괴로움 101
- 사랑하는 사람에게 돈을 쓰는 방법 106
- 질러도 질러도 밀려드는 공허함 113

추신
- 자본주의의 상처, 그 진단서와 처방전
- 진단서(1): 자본주의가 남긴 첫 번째 상처 119
- 진단서(2): 자본주의가 남긴 두 번째 상처 120
- 처방전: 사랑과 연대라는 인간적인 길 122

차례

가면

강의
- 나의 맨얼굴을 찾아서 130
- 가면, 약자들의 생존 방법 132
- 처음부터 맨얼굴인 사람은 없다 134
- 가면을 써야 할 때 139
- 가면을 벗어야 할 때 141
- 맨얼굴을 감당하는 용기 144

상담
- 착한 가면을 쓰는 것의 괴로움 148
- 가면을 쓰기가 힘듭니다 156
- 가면을 벗어던지며 164
- 불륜이라는 맨얼굴 169
- 남들에게 보이고 싶지 않은 흉터 175
- 무엇이 가면이고 무엇이 맨얼굴인지 헷갈립니다 180
- 착한 딸이라는 가면을 벗고 싶습니다 186
- 목사라는 가면을 쓴 폭력적인 아버지 191
- 내가 원하는 게 무엇인지 헷갈립니다 197
- 연애에 필요한 가면 205

추신
- 가면 없이 맨얼굴로 산다는 것!
- 니체와 임제, 맨얼굴을 울부짖다 213
- 어떤 자리도 없는 참다운 사람 215
- 맨얼굴의 주인이 되는 절박한 결의 217

늙음

강의
- 늙음은 나의 문제다: 늙음의 과정은 누구나 거치고 있는 것 224
- 늙으면 폐물이 되는 사회: 자본주의 사회에서 늙는다는 것 227
- 자본주의가 나누는 세대라는 간극 233
- 늙음을 응시하라 241

상담
- 늙음이 공포와 저주로 다가올 때 248
- 나이 듦의 강력함을 기억하라 253
- 몸이 예전 같지 않다는 망상 261
- 죽음까지 남은 인생이 너무 길어요 268
- 나이를 먹을수록 뜻대로 되는 게 없어요 271
- 나잇값을 못하는 것 같아 고민입니다 274
- 이성에게 어필하지 못해 자존감이 떨어집니다 285
- 왜 노인을 공경해야 하나요? 292

추신
- 홍대 앞과 종로통 사이에서
- 홍대 앞에는 젊은이, 종로통에는 노인이 모이는 이유 301
- 자본과 모더니즘이 각인시키는 낡음과 새로움, 젊음과 늙음의 경계 304
- 늙음을 기억하라 306

차례

꿈

강의
- 꿈은 없어야 한다 312
- '꿈이 없다'는 것과 '꿈'이 없다는 것의 차이 315
- 꿈, 오늘을 저당 잡혀 내일을 살게 하는 억압 318
- 비가 오면 우산을 펴듯, 목적이 없이 여행을 가듯 321
- 현실과 꿈의 사이에서: 꿈의 세 가지 단계 327
- 꿈을 꾸고 있는 자에게 현실이란 전쟁이다 331
- 나의 꿈인가, 타인의 꿈인가 337
- 꿈을 마주할 용기 341

상담
- 꿈이 없기에 삶도 의미가 없다? 345
- 운동과 현실 사이 354
- 너무나 험난한 꿈을 이루는 길 361
- 애인의 꿈, 어디까지 도와줘야 할까요? 364
- 10년간의 수험 생활 369
- 꿈이라는 것, 꼭 있어야 할까요? 372
- '좋은 사람'이 되고 싶어요 376
- 한량의 꿈 385
- 꿈을 향한 여정에서 빠져나갈 구멍 만들기 391
- 꿈을 포기하다 395
- 다시 꿈꾸고 싶습니다 400

추신
- 자유, 의지, 그리고 꿈
- 자유란 무엇인가 407
- 혁명은 왜 고독한 것인가: 꿈꿀 수 있는 의지가 없다면 자유도 없다 409
- 자유, 꿈으로 자신을 구속하고 그것을 실현하려는 능력 412

종교와 죽음

강의
- 나의 죽음은 고통이 아니다 419
- 죽음의 고통이란, 너의 죽음이 주는 고통 422
- 사랑한 만큼 고통이다 426
- 죽음의 공포를 먹고 자라는 종교 430
- 사랑한다는 건 지금을 산다는 것 433

상담
- 무신론자와 기독교인의 결혼 생활 439
- 종교가 만든 우정과 사라진 신앙심 사이 444
- 종교에 빠져 세상과 단절한 어머니 447
- 신이라는 운영체제를 포맷하기 455
- 신을 보았지만 믿을 만한 종교는 없습니다 463
- 수녀 생활이 끝난 뒤 방향을 잃은 삶 470
- 삶 따로 교리 따로 475
- 애완동물의 죽음 482
- 사랑하는 이의 자살 488
- 용서받고 싶은 타인의 죽음 491
- 죽음을 선택하지 않을 수 있는 방법 494

추신
- 죽음마저 무력화시키는 사랑의 힘: 슈베르트의 현악 4중주 〈죽음과 소녀〉를 들으며
- 사랑의 폭, 죽음과의 거리 502
- 죽음에 직면한 인간의 당당함 503
- 슈베르트의 〈죽음과 소녀〉를 들으며 506

에필로그 | **이젠 안녕** 509

프롤로그

지금까지 많이 힘드셨지요?

> 너는 너 자신만의 불길로 네 스스로를 불태우고자 해야 한다.
> 먼저 재가 되지 못할 때 네가 어찌 새로워지길 바라겠는가!
>
> ― 니체Friedrich Wilhelm Nietzsche, 《차라투스트라는 이렇게 말했다》

1.

소크라테스Socrates는 말합니다. "너 자신을 알라!" 황당한 주장이지요. 우리의 고민은 타인을 몰라서 생기는 게 대부분이니까요. 이 세상에서 나만큼 나 자신을 잘 알고 있는 사람이 있을까요? 혹시 상대방을 전혀 존경하지 않으면서도 존경하는 척했던 경험이 있으신가요? 상대방은 나의 속마음을 몰라도 나는 잘 알고 있잖아요. 그런데도 소크라테스는 왜 "너 자신을 알라!"라고 우리에게 외쳤던 것일까요. 그건 우리가 생각만큼 우리 자신을 모르고 있기 때문이지요. 아니, 더 정확히 말해 우리는 우리 자신을 알려고 하지 않는다고 해야 할 것 같네요. 자신의 맨얼굴을 직면할 용기가 없기 때문입니다. 건강 검진을 두려워하시는 어른들과 유사한 거지요. 혹시 질병이 자기 몸에서 자라고 있을까 봐 자신의 건강 상태에 직면하기 두려워하는 거죠. 돈이 많이 들까 봐 걱정되어서 그럴 수도 있고, 치료 과정이 무서워서 그럴 수도 있을 겁니다.

지금 누구나 자신의 부모님을 사랑한다고 이야기할 겁니다. 그렇지만 사랑은 상대방의 부재로 엄청난 고통을 겪을 때에만 쓸 수 있는 용어입니다. 정말 물어보고 싶네요. 여러분은 부모님이 보고 싶어 학교가 끝나자마자 혹은 회사가 끝나자마자 집으로 들어가시나요? 부모님이 아니더라도 좋습니다. 집에 있는 아내나 남편이 보고 싶어 귀가를 서두르신 적이 있나요? 만약 누군가 보고 싶어 귀가를 서두르고 계시다면, 여러분은 그 사람을 사랑한다고 당당히 말해도 좋을 겁니다. 그렇지만 불행히도 대부분의 사람들은 그렇지 않을 겁니다. 다른 일이 없거나 피곤할 때에만 귀가를 서두르지요. 결국 갈 데가 없어서 집에 가는 경우가 많습니다. 가장 익숙한 곳이니, 가장 익숙한 사람이 살고 있으니 집으로 들어가는 것이죠. 습관적으로 말입니다. 조금만 유쾌하고 즐거운 일이 바깥에 있기라도 하면, 집에 있는 부모님이나 아내 혹은 남편에게 늦게 들어가야 한다고 이야기하지는 않으시나요?

부모님을 사랑한다고 믿고 있는 나, 아내를 사랑한다고 믿고 있는 나, 남편을 사랑한다고 믿고 있는 나. 그렇지만 믿고 있거나 생각하고 있는 것과 실제로 그런 것 사이에는 엄청난 간극이 있을 수밖에 없습니다. 정말로 사랑에 빠진 사람은 행복한 사람입니다. 반면 사랑이 결여된 사람은 그만큼 불행한 사람이고요. 아마 행복을 포기하고 불행을 선택하는 사람은 없을 겁니다. 인간이라면 누구나 행복한 삶을 꿈꾸니까요. 아니, 인간이라면 누구나 타인이 자신을 행복한 사람이라고 부러워하기를 바라니까요. 그래서 우리는 누군가를 사랑한다고, 혹은 사랑받고 있다고 허영을 부리고 있는 것은 아닐까요? 이럴 때 소크라테스는 우리에게 외치는 겁니다. "너 자신을 알라!" 그러니 우리는 병원에서 CT촬영을 하듯 아주 냉정하게 나 자신을 스캔해 볼 필요가 있는 겁니다. 우리 내부를 흐릿하게 찍으려는 생각일랑 하지 마세요. 아주 정확하고 냉정하게 찍어야, 우리는 자신의 상태에 있는 그대로 직면할 수 있을 테니까요.

2.

소크라테스는 말합니다. 철학은 '산파술Maieutiké'이라고요. 산파란 산모가 아이를 낳는 것을 돕는 사람이니, 산파술은 결국 산모가 아이를 잘 낳도록 하는 기술을 말하는 셈입니다. 자, 여러분에게 물어보고 싶네요. 아이를 낳을 때 산모가 아파야 하나요, 아니면 산파가 아파야 하나요? 당연히 산모가 아파야 하지요. 그런 산고 속에서 자신을 닮은 아이를 낳는 순간, 산모는 지금까지의 고통도 잊은 채 행복한 미소를 띠게 될 겁니다. 그렇지만 잊지는 마세요. 산고에 힘들어하는 산모 옆의 산파도 그녀만큼이나 힘들다는 것을요. 그리고 마침내 아이를 받아 산모에게 보일 때, 산파는 그녀만큼이나 행복한 미소를 띠게 된다는 사실을요. 철학자는 산파와 같아야 한다고 소크라테스는 생각한 겁니다. 저도 마찬가지 생각입니다. 저도 철학자이니까요. 자신의 맨얼굴을 보는 고통 때문에 저를 원망하거나 미워했던 분도 계실 겁니다. 산모가 너무나 힘들면 산파를 때리고 산파에게 욕을 하는 것처럼 말입니다. 산파가 산모의 모든 절규와 폭력을 감당하는 것처럼, 저도 그래야만 했습니다.

그렇습니다. '벙커1'에서 매달 한 번씩 열리는 〈다상담〉에는 출산의 고통과 절규가 난무했습니다. 이제 그만하자는 절규도 있었고, 어느 경우에는 당신이 뭔데 내 삶에 개입하느냐는 불평도 들었습니다. 심지어 저와 상담하면서 너무나 힘들어서인지, 도망치려는 사람도 있었습니다. 그렇지만 저는 그를 붙잡고 계속 요구했습니다. 더 용기를 내라고. 더 자신의 맨얼굴에 직면하라고 다그쳤고, 야단도 쳤습니다. 때로는 여러분의 자존심을 건드리려고 잔혹한 이야기와 심지어는 욕마저도 서슴지 않았습니다. 제가 이렇게 가혹하게 여러분을 힘들게 할 때, 옆에서 보고 있던 사람이 저를 나무라는 경우도 있었습니다. 인간에 대한 예의를 지키지 않는다는 불평불만이었지요. 그렇지만 이런 모든 것을 저는 그냥 감당해야만 했습니다. 아니 기꺼이 감당하려고 했습니다. 제가 만신창이가 되어야 간신히 여러분이 고통스러운 과정이 끝난 뒤 반드시 자신의 맨얼굴을 직면하리라 믿었기 때문입니다. 피로 범벅이 되지 않고 어떻게 산파가 산모에게서 아이를 받아 낼 수 있겠습니까? 불가능한 일이지요. 그것이 바로 산파의 숙명이자 철학자가 반드시 감당해야 할 몫일 겁니다.

2년에 가까운 시간 동안 매달 한 번씩 '벙커1'에서 〈다상담〉을 진행하는 것은 너무나 벅찬 일이었습니다. 철학자이기 이전에 저도 여러분과 마찬가지로 평범한 인간이기 때문이지요. 많은 사람들이 내방하고 그만큼 매상도 많이 올라서인지, 처음에 '벙커1' 식구들은 〈다상담〉 시간을 늘리자고 제안했던 적도 있었습니다. 한 달에 두 번 하는 것이 어떠냐는 제안이었지요. 저는 손사래를 쳤습니다. 산모의 아이를 받아 내는 것처럼, 자신의 맨얼굴에 직면하려는 우리 이웃들의 고뇌와 직면하는 것은 육체적·정신적으로 너무나 힘든 일이었으니까요. 얼마 지나지 않아, '벙커1' 식구들도 제가 얼마나 상담에 진을 빼고 있는지 알게 되었습니다. 한 시간의 상담을 마치고 다음 상담 시간이 되기 전까지 저는 대기실 소파에 널브러져 연신 담배를 피워 댑니다. 그 모습이 얼마나 측은했던지 더 이상은 제게 상담 시간을 늘리자는 제안을 하지 않더군요. 2013년 10월 31일 목요일은 마지막 〈다상담〉이 있던 날이었습니다. '종교와 죽음'이라는 테마였지요. 마지막 상담의 테마는 뭔가 인생을 마무리하는 문제가 어울린다고 생각했기 때문입니다. 그날 상담은 저녁 7시 30분에 시작해 다음 날 새벽 4시가 되어서야 끝났습니다. 아마 제가 마지막 애정을 다 짜내어 여러분께 주고 싶었나 봅니다.

3.

〈다상담〉을 1년 반 동안 진행하면서 저는 한 가지 뚜렷한 변화를 느끼고 있었습니다. 그건 여러분의 상담 내용이 더 지독해졌고, 더 솔직해졌다는 겁니다. 처음에는 저라는 철학자를 간 보기 위해 상담을 신청하는 경우가 꽤 있었습니다. 그러니까 제가 어떻게 이야기하는지 보려고 '재미 반 궁금 반'으로 이미 본인 스스로 나름 정리했던 고민을 저에게 보냈던 겁니다. 그러던 것이 점점 정말로 해결의 전망이 보이지 않는 고민을 털어놓는 식으로 바뀌게 되었습니다. 그러니 상담을 하러 가는 제 마음만큼이나 걸음도 점점 더 무거워질 수밖에 없게 되더군요. 정말 낭떠러지 끝에 서서 제게 물어보는 것 같았습니다. '선생님, 여기서 물러나라면 물러나겠습니다. 만일 여기서 떨어지라고 하면 기꺼이 떨어지겠습니다' 이런 느낌마저 들더군요. 제가 무어라고 이런 무거운 짐을 얹으시는지 야속하기도 했습니다. 한편으로는 과분하게 저를 평가해 주시는 것 같아 고맙기까지 했고요.

어쨌든 〈다상담〉은 마무리가 되었습니다. 이제 '벙커1'에서 밤을 새워 가며 우리가 무슨 이야기를 했는지 남겨야 합니다. 이미 〈다상담〉은 《강신주의 다상담》 1권과 2권으로 정리되어

나왔습니다. 첫 번째 권은 사적인 고민을 다룬 부분으로 '사랑, 몸, 고독'이라는 부제가, 그리고 두 번째 권은 공적인 고민을 다룬 부분으로 '일, 정치, 쫄지 마'라는 부제가 붙어 있습니다. 〈다상담〉을 마무리하면서, 그 후 진행되었던 것들을 모두 모아 한 권에 담으려고 합니다. 첫 번째와 두 번째 권이 각각 세 가지 테마의 상담을 다루고 있다면, 여기 마지막 세 번째 권에는 무려 다섯 가지 테마의 상담 내용들이 들어가 있습니다. '소비, 가면, 늙음, 꿈, 종교와 죽음'이 바로 그것입니다. 모아서 정리하다 보니, 이번 세 번째 권은 사적이기도 하고 동시에 공적이기도 한 다섯 가지 문제들을 다루고 있더군요. 다섯 가지 테마를 한꺼번에 다루느라 책의 두께는 첫 번째 권이나 두 번째 권보다 두꺼울 수밖에 없습니다. 더군다나 고민 내용도 더 지독하고 밀도가 높아 내용을 줄이기가 힘들어 책의 분량은 더 늘 수밖에 없었습니다.

　고민의 깊이와 폭만큼이나 두툼해질 수밖에 없었던 《강신주의 다상담》 세 번째 권에는 두 사람의 노고가 그대로 들어가 있습니다. 동녘 출판사의 멋진 편집자 이정신과 조유나가 바로 그 두 사람입니다. 엄청난 분량의 녹음을 글로 바꾸고 다듬는 것은 정말 똥줄 빠지게 힘든 일입니다. 알다시피 제가 원체 말이 많은 사람이니까요. 현장에서 상담한 내용과 그것을 바꾸어 만든 글은 정말 완전히 다른 것입니다. 상담 내용을 그대로 녹취하다 보면, 애매해지는 부분도 많이 생기기 마련입니다. 그걸 하나하나 잡아서 제게 알려 주는 것도 두 사람의 몫이었습니다. 그리고 상담했던 분의 고민을 제가 충분히 풀어 주지 못한 부분이 있다면, 두 사람은 그걸 지적해 주었습니다. 그래서 〈다상담〉을 진행할 때 미처 제가 이야기하지 못했던 부분을 다 이야기할 수 있는 기회를 준 것도 모두 두 사람의 공이라고 할 수 있습니다. 매달 있었던 〈다상담〉을 팟캐스트나 동영상으로 접하셨던 분들이라면 이 책이 더 많은 것을, 그리고 더 체계적으로 전달하고 있다는 것을 금방 알아챌 수 있을 겁니다. 그러니 저나 여러분이나 모두 두 편집자에게 고마움을 표현해야 할 겁니다. 두 편집자에게 격려를 전합니다.

소비

이번 주제는 소비입니다. 소비라는 문제를 고민하는 사람들은 대개 돈이 없거나 부족한 것을 고민하고 있다고 할 수 있습니다. 무슨 말이냐면, 사실 돈이 없는 사람 혹은 돈이 부족한 사람만이 소비를 걱정한다는 겁니다.(웃음) 화수분처럼 돈이 넘쳐 나면 소비가 무슨 문제가 되겠어요. 무언가 사고 싶은 것을 사기에는 돈이 부족하거나 아니면 그걸 사면 다른 것을 못 사게 될 때, 우리는 소비에 대해 고민하게 되지요. 그렇지 않나요? 이재용 같은 사람이 무엇 때문에 소비에 대한 고민을 하겠어요. 평생 써도 쓰지 못할 돈을 가지고 있잖아요. 이재용 같은 재벌은 사실 소비와 관련된 상담을 할 게 없어요. 결국 소비의 문제는 돈의 문제로 귀결될 수밖에 없어요. 여기서 본격적으로 자본주의를 모조리 해부할 수는 없지만, 그래도 일단 소비에 대한 여러분의 고민들을 해결할 수 있는 전반적인 틀을 살펴보도록 하지요.

우리가 돈을 받는 이유? 쓰라고!

여러분 직장 다니세요? 직장 다니시는 분들 매달 월급 받으시죠? 그런데 여러분이 왜 월급을 받는 것 같아요? 여러분한테 돈을 왜 주는 것 같아요? 이 질문에서 시작해야 돼요. '왜 우리에게 돈을 줄까?' 일을 했으니까 돈을 주는 것 아니냐고는 말하지 마세요. 이런 대답으로는 자본주의의 비밀에 접근할 수도 없을 테니까요. 단도직입적으로 말해 볼까요? 여러분한테 돈을 주는 이유는 쓰라고 주는 거예요. 상품을 돈으로 소비하라고 주는 거라고요. 착각하면 안 돼요. 여러분 입장에서 생각을 하면 안 돼요. '내가 돈 번다'고 생각하시면 안 돼요. '왜 돈을 줄까' 이걸 고민해야 돼요. 일했다고 월급을 주는 게 아니에요. 상품을 사라고 돈을 받는 거예요.

가만히 생각을 해 보세요. 어떤 사람은 삼성전자에 다니면서 스마트폰을 만들고 어떤 사람은 삼양사에서 설탕을 만들어요. 이 사람들 각자 자기 회사의 물건을 만들고 월급을 받겠죠? 그럼 이 월급으로 삼성전자 직원은 설탕을 사고, 삼양사 직원은 스마트폰을 사요. 연봉이 높아지면 더 많이 사야 돼요. 아파트도, 차도, 스마트폰도 사야 되지요. 그 돈 가지고 사지 않으면 뭐하겠어요. 여러분한테 월급을 안 주면 무슨 문제가 벌어질 것 같아요? 다른 게 아니라 온갖 상품들을 살 사람이 없어지겠지요. 이건 자본가가 이윤을 남길 수 없다는 것을 의미하는 거예요. 자본 입장에서는 치명적인 문제가 될 겁니다.

〈매트릭스〉라는 영화 보셨어요? 인간과 기계 사이의 전쟁을 다룬 영화지요. 여기서 기계들은 자신들의 동력원으로 인간들을 이용해요. 인간들을 인큐베이터와 같은 곳에 적당한 양분을 주고 기르죠. 문제는 인간들이 생각하지 않으면 기계들은 자신들에게 필요한 에너지를 얻을 수 없다는 거예요. 그래서 만들어진 가상의 세계가 매트릭스죠. 마치 꿈을 꾸는 것과 같죠. 기계들에게 포획되지 않은 인간이나 인큐베이터에서 탈출한 인간들은 시온을 거점으로 계속 기계들과 싸웁니다. 당연히 시온 사람들은 인큐베이터로부터 인간들을 구출하려고 하죠. 그들의 목적은 분명해요. 시온 사람들을 늘릴 뿐만 아니라, 동시에 기계들에게 공급할 에너지를 줄이려는 겁니다.

〈매트릭스〉에는 아주 흥미로운 인물이 한 명 등장합니다. 사이퍼라는 배신자 기억나세요? 사이퍼는 매트릭스가 가상의 세계라는 것을 알지만, 스스로 다시 매트릭스에 들어가려고 해요. 매트릭스에 들어가서 뭘 하느냐면 레스토랑에서 맛있게 식사를 하고, 여인의 향내를 맡는 거죠. 물론 그 대가로 그는 인큐베이터에 다시 누워 있어야 해요. 흥미로운 것은 그는 그 사실을 알고도 다시 매트릭스에 들어가려고 한다는 거예요. 여러분들은 그 사이퍼의 입장에 서야 돼요. 매트릭스 속에서 미각을 포함한 온갖 감각을 충족시키기 위해서 사이퍼는 스스로 기계들에 포획되어야만 합니다. 마찬가지로 유형과 무형의 상품들에 취해서 살려면, 우리들은 자본주의에 편입되어야만 합니다.

여러분에게 주어진 돈은 쓰라고 주어지는 거예요. 자본가가 여러분에게 돈을 줘요. 물론 상품을 만든 대가로 주는 거지요. 이렇게 받은 돈으로 상품을 사는 것도 바로 여러분이죠. 결국 우리는 자신이 만든 상품을 사는 셈입니다. 이 과정에서 자본가는 하는 것이 거의 없음에도 거대한 이익을 남기게 되죠. 돈을 가지고 여러분을 고용해 상품을 만들도록 하고, 그렇게 만들어진 상품을 여러분에게 팔아서 다시 돈을 회수하는 겁니다. 결과적으로 여러분 수중에는 여러분이나 여러분의 동료들이 만든 상품이 남게 되고, 자본가의 수중에는 처음 투자금보다 많은 돈이 남게 되죠. 자본의 이윤은 이 과정 속에서 계속 축적되는 거예요. 마르크스Karl Marx가 착취라고 했던 이유가 바로 이거예요. 잊지 마세요. 내가 만든 것을 내가 직접 사는 것은 아니지만, 결국 우리는 우리가 만든 것을 다시 사게 된다는 사실을 말입니다.

자본 증식의 매개자는 누구? 바로 당신!

결과적으로 우리가 돈 가지고 사는 게 뭐죠? 스마트폰, 옷, 신발 등등. 모두 자본이 만든 것들이잖아요. 여행을 가도 대자본이 만든 리조트 등에서 돈을 쓰지 않나요? 우린 그 메커니즘에서 계속 움직여요. 이렇게 상품을 만든 대가로 돈을 받고, 그 돈으로 상품을 사면서 우리는 조금씩 나이 들어가고, 정리해고되고, 마침내는 병들어 죽어요. 그러면 또 다른 아이들이 태어나서 스펙 쌓아서 돈 벌어서 물건을 사고 쓰다가 죽어요. 그렇지만 자본은 계속 살아가는 거예요. 자본주의를 붕괴시키는 방법을 알려 드려요? 우리가 다 죽으면 돼요. 우리가 다 죽어서 물건을 안 사면 되니까요. 자본주의의 메커니즘에 들어가 있는 우리의 모습이 좀 불쌍하다는 느낌이 들지 않으신가요? 이 느낌이야말로 우리가 정확하게 자본주의를 이해할 때 가장 핵심적인 거예요.

머릿속에 하나 넣어 두자고요. 내가 받는 월급은 쓰라고 받는다는 것. 왜 내가 돈을 받죠? 쓸려고, 아니 정확히 말해서 쓰라고 받아요. 돈을 받으면 우리는 물건을 사거나 식당에서 뭘 먹어요. 여러분 가운데 돈을 받아서 상품을 사는 데 사용하지 않은 분 있나요? 돈을 받았는데 아무것도 사지 않은 분이 있나요? 이게 묘하죠? 같은 이야기인 거예요. 돈을 받는 건 쓰라고 받는 거예요. 돈은 다른 데 활용할 가치가 없어요. 돈을 종이쪽지처럼 쓰고 싶으신 분 있나요? 없죠. 돈을 꺼내서 불을 붙여 보세요. 이게 자본에 엿 먹이는 제일 좋은 방식이에요. 자본가들이 제일 싫어하는 거예요. 돈은 줬는데 인간들이 태워 버리면 회수가 안 되잖아요. 하실 수 있겠어요? 절대 안 하죠. 거기서부터 출발을 하셔야 돼요. '왜 내가 돈을 받을까' 하는 것에서부터요.

한 달 일해서 돈을 받죠? 그런데 놀랍게도 월급을 받고 한 달 정도가 지나면 또 돈이 떨어져요.(웃음) 그러면 다시 직장에서 한 달 일하고 돈을 받아요. 그러면 한 달 동안 또 써요. 물론 몇몇 분들은 돈을 모아요. 그런데 모아서 쓰죠. 모아도 쓰긴 쓰는 거예요. 돈을 번다는 건 이런 거라고요. 과연 나는 돈을 어디에 쓰는지 질문해 보세요. 돈 받아서 여러분들이 꿈꾸는 게 뭔데요? 대기업이 만든 아파트 사는 거요? 그것도 사는 거예요.

여행을 간다? 돈 쓰러 가시는 거예요. 여행의 낭만이니, 가족의 화목이니 다 개소리예요. 여러분은 돈 쓰러 여행 가는 거예요. 여러분이 어떤 감정으로 물건을 사고 돈을 쓰는지 몰라도 자본가들은 그렇게 생각 안 해요. '휴가비 줬더니 또 쿨하게 써 주는데?' 이렇게 생각하죠. 여러분은 휴가비가 떨어질 거고 또 일할 거예요. 돈은 결국 다시 다 회수돼요. 뭔가 이상하지 않아요? 나는 일하고 돈 받고 한 달 동안 다 쓰고 가난해져요. 또 일하고 돈 받고 가난해져요. 그런데 이건희의 재산은 계속 증식해요. 놀랍지 않아요? 이걸 착취라고 부르는 거예요.

자본주의 사회에서 돈이 증식되는 방법은 뭐예요? 돈이 물건을 만드는 데 갔다가 그 물건이 다시 팔려서 회수되면 되는 거예요. 이건희가 돈 버는 법은 뻔해요. 스마트폰 만드는 데 1만 원이 들었다면, 스마트폰을 만들어서 1만 2,000원에 파는 거예요. 그러면 1만 원이 1만 2,000원이 되는 거잖아요. 2,000원이 남죠. 이게 잉여가치고 이윤이에요. 돈이 증식되려면 여러분이 역할을 해야 돼요. 월급을 받아서 물건을 사 줘야 돼요. 여러분은 매개 역할을 하는 거예요. 여러분들이 노동하고 월급 받고 소비하는 과정으로 이건희가 2,000원을 더 남기는 거예요. 그리고 이건희는 2,000원이 더 있으니까 당연히 우리를 또 고용할 수 있는 거죠. 이런 메커니즘으로 순환되는 거예요. 그러다가 나이 들어서 죽으면 그때서야 이게 끝나는 거예요. 물론 여러분 아이들이, 여러분 손주가 또 시작하겠죠. 이 메커니즘 속에 우리가 들어가 있는 거예요. 자본이, 이 체제가 우리에게 왜 돈을 주는지 머릿속에 넣어 두셔야 해요. 돈은 쓰라고 준다는 것을요.

그런데 요새는 돈을 많이 안 주죠. 왜 많이 안 주는 것 같아요? 다른 나라에서도 물건을 팔기 때문에 그래요. 나중에 수출이 안 되면 대자본은 우리를 비정규직으로 만든 걸 후회하게 될 거예요. 아무리 상품이 많아도, 나중에 우리는 돈이 없어서 못 사게 될 테니까요. 지금이야 수출이 되죠. 중국 시장도 있고 중국에 공장도 만들죠. 그런데 나중에 수출이 안되면 그 많은 제품을 누가 사겠어요? 우리는 돈이 없는데. 위험한 거죠. 그런데 자본은 그런 것을 생각하지 않아요. '그때 가면 어떻게 되겠지' 이렇게 생각해요. 자본은 맹목적으로 움직이는 괴물과도 같죠. 먼 미래 같은 건 보지도 않아요. 당장의 이익에 맹목적으로 달려들죠.

그런데 문제가 또 있어요. 자본주의는 돈을 쓸 수밖에 없는 조건을 만들거든요. 그냥 돈을 쓰지 않고 가지고 있으면 될 것 같잖아요. 젠장, 그런데 가지고 있으면 물가가 올라가요. 쓸 수밖에 없어요. 이것도 대단히 교묘한 자본주의 메커니즘이죠. 지금 강남에 있는 아파트 한 채에 10억은 하죠? 30년 전에 그 아파트 가격이 어땠을 거 같아요? 3,000만 원이면 은마아파트 한 채 샀어요. 만약에 어떤 사람이 3,000만 원을 그대로 금고에 넣어 뒀다가 30년이 지나서 꺼냈다고 해 봐요. 그걸로 아무것도 못 해요. 30년 전에는 3,000만 원이면 집도 살 수 있었는데, 지금 꺼내면 집 살 수 있어요? 돈을 가지고 있어도 의미가 없는 거예요. 물가가 오르니까요. 그러니까 소비할 수밖에 없죠. 가지고 있어 봤자 손해잖아요. 그래서 그걸 만회해 보려고 은행 금리가 얼마니 따지고 있는 거예요. 우리 삶이 이렇게 되는 거예요. 돈을 계속 가지고 있는 사람은 또 바보가 돼요. 사실 자본가가 많은 돈을 가지고 있으면서도 반드시 투자를 하는 이유도 바로 여기에 있어요. 아무리 많은 돈을 가지고 있어도 얼마 지나지 않아 가치가 떨어질 수밖에 없으니까요.

내세가 아닌 현세의 행복을 약속하는 세속화된 종교

소비와 관련해서 여러 고민들이 있죠? 일단 소비의 근본적인 메커니즘, 자본주의의 메커니즘을 알아야 해요. 자본주의 사회에서 가장 소중한 건 자본이에요. 말 그대로 자본주의죠. 자본이 중심인 사회예요. 그래서 자본주의와 민주주의는 다른 거예요. 민주주의는 한 사람 한 사람이 동일한 표를 갖죠. 그러니까 나도 한 표고 이건희도 한 표인 거예요. 자본주의는 달라요. 주주총회가 그걸 상징하죠. 주주총회는 주식의 수, 자본의 수가 가장 많은 사람이 의사결정권을 갖는 구조예요. 이걸 굉장히 심각하게 생각해 보셔야 돼요. 이 사회의 본질이 자본주의라면 민주주의라는 건 미사여구에 불과해요. 국회의원들 돈 많잖아요. 정몽준 같은 사람 보면 재산이 조 단위잖아요. 국회의원은 취미 생활로 하시는 거죠. 국회의원이나 정치적 대표자들이 갖고 있는 재산들이 많잖아요. 국회의원이나 대통령 선거에 나가고 싶으면 선거 기탁금 몇 억, 몇 천만 원씩 걸어야 되는 것 아시죠? 그리고 일정 득표를 못하면 그 기탁금도 안 돌려줘요. 우린 그 돈이 없잖아요. 그러니까 우리는 안 하는 거죠. 여러분은 국회의원 안 나가실 거예요.(웃음) 위험해요. 돈 날리는 거거든요.

사실 민주주의가 관철되는 날은 투표일 딱 하루죠. 아시잖아요. 투표일 전날까지 우리에게 굽실거리던 후보들이 투표일 이후 우리 머리 위에서 군림한다는 사실을. 투표 끝나면 우리 사회는 민주주의는커녕 권위주의로 신데렐라처럼 탈바꿈하죠. 여기서 중요한 것은 선거 이전이든 이후든 가장 강력한 권위주의가 우리를 안개처럼 휘감고 있다는 사실이에요. 좌우지간 우리는 자본주의라는 경제체제 속에서 살고 있으니까요. 자본주의 사회에서는 자본이 최우선이라는 걸 냉정하게 알아야 돼요. 여러분 회사에 가면 사장이랑 여러분이 동등한 인격으로 느껴져요? 아니잖아요. 거기서 나는 아무것도 아니잖아요. 사장이 다 결정하잖아요. 현실은 그래요. 자본주의 사회의 특징은 자본, 돈을 가진 사람이 우월하다는 거예요.

그럼 이제 이 돈이라는 게 어떻게 규정되는지 조금 더 구체적으로 살펴보죠. 지폐 한번 태워 보세요. 지폐 태우면 여러분 난리 나죠? 지폐가 뭔데요? 그거 그냥 종이예요. 나무로 만든 부처에서 신성함을 보는 사람은 불교도죠. 가령 겨울에 산사에 갔더니 너무 추운 거예요. 그런데 나무로 된 건 목불 하나밖에 없어요. 불교 신자면 그거 못 태워요. 불교 신자 아니면 쿨하게 태우죠. 교회에 쇠로 만든 십자가가 있어요. 아이들은 궁금한 거죠. 쇳덩어리 겹쳐 놓은 걸 보고 어른들은 왜 인사를 하는 건지. 사실 그걸 이상하게 보는 그 아이가 정상인 거죠.

마찬가지예요. 지폐 태우면 여러분은 소리를 지르잖아요. 있을 수 없는 일이 벌어졌으니, 어떻게 비명을 지르지 않을 수 있겠어요. 그런데 돈을 태울 때 왜 여러분들은 경악하는 걸까요? 그건 돈에서 종이 이상의 것들을 보기 때문이 아닐까요? 종교인 거죠. 여러분은 이미 자본주의라는 종교에 들어와 있는 거예요. 꼬맹이들한테 1만 원짜리 한 장이랑 아이스크림 놓으면 뭐 선택할 것 같아요? 아마 정상적인 아이라면 아이스크림을 선택할 거예요. 어린데도 돈을 선택하는 아이는 이미 자본주의에 물든 아이죠. 한마디로 애늙은이인 셈이지요.(웃음) 그래서 정상적인 아이라면 아이스크림 때문에 유괴되기도 해요. 유괴범이 자신에게 5,000만 원의 가치를 부여한 것도 모르고, 500원짜리 아이스크림에 넘어가는 거죠. 아이러니하게도 아이가 돈 맛을 알면 유괴하기도 힘들어요. 유괴범이 오면 자기 몸값을 거래할 걸요? 아이스크림 주면 '그거 가지고 돼요? 우리 엄마는 최소한 5,000만 원 정도는 몸값으로 쓸 텐데.' 이러지 않겠어요?

게오르그 짐멜Georg Simmel이나 발터 벤야민Walter Benjamin은 일찍이 자본주의가 종교의 형태라고 이야기했어요. 자본주의는 세속화된 기독교라는 거죠. 서양에서 주도적으로 자본주의가 발달한 데는 이유가 있었던 셈이지요. 서양에서는 기독교가 강했거든요. 다른 종교들과 마찬가지로 기독교도 인간에게 행복을 약속하면서 등장합니다. 그런데 사실 현실의 행복을 약속하는 건 굉장히 위험한 일입니다. 현실에서는 행복이 실현되지 않을 수가 있잖아요. 그러니까 제일 완벽한 약속은 죽은 다음, 내세를 약속하는 거예요. 이게 묘해요. 지금 더럽게 힘들게 살아도 죽으면 천국에 간다는 거예요. 천국이 바로 행복이잖아요. 젖과 꿀이 흐르는 곳이죠. 다 공짜로 누릴 수 있어요. 기독교는 현세의 행복을 가볍게 퉁치고 내세의 행복만을 강조하는 쪽으로 발전한 종교라고 할 수 있어요. 이것이 현세의 복을 약속하는 입장도 포기하지 않았던 다른 종교와 기독교를 구분하는 요소라고 할 수 있을 겁니다.

기독교에서 천국은 백지수표와 같은 이미지예요. 만약 자신의 말을 충실히 따랐다면 신은 우리에게 한도가 없는 신용카드를 하나 주는 거죠. 반면 여러분들이 살아 있을 때 성경에 따라서 살지 않았다면 한도액이 있는 카드를 받는 거고요. 하루 한도액이 2,000원인 카드를 받았다고 해 보세요. 그런데 천국의 카페에서는 커피가 7,000원인 거예요. 그러면 며칠을 모아서 커피를 사 먹어야 되죠. 그게 지옥이거든요. 그런데 여러분이 신의 말을 나름대로 잘 들으면 죽는 날 바로 하루 한도액이 10만 원인 카드가 발급되는 거고요. 진짜 훌륭하게 말을 잘 들었다면 한도가 없는 카드를 주는 거죠. 그런데 이게 웃기는 거죠. 열심히 말 잘 듣고 살았는데, 죽어 봤더니 천국이 없으면 황당한 일이잖아요.

기독교와는 달리 자본주의는 행복을 내세에까지 미루지 않고 바로 이 현세에 달성하도록 만드는 종교입니다. 그러니까 기독교보다 더 리얼하고 확실한, 완벽한 종교 형태인 셈이죠. 이제 우리는 하나의 실마리를 잡은 거예요. 자본주의에서 돈이라는 건 일단 종교의 요소라는 겁니다. 저는 어렸을 때 적금을 넣을 때마다 어머니가 지으셨던 해맑은 미소가 아직도 떠올라요. 꿈을 꾸시는 거죠. 10만 원 있는 사람, 100만 원 있는 사람, 1억을 가진 사람이 꿈꿀 수 있는 게 달라요. 여행을 준비하시는 분들은 알 거예요. 얼마를 쓰느냐에 따라 여행의 범위가 달라져요. 30만 원 정도면 동해까지는 갈 수 있을 거고, 1,000만 원 쓰면 아프리카 같은 데를 갈 수 있는 거죠. 자본주의 사회는 그런 거예요. 주어진 돈의 액수만큼 꿈을 꿀 수 있어요. 그러니 돈이 생기면 우리는 굉장히 행복해지는 겁니다. 적금을 모으면서 떠올랐던 어머니의 미소는 그거예요. 늘어나는 적금을 보면서 꿈을 꾸는 거죠.

그래서인지, 자본주의를 아는 사람은 돈을 안 쓰려고 해요. 꿈꾸는 게 낫거든요. 여러분 돈을 쓸 때 느낌이 싸하지 않던가요? 가령 지금 1만 원이 있다고 해요. 그 돈으로는 꿀 수 있는 꿈이 별로 없어요. 밥 먹고 커피 마시면 끝이죠. 이게 100만 원짜리라고 하면 상황은 좀 달라져요. 다양한 꿈이 가능해져요. 그런데 이렇게 다양한 꿈을 꾸는 것을 가능하게 했던 100만 원을 가지고 무엇인가를 사요. 그러면 그 순간 없어진 게 뭐죠? 여러분의 꿈이 없어져요. 100만 원을 그냥 가지고 있으면 100만 원으로 할 수 있는 것과 살 수 있는 것을 계속 꿈꿀 수 있었잖아요. 여러분은 자린고비를 보면 바보라고 생각하시죠. 쓰지도 못하면서 돈을 가지고 있으면 뭐하냐고 그러죠? 안 그래요. 더 행복해요. 계속 꿈꿀 수 있으니까요. 원래 돈 없는 인간들이 돈을 잘 써요. 불안하니까요. 어차피 사라질 돈이니 뭔가 남겨야 된다는 생각에 물건을 막 사는 거죠.

돈 없는 사람들의 특징이 무엇인 것 같아요? 어디다 썼는지 모르게 항상 돈이 없어진다는 거죠.(웃음) 많은 걸 한 것도 아닌데. 이게 어떻게 된 거냐 하면, 가령 돈을 받자마자 태블릿 컴퓨터를 확 사 버리는 거예요. 나중에 돈이 떨어진 다음에 그 태블릿 컴퓨터를 보는 거죠. '그래도 뭘 샀다' 하고 스스로를 위로하면서요. 가난한 사람들, 돈을 별로 못 버는 사람들, 혹은 비정규직인 사람들은 이상할 정도로 과소비를 해요. 돈을 많이 버는 사람들은 별로 과소비를 하지 않아요. 과소비를 많이 하는 사람이 누구냐면, 공사 현장에서 '노가다' 뛰는 사람이에요. 가령 중장비 다룰 수 있는 사람이라고 하면 하루에 일당으로 10만 원도 넘게 벌어요. 한철에 확 벌거든요. 바로 이게 문제인 거예요. 언제든 돈을 벌 수 없는 상황이 올 거라는 불안감이 생기는 거예요.

공사 현장에서 일하는 사람들은 지금 문제가 되고 있는 비정규직 노동자의 선조뻘이 될 거예요. 공사 현장에서 일하는 사람들은 일이 없을 때면 벌어 놓은 돈이 물 새듯이 없어지리라는 불안감을 가지고 있어요. 그러니까 돈이 있을 때 절망적으로 무엇인가를 사려는 거예요. 일단 뭘 하나 사요. 나중에 일거리가 없어 돈이 떨어졌을 때 그나마 자신이 과거에 돈을 벌었다는 흔적이나마 남기고 싶은 몸부림인 셈이죠. 하루하루 버는 게 아니라 직장에서 고정적으로 월급 받는 사람은 그런 식으로 물건을 사지 않아요. 로또에 당첨되어서 대박을 맞은 사람들의 수순은 뻔하지 않던가요? 받은 돈이 10억이면 그 돈으로 무엇인가를 막 사들여요. 이 돈이 모래가 빠져나가는 것처럼 나가니까 불안해서 물건으로라도 채워 놔야 하는 거죠.

막노동을 하거나 직업이 일정하지 않는 사람들이 오히려 과소비가 심해요. 불안한 거예요. 버는 돈이 얼마 안 되니까 안 쓰다가 돈이 떨어지면 굉장히 허무해요. 그러니까 뭔가를 남기려고 하는 거죠. 이상한 물건이라도 하나 사 놓고 나중에 보는 거죠. '이거라도 샀다'면서요. 과소비를 하거나 소비를 많이 하는 사람들은 비정규직 노동자나 공사장 노가다처럼 힘든 사람들이라고 봐야 해요. 우리가 여행을 진하게 갈 때가 언제죠? 얼마 뒤에 회사에서 잘릴 것 같으면 마지막에 여행을 가요. 그 회사를 계속 다닐 것 같으면 그렇게 흥청망청 여행을 가지는 않아요. 앞으로는 이렇게 쓰지도 못하니까, 내일은 어떻게 될지 모르니까 확 써 버리는 거죠. 과소비는 이런 심리적 메커니즘 때문에 생겨요. 비를 맞는 것이 두려워 미리 센 강에 뛰어드는 어느 프랑스 사람처럼 말이죠.

자본주의가 물질적이라고 생각하시면 안 돼요. 종교적이라고 생각을 해야 돼요. 우리는 이미 그 안에 들어가 있고요. 우리가 지금 고민하는 건 '이 종교에서 어떻게 벗어날까'라는 거죠. 그런데 여러분은 돈을 태우면 경악스럽죠? 여러분은 그런 사람들이라고요. 그러니까 여러분은 돈을 벌 거예요. 그리고 번 돈으로 뭔가를 사겠죠. 그런데 돈 나가면 안타깝죠. 여러분이 소비와 관련해 고민하는 것들은 다 이런 메커니즘 속에서 나와요. 그러니 사실 돈만 없애면 모든 게 다 해결돼요. 여러분이 반자본주의적으로 살려면 월급을 받자마자 돈을 다 태워 놓으면 돼요. 혼자 태우면 소용이 없는데 우리가 모조리 다 하면 사회가 완전 뒤집어져요. 대신 여러분들은 이제 아무것도 못 해요. 레스토랑도 못 가고 갖고 싶은 것도 못 사요. 그러니 이게 참 힘든 일이죠.

돈과 상품은 동등하지 않다

소비를 할 때 우리는 행복감을 느끼죠. 멋진 풀빌라 리조트에 머물거나, 근사한 핸드백을 사거나, 50만 원의 공연료를 지불하고 사이먼 래틀이 지휘하는 베를린 필하모니의 공연을 볼 때, 어떻게 우리가 행복하지 않을 수 있겠어요. 그러니 어떻게 해야 돼요? 돈을 벌어야 돼요. 그래야 상품을 살 수 있을 테니까. 소비란 돈이랑 상품을 바꾸는 행위죠.

이렇게 돈과 상품을 바꾸는 걸 교환이라고도 해요. 여기서 잊지 말아야 할 것은 돈과 상품이 동등하게 교환되는 것처럼 보이지만, 사실 둘은 결코 동등하지 않다는 사실입니다. 상품을 가지고 있는 사람보다 돈을 가지고 있는 사람이 우월해요. 상품을 산 다음에 환불해 보신 적이 있나요? 환불은 아주 골치 아픈 상황이에요. 판 사람이 돈을 갖고 있고, 나는 상품을 갖고 있으니까요. 상품을 살 때와 그것을 환불할 때의 입장과 태도는 완전히 달라지죠. 처음에 사러 갔을 때는 내가 돈을 갖고 있으니까 당당했잖아요. 그런데 환불을 하러 갈 때는 상대방이 돈을 가지고 있으니 우리가 굽혀야 된다고요. 아쉬운 소리를 해야 되고요.

생수를 가지고 있는 사람이 짜장면을 먹고 싶을 때, 생수를 주고 짜장면을 먹을 수 있어요? 없죠. 그렇게 해서는 짜장면을 먹기 굉장히 힘들 거예요. 중국집에서 생수가 필요하다면 모를까요. 그런데 어느 중국집에서 생수가 필요한지 내가 어떻게 알아요? 그러니까 생수로는 짜장면을 못 먹을 가능성이 훨씬 더 많은 셈이지요. 짜장면을 먹으려면 돈이 있어야 되는 거예요. 내가 생수 한 병 가지고 할 게 뭐가 있어요? 마시는 것밖에 없죠. 활용할 수 있는 게 많지 않아요. 반면 돈을 가지고 있으면 짜장면도 먹을 수 있고 여행도 갈 수 있고, 생수도 살 수 있어요. 다 할 수 있는 거죠. 이게 자본주의인 거예요.

돈이 있으면 우월해요. 그래서 정상적인 경우라면 돈이 있는 사람은 우월감을 느끼죠. 돈이 많을수록 굉장히 우월한 거예요. 돈을 갖고 있으면 이걸 사도 되고 저걸 사도 돼요. 그런데 돈을 주고 상품을 구매하면 우리에겐 돈이 사라지고 그 상품만 있게 돼요. 이럴 때 우월감은 봄눈 녹듯이 사라지기 쉽지요. 돈을 가진 사람에게 우월함을 보장하고, 상품을 가진 사람에게 열등함을 부여하는 것. 이게 자본주의의 특징이에요. 백화점 점원들이 왜 여러분에게 굽실거리게요. 백화점 옷 가게에서 옷 파는 사람이 옷을 가지고는 짜장면 못 먹잖아요. 그 사람도 돈이 있어야 되잖아요. 그러니까 점원들이 굽실굽실하는 거예요. 여러분한테 굽실거리는 게 아니라 돈한테 굽실거리는 거라고요.

그런데
우리도 상품이다

여기서 여러분이 생각할 것이 또 있어요. 취업 준비하시는 분들 많죠? 여러분은 자신이 앞에서 말한 생수와 별반 다를 것 없는 신세라는 생각을 한 번이라도 해 보신 적 있나요? 스펙을 쌓아서 스스로를 잘 팔려는 것이 좋은 물을 얻어서 고급 생수를 만드는 것과 어떤 차이가 있을까요. '에비앙' 같은 물이 되려고 학벌 따져 가며 명문대에 가려 하고, 토익 점수를 높게 받으려고 애쓰지 않나요? 잘 팔려야 되니까요. 자신을 팔아야 하는 면접장이 옷을 팔아야 하는 옷 가게와 다를 게 뭐가 있어요? 면접장에서 여러분은 자신에 대해서 얼마나 많은 거짓말을 했는지 상상해 보세요. 평상시에는 〈진격의 거인〉 보고 있으면서 밤마다 경제 잡지 보고 있다고 뻥쳤잖아요. 그게 여러분을 팔려고 그런 거잖아요. 면접관들이 돈을 가지고 여러분을 사는 입장이고, 여러분들은 자신을 팔 수 있는 상품으로 생각하고 있는 겁니다. 여러분들이 아무리 고상하면 뭐해요. 아무리 순결한 영혼이면 뭐해요. 배고플 때 어떻게 할 거냐고요. 우리 사회는 짜장면 시켜 놓고 '돈 대신 진격의 거인 11편 이야기해 드릴게요' 이럴 수 있는 사회가 아니잖아요. 여러분은 이 생수랑 똑같은 거예요.

　자본주의는 여러분보다 돈을 더 중요하게 생각하는 체제입니다. 그래서 우리는 스스로 자신을 근사한 상품으로 만들려고 하는 거예요. 대학까지 가서 왜 공부해요? 우리의 상품 가치를 올리는 거잖아요. 질 좋은 담수원을 얻어 생수의 가치를 올리는 것처럼 말이죠. 서울대 생수냐, 지방대 생수냐, 전문대 생수냐, 고졸 생수냐. 현저히 달라요. 심지어 더 비싼 생수도 있죠. '에비앙' 같은 비싼 생수는 스탠포드 생수, 하버드 생수인 거죠. 그러면 비싸게 팔려요. 물론 비싸게 사 가는 인간들도 그걸로 돈 벌려고 사 가는 거죠. 여러분 그렇게 살아오셨죠? 왜 1등을 하려고 해요? 수능 보고 1등급, 2등급 이야기하죠? 그거 너무 창피하고 슬픈 거 아니에요? 누가 뭔데 나한테 등급을 매겨요? 소고기도 아니고. 여러분 고등학생 때 수능 등급 낮게 나오면 슬펐죠? 그건 정확하게 말하면 들어갈 대학이 달라지고 취업되는 곳이 달라지니까 슬픈 거예요.

우리는 이미 자본주의에 들어와 있는 거예요. 우리가 왜 목숨 걸고 젊은 시절에 공부했냐고요. 자신을 좋은 상품으로 만들어 비싸게 팔아 생기는 돈으로 다른 상품을 사려는 것 아닌가요? 우리는 이런 서러운 메커니즘에 이미 깊게 들어와 있는 거예요. 이런 식으로 우리는 이미 자본주의에 길들여졌어요. 취업이 안 될 때 여러분이 갖는 자괴감의 정체는 사실 단순한 거예요. 자신을 빵빵한 상품으로 만들었는데 아무도 안 살 때 우리는 자괴감을 느낄 수밖에 없어요. 취업이 안 된다는 게 그거예요. 이렇게 내 등급을 근사하게 만들어 놨는데 아무도 안 사는 거예요. 이렇게 만들면 산다고 해 놓고 안 사요.

나를 고급스럽게 만들어야 되는 거죠. 팔릴 수 있는 방법은 별거 없죠? 고급스러우면 잘 팔려요. 싸구려 상품들에 대해서는 돈 가진 사람이 더 압도적으로 우월해요. 그런데 예를 들면 고가품, 명품들 보면 돈 가진 사람이랑 비등비등하잖아요. 돈 가진 사람도 명품 앞에서는 압도적으로 우월하지가 않아요. 백화점 명품관 같은 데 가 보면, 인간들의 수를 적게 하죠. 명품 가방들을 쾌적하게, 아니 정확하게는 가방들이 놀랄까 봐 매장에 들어올 인간들의 수를 제한해요. 사람들이 기다리잖아요. 그래서 우리는 최고급 명품이 될 때까지 우리 스스로를 계발하고 포장하는 겁니다. 그렇지만 아무리 명품이 되어도, 우리는 돈의 우월한 지위 근처까지만 갈 뿐입니다. 상품은 절대로 돈의 지위를 찬탈할 수 없다는 것, 그것이 바로 자본주의의 생리니까요.

소비로 은폐하는 노동의 기억

자본주의를 생각할 때 절대로 잊지 말아야 할 한 가지 공식이 또 있어요. 노동자가 소비자라는 겁니다. 여러분들 소비자죠? 그리고 직장에서는 노동자죠. 다들 직급이 다르고 연봉이 달라요. 노동의 세계는 분명 부자유와 불평등이 존재합니다. 이것을 누가 부정할 수 있겠어요. 그런데 놀랍게도 직장을 벗어나면 우리는 모두 똑같아진다는 착시효과가 생겨요. 연봉 2,000만 원인 신입사원이나 연봉 5,000만 원인 과장도 스마트폰을 살 때는 똑같은 입장이니까요. 그래서 소비의 세계에서 우리 모두는 평등하고 자유로운 것처럼 보입니다. 자, 여러분이라면 노동의 세계와 소비의 세계 중 어느 세계에 집중하고 싶으신가요? 당연히 소비의 세계일 겁니다. 자신을 쫄게 만들고 비루하게 만드는 노동의 세계란 우리로서는 여간해서 참기 어려운 불쾌한 세계니까요.

나쁜 면과 좋은 면이 있다면, 우리는 좋은 면에 집중하게 됩니다. 노동의 세계가 팍팍할수록 우리가 소비의 세계에 몸을 던지는 것도 이런 이유에서입니다. 소비를 강하게 할수록 내가 노동자라는 사실이 잠시나마 은폐되니까요. 그렇지만 여러분은 노동자잖아요. 몸으로 때워서 돈 받는 거잖아요. 복사기로 복사를 하든, 전산 작업을 하든, 커피를 나르든 돈을 받아요. 직장 상사와 고객들의 눈치를 맞추지 않으면, 돈을 버는 것은 그리 만만한 일이 아니지요. 자긍심 정도는 쿨하게 버려야 하니까요. 사실 이런 생활은 욕지거리 나오는 생활일 수밖에 없잖아요. 그래서 우리는 직장을 떠나서 소비자가 돼요. 아주 기꺼이. 직장에서 자신이 노동자로 살았다는 것을 잊을 정도로 아주 기꺼이.

노동자가 소비자예요. 여러분은 자신이 노동자라는 게 불쾌하지 않아요? 월급은 내 몸을 팔았던 흔적이죠. 예전에 면접 볼 때 어떻게 했어요? 나 좀 뽑아 달라고 화장도 하고 성형 수술도 하잖아요. 추리닝 입고 면접 갔던 사람 있어요? '진정한 나의 가치는 나의 영혼에 있다' 뭐 이랬던 사람 있어요? 없잖아요. 그게 비굴한 거 아닌가요? 사창가에서 손님을 끌려고 예쁘게 화장하는 것과 면접장에 가서 화장하는 것의 차이가 뭐예요? 어차피 목적은 나를 팔아서 돈 벌면 되는 거잖아요. 그래서 마르크스가 자본주의 시대를 보편적 매춘의 시대라고 한 거죠.

나를 예쁘게 만드는 거예요. 내 스스로 예뻐 보이려고 하는 게 아니라 손님 눈에 예쁘게 보이려는 것이지요. 손님은 누구죠? 자본가예요. 여러분을 고용할 사람. 내가 보기에 예쁘게? 아니에요. 손님이 보기에 예쁘게죠. 이 손님이 자본가고, 여러분을 고용할 사람이죠. 여러분 영어 공부 열심히 하시죠? 만약 자본가들이 영어가 아니라 스와힐리어 잘하는 사람을 뽑겠다고 하면 어떻게 하실 거예요. 백이면 백 모두 다 스와힐리어 공부를 시작할 거예요. 이게 굴욕이 아니면 뭐가 굴욕이겠어요. 내가 원하는 걸 하는 게 아니라 자본가들이 원하는 것을 해야 되는 거죠. 철학적 공식이에요. 자신이 원하는 것을 하는 사람은 주인이고, 타인이 원하는 것을 하는 사람은 노예죠. 노예가 된다는 것, 다시 말해서 내가 원하는 걸 하지 못하는 게 굴욕이잖아요. 그런데 왜 그 순간에 굴욕이 생겨요? 난 돈은 없고 몸뚱이만 있어요. 그런데 저 면접관과 회사는 돈이 있으니까요. 어쩔 수 없죠. 먹고는 살아야 하니까.

일을 하다 보면 마침내 나에게 돈이 생겨요. 굴욕을 감내하며 드디어 돈을 받은 거예요. 제가 앞서서 돈이 있는 게 우월한 거라고 했죠? 그런데 이 우월한 느낌을 어디서 얻을 거예요? 백화점에서 얻어야 되잖아요. 이번엔 나한테 돈이 있는 거예요. '나한테 돈 있어! 난 살 수도 있고 사지 않을 수도 있어!' 이러는 거예요. 백화점에 가면 면접을 보러 오는 취업 준비생들처럼 점원들이 내게 달려 나와요. 그리고 나는 사실 뚱뚱한데 건강하다고 그들은 아첨을 해요. 입사 때 나는 몸이 뚱뚱해서 회사에 못 들어갈 뻔 했어요. '너는 밥을 많이 먹어서 우리 회사엔 적당하지 않은 것 같다'라면서 면접 때 푸대접을 받았는데 나더러 이제 건강하대요. 돈 가지고 있으면 다 아부하지 않아요? 그 느낌 좋지 않아요? 바보들만 물건을 빨리 사요. 매장을 다 돌아다녀야죠. 나를 찬양하면 상품을 살 수 있다는 언질을 주면서 말이에요. 당신들의 상품을 사 줄 수 있으니까 뭐든 해 보라는 거죠. 여러분이 소비할 때에는 노동자라는 걸 잊을 수 있어요. 순간적으로 나한테 돈이 있으니까 당당하죠.

 10만 원, 20만 원 들고 백화점을 걸어 다녀 보세요. 물건을 사지는 말고요. 희열이 장난 아니에요. 너무 좋지 않아요? 그런데 들고 간 돈을 상품을 사느라 다 쓴 날, 그날은 백화점에서 나올 때 바람이 차갑게 불어요. '이제 돈이 없다.'(웃음) 그래서 각오를 다지죠. '열심히 일해야지', '사장님한테 충성해야지.' 이렇게 또 바뀌는 거예요. 이 반복을 계속 하는 거예요. 소비의 욕구요? 그 욕구가 뭔데요? 간신히 자유의 느낌, 주인의 느낌을 얻는 거예요. 그래서 아버지가 가부장적이고 어머니가 소심한 분

일수록, 어머니는 소비를 많이 해요. 물건을 살 때 주인이라는 느낌이 확 오거든요. 백화점에 가 보면 남편이 출근하자마자 아주머니들이 모여들어요. 그리고 오후 4시쯤 남편 퇴근 시간에 맞춰서 싹 사라져 버리죠. 백화점에서 그분들이 뭐하는 것 같아요? 남편 이 새끼가 돈 좀 번다고 나를 함부로 대해요. 그 굴욕을 참았으니 사모님 소리는 들어야죠. 이 메커니즘이 이해가 되시나요?

우리는 아픈 추억을 잊고 싶을 때 소비를 해요. 내가 어떤 굴욕으로 돈을 벌었는지 잊고 싶을 때, 억압을 받거나 스트레스를 받을 때 물건을 사고 싶죠? 내 뜻대로 안 되는 일이 있거나 누가 날 강제할 때 물건을 사고 싶지 않으신가요? 소비를 할 때는 내 마음대로 고를 수 있는 전지전능함을 느낄 수 있잖아요. 돈은 한정되어 있지만 그래도 무슨 상관이에요? 고를 수는 있잖아요. 자본주의 사회에서 딱 하나 있는 자유가 바로 소비의 자유죠. 소비할 때 자유롭다고 느끼잖아요. 그런데 거기에는 치명적인 약점이 하나 있어요. 돈이 있어야 하니까요. 결과적으로는 자신이 돈의 노예인 걸 허용해야 소비의 자유도 가능해져요. 쿠바 사회나 아주 후미진 시골 같은 곳에 가면, 여러분은 부자유스러움을 느끼게 될 겁니다. 자본주의에 찌든 사람은 이렇게 소비문화가 발달하지 않는 곳에 가면 부자유스럽다고 느껴요. 카드도 안 된다고 하고, 돈이 있어도 사실 살 게 별로 없어요. 돈이 있어도 쓸 수가 없으니, 소비의 자유를 구가할 기회조차 없기 때문이지요.

　결국 자본주의에 찌든 사람이 생각하는 자유는 정치적인 자유도 무엇도 아니고 단지 소비의 자유일 뿐이에요. 돈을 쓸 수 있는 자유일 수밖에 없죠. 그래서일까요, 돈이 떨어지면 자유가 갑자기 사라지는 느낌이 우리를 슬프게 하는 거예요. 당연히 또 돈을 벌어야 하는 거예요. 돈을 또 다 쓰면 다시 부자유스럽고요. 그래서 다시 목숨 걸고 돈을 버는 거예요. 벌고 쓰고 다시 벌고 쓰고 하면서, 우리의 내면에는 소비의 자유를 제외하고는 어떤 자유에 대한 감각도 남아 있지 않게 되지요. 이건 결국 우리가 돈의 노예가 되어간다는 것을 의미하는 게 아닐까요? 저나 여러분은 오늘도 이런 식으로 살아가고 있는 거예요.

소비, 주인이 되고 싶은 우리의 발버둥

　여러분의 집에는 아마 택배 상자만 뜯어 놓고 쓰지도 않는 물건이 여럿 있을 거예요. 바로 이거죠. 우리가 인터넷 쇼핑으로 상품을 주문할 때 중요한 건 그 물건 자체가 아니에요. 진정으로 내가 원했던 건 상품을 고르고 사는 그 과정에서 주인이 되는 것이었다고요. 그걸 모르는 사람은 왜 샀냐고 물어보죠. 쓰지도 않을 거면서 왜 샀냐고요. 그걸 산 건 사실 주인이 되고 싶었기 때문이죠. 돈을 가지고 무언가를 선택하는 주인 노릇을 하고 싶었던 거라고요. 노동자로서의 삶이 팍팍하고 힘에 부칠수록, 소비의 욕망이 강해져요. 노동자가 아니라 소비자로만 있고 싶은 거죠. 노동자는 노예이지만, 소비자는 주인이니까요. 일 나가는 사람들 다 노동자잖아요. 내 몸을 팔아서 돈을 벌면 노동자인 거잖아요. 그런데 여러분이 백화점에 가면 거기 온 사람들이 전혀 노동자로 보이지 않죠? 그 사람들은 다 어디서 돈이 났을까요? 다 똑같아요. 소비자로서의 위세를 떨치느라 돈을 쓰고 나면 다시 돈을 벌기 위해 직장에 가서 열심히 일해야 하고, 반드시 저 비싼 물건을 사겠다면서 연봉이 좋은 직장을 찾아가는 불쌍한 돈의 노예일 뿐이지요.

어쨌든 노동자라는 사실을 은폐하고 싶을 때 소비의 욕망은 그만큼 강해져요. 거꾸로 이렇게 이야기해도 돼요. 여러분이 억압을 받을 때, 삶이 힘들 때, 일이 뜻대로 안 되고 자꾸 남의 뜻에 의해서 좌지우지될 때 내 뜻대로 할 수 있는 게 뭐가 있어요? 돈 가지고 상품을 고르는 것밖에 없잖아요. 여러분 주변의 누군가가 소비에 물들고 인터넷 쇼핑몰에서 물건을 사들일 때 이렇게 생각하시면 돼요. '저 사람은 지금 더럽게 억압받고 있구나', '노예처럼 살고 있어서 주인이 되고 싶은 것이구나' 하고요. 그러니 취업이 안 되고, 비정규직이어서 고용이 불안정한 사람들은 돈 받으면 빨리 써요. 유혹인 거죠. 주인이 되고 싶다는 유혹. 빨리 주인이 되는 게 낫죠.

여러분과 여러분 부모님 세대의 차이는 이거예요. 여러분 부모님은 모아서 목돈으로 돈을 쓰셨고 여러분은 나오는 족족 바로 쓴다는 거예요. 그런데 어차피 쓰는 건 마찬가지예요. 부모님이 돈은 모아서 써야 한다고 말씀하시면 여러분들은 그냥 나눠서 쓰자고 해요. 어차피 쓰는 건 마찬가지니까요. 부모님들은 당신들이 지혜롭다고 생각하지만, 여러분들은 알죠. 돈을 모아도 물가를 못 쫓아가요. 물가가 많이 올라가는 사회에서는 빨리 쓰는 게 나아요. 적금 넣어서 뭐해요? 지금 이율이 얼마나 낮은데요. 옛날에는 이율이라도 높았거든요. 그러니까 부모님에게 빨리빨리 쓰는 게 낫다고 말해도 된다고요.

부모님 세대와 우리는 달라 보이지만 의외로 같아요. 부모님 세대는 목돈으로 소비했죠. 우리는 목돈을 기다릴 틈도 없고, 사실 목돈도 별로 들어온 적이 없으니, 빨리빨리 써야 돼요. 카드도 쓰고, 현금 서비스도 받아 써요. 이런 식으로 다 쓰는 거예요. 무슨 상관이에요. 주인 되는 게 더 좋잖아요. 한 달 노예였다가 하루 주인 좀 돼 보겠다는데 누가 뭐라 그래요? 우리 부모님 세대는 10년 노예였다가 하루 주인 되겠다고 생각했던 시대에 살았던 거예요. 그런데 우리가 부모님들과 소비에 대해 이렇게 싸우고 있을 때 웃고 있는 사람들이 있어요. 바로 자본가들이에요. '지랄들을 한다. 소비하라고 준 돈을 10년 뒤에 쓰나 바로 쓰나 무슨 상관일까. 어차피 돈 떨어지면 또 일할 것들이.' 이렇게 생각한다고요. 암담하시죠. 암담하지 않으세요?

우리는 노동자면서 소비자라고 했죠? 우리 삶의 대부분은 노동자로 살고, 소비자로 사는 것은 잠시뿐이에요. 그런데 소비를 많이 하게 되면 내가 노동자라는 걸 잊을 수 있어요. 그래서 내가 노동자라는 의식을 아주 강하게 가지면, 내 몸까지 팔아서 돈 벌고 있다고 생각하면 그 돈을 잘 못 써요. 자신이 과소비를 한다, 소비에 대한 욕망이 강하다고 생각하는 분들은 자신이 노동자라는 의식을 가져 보세요. 아주 강하게. 물론 그렇다고 해서 그다지 달라지는 건 없어요. 월급 받아서 물건 사는 것 말고는 할 게 없으니까요. 하지만 과소비는 조금 줄어들 거예요. 옛날 어른들이 뼈 빠지게 돈 벌었다는 이야기하시죠? 노동자라는 의식을 갖고 있으면 돈을 쓰기가 힘들어요. 돈 가지고 꿈꾸고 있는 게 더 낫죠. 여러분이 소비를 많이 하려고 한다면 노동자라는 의식을 꺼야 돼요. 채널 하나 끄듯이.

백화점 갈 때 힘든 직장 생활이나 인정받지 못한 가사 일을 생각하세요? 야근했던 것, 용광로에 철물 부었던 것 기억해요? 애써 아침 식사를 차려 놓았는데 음식 투정을 하는 가족들의 모습이 떠오르시나요? 그게 기억이 나면 우리는 물건을 살 수가 없죠. 그러니 가혹한 노동의 세계는 쿨하게 까먹어야만 돼요. 정신분열에 빠져야 과소비가 가능해요. '노동의 세계와 소비의 세계는 다르다', '노동자일 때 나는 소비자가 아니고, 소비자일 때 나는 노동자가 아니다' 이런 분열에 빠져 있어야 한다는 거예요. 이런 정신분열 속에서 상품을 사느라 돈을 다 까먹은 다음에야, 우리는 분열에서 빠져 나올 수 있지요. '아! 나는 소비자이면서, 아니 소비자 이전에 노동자구나!' '노동자=소비자'라는 의식을 강하게 가지면 많은 부분에서 과소비의 문제를 해결할 실마리를 찾을 수 있을 거예요. 물건을 사며 주인 노릇을 할 때 우리는 자신이 노동자란 의식을 쉽게 까먹는다는 사실. 이걸 반드시 기억해 두세요.

자본주의, 우리 욕망에 가장 근접한 지배 체제

제가 자본주의 비판하는 책을 쓰려고 백화점에 6개월 동안 있었어요. 1주일에 두 번씩 가서 여러분을 관찰했다고요. 여러분이 물건 샀을 때 표정을 읽었죠. 그런데 제가 직업병에 걸렸어요. 제가 백화점을 좋아하게 된 거예요.(웃음) 한 6개월 있다 보니까 저도 모르게 중독이 된 거예요.《상처받지 않을 권리》라는 책을 탈고하고, 6개월이 지나서 철학자들 모임에서 워크숍 간다고 해서 용산역에 모였던 적이 있어요. 용산역에 거대한 백화점이 하나 있잖아요. 문을 딱 열었는데 화장품 냄새가 확 나는 거예요. 저도 모르게 안으로 들어갔어요. 그곳은 행복해요. 쾌적하고 좋아요. 자본주의는 진짜 매력적인 거예요. 백화점은 꿈의 동산, 혹은 에덴동산 같아요. 노동자는 없고 온통 돈을 가지고 주인 노릇을 하러 들어온 소비자들만이 우글대니, 어떻게 불행의 요소가 있을 수 있겠어요. 그저 장밋빛이에요. 핵발전소를

공격하기 위해서 비리를 알려고 발전소에 들어갔다가 방사능에 오염된 거죠. 당시 제 꼴이 그랬어요.(웃음)

인류가 발견한 억압수단 가운데 우리 욕망에 가장 부합하는 체제가 바로 자본주의예요. 여러분 백화점 자주 가시죠? 백화점이 어떤 구조로 만들어져 있는지 아세요? 시간 가는지 모르게 만드는 구조예요. 백화점은 창을 안 만들어요. 비 오는 걸 알면 안 돼요. 시계도 걸어 놓지 않아요. 쇼핑해야 할 사람들이 다 집에 가거든요. 백화점은 이렇게 여러분을 짐승처럼 가둬 놓고 기르는 구조로 만들어져 있어요. 그리고 백화점 구조의 중요한 특징이 한 가지 더 있어요. 1층에는 명품관들이 있어요. 그리고 한 층씩 올라갈수록 물건의 가격이 싸져요. 제일 위층에서는 떨이상품들을 팔아요. 그건 심지어 제대로 된 쇼핑백에도 안 담아 줘요. 검은 비닐봉투에 주거나, 남는 쇼핑백에 담아 주거든요. 백화점에 들어온 사람들은 우선 1층에서 갈라져요. 명품관으로 들어가는 사람과 올라가는 사람으로. 명품관으로 들어가는 사람과 눈이 마주쳤을 때 우리는 각오를 다지죠. '언젠가는 나도 저기로 갈 거야.' 그리고 같이 올라가던 아줌마는 2층에서 내려요. 나는 계속 올라가고요. 가난한 사람은 더 많이 올라가야 돼요. 부유한 사람은 1층으로 바로 간다고요. 만약에 명품관만 있었다면 그 백화점에 부유한 사람은 안 올지도 몰라요. 그 사람들이 명품관으로 들어가는 이유는 여러분이 위층으로 올라가면서 보내는 부러운 시선인지도 몰라요. 그들은 자신들을 부러워하는 여러분의 시선을 보고 뿌듯함을 느끼는 셈이지요.

집어등集魚燈 아세요? 오징어를 잡는 배에 매달려 있는 등을 집어등이라 불러요. 물고기들을 소집하는 등인 거죠. 자본주의는 욕망의 집어등이에요. 한 번 길들면 참 벗어나기 힘들죠. 배에서 집어등에 불을 딱 켜면 오징어들이 환장하고 올라와요. 그 불빛이 너무 매력적인 거예요. 오징어들도 다 알아요. 작년에 삼촌도 저 불 따라갔다가 죽었는데 왜 모르겠어요. 그래서 각오를 다지죠. 배가 오기 전까지는. 집어등을 따라가면 안 된다면서 세미나도 하고 회의도 하는 오징어들을 생각해 보세요. 마치 고양이 목에 방울을 달겠다는 쥐들처럼 보이지 않나요? 그렇지만 아무리 각오를 다지면 뭐하겠어요. 배만 뜨면, 등만 켜지면 다 망각하고 조르륵 낚싯대에 낚여 죽어갈 테니 말이에요. 저수지에 있는 물고기들도 다 알아요. 지렁이가 붙은 낚싯바늘이 물 아래로 쫙 내려온다고요. 매혹적인 냄새가 탁 나겠죠. 그거 먹으면 죽는다는 것도 다 알아요. 저수지가 그렇게 크지 않잖아요. 당숙도 죽고 고모도 죽었다고요. 지렁이 냄새가 나면 위기라는 걸 알아요. 그런데도 내 앞에 지렁이가 오면 마치 무엇에라도 홀린 듯이 그 낚싯바늘을 확 물어요.

자본주의를 욕망의 집어등이라고 말하는 것도 이런 이유에서지요. 자본주의는 우리의 욕망을 집요하게 파고들어서 그 욕망을 증폭시키니까요. 여러분 사랑받고 싶죠? 오케이. 사랑을 줄 거예요. 그 제품만 사면. 이건 너무 매력적인 유혹 아닌가요?

모든 사람은 사랑받고 싶어 하죠? 명품 가질 때 왜 좋아요? 그걸 갖게 되면 행복하단 말이에요. 다른 사람이 나를 모두 찬양하고 주시하는 것 같잖아요. 이 세상에서 제일 슬픈 게 나를 무시하는 거잖아요. 무시라는 건 보지도 않는다는 거잖아요. 그런데 명품을 들고 있으면 사람들이 모두 관심을 피력해요. 스마트폰을 처음에 왜 바꿔요? 그거 갖고 있으면 그거 어디서 구했냐면서 나한테 관심을 갖잖아요. 자유를 누리고 싶어요? 자본주의에는 있어요. 소비의 자유죠. 우리가 자유롭다는 건 소비의 자유를 이야기하는 거예요. 그런데 돌아보면 알죠. 돈이 없는 사람한테 무슨 자유가 있어요? 진짜 주인은 돈이란 말이에요. 노숙자한테 무슨 자유가 있어요? 돈 없으면 자유도 없죠. 여행은커녕 이동도 자유롭지 못하잖아요.

빨간 약과 파란 약, 당신의 선택은?

자본주의는 우리 욕망에 가장 근접한 체제라고 했죠. 그래서 자본주의에 한 번 물이 들면 거기에서 벗어나기가 만만치가 않아요. 자본주의 무서움은 그래서 모르핀에 비유할 수 있을 것 같아요. 지나가는 사람이 여러분 팔에 모르핀을 놓으면 여러분은 모두 중독돼요. 모르핀에서 어떻게 빠져나올까? 이게 힘든 문제예요. 모르핀이 떨어지면 손이 떨리고 환장해요. 돈이 없어지면 환장하듯이. 우린 그렇게 지금 길든 거예요. 제 눈에는 여러분들이 다 병신들 같아요. 다 자본에 감염되어 있어요. 제가 처음에 그래서 냉소적으로 말씀드렸죠. 돈이 많으면 하지 않았을 고민이 많다고요. 모르핀이 없어서 금단현상이 생기는 것과 마찬가지지요. 더 센 모르핀을 맞으면 금단증상이 사라지는 것처럼, 돈이 더 많이 생기면 많은 고민들이 사라지겠지요. 모르핀이 우리 삶을 파괴하는 방식과 똑같이 자본주의는 우리 삶을 갉아먹는 거예요.

자본주의가 가져다 주는 소비를 통한 자유의 느낌과 사랑받는다는 느낌도 모르핀처럼 강력해요. 누가 자유와 사랑의 느낌을 거부할 수 있을까요? 자본주의는 우리 욕망의 구조와 대단히 가깝다고 했죠? 그래서 한 번 길들고, 주사를 맞으면 갈증이 생기는 거예요. 일종의 금단현상이 나타나는 거죠. 어디까지가 자본의 욕망이고 어디까지가 내 욕망인지 그 경계선이 굉장히 애매해지거든요. 머리로는 자본주의를 극복해야 한다고 생각해도, 우리 몸은 이미 자본주의적 욕망에 길들여져 있어요. 그러니까 벗어나기 힘들죠. 모르핀이 나쁘다는 것을 알아도, 당장 모르핀이 없다면 죽을 것 같은 금단증상이 찾아오는 것처럼 말이지요.

제가 전에 신문에 칼럼을 하나 썼던 적이 있어요. 냉장고를 없애자는 취지의 글이었지요. 자본주의는 너무 거대한 체제라 자본주의가 우리 삶을 위태롭게 해도 절망하게 마련이지만, 우리가 실천할 수 있는 것들을 찾아서 하자는 이야기였거든요. 그 중에 하나가 냉장고를 없애거나 냉장고 용량이라도 줄이자는 거였다고요. 당장 냉장고가 없다고 해 봐요. 그럼 우리 삶이 급격하게 달라져요. 직접 재래시장에 들러서 싱싱한 재료를 사야 되고요. 재료를 사 오면 빨리 요리를 해 먹어야 돼요. 또 우리는 먹을 수 있을 만큼만 사야 돼요. 버려야 되니까요. 많이 살 수밖에 없었다면, 주변 사람들하고 나눌 수밖에 없고요.

   이 칼럼이 나오자마자 엄청난 저항이 발생했어요. 저를 거의 죽이려고 달려들었어요. 냉장고 없으면 어떻게 하느냐면서 아주 난리가 난 셈이지요. 흥미로운 것은 자본주의적 경쟁 교육을 비판하던 사람들마저 저를 공격하는 거예요. 당혹스런 경험이었지요. 저와 같은 생각을 가지고 있다고 믿었던 분들마저 그러니 서운하기까지 하더군요. 여기서 저는 알게 되었어요. 자본주의는 쉽게 극복되지 않으리라는 사실을요. 구체적인 실천적 대안마저도 그렇게 조롱을 당하는데, 어떻게 자본주의 전체를 극복할 수 있겠어요. 힘든 일이죠. 이미 너무 많이 우리는 자본주의에 오염되어 있었던 거예요. 그럴 때 보면 마음이 막 갑갑해요. 다들 자본주의라는 모르핀, 돈의 모르핀에 중독된 사람들이잖아요. 벗어나려고 하면 금단현상 때문에 저항을 해요. 어떻게 해야 되죠? 어쩌면 슬프게도 조금 더 기다려야 할지도 몰라요. 자본주의라는 모르핀이 얼마나 우리를 망가뜨리는지 분명히 드러날 때까지.

돌아보면 〈매트릭스〉의 감독들은 심각한 문제를 던진 거예요. 자본주의라는 매트릭스 세계를 부정하고 진짜 세계로 가실래요? 진짜로 가실 수 있겠어요? 아니면 사이퍼처럼 선택해도 상관없어요. 돈 벌고 쓰는 매트릭스에서 오감을 만족하며 사는 게 꿈이어도 돼요. 그 꿈을 통해서 자신은 피폐해지고 자본만 증식되어도 상관없죠, 뭐. 레스토랑에서 음식 먹고, 근사한 드레스를 입고 싶은 쪽인가요? 아니면 비록 화려하지는 않고 심지어는 불편하기도 하지만, 인간적인 삶을 선택하고 싶은가요? 여러분은 어느 쪽이에요? 매트릭스 말고 시온의 세계로 가서 어떻게 해 보실래요? 사이퍼가 꿈꾸었던 건 레스토랑에 가서 스테이크 먹는 거였어요. 돈 내고 레스토랑에서 밥 먹는 거죠. 자본주의의 세계를 스스로 선택한 거죠. 사이퍼는 이게 꿈이라는 걸 알지만, 꿈속이라도 상관없다는 거였거든요. 제가 알약을 준비할 걸 그랬어요. 빨간 약, 파란 약. 여러분은 어떻게 할 거예요?

소비를 위한 소비

최근 들어 '이게 과연 필요해서 사고 있는 것일까' 생각하게 되는 구매가 종종 있습니다. 연봉이 많은 것도 아닌데, 세일을 한다거나, 어떤 금액 이상으로 구입을 하면 배송료가 무료라거나, 입소문이 들리는 물건이라면 굳이 필요하지도 않은 물건들을 사게 됩니다. 가령 내가 필요한 물건은 2만 원짜리인데, 6만 원 이상 구매를 하면 배송료가 무료라고 하면 이것저것을 더 구매해서 6만 원을 채워 구매합니다.

무언가를 구입할 때면 다른 데선 느낄 수 없는 재미와 자유로움을 느끼는 것 같아요. 온전히 내 선택에 의해 무언가를 결정할 수 있고 매장에서 무언가를 살 때 점원에게 존중받는 느낌도 좋고요. 그러다 보면 저음엔 분명 필요한 물건이 아니었는데 하나둘씩 그 물건을 사야 할 이유를 만들고 있습니다. 제가 꼭 필요해서 사는 게 아니라 소비를 위한 소비를 하고 있다는 생각이 들었습니다.

삶의 낙을 이런 데서 찾아도 되는 걸까요? 쓸데없는 소비와 소비 자체에서 즐거움을 찾는다는 것은 뭔가 잘못된 것 같은데, 어디서부터 어떻게 생각을 바꿔야 할지 잘 모르겠어요.

여러분도 얼마 이상 사야 배송료 무료라고 하면 이분처럼 하시죠?(웃음) 아, 그거 진짜 싫어요. 저는 방금 전에도 그걸 하고 왔어요. 음반을 하나 사려고 했는데 할인 쿠폰이 있는 거예요. 정가대로 샀으면 배송료가 무료인데 할인 쿠폰 때문에 무료 배송 금액이 안 되는 거예요. 난감한 일이죠. 그래서 음반 한 장을 더 샀어요. 무료 배송 때문에 구매한 음반이 반드시 사야 할 음반이라고 계속 최면을 걸면서 말이지요. 그래서 그런지, 자꾸 사 놓고 듣지 않는 음반이 많아져요. 정말 처치 곤란이지요. 결국 나중에 사람들에게 나누어 줘요. 우리 인간은 지혜롭지 않아요.

철학자인 저도 그러는데, 여러분은 어떻겠어요. 오늘은 다급하게 '벙커1'에 와야 해서 하지 말아야 할 일을 하고 왔어요. 할인 쿠폰의 유혹! 사실 조금 더 여유가 있었다면, 쿠폰의 유혹에 견딜 수 있었을지도 몰라요. 안타까운 일이에요. 도장 몇 개 찍어서 모으면 무료 커피 한 잔 주는 쿠폰 있죠? 저는 평상시에 커피 사 마실 때 그런 쿠폰 준다고 하면 거부하거든요. 그 쿠폰을 받는 순간, 우리는 자기도 모르게 그 커피 가게에 들리게 돼요. 가까이 있는 커피 가게가 있어도 쿠폰을 준 커피 가게를 애써 찾아간다고요. 그러면 나중에는 쿠폰에 도장을 받으러 가는지, 커피를 마시러 가는지 헷갈릴 정도가 되죠. 그래서 저는 쿠폰을 거부해요. 인터넷 서점의 할인 쿠폰과 무료 쿠폰의 유혹에서도 벗어나려고 더 큰 노력을 해야 할 것 같아요. 우리 함께 해

보지요.(웃음)

　이분은 또 무언가를 구입할 때 다른 데에서는 느낄 수 없는 재미와 자유로움을 느끼신대요. 온전히 내 선택으로 무언가를 결정하고, 점원에게 존중받는 느낌도 든다고 하시네요. 앞서 말씀드렸죠? 돈을 가지고 있으면 존중받거든요. 멋있죠. 그런데 이렇게 삶의 낙을 찾는 게 괜찮은 건지는 잘 모르겠네요. 빨간 약 드실 거예요, 파란 약 드실 거예요? 이 문제는 힘들어요. 굉장히 힘든 문제예요. 주인이 되고 싶은 거고, 존중받고 싶은 거니까요. 본능적으로 알잖아요. 돈을 가지고 있을 때 존중받는다는 걸요. 그런데 정확히 말하면 돈만 가지고 있는 걸로는 존중받지 못해요. 돈을 쓸 것 같은 느낌을 줘야 존중받아요. 매장에 가야 되죠. 집에 1억 가지고 있으면 뭐해요? 백화점에 딱 들어가서 돈을 쓸 것 같은 아우라를 보여야 돼요. 그런 아우라는 점원들이 기가 막히게 알아요. 이 사람이 시간 보내러 돌아다니는 건지, 지갑에 돈이 있어서 쓰려고 하는 건지를 알아요. 여러분들 얼굴에 우월함이 강하게 보이면 돈 쓸 각오를 했다는 걸 알아요. 반면 돈이 아무리 있어도 안 쓰려는 사람은 금방 알아봐요. 자기와 무관한 사람이니까. 점원으로 일해 보신 분은 알 거예요. 그냥 아이쇼핑하는 사람과 주인으로서의 권위와 자유를 행사하고 싶어 하는 사람은 구분이 된다고요.
　소비가 삶의 낙이라고요? 낙은 낙이죠. 자본주의에서 유일하게 허락된 낙은 소비할 때 느끼는 낙밖에 없어요. 이게 심각한 문제인 거예요. 삶의 낙을 소비에서 찾아도 되냐고요? 본인이 돈 벌고 있으면 계속 쓰세요. 어차피 쓰게 되어 있어요. 쓰지 않으면 돈이 무슨 소용이 있나요. 그 종이를 받아 간직해서 뭐 해요. 써야지. 여러분 계좌에 찍힌 그 숫자만으로는 아무 의미도 없어요. 쓰세요. 그런데 좀 찜찜하게 쓰셔야 돼요. '이건 뭐지? 돈을 쓰고 난 다음에 드는 이 허탈감은.'(웃음) 돈을 쓰는 순간 자유를 만끽하지만, 그 대가로 수중에서는 돈이 사라지죠. 결국 그렇게 잠시 만끽한 자유 때문에, 다시 우리는 돈을 벌어야 할 거예요. 결국 돈을 쓰면서 얻은 일시적인 자유의 느낌이 우리를 계속 일하게 만드는 원동력인 셈이지요.

이런 자기파괴적인 악순환의 고리를 끊기 위해서, 소비의 자유가 아닌 다른 자유의 가능성을 찾을 필요가 있을 거예요. 그러니까 주인으로서 삶을 살아 내고 있다고 긍정할 수 있는 일을 찾아보세요. 사랑을 하는 것도 좋을 것 같네요. 사랑은 두 사람을 주인공으로 만드는 경험이니까요. 아니면 여행을 해도 좋을 것 같아요. 여행은 언제든지 스스로의 결정에 따라 시작할 수도, 그칠 수도 있으니까 주인이라는 느낌을 강하게 줄 수 있을 거예요. 아니면 글을 쓰거나 그림을 그리세요. 어떤 작품을 만들지는 전적으로 여러분이 주체적으로 선택할 수 있으니까요. 사랑이든 여행이든 작품 활동을 하든 제대로 주인답게 무언가를 할 수만 있다면, 우리는 소비가 주는 일시적이고 허구적인 자유에는 그만큼 덜 빠져들게 될 겁니다.

인터넷 쇼핑의 늪

박사님 강의를 듣고 알게 모르게 뾰족해져서는 이리저리 부딪히느라 늦은 나이에 제3의 사춘기를 겪고 있는 여성입니다. 저는 30대 중반의 무직에 가까운 대학원 수료생입니다. 그런 제가 논문은 안 쓰고 인터넷 쇼핑에 빠져 있습니다. 쇼핑하는 품목은 다양합니다. 옷, 캠핑용품, 캡슐 커피 등등. 어디엔가 집중하고 있을 때는 괜찮은데 갑자기 마감이 다가오거나 글이 써지지 않을 때 스멀스멀 인터넷 쇼핑의 세계로 빠져듭니다. 하루를 마치고 침대에 누우면 마치 만화의 글 상자처럼 머리 위로 이런 말이 떠오릅니다. "이것만 있으면 넌 멋져질 수 있어." 그리고 다음날 다시 인터넷 쇼핑몰에 들어가 클릭질을 반복합니다. 취미가 인터넷 쇼핑이라고 해야 할까요. 어떻게 하면 인터넷 쇼핑을 그만둘 수 있을까요?

컴퓨터를 없애면 돼요. 농담이 아니고 진짜로 없애면 돼요. 매체라는 말 아시죠? 근대 자본주의 사회가 되면서 우리 사회에 굉장히 많은 매체가 나와요. 신문, 잡지, 영화, 방송 등등. 이것들의 목적이 뭔지 아세요? 상품광고예요. 지금 상품광고 나오는 게 최신 제품이고요, 최신 제품을 사지 않으면 멋지지 않아 보이게 만드는 거죠. 여러분은 계속 최신 제품을 쫓아가요. 물론 나이가 들면 그렇게 최신 제품을 쫓지는 않아요. 힘들어서 쫓아가지도 못하는 거예요. 매체의 목적이 광고라는 걸 가장 대표적으로 보여 주는 게 무가지예요. 기억나시죠? 지하철 입구에서 주던 공짜 신문들 말예요. 그거 공짜잖아요. 왜 공짜로 주는지 아세요? 누가 몇 부 가지고 가느냐에 따라 광고비가 달라져요. 그 무가지들은 다 광고로 돈 버는 거예요.

방송 시청률이라는 게 있죠? 만약 시청률이 20퍼센트 나왔다고 하면 그 프로그램에 붙어 있는 광고의 광고주들에게 20퍼센트 광고비를 더 받아요. 센세이션하고 섹시한 드라마를 만드는 이유가 뭔데요? 광고예요, 광고. 할리우드 영화들 보면 현대물은 돈 없는 감독들이 만들어요. 거장들은 사극을 만들죠. 그리스·로마 시대의 사극을 만드는 건 거장들만 하는 거예요. 왜냐고요? 로마 시대 사람들이 나이키 신발을 신을 수는 없잖아요. 그러니까 사극은 완전히 돈으로 꼴아 박아야 되거든요. 영화를 만들 때 스폰서를 잡아야 되잖아요. 만약 영화 주인공이 조깅을 하면 퓨마나 나이키에 가는 거예요. 퓨마에서 돈 받으면 퓨마 신고 뛰는 거고, 나이키에서 돈을 더 주면 나이키 신고 뛰는 거죠. 그렇게 돈을 벌어요.

그럼 광고는 어떻게 할 것 같아요? 노출이에요. 한국의 커피 체인점 중에 제일 유명한 게 스타벅스죠? 그런데 미국에서는 한국에서만큼 유명하지 않아요. 스타벅스가 한국에서 유명해진 건, 맥 라이언 때문이었어요. 제가 젊었을 때 가장 인기 많은 배우가 맥 라이언이었거든요. 지적이지만 실수도 잦은 귀여운 도시 여성 캐릭터를 많이 연기한 여자 배우예요. 당시에 대학생들은 남녀를 가리지 않고 모두 맥 라이언에 홀딱 빠졌어요. 아직 경양식집이나 커피숍이 유행하던 시절, 영화 속의 맥 라이언은 당시 우리가 접해 보지도 않았던 아메리카노를 머그잔에 담아 먹으며 애인을 기다리는 장면, MP3를 듣거나 책을 읽으며 그 머그잔에 입을 대는 장면을 많이 연기했어요. 바로 스타벅스에서요. 이렇게 선망의 대상이었던 맥 라이언을 보면서 우리는 그 스타벅스의 녹색 로고에 노출되어 버린 거예요. 스타벅스가 국내에 들어왔을 때, 우리에게 스타벅스는 무언가 꿈과 같은 곳이었지요. 거기 가서 우리는 맥 라이언을 만나고, 스스로 맥 라이언이 되었던 거죠.

할리우드 영화 보면 마지막 하이라이트 장면에서 주인공들이 꼭 높은 건물 옥상에 올라가서 싸우죠? 그런데 주인공들이 싸우는 마천루 건물에서 광고탑이 보여요. 광고탑에 보면 코카콜라 로고가 붉게 빛나고 있어요. 여러분이 영화관에서 주인공이 위기에 빠지는 장면을 보면서 '어, 코카콜라다!' 이러진 않죠. 그런데 하이라이트 장면에서 그 광고탑의 코카콜라가 우리의 무방비한 뇌리에 확확 들어와 박혀요. 그리고 그 영화를 보고 나면 우리는 무의식적으로 코카콜라를 먹고 싶다는 충동을 느끼게 되죠. 여러분 의식 수준에서는 광고가 진행되진 않았지만, 여러분의 내면에는 이미 붉은 빛 로고와 함께 코카콜라가 각인되었기 때문에 그렇죠. 여러분은 그게 광고 때문인지도 몰라요.

미국에서 심리학이 발달한 이유가 뭔데요? 미국의 심리학은 소비자의 내면을 읽으려는 소비심리학의 발달과 밀접한 관련이 있어요. 그래서인지 미국에서는 프로이트Sigmund Freud나 라캉Jacques Lacan이 표방했던 인문주의적 심리학은 각광받지 못하고, 자본의 이익에 종사하는 심리학이 발달하고 있지요. 영화 〈매트릭스〉에 삼성 휴대폰이 한 번 나왔어요. 왜 그런지 아세요? 영화 끝나고 나면 그걸 산단 말이에요. 잉글랜드프리미엄리그 중계할 때 보면 선수들 옷에 기업 로고가 박혀 있죠? 첼시 선수들 옷에 삼성 로고가 박혀 있잖아요. 그게 별거 아닌 것 같죠? 스마트폰 살 때 결정적으로 영향을 줘요. 사람들은 축구를 보지만, 사실 그들은 삼성 로고를 보는 거죠. 특히 첼시가 극적인 승리를 거두는 날, 삼성 로고는 경기를 보고 있던 시청자의 뇌리에 거의 무방비 상태로 각인돼요. 삼성이 수백억의 광고비를 첼시에 기꺼이 제공하는 것도 다 이유가 있는 거예요.

자본주의는 신제품을 홍보하기 위해 매체를 활용하기 시작한 거지요. 그러니까 아예 자본주의, 매체, 그리고 광고는 같이 간다고 외워 두세요. 이제 매체의 본질이 무엇인지 아시겠지요? 새로운 상품의 광고예요. 영화는 우리에게 감동을 주는 게 목적이 아니라, 감동을 주어서 광고에 노출되도록 하는 것이 목적이었던 거예요. 영화만 그럴까요? 신문도 마찬가지예요. 신문이 제공하는 정보와 기사는 구독자들을 광고로 유인하는 수단일 뿐이지요. 〈조선일보〉가 왜 여러분한테 자전거를 주는 것 같아요? 딱 하나, 판매 부수 때문이에요. 우리는 신문 기사를 보죠? 〈조선일보〉가 기사를 왜 강하고 보수적으로 쓰는 것 같아요? 〈조선일보〉가 왜 강력한지 아세요? 구독자 수가 400만 명이에요. 종이 신문이 400만 부 나간다고요. 지방에서 가장 강력해요. 배급망이 시골에까지 깔려 있거든요. 그 마을에 여섯 가구만 사는데도 〈조선일보〉를 던져요. 〈경향신문〉, 〈한겨레〉는 들어가지도 못해요. 그 마을에 할아버지, 할머니들만 있잖아요. 마우스 더블클릭이 안 되는 분들이니까 종이 신문 보셔야 한다고요. 그런데 거기에 〈조선일보〉가 들어가요. 그분들이 원하는 기사가 뭐예요? 노무현 공격하는 기사예요. 그리고 그런 기사를 써야 그 신문을 계속 봐요. 그러면 그 할아버지, 할머니들이 광고를 보는 거예요.

그래서 우리에게 매체라는 게 그렇게 중요한 거예요. 멋져지고 싶다고 그랬잖아요. 제품이 멋진 거 아니에요? 광고할 때 누가 제품의 기능을 설명해요? 요새는 그렇게 광고 안 하죠. 장 보드리야르Jean Baudrillard라는 사회학자가 《소비의 사회》에서 말하죠. 우리의 소비가 변했다고요. 우리에게 필요한 건 제품이 아니라 제품이 가지고 있는 이미지라고요. 생활에 편리한 것을 사는 게 아니라 이미지를 사는 거예요. 우리가 세탁기를 언제 바꾸죠? 망가져서 바꾸지 않아요. 뜨는 여배우가 행복을 가장하는 세탁기를 사는 거예요. 세탁기 앞에 서 있는 그 여자가 행복해해요. 그 여자에게 나를 투사하죠. 사야 될 것 같아요. 옛날 광고에 나왔던 여자는 불행해진 거예요. 그 여자는 불행해졌거나 늙은 거예요. 광고에는 가장 행복해 보이는 여자만 나와요. 그리고 우리는 그 여자가 행복해 하는 제품을 사는 거예요.

제 어머니 이야기를 해 드릴게요. 제 어머니는 자본주의의 화신이에요.(웃음) 제가 전에 어머니께 통돌이 세탁기를 사 드렸거든요. 진짜 좋은 걸로요. 그런데 통돌이가 끝나고 드럼 세탁기가 나오기 시작한 거예요. 이게 치명적인 거예요. 조금만 더 기다렸다가 그걸 사 드렸어야 했는데.(웃음) 어느 날 저희 어머니가 전화를 하셨는데 우울하신 거예요. 어머니가 우울해졌다는 건 물건이 필요하다는 거거든요. 그래서 뭐가 필요한지 여쭤봤더니 드럼 세탁기래요. 드럼 세탁기가 있어야 행복해질 것 같대요. 그러더니 막 통돌이 세탁기를 저주하시는 거예요. 통돌이의 하자를 막 찾아요. 아마 제가 드럼 세탁기로 바꿔 드리지 않았으면 통돌이 안에 절구를 넣어서 돌리거나 하셨을 거예요. 망가뜨릴 생각으로 말이지요. 핸드폰을 바꿀 때가 되면 우리도 무의식적이나마 자꾸 핸드폰을 떨어뜨리곤 하잖아요.

어쨌든 어머니가 왜 드럼 세탁기를 원하시는지 들어 봤어요. 어머니가 친구 집을 갔는데 그 집에 드럼 세탁기가 있는 거예요. 그걸 보니 광고에 나왔던 그 행복한 여자와 친구의 행복한 얼굴이 오버랩 되고, 그 집을 나오는 순간 어머니는 상대적으로 자신이 불행하다는 느낌이 드신 거죠. 이제 상황 끝이죠. 드럼 세탁기만이 우리 어머니를 불행에서 건져 낼 수 있으니까요. 마침내 어머니는 저한테 우울하다고 전화를 하셨던 거예요. 사실 드럼 세탁기는 세탁이 잘 안 돼요. 드럼 세탁기는 모양은 품위가 있는데 그 세제는 독해서 옷감이 다 상한다고요. 물론 우리가 원하는 것이기도 하죠. 옷이 다 망가지면 새로 사면 되잖아요.(웃음) 여러분이 원하는 게 그거예요. 우리는 이렇게 소비를 해요. 지금은 소비를 어떻게 한다고요? 행복을 사는 거예요. 가장 세련되고 모던하다는 느낌을 사는 거예요. 그래서 이분이 그러죠. 무직에 가까운 대학원 수료생인 이분 머리 위에 문장이 떠오른다잖아요. "이것만 있으면 넌 멋져질 수 있어." 그 이유는 이제 알죠. 이 모든 것이 매체 때문이라는 걸요.

지금은 진공청소기 광고를 어떻게 하죠? 진공청소기만 돌리고 있으면 남편이 꼭 껴안아 줄 것 같고 행복할 것 같은 느낌을 주려고 하죠. 행복의 이미지를 파는 거니까요. 진공청소기 돌리는데 남편이 시끄럽다고 칼 던지는 광고가 나오면 그걸 사겠어요? 연예인이 스캔들이 나면 광고에서 잘리는 이유도 그거죠. 이미지를 팔아야 되니까요. 그런데 아침잠 없는 노인분들이 텔레비전을 시청하는 새벽 네댓 시에 하는 광고는 달라요. 그 광고는 대개 업체의 사장이랑 예쁜 여성 직원이 직접 나와요. 이때 하는 청소기 광고는 이런 식이에요. 볼링공을 놓고 청소기로 빨아들여서 사장이 그 볼링공을 들어요. 그리고 옆에서 여자 직원은 깜짝 놀라고요. 충격적인 광고죠.(웃음) 그걸로 뭘 하려는지 모르겠어요. 청소기로 냉장고 흡착해서 나를 거예요? 그런데 어른들한텐 먹히죠. 어른들은 제품을 사용하거든요. 볼링공 들어 올릴 만큼 더럽게 잘 빨린다는 거거든요. 그런데 우리는 그런 게 필요 없어요. 옛날 광고는 그렇게 했지만 우리는 그런 건 절대 안 사죠. 우리에게 필요한 건 이미지니까요.

그리고 제가 앞서 매체에 대한 이야기를 했죠? 그런데 스마트폰이 나오면서 문제가 더 심각해져요. 스마트폰은 치명적인 매체예요. 끔찍하지 않아요? 인터넷을 끊으려는데 인터넷이 내 호주머니 안에 있는 거예요.(웃음) 결제도 돼요. 자본주의가 드디어 최선의 매체, 우리로서는 최악의 매체를 발견한 거예요. 데스크톱 컴퓨터나 텔레비전은 우리를 따라다니지 않지만, 스마트폰은 데스크톱 컴퓨터나 텔레비전의 모든 기능을 가진 채 우리를 스토커처럼 따라다니니까요. 이제 자본과의 전쟁에서 최고의 전선은 스마트폰이 되어 버린 거예요. 마침내 인터넷이 움직이기 시작했거든요. 이제는 영화관에도 갈 필요가 없어요. 스마트폰이면 다 해결이 되니까요. '이제는 매체와 광고를 벗어날 수조차 없다!' 뭐 이런 느낌이죠. 컴퓨터를, 스마트폰을 꺼야 된다는 건 어려워요. 최근에 스마트폰 꺼 보신 분 있나요? 배터리가 없어서 꺼지는 것 말고 자신의 의지로 꺼 보신 분 있나요? 스마트폰이 꺼져 있으면 그냥 불안하고 짜증나시죠? 스마트폰이 지금 매체의 최종 지점이에요. 스마트폰 때문에 무가지가 전멸한 거죠. 지하철에서 무가지를 왜 보겠어요? 스마트폰으로 볼 게 얼마나 많은데.

그럼 어떻게 해야 될까요? 이분의 이야기 안에 힌트가 있어요. 무언가에 집중하고 있을 때는 괜찮은데 집중이 안 될 때 인터넷 쇼핑을 하잖아요. 집중을 했을 때 괜찮다는 건 내가 주인으로 그 일을 장악하고 있다는 거예요. 집중이 안 된다는 건 그때 주인이 아니라는 거죠. 그러니까 소비의 영역으로 다시 들어가는 거예요. 주인이 아니어서 불행한 느낌이 드니까 이걸 통치려고 제품을 사는 메커니즘으로 빠지는 거죠. 인터넷 쇼핑에 안 빠지려면 일단 이분은 제일 먼저 논문을 써야 돼요. 논문이 안 쓰이면 돈이 굉장히 많이 들어요. 스트레스를 엄청 받거든요. 그럼 또 스트레스 받으니까 소비도 많이 하게 된다고요. 석사 논문 쓰고 나면 박사 논문은 또 언제 쓸 건데요? 지금 논문을 빨리 써야 돈을 아껴요. 불행하면 쇼핑을 하게 되죠. 쇼핑은 나의 불행을 덮을 수도 있단 말이에요. 그 광고에 나온 제품을 쓰면 얼마나 좋아요? 그것만 가지면 나는 예뻐 보이는데. 당연히 그거 사겠죠.

매체들이 우리한테 사라고 강요하는 게 행복의 이미지인 거라고요. 이게 언제 우리한테 더 잘 먹혀요? 우리가 불행할 때죠. 우리가 힘들 때, 우리가 스트레스 받을 때, 그 행복의 이미지를 사려고 그러거든요. 그런데 우리가 이 사실을 알았다고 해서 물건을 안 사는 건 아니에요. 할 게 없거든요. 그럼 다른 데로 관심을 돌려야 해요. 논문이 잘 안 써지면 애인이랑 사랑을 나누는 식으로요. 그러니까 가까운 사람, 남편이나 부인이나 애인이 쇼핑을 많이 하면 헤어지세요. 이미 여러분은 그 사람의 낙이 아닌 거예요. 불행하다는 느낌에서 쇼핑을 하는 거잖아요. 그러니까 나랑 같이 있는데 불행을 느끼는 거예요. 영민한 사람이라면 이런 사람과는 헤어지겠죠.

결핍과 소비의 상관관계

스물여덟 살, 5년차 직장인 여성입니다. 저는 모은 돈이 없습니다. 명품을 산 것도 아니고, 차를 산 것도 아니고, 집을 산 것도 아닌데 그렇습니다. 뭔가를 살 때도 싼 것을 찾아 사고, 택시도 타지 않으려고 노력하는데 이상하게 술 마시고 먹는 데 돈을 많이 쓰게 됩니다. 연애를 할 때도 상대방 남자가 데이트 비용을 부담하는 것이 싫어서 같이 냈고, 나중에는 제가 거의 비용을 부담했어요. 돈도 꿔 줬습니다. 연애 상대뿐 아니라 주변 사람들이 꼭 마지막에는 저밖에 없다며 돈을 꿔 갑니다.
집이 풍족한 것도 아닙니다. 어린 시절 살림이 기울어 몇 끼를 누룽지만 먹었을 정도로요. 대부분 이런 집 자녀들은 돈을 벌면 살림에 보탬이 되던데 저는 여전히 가족들과 살면서도 재정적인 도움을 주지 않고 있습니다. 아니 보탤 돈이 없습니다. 버는 족족 쓰니까요. 저의 이 잘못된 소비를 바로잡을 수 있게 도움 부탁드립니다.

월급 많이 받으세요?(웃음) 돈을 모으지 못하는 분들은 월급을 많이 못 받아서 과소비를 하게 되어 있어요. 가난한 사람은 아무리 아껴 써도 돈이 금방 떨어지죠. 가난하니까요. 이럴 때 허탈함이 밀려들어요. '제대로 화끈하게 쓰거나 뭔가 남을 근사한 물건이라도 사들였다면, 이렇게 허무하지는 않겠지.' 하면서 허무감을 예상하기 때문인지, 가난한 사람은 절망적으로 돈을 펑펑 쓰면서 과소비를 해요. 물론 이 과소비는 또 허탈함을 낳게 되겠지요. 허탈함의 묘약은 술이고요. 가난과 술 사이를 오가면서 일종의 궁핍의 악순환이 찾아오는 겁니다.

잊지 마세요. 가난한 사람이 돈을 펑펑 쓰며 과소비를 한다는 사실을. 또 돈을 펑펑 썼다고 느끼는 사람은 가난한 거예요. 저분이 써 봤자 얼마나 쓰겠어요. 술 마시고 노는 걸로 펑펑 쓰기 힘들어요. 호스트바 정도는 가야 돈을 쓰는 건데, 거기 안 가시죠? 주로 무슨 술 드세요? 〔소주요.〕 그러니까 소주 가지고 뭘 펑펑 써요, 펑펑 쓰길. 사실 가난해서 이런 문제가 벌어지거든요. 이건희 딸로만 태어났어도 이분이 쓰는 건 펑펑 쓰는 게 아니죠. 오히려 금욕적인 생활하는 것 아니냐고 할 걸요? 그리고 술 마시고 먹을 것을 찾는다는 건 여리다는 거예요. 우리의 행복함이 가장 원초적으로 충족됐었던 경험은 식욕과 관련되어 있어요. 어머니 젖에서 배고픔과 충족을 가장 강하게 느꼈기 때문이에요.

그래서일까요, 여린 분들은 스트레스를 받으면 무엇인가를 먹어요. 어쩔 수 없어요. 가장 원형적인 충족 같은 것이라서. 그만큼 먹는 욕망으로 가는 분들은 굉장히 힘든 분들일 가능성이 높은 거죠. 어느 시를 보면 이런 이야기가 나와요. 실연을 당한 채 집으로 들어온 시인은 다리 사이에 전기밥통을 끼고 앉습니다. 밥통째로 밥이랑 열무김치랑 고추장을 넣고 막 비벼서 입에 쑤셔 넣는 거예요. 그러면 입안이 가득 차면서 엄청난 충족감이 생기잖아요. 그런데 그럴 때 눈물이 쫙 흐르는 거예요. 뭔지 아시죠? 배는 부르고 입은 빵빵해졌는데 슬픈 거예요. 가슴은 채울 수 없이 텅 비어 버렸는데, 고추장과 열무김치로 범벅이 된 밥을 입에 가득 채운다고 결여가 채워지겠어요? 이제 왜 제가 먹는 것으로 스트레스를 푸는 분들이 여리다고 그랬는지 느낌이 오시나요? 가장 원초적인 어린 시절로 퇴행해서 여린 거예요. 착한 거죠. 누가 돈 달라면 돈 주고 유괴되기도 쉬운 캐릭터인 거예요. 잊지 마세요, 결여, 아이, 식욕, 여림은 동일한 의미 맥락에 있다는 것을요.

잘못된 소비는 아니에요. 술 마시고 노는 것까지 막으면 안

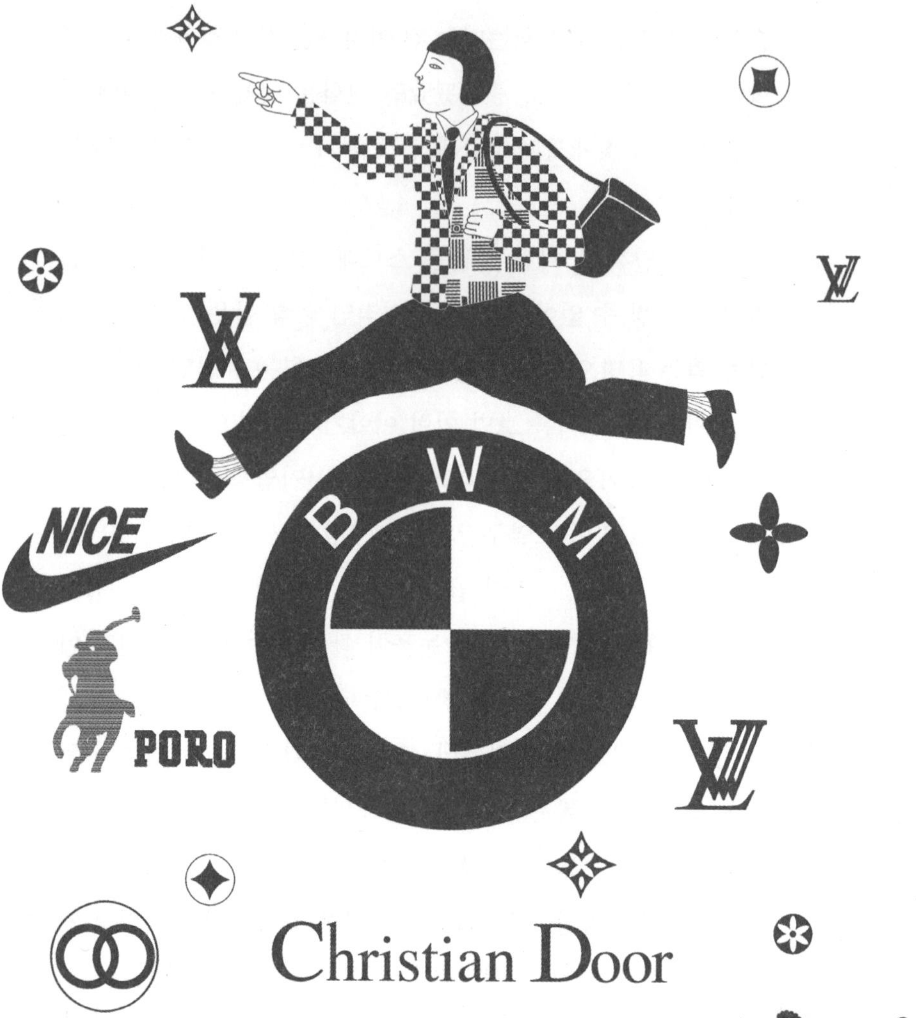
NICE
PORO
BWM
Christian Door

우리 시대의 소비는 욕구불만을 채우는 과정이죠.
불행을 치유하는 과정처럼 돈을 쓰잖아요.
소비는 일시적이나마 자유의 느낌을 주니까요.

되죠. 계속 그렇게 하세요. 안 했을 때 후유증이 더 클 거예요. 남자 친구 있나요? 〔헤어졌어요.〕 남자 친구를 사귀면 많은 문제가 해결돼요. 우리 시대의 소비는 욕구불만을 채우는 과정이죠. 불행을 치유하는 과정처럼 돈을 쓰잖아요. 주인이 되는 느낌으로 쓰죠. 그리고 그 상품을 내가 갖는다면 행복할 것이라는 기대에서 돈을 쓰잖아요. 이런 걸 하지 않는 유일한 방법은 내가 행복한 상태로 있는 거예요. 그걸 모색하셔야 되는 거예요.

이분에게는 남자 친구가 방법이 될 수 있죠. 그런데 그것으로도 해결이 안 될 수 있어요. 나중에 또 불행이 스멀스멀 와요. 남자 친구로는 충족되지 않는 결여감이 찾아올 테니까요. 그럼 또 물건 사고 돈 쓰는 거죠. 그러니까 문제는 '나를 어떻게 하면 행복하게 할 수 있는 건가'예요. 내가 충족되어 있으면 돼요. 내가 배가 부른데 음식을 먹나요? 안 먹죠. 사실 인간은 배고파서 음식을 먹는 경우가 많지 않아요. 어떤 충족 같은 거예요. 우린 개돼지가 아니거든요. 진짜 배고프면 뭘 먹어도 똑같아요. 여러분이 누군가와 어떤 레스토랑에서 근사하게 음식을 먹는다는 의미가 뭔데요. 그건 배고픔의 문제는 아니에요. 충족이에요, 충족.

소비를 과도하게 하는 분들은 지금 굉장히 불행하고 욕구불만인 상태에 있는 거예요. 어떤 식이든지 그 불행과 결핍을 채워야 되는 거죠. 무언가를 사는 건 가장 매력적이고 쉬운 방법이에요. 돈을 쓴다, 물건을 선택한다는 자유로운 느낌을 받잖아요. 돌아보세요. 여러분이 살면서 선택을 해 봤어요? 그런데 백화점에 가면 너무나 근사한 것들이 멋지게 잘 진열되어 있어요. 잘 선택당할 수 있게 물건들이 나열되어 있잖아요. 돈만 있으면 선택할 수 있는 게 너무 많죠. 인터넷 쇼핑몰을 열어도 창이 쫙 뜨죠. 내가 선택할 수 있는 거죠. 특히 여성분들은 이런 기분을 더 많이 느낄 수 있어요. 쇼핑할 때처럼 적극적으로 연애하시는 여성분은 별로 없죠. 어떤 남자를 골라서 '너다, 이리 와' 이러진 않잖아요. 조신해야 되고, 가만히 있어야 되는 경우가 많잖아요. 돌아보면 가부장제 사회에서 여성들은 선택을 하기보다 당하는 경우가 많죠. 선택당하는 삶에 익숙해지다 보면 소비의 욕구는 더 커질 수밖에 없어요. 소비는 일시적이나마 자유의 느낌을 주니까요. 강해지고 적극적으로 변하면 우리의 소비 욕구는 그만큼 약해져요. 성격이 굉장히 얌전한 사람인데 물건을 아주 많이 사는 사람들이 있어요. 평상시 소극적이고 수동적인 사람일수록 소비가 주는 자유의 느낌에 목말라하게 되는 거죠.

아, 참. 가족들에게 돈을 쓰지 않는 것은 그들을 그만큼 사랑하지 않아서예요. 어쩌면 이렇게 말해도 좋을 것 같네요. 남자친구나 주변 사람들에게 돈을 쓰는 이유는 무의식적으로 가족들에게 돈을 쓰지 않으려는 전략, 혹은 정당화일 수도 있을 겁니다. 이건 깊이 잘 생각해 보셔야 해요. 그러니까 남자 친구나 주변 사람들과의 관계에 집중하는 것처럼 보이지만, 아마 무의식적인 차원에서 그것은 가난했던 유년 시절, 그리고 아직도 가난한 가족들과 멀리하려고 하는 절절한 노력인지도 몰라요. 그렇지만 이런 노력이 죄책감을 불러일으키니까 술자리를 자주하게 되고 또 주변 사람들에게 돈을 꿔 주는 것 같아요. 이렇게 돈이 없어야 가족들을 돕지 않는 것을 정당화할 수 있을 테니까요. 결국 이렇게 가난한 유년 시절과 아직도 남루한 가족 관계로부터 자유롭지 않다면, 어떻게 제대로 된 연애나 인간관계가 가능하겠어요? 그러니 일단은 모든 죄책감을 지우고 그냥 과감하게 집에서 나와 당분간 혼자 사시는 것이 좋을 것 같아요. 눈에서 멀어지면 마음도 멀어진다는 속담도 있잖아요. 그 다음 문제는 천천히 다시 고민하시고요.

남에게만 돈을 쓰게 되는 이유

저는 저에게 돈을 쓰지 않습니다. 편의점에서 생수 한 병 살 때도 가격부터 확인하고, 배가 고파도 삼각김밥 하나 먹고 참습니다. 그런데 이렇게 모은 돈을 엉뚱하게도 제가 아닌 남을 위해 쓰고 있더라고요. 가장 크게 남에게 돈을 쓴 건 사랑하는 사람에게 큰돈을 빌려 줬던 일입니다. 아직도 그 돈을 못 받고 있고요.
이 일을 겪은 후 저는 돈에 더 비굴한 약자가 되었습니다. 얼마 전 구입한 카메라를 보며 한동안 자책을 했고요. 분명 필요했고 갖고 싶은 것이었는데도 말입니다.

저는 남들을 위해서는 돈을 만들어서라도 쓰고 자신을 위해서는 쓰지 않는 맹추입니다. 남들은 내가 돈을 써서 챙겨 줘도 누구 하나 고마워하지도 않는데 저는 왜 이럴까요. 남들에게 어떻게 보이는지가 중요해서, 돈이 있는 척하는 게 좋아서 이러는 걸까요? 이젠 스스로에게도 많이 지쳐 차라리 혼자임을 선택하게 됩니다. 어디부터 회복해야 할까요.

남들에게 어떻게 보이는지가 중요하거나, 있는 척하는 걸 좋아하는 건 아니에요. 사랑받으려고 그러는 거예요. 사랑을 주려고 해야 되는데 사랑을 받으려고 해요. 대가를 원하는 거예요. 우리가 가령 1만 원짜리 밥을 누구한테 샀어요. 그때는 기대 없이 그냥 밥을 사요. 그런데 그 사람이 나중에 나한테 2,000원짜리 떡볶이를 사 주면 확 성질이 올라오죠. 무의식적으로 우리는 대가를 원해요. 사실 좋은 관계라고 하면 상대가 떡볶이를 사 준 것만으로 충분히 행복할 수도 있지요. 금액이 중요한 게 아니라 그 사람이 최선을 다해서 사 준 거면 된 거잖아요. 돈으로 따지지 않으면 되거든요. 그게 사랑을 주는 거예요. 안 사 줘도 돼요. 상관없어요. 그냥 내가 사 주고 싶은 거예요. 그런데 사랑받으려고 하는 건, 내가 1만 원을 썼으면 그 이상이 오기를 바라는 거죠.

무슨 말인지 아시겠죠. 받으려고 하지 마세요. 받으려고 하는 게 여러분을 가장 힘들게 해요. 인생을 잘 살 수 있게 해 주는 표어를 하나 알려 드릴게요. '아님 말고.' 수동적인 게 아니에요. 여러분이 잘해 줄 만큼 잘해 준 다음에 결과가 안 나오면 마는 거예요. 아님 말고. 그런데 우리는 항상 그 대가를 생각해서 힘들어요. 무언가 와야 돼요. 남루하고 쓰레기 같은 거예요. 내가 그 사람 생일 때 그리 잘해 줬던 건 내 생일이 두 달 뒤라는 걸 고려했던 거죠. 물론 무의식적인 차원이지만요.(웃음) 어린이날과 어버이날이 있죠? 비극 아니에요? 어버이들은 어린이날에 온갖 선물을 준비하는데 3일 뒤에 아이는 카네이션으로 퉁쳐요.(웃음) 만약에 어버이날이랑 어린이날을 바꾸면, 아이들이 엄청 잘해 줄 걸요? 돈은 못 버니까 안마하고 설거지하고 난리도 아닐 거예요.

가장 슬픈 관계는 의식적이건 무의식적이건 상대방에게 받기 위해 내가 무엇인가를 주는 관계예요. 이건 사랑이 아니지요. 그냥 교환 관계일 뿐이니까요. 내가 주는 목적이 받는 것이라면, 받지 못할 때 우리는 너무 슬퍼지거든요. 이렇게 되면 관계가 심각해지죠. 아니 유치해진다고 할 수도 있어요. 어린아이 같은 생각이니까요. 사랑을 주기보다는 받으려는 건 어린아이의 덕목이잖아요. 성숙하다면 대가 없이 개도 키우고 화초도 키워요. 어른이라는 건 사랑을 주는 존재예요. 어린아이들이 사랑을 받으려고 하죠. 그리고 자신한테 제대로 안 오면 화내요. 만약 이분이 성숙해서 남에게 돈을 쓰는 거라면 좋은 거예요. 그런데 제가 보기에는 자기에게는 돈을 안 쓰고 남에게 돈을 쓰는 건 투자를 한 거예요. 사랑받으려고요. 그런데 여기에서 좀 벗어나야 돼요. 그러니까 이 문제는 잘 생각을 해 보셔야 돼요. 내가 누군가한테 주는 것 자체에 집중을 안 한다는 거예요. 받겠다는 목적이 무의식중에 깔려 있는 거예요.

대개 그래요. 난 그 사람 생일에 이만큼 준비했는데 저 사람은 내 생일에 그만큼 준비하지 않았을 때, 우리가 무의식중에 상대방에게 뭘 바랐는지 느낌이 오잖아요. 나는 100만 원짜리를 사 줬는데 상대방은 신문지로 종이학 크게 하나 만들어서 보낸 거예요.(웃음) 그걸 두고 심하다고 하면 안 되죠. 상대방은 돈을 못 벌지만, 최선을 다한 거예요. 그럼 그걸 받고 화를 낼 게 아니라 그냥 받으면 되는 거예요. 그 사람이 준 거라고요. 그 종이학을 그냥 받으려면 내가 상대방에게 준 것을 까먹어야 되는 거예요. 내가 얼마짜리를 줬다는 걸 까먹어야 돼요. 그런데 우리는 이걸 까먹기가 힘들어요. 부모님들이 여러분에게 얼마 주는지 모르고 그냥 주실 때 있을 거예요. 물론 화가 나면 '너한테 들어간 돈이 얼만데!' 이런 말씀도 하시죠. 그런데 대개 그냥 주시죠. 사실 그 때문에 그나마 부모가 위대하다는 느낌을 받는 거예요. 부모가 스스로 자기 권위를 붕괴시킬 때는 '너한테 지금까지 들어간 돈이 얼마인지 알아?', '내가 너 학원이며 어학연수며 어떻게 보냈는데' 이럴 때죠. 부모님이 이렇게 나오면 우리는 바로 이렇게 말하면 되죠. '얼마야? 주면 되잖아.' 이러면 관계는 끝나는 거예요. 물론 그게 그 부모님의 진심은 아니겠지만요. 그러니까 받으려고 하지 마세요.

왜 지금 본인이 주변 사람들한테 아낌없이 주는지 아세요? 사랑받으려고 그러는 거예요. 그런데 원했던 사랑이 오지 않으니 속상한 거죠. 그러니 이제는 아예 혼자임을 선택하게 되는 경지에까지 이른 거예요. 그렇지만 제가 슬픈 예언을 하나 해 볼까요. 또 시작하실 거예요. 혼자 있는 것이 오래되면 또 사랑받고 관심받고 싶으실 테니까요. 그러니 다시 누군가에게 돈을 쓰면서, 사랑을 구걸하게 되겠지요. 그러니 생각을 바꾸세요. 기쁘게 줄 수 있는 사람이 옆에 있어서 좋다고 생각해 보세요. 그리고 얼마를 주었는지는 잊어버리려고 노력하세요. 100만 원을 준 것을 잊으려는 노력이 성공한다면, 상대방이 미약하나마 지금 본인에게 무엇인가를 하려고 하고 있다는 것이 눈에 들어올 테니까요. 식당에 앉아서 상대방은 아주 고마운 마음을 담아 정성스레 잔에 물을 따를 수도 있고요, 아니면 기분을 풀어 주기 위해 썰렁한 농담이라도 던질 수도 있지요.

돈 없이도 삶의 질을 유지하는 방법

〔 저는 소비를 악으로 여기는 아버지와 소비를 삶의 흥으로 〕

여기는 어머니 아래서 자랐습니다. 시간이 흐르면서 어머니와 비슷한 성향을 가지게 되었고요. 저는 내일이 보장되지 않기에 오늘을 행복하게 사는 것이 가장 중요하다고 생각합니다. 어릴 때는 집이 가난했지만 아버지 사업이 잘되고부터 큰 망설임 없이 소비 생활을 누려왔습니다. 먹고 싶은 것을 먹고, 사고 싶은 것을 사면서부터 삶의 질은 놀라울 정도로 나아지더군요.

그런데 최근 아버지께서 암 진단을 받게 되었습니다. 치료를 받으시면서 사업을 접으셨고 집안 사정도 함께 어려워졌어요. 유학 생활을 하던 저는 학위 과정을 그만 두고 가족을 부양해야 하나 진지하게 고민하다가, 이기적으로 공부를 계속한 끝에 얼마 전 박사 학위를 받았습니다. 취업 비자를 받으러 한국에 잠시 들어와서 보니 아버지는 어머니와 저의 모든 소비를 죄악시 여기며 비난을 하시더군요. 어머니는 이제 그 어떤 소비도 자유롭게 할 수 없는 본인 삶을 가리켜 '말년이 안 좋다'고 표현하시고요. 저 역시 유학 생활 후반부터 지금까지 극도로 소비를 자제하면서 지내고 있어요.

다시 외국으로 돌아가면 내가 거지같이 살더라도 부모님의 삶의 질을 조금이나마 회복시켜 드리기 위해 매달 달러를 부쳐야 하나 싶기도 하고, 부모님의 노후를 내가 왜 책임져야 하나 싶기도 하고, 30년을 키워 주셨으니 이제는 내가 그분들의 부모가 되어야 하나 싶기도 합니다. 어째서 소비가 삶의 질을 좌우하게 되었는지 의문도 듭니다. 돈이 많지 않아도, 소비를 할 능력이 떨어져도 삶의 질을 유지할 수 있는 방법이 있을까요?

백화점에서 카드 막 긁는 아주머니들은 남편의 연봉이 세다고 생각하면 대개 맞아요. 서울 소공동 쪽에 백화점이 많이 있잖아요. 그 근처가 차 막히는 시간이 언제인지 아세요? 오후 3시부터 5시까지예요. 직장인들은 직장에 있을 시간인데 이들은 도대체 누구죠?(웃음) 아주머니들이 물건 사고 나오는 거예요. 그녀들에게는 굉장히 권위적인 남편이 있을 겁니다. 남편이 돈을 주니 주인이고, 돈을 받은 아내는 노예이죠. 그렇지만 누가 노예라는 느낌을 달가워하겠어요. 그러니 돈이나 카드를 들고 백화점에 들르는 거죠. 이번에는 돈을 쓰는 사람이 주인이고, 상품을 파는 사람이 노예니까요. 좌우지간 돈을 가진 사람에게 우월성을 부여하는 것이 바로 자본주의 체제입니다. 사실 남편의 권위도 아내와는 달리 그에게 돈이 있었기 때문에 발생한 거지요. 백화점에서 아내들은 자신에게 남편이 행사하던 권위를 점원 앞에서 반복하고 있는 셈입니다. 그녀들은 남편의 권위에서 벗어날 수 있는 작은 해방구를 백화점에서 찾은 것이죠. 자유를 누리기 위해서는 소비를 더 해야 돼요. 사실은 부인의 소비를 줄이게 하는 방법은 남편이 부인을 주인으로 모시는 거예요. 그러면 절대로 소비하지 않아요. 왜 괜히 바깥에 나가겠어요. 집에 노예가 있는데.(웃음) 인간은 다 자유롭고 싶어 해요.

아버지가 권위적이라는 것은 아버지만이 가정에서 자유를 행사한다는 것을 의미해요. 돈을 번다는 것을 나머지 가족들에게 유세하는 분인 것이죠. 나름대로 자긍심이 강하셨던 어머니가 선택한 것이 소비인 거예요. 그러니까 '가정에서는 네가 주인 노릇해라. 나는 네가 벌어 온 돈으로 백화점에서 주인 노릇하겠어'라는 일종의 소극적인 저항인 셈이지요. 그럴수록 아버지는 소비를 악으로 여기게 되었고, 동시에 이에 대한 반감으로 어머니는 소비를 인생의 낙이라고 더 밀어붙이게 된 거죠. 왜곡된 사랑의 후유증, 혹은 생채기라고 할 수 있습니다. 지금 상담을 요청하신 분은 외국에서 박사 학위까지 취득하셨다니 나이가 어느 정도 있는 분이에요. 그렇다면 부모님도 연세가 높은 편일 거고요. 문제는 제가 어떤 이야기를 이분께 드려도, 그것으로 부모님을 바꿀 수는 없다는 점입니다. 이미 너무 오랫동안 제2의 천성처럼 만들어진 부모님의 내면을 바꾸는 것은 정말 힘든 일이에요. 이미 부모님이 할아버지, 할머니가 되어 버렸으니까요. 어쩌면 그렇게 한 분은 소비를 악으로, 다른 한 분은 소비를 낙으로 생각하시며 살도록 내버려 두어야 할지도 몰라요.

참고로 자본주의 사회에서 과소비가 어떤 의미를 지니는지 알려 드릴게요. 사실 과소비만큼 자본주의가 좋아하는 것도 없어요. 무조건 좋아할 수밖에 없지요. 돈이 도는 거잖아요. 자본주의는 여러분의 개성을 강조하죠? 왜 그럴까요?. 여러분이 동생이랑 옷을 같이 입으면 안 되거든요. 제품이 두 개 팔리느냐, 하나 팔리느냐의 문제예요. IMF 시절 기억나세요? 헤지 펀드가 들어와서 문제가 벌어졌고 정부 당국에서 외환을 통제하지 못해서 외환위기가 온 거죠. 정부 당국의 잘못이고, 헤지 펀드 잘못이고, 세계 자본의 문제였거든요. 그런데 그걸 공격하지 않았어요. 어떻게 했어요? 외환위기의 원인과 책임을 정부 관료나 자본가들은 자신들의 외환 관리 부실에서 찾지 않고 우리의 과소비 풍조에서 찾았잖아요. 그래서 아껴 쓰게 했잖아요. 우리가 자신의 과소비 때문에 외환위기가 온 것이라고 믿게 하려고요. 그래야 정부와 자본가를 공격하지 않을 테니까. 아나바다 운동 기억 안 나요? 아껴 쓰고, 나눠 쓰고, 바꿔 쓰고. 다시 쓰고. 그런데 재벌이나 장관들이 서로 모여서 물건을 바꿔 쓰는 것 보신 적 있으세요? 절대 안 그러죠. 사실 아껴 쓰고 나눠 쓰고 바꿔 쓰고 다시 쓰면 자본주의는 붕괴돼요. 그런데도 정부나 자본가들은 자신들의 책임을 우리에게 전가하는 거예요. 너희들이 과소비해서 그런다고 탓을 하는 거죠. 지랄을 하네요. 우리는 과소비해야죠. 쓰라고 돈 줘 놓고서. 우린 그냥 쓴 거예요. 그런데 이렇게 길들여 놓고서는 어느 순간 여러분에게 책임을 돌릴 거예요.

 소비의 자유는 허구적인 자유죠. 돈이 있어야만 소비를 할 수 있으니, 소비의 진정한 주체는 사실 돈이거든요. 소비를 통해 우리는 자유라는 환각을 얻지만, 그 대가는 치명적이지요. 돈이 없어지니까요. 이제 다시 자유롭다는 느낌을 얻으려면 돈을 벌어야 하고요. 자유라는 환각에서 벗어나 진정한 자유를 찾는 방법은 없을까요? 선택지를 내가 만들면 돼요. 노동자는 뭔가를 만들죠? 물건을 만들잖아요. 그런데 노동자가 만드는 건 자기를 고용한 사람, 그러니까 사장이 원하는 물건을 만드는 거예요. 내가 원하는 물건을 만드는 건 아니에요. 그리고 내가 사는 것들도 시장에 나와 있는 것들 가운데 하나를 고를 뿐이지 내가 원하는 것을 사는 건 아니에요. 주어진 것 중에 하나를 구하는 거라고요. 그러니까 내가 절대적으로 자유롭지는 못하죠.

여기에서 벗어날 수 있는 방법은 여러분이 생산자가 되는 거예요. 내가 만들고 싶은 걸 생산하는 방법이에요. 글을 하나 쓴다거나 텃밭을 일구는 거예요. 내가 만들고 싶은 걸 생산하면 삶의 질은 굉장히 많이 올라가요. 그 행동의 주인이 나이니까요. 그런데 누구 돈을 받고서 제품을 만들거나 개발하면 자긍심이 없어요. 돈 많이 벌어서 뭐해요. 물건을 사도 그 물건들은 내가 만든 게 아니잖아요. 진정한 자유는 선택지 중에 하나를 고르는 게 아니라 선택지 자체를 만드는 거예요. 여러분들이 아무리 고르면 뭐해요. 그 선택지를 만든 거 아니잖아요. 광고에 나오는 상품 중에 선택하는 것 아니에요? 네 개 중에 하나 고르는 것보다 다섯 개 중에 하나 고르는 게 더 자유로워 보여요? 진정한 자유라는 건 선택지 자체를 자기가 만들 수 있다는 걸 말하는 거예요.

 참, 아직 이야기하지 못한 것이 하나 있네요. 소비를 악으로 여기는 아버지와 소비를 낙으로 믿고 있는 어머니를 부양해야 되는지 고민이라고 하셨죠? 이 문제는 좀 다른 각도에서 출발을 하셔야 해요. 부모님께 돈 받고 지내시는 분들 있죠. 계속 받아서 쓰세요. 다 갚게 되어 있어요. 어차피 나중에 부모님이 거동을 못하게 될 때 업어야 돼요. 그런데 그때 되면 버리고 싶은 생각도 들어요. 그럼 버리세요. 버리고 나서 감당을 할 수 있으면요. 그건 그때 가서 문제인 것 같아요. 버리질 못하기 때문에 버릴까 말까 이러죠. 감당이 된다면 버리셔도 돼요. 감당이 안 되면 어쩔 수 없는 거고요. 많은 사람들이 부모님이라는 이유로 부모님을 돌보는 게 아니에요. 저 사람을 누가 돌봐요. '내가 개도 한 마리 키우는데' 하는 느낌으로 부모를 돌봐요. 애잔한 거죠. 아마 지금 부모님을 돌본다는 생각을 하면 부담스러울 거예요. 나한테 부모는 무서운, 명령하는 존재잖아요. 그런데 왜 내가 잔소리 듣고 명령 들으면서 부모를 돌봐요. 미쳤어요? 그런데 이렇게 생각을 해야 돼요. 저 할아버지, 할머니를 어디다 버려둘 거냐고요. 그러니까 부모가 아닌 나이 들어서 죽어 가는 어떤 사람이 될 때 도와주게 되어 있어요. 이건 굉장히 중요한 문제예요.

 부모가 절대적인 권위가 있는 존재로 나한테 다가왔을 때는 못 도와줘요. 특히 아버지가 가부장적 성향이 강하시잖아요. 소비도 통제하시고. 그러니 더 애착이 없죠. 그런데 시간이 더 지나면 부모님 기력이 현저히 떨어지실 거예요. 누가 도와야 되고 업어 줘야 되는 문제가 벌어졌을 때 그 사람들이 '권위적이고 나를 통제했던 부모'라는 생각이 들면 버릴 수 있어요. 관계를 끊을 수 있다고요. 하지만 '저 측은한 사람들을 누가 돌보지' 하는 생각이 들면 도와주게 되어 있어요. 다시 미국으로 들어가실 거예요? [예. 일하러.] 그냥 가시면 돼요. 지금 안 돌봐도 돼요. 연락이 올 거예요. 부모님이 입원했다고 보호자를 찾거든요. 그때 결정하시면 돼요. 부모라는 의식이 들면 참 도와주기 힘들어요. 나한테 절대적인 권위를 행사했던 존재들이잖아요. 근본적인 거부 반응이 거기에서 나와요. 항상 부모는 나에게 억압자로 다가온다고요. 계속 억압당하는데 내가 왜 도와야 되느냐는 느낌이 든다고요. 그런데 나중엔 부모들이 나를 억압도 못해요. 부모님이 측은해진다고요. 그러면 돌봐 줘요. 사납게 달려드는 개는 돌봐 주고 싶지 않죠? 그런데 나에게 짖던 개가 어느 날 이빨도 다 빠져서 낑낑거리고 있으면 도와주게 되어 있거든요. 그러니까 지금 결단하지 마세요. 지금 이분의 고민은 관념적인 거예요. '부모를 왜 도와야 되나' 이런 생각이 든다는 건 부모로부터 독립하고 싶은 마음이 더 강하다는 거예요. 여러분이 충분히 독립하고, 부모가 의존적으로 변하고 나약해졌을 때 도울 수 있을 거예요. 효도 차원에서 부모를 돌보는 건 오래 못 가요. 부모의 권위를 받아들인다는 이야기니까요.

자본주의적 삶을 탈피하고 싶지만
돈도 필요합니다

저는 이제 막 사회인이 된 스물일곱 살의 여성입니다. 박사님의 책과 강의를 접하며 자본주의에 끌려 다니지 않으려 노력하고 있습니다. 그런데 요새 고민이 하나 생겼어요. 진급을 위한 시험을 봐야 하는지 말아야 하는지 갈등 중입니다. 이 진급 시험은 중요한 시험입니다. 시험에 합격하지 못해 계약 연장이 안 되어 나가게 된 사람도 봤고, 진급을 하면 정규직 전환이 될 수 있다는 소문도 돌고 있거든요. 그래서 동료 사이에 보이지 않는 경쟁심도 느껴집니다. 하지만 진급을 해야 인정해 주는 분위기, 진급으로 얻는 것이 동료를 밟고 올라 선 대가라는 것을 잘 이겨내지 못하겠어요.

그런데도 제가 고민을 하는 건 진급을 하면 한 달에 80만 원을 더 받을 수 있기 때문입니다. 돈 때문에 흔들려요. 학자금이며 돌아가신 아버지가 남긴 빚이며 돈 들 구멍은 왜 이리 많고, 하고 싶은 건 또 왜 이리 많은지 모르겠습니다. 손바느질, 차 마시며 책읽기, 음악듣기, 산책하기, 등산 등 좋아하는 것도 많고 배우고 싶은 것도 많아요. 좋아하는 책 정도는 사서 읽고, 음반도 사서 듣고 싶습니다.

머리를 싸매고 진급 시험을 봐야 할까요, 아니면 쪼들리면

⌊ 서 사는 게 옳을까요? 저는 계속 자아분열 중입니다. ⌋

제가 쓴 책을 많이 읽으셨다고 했는데, 잘못 읽으신 게 분명해요. 직장에 다니는 건 자본주의적으로 사는 게 아니에요. 그건 착취당하는 거예요. 자본주의적 인간이라는 건, 일을 안 하면서 돈 가지고 먹고사는 인간들을 말하는 거예요. 여러분이 집을 하나 사서 월세로 먹고살고 있다면, 주식 투자로 돈 벌고 있으면 자본주의적 인간인 거죠. 돈만 얻는 거니까요. 직장을 다니는 건 자본주의적인 게 아니에요. 불쌍한 인간인 건 맞지만요.(웃음) 윤리적으로 타락한 건 아니에요. 불쌍한 인간일 뿐이지요. 그렇게 돈 벌어서 돈 쓰고, 돈 벌어서 돈 쓰고 사는 거잖아요. 내가 취업을 했다고 해서 자본주의적 인간이라는 건 아니에요. 일하고 먹고사는 건 굉장히 소중한 거고, 누구나 다 해야 되는 거예요. 개돼지도 하는 거예요. 사자도 일하고 다람쥐도 일해요. 사자는 사슴을 사냥하고, 다람쥐도 도토리를 따잖아요. 우리 인간도 동물이라서 그렇게 산다고요.

우리가 저주해야 되는 건 뭐냐면, 인간인 주제에 건방지게 일도 안 하고 편히 먹고사는 거예요. 그냥 월세를 받고 주식 투기로 돈을 벌어요. 물론 그들은 기업을 운영한다고 이야기를 하죠. 그런데 그건 심심해서 하는 거예요. 우리랑은 달라요. 노름꾼처럼 되는 거예요. 돈 벌어서 물건을 사려고 하는 게 아니라, 희열 때문에 하는 거거든요. 그래서 주식 투자도 하는 거예요. 진짜 자본가는 여러분을 이렇게 유혹해요. '너 언제까지 돈 벌래? 너 아직도 돈 버니?' 돈을 번다는 게 게임인 사람이 있어요. 그게 자본가예요. 우리는 일하고 돈 벌면서 꿈을 꾸죠. 여행도 하고 싶고 옷도 하나 사고 싶죠. 우린 예쁜 거예요. 그런데 걔네들, 자본가들은 그런 거 신경 안 써요. 노름하는 사람 얼굴 본 적 있어요? 퀭해요. 순수하게 돈만을 원하는 그 눈빛. 자본가들이 그런 거예요. 자본주의적이라는 건 그런 거라고요. 여러분 가운데 자본가적 마인드 가진 사람은 거의 없어요. 이분은 자본주의적이라는 것에 너무 엄격한 잣대를 들이대는 것 같아요. 그러니 일단 돈을 번다고 해서 자본주의적인 것이라고 생각하시는 것부터 그만 두세요.

그리고 본인이 진급을 하면 80만 원을 더 받을 수 있다는 거죠? 80만 원이면 굉장히 커요. 이런 식으로 자본주의는 우리를 유혹하지요. 상과 벌을 가지고 말이에요. 그래서 자본주의 사회는 검투사 경기와 비슷해요. 물론 1등을 한 사람은 순간적으로 승리를 얻기는 해요. 그런데 내일이면 그 사람은 1등을 놓고 다시 싸워야 해요. 그렇지만 내일도 1등을 하리라는 보장은 없잖아요. 그러니 긴장되고 불안하기만 하지요. 이런 상태를 벗어나 평화를 얻을 수 있는 방법이 없을까요? 있어요. 누군가의 칼에 찔려 죽어야 긴장과 불안을 야기하는 검투사 경기에서 벗어날 수 있어요. 자본주의의 논리, 경쟁의 논리가 그거거든요. 싸울 수밖에 없어요. 자본주의 사회에서는 돈이 없으면 못 움직이잖아요. 좋아하는 것을 하려면 돈이 들어요. 손바느질을 하려고 해도, 책을 사려고 해도 돈이 들어요. 그러니까 좋아하는 걸 하는 그 자체가 소비를 하는 거예요. 이렇게 하고 싶은 것이 있으면 돈이 있어야 하고, 돈을 벌기 위해서는 경쟁을 해야 하는 그런 검투사 경기에 지금 들어가 계신 거예요.

물론 '난 이렇게 살겠다' 하는 꿈이 있다는 건 굉장히 소중한 거예요. 그런데 진정한 꿈이 있고 개꿈이 있죠. 진정한 꿈이라는 건 극복되는 현실이 보이는 거예요. 공부는 안 하면서 나중에 우주비행사 될 거라고 하는 애들 있죠? 이런 건 개꿈이죠. 그런데 진정한 꿈을 꾸게 되면 자신은 그 꿈을 실현하기 위해 무엇인가를 하고 있을 거예요. 진정한 꿈을 꾸면 우리는 그걸 이루려고 하니까요. 진정한 꿈에도 문제는 있어요. 그것이 나의 꿈인지, 아니면 부모나 사회의 꿈인지 헷갈릴 수 있으니까요. 그 꿈이 나의 꿈인지 알려면, 그 꿈을 이루어 보아야만 해요. 가령 어떤 사람이 사학과를 가고 싶었는데 사실 부모님의 영향이었을 수도 있어요. 이 사람이 사학과에 합격해서 입학하는 날, 허탈한 느낌이 들면 내 꿈이 아닌 거예요. 만약 입학을 했는데 '이제 시작인 걸. 재미있겠다' 이런 마음이 들어야 여러분의 꿈인 거죠.

제가 전에 사찰에서 만난 사람 이야기를 해 드릴게요. 공무원이 되고 싶어 했던 사람이었어요. 공무원 시험에 합격하기가 어렵다 보니 이런저런 고민 때문에 출가학교에 온 것 같더라고요. 그런데 이 사람이 며칠 절에 있더니 공무원이 의미가 없는 것 같다는 둥 거의 해탈을 하려고 하는 거예요.(웃음) 며칠 만에 정신을 못 차리게 된 거죠. 그때 제가 그 사람에게 이야기했습니다. 공무원이 된 다음에 버리라고요. 공무원이 좋은지 그른지는 오직 공무원이 되었을 때에만 판단할 수 있다고 말이죠. 내 꿈이 아니라 사회에서 각인된 꿈들이 있어요. 멋있어 보이는 꿈도 있고 남의 칭찬을 받게 되는 꿈도 있죠. 그런데 그게 내 꿈인지 남의 꿈인지는 몰라요. 그러니까 어쨌든 이뤄야 되는 거예요. 그때가 되어야 알아요. 나의 꿈인지 혹은 남의 꿈인지. 그렇게 배우는 거죠.

진급 시험을 쳐 보세요. 물론 지금 직장에서는 경쟁의 논리를 직원들 사이에 깔아 놓으려는 거예요. 사실 그러면 안 되는데 경쟁의 조건을 걸었다고요. 진급을 해야 정규직이 될 가능성도 있다고 하고. 물론 제가 보기에는 정규직 전환이 쉽게 되지도 않을 것 같아요. 그렇지만 일단 80만 원을 더 주는 것은 확실하잖아요. 80만 원 원하시잖아요. 그럼 시험 보세요. 시험 본 다음에 봅시다. 이건 너무 못할 짓이라는 생각이 들면 그때 때려치워요. 그건 다음 문제예요. 남들이 나쁜 짓이라고 말해도 상관없어요. 중요한 것은 지금 80만 원을 원하고 있다는 점이니까요. 그러니 시험 보라는 거예요. 저는 그렇게 해야지 자기 점검이 된다고 보거든요. 아니면 내가 진짜 원하는 걸 못하고 살아요. 어떤 꿈이 생긴다면 반드시 얻으려고 하셔야 돼요. 얻은 다음에 버리든가 말든가 하는 거예요. 얻었을 때 '이건 내 것이 아니구나'라는 것을 알아요.

다른 이유를 들어서 자기가 원하는 걸 얻으려는 노력을 하나씩 접으면, 여러분이 할 수 있는 건 하나도 없어요. 의심하는 이유가 뭔지 아세요? 대개 거길 가기가 힘들 것 같으니까, 그걸 정당화하기 위해서 의심한다고요. 이분이 여러 가지 이야기를 했죠. 자본주의가 어떻다는 이야기도 들었는데 다른 사람을 밟고 올라도 괜찮은 건가 등등. 지금 비겁해진 거예요. 제가 〈쫄지 마〉 편에서 말씀드렸죠. 너무 많이 배우면 비겁해질 수 있다고요. 무식해야 용감해져요. 그리고 용감한 사람만이 미남을 얻든 추남을 얻든 무엇이든 얻을 수 있어요. 어떤 걸 할 때는 무식해져야 돼요. 그렇지 않으면 머리로만 배운 걸 가지고 자신이 지금 하지 않는 것, 혹은 하기 힘든 것을 정당화할 수도 있어요. '왜 시험 안 봤어?'라고 누가 물으면 '자본주의의 병폐를 봐라. 내가 시험에 합격하면 사람들을 짓밟는 거잖아'라고 말하면서 정당화할 수 있죠. 그런데 그렇게 이야기를 해도 속으로는 찜찜할 거예요. 이 80만 원을 원하는 건 자본가적 근성이 아니에요. 이 80만 원 가지고 다른 꿈을 꾸시잖아요. 좋아하는 걸 하려면 돈이 필요하고, 학자금도 갚아야 되고요. 그리고 이걸 모으면 지금은 꿈꾸지 않는 다른 꿈을 꿀 수도 있겠죠.

물론 지금 상담을 요청하신 분은 자본주의를 혁명적으로 바꾸는 선봉에는 못 서실 거예요. 어떻게 하면 자본주의 사회에서 자그마한 행복감이라도 느끼고 살지를 고민하는 여리디 여린 분이니까요. 비록 측은하지만 그건 나쁜 생각은 아니에요. 검투사 경기를 만들어 놓은 사람들이 나쁜 거죠. 그러니까 일단 지금 중요한 건 80만 원을 원하고 있다는 거예요. 헷갈리시면 여러분 감정을 믿어요. 하고 싶다는 느낌이 조금이라도 들면 일단 해야 돼요. 그걸 누르면 평생 후회해요. 지금 시험 볼 생각이 있잖아요. 나머지는 다 시험을 보지 않으려는 잡념이거나 정당화에 지나지 않거든요. 지금 본인의 마음을 한번 돌아보세요. 시험을 보고 그 결과가 좋기를 바라는 바람이 있잖아요. 그 느낌이 들었으면 어쩔 수 없어요. 일단 시험에 합격한 다음에 버려도 돼요. 그건 정말로 괜찮아요. 산 정상에 갔던 사람이 산에 올라갈 필요가 없다고 하는 것에는 힘이 있어요. 그런데 산에 올라가지도 않고 산에 오르지 않아야 할 이유를 떠드는 건 다르죠. 그러니까 그걸 해 보셔야 돼요.

정말 위기는 진급 시험에 합격해서 80만 원을 더 받을 때 와요. 지금은 "진급을 해야 인정해 주는 분위기, 진급으로 얻는 것이 동료를 밟고 올라선 대가라는 것을 잘 이겨내지 못하겠어요"라고 말하지만, 정말 진급 시험에 합격했을 때도 이런 말을 하실 수 있을까요. 어쩌면 능력이 있으니 타인이 인정해 주는 것이고, 나보다 무능한 사람을 밟고 서는 것은 당연한 일이라고 뻐기실 수도 있어요. 슬프시죠. 자본주의가 펼쳐 놓은 검투사 경기는 이렇게 우리의 내면을 파괴해요. '동료를 사랑하면 네가 칼에 찔려 죽어라! 살고 싶으면 동료의 가슴에 칼을 찔러 넣어라!' 자, 대답해 보세요. 어떻게 하실래요? 아니, 여러분 모두에게 물어볼게요. 어떻게 하실래요? 검투사의 신분에서 해방되지 않으면, 우리는 이렇게 서로를 죽이며 살아가게 될 거예요. 이게 바로 자본주의의 무서움인 겁니다.

지금 돈을 쓰면서 즐겁게 사는 게 좋습니다

스물여섯 살의 학생입니다. 저는 돈을 벌어 본 적이 없고 부모님에게 약간의 현금과 신용카드를 받아 살고 있습니다. 부모님도 제가 학교를 졸업하기 전에 여러 경험을 해 보는 게 더 좋다고 생각하시고요.
그런데 가끔 주변 사람들과 이야기를 하다 보면 저의 소비 방식이나 돈에 대한 생각이 남들과는 조금 다르다는 느낌을 받습니다. 저는 제 또래 친구들이 결혼 자금이나 전세 자금을 모으는 걸 보면 이해가 되질 않아요. 20대에는 금을 보기보다는 하늘의 별을 보는 데 집중해야 하는 것 아닌가요? 친구들은 지금부터 돈을 모아야 나중에 편하게 산다고 하면서 돈을 모으지만, 왜 그렇게 걱정들을 한가득 갖고들 사는지 이해가 잘 되지 않아요. 친구들은 제가 경제관념이 없다고들 말합니다. 하지만 저는 돈을 모으다 죽기보다는 쓰다가 죽는 사람이 되고 싶거든요.

지금 내가 하고 싶고 즐겁고 행복한 것에 충실한 게 좋습니다. '오늘 내가 돈을 얼마 썼다'라는 것을 생각하기보다는 '오늘 하루 즐겁게 보냈다'라고 생각하는 게 좋아요. 물론 부모님에게 돈을 받아 쓰는 '등골 브레이커'이지만 죄송한 마음보다는 지금 즐겨야 할 것들을 놓치고 지나가면 그 아쉬움이 더 클 것 같습니다. 이런 제 생각이 잘못된 건가요?

귀여운 투정이 들어왔네요. 행복하신 거죠. 좋아하는 것에 소비하고 사세요. 상관없어요. 가는 데까지 가 보는 거죠. 지금은 좋은 거예요. 돈 많은 부모가 있는 건 행복이에요. 여러분이 이런 분을 질투하면 안 돼요. 여러분들이 불행한 거예요. 태어났더니 집이 가난한 거예요. 대개 가난한 부모들은 자식들을 금욕적으로 키워요. 내면적으로 키우죠. '행복은 네 마음에 있단다' 이렇게요.(웃음) 가난한 시절에 금욕적인 담론이 많이 나와요. 사회의 총생산물이 현저히 적었던 전 자본주의 사회에서는 국민들도 다 쓰게 되면 거덜이 나잖아요. 그러니까 귀족들이 자기들만 쓰려고 국민들한테 금욕을 강요하는 거예요. 그런데 자본주의 사회에 들어오면서부터 복잡해지기 시작한 거죠. 우리도 다 쓰게 되는 거잖아요. 귀족들이 썼던 것처럼. 그러니까 부유한 사람들은 우리가 막 쓰는 게 싫을 거예요. 자기들하고 우리가 똑같아지니까. 그런데 사실 우리가 돈을 막 쓸 때는 절망스럽게 쓰는 거잖아요. 그죠? '우리에게 내일은 없다'라는 마음으로 쓰죠. '내일 회사에서 잘릴 것 같으니 오늘 이 월급으로 명품 가방을 사자' 하는 절박함으로 쓰는 거죠.

어쨌든 지금 쓸 수 있으니까 쓸 수 있을 때까지 써 보세요. "오늘 하루 즐겁게 보냈다"라는 느낌을 만끽하며 써 보세요. 부모님이 화수분이 아닌 이상 언젠가 돈이 떨어질 날이 올 거예요. Welcome to the world of labor! 그러면 노동의 세계에 오시게 되겠지요. 이럴 때 이분은 "오늘 내가 돈을 얼마 썼다"라는 고민을 하게 될 겁니다. 그런데 아마 가난한 집에 태어난 우리보다는 견디기 힘들 거예요. 부모님의 돈으로 그렇게 강렬하게 소비를 했다는 건, 환각적인 자유지만 자유의 느낌을 엄청나게 만끽했기 때문이죠. 모르핀 주사를 많이 맞을수록, 금단현상도 그만큼 클 수밖에 없으니까요. 아마 그렇게 될 거예요. 한 푼 두 푼 모으기보다는 돈을 빌려서 일확천금을 노린 투기를 하기 쉬울 겁니다. 과거에 느꼈던 자유의 느낌을 어느 정도 만끽하려면 봉급쟁이 월급으로는 턱도 없을 테니까 말입니다. 제발 그때 자기를 파괴하거나 타인을 파괴하는 일을 하지 않았으면 좋겠어요. 어쨌든 열심히 쓰세요. 돈이란 건 쓰라고 있는 거니까.(웃음)

돈 없는 사랑의 괴로움

저는 서른일곱 살, 아이가 있는 이혼녀입니다. 20대에 미치도록 사랑하고 결혼을 했습니다. 결혼할 당시에도 남편은 신용불량자였습니다. 하지만 제가 능력이 있었고, 충분히 감당하며 살 수 있는 문제라고 생각했습니다. 그런데 그것은 저의 착각이었던 것 같습니다. 결혼을 하고 아이까지 낳고 나니 자본주의 사회에서 돈 없는 사랑은 정말 괴로운 것이었습니다. 밑 빠진 독에 물 붓듯 힘든 경제 생활이 지속되고, 10년의 결혼 생활은 빚과 불신으로 막을 내리게 되었습니다.

괴로웠습니다. '내가 이것밖에 되지 않는 인간인가' 하는 자괴감이 들었습니다. 돈과 조건을 보고 사랑하는 인간은 속물 같은 인간이라고 손가락질했던 저였기 때문입니다. 그랬던 제가 결국 돈 때문에 이혼까지 하게 된 것이죠. 자본주의 사회에서 돈 없는 사랑은 존재할 수 있을까요? 사랑과 돈 사이의 모순, 그리고 저의 속물적 근성은 설명될 수 있는 것일까요?

돈이 없는 남자를 만나면, 이 남자가 내 말을 잘 들어준다는 착시효과가 생겨요. 그래서 매력적으로 다가와요. 여자로서 내 마음대로 되는 남자를 만나기는 정말 어려울 거예요. 아직 우리는 너무나도 가부장적인 사회에 살고 있으니까요. 그런데 돈이 많지 않은 남자는 말을 잘 들어줘요. 사귀어 보면 알아요. 여성분들 연하 남자 좋아하시죠? 나는 직장 다니면서 돈 버는데, 연하인 남자 친구가 학생이면 대박 아니에요? 그 남자는 시키는 대로 다 해요. 그런데 그 남자는 복수의 칼을 품고 있어요. '언젠가 이 누나가 돈을 안 주면, 내가 돈을 벌기 시작하면 가만히 안 두리라.' 그래서 대개 거기서 끝나요. 사람 만날 때 조심해서야 돼요. 나에게 굉장히 의지하고 기대하는 것 같은 느낌이 들면 관계가 시작될 때 내가 우월해졌다는 느낌이 들죠. 많이 억압받고 탄압받았던 환경에서 지냈던 사람들은 누군가의 말을 들어줘야 되는 입장에 있는 경우가 많아요. 그런데 어떤 사람을 만났더니 내 말을 잘 들어줘요. 얼마나 매력적이에요? 예쁘죠. 그런데 그게 어떤 메커니즘에 있는지 고민을 해 보실 필요가 있어요.

여성이 30대 이상쯤이 되면 자기 주변에 남성들이 없어요. 다 결혼을 했거나 연애를 하고 있죠. 그럼 연하로 눈을 돌리는 거예요. 연하가 굳이 좋은 건 아니에요. 그런데 이 구조가 연하를 좋아하게 만들어요. 만날 수 있는 개체 수가 현저히 줄어들고 만나 봤자 어린애들만 내 주변에 있는 거예요. 서글픈 거죠. 사실 이 정도면 사랑이고 뭐고 거의 짝짓기에 가까워요. 짝짓기를 해야 되니까 하는 것처럼 말이죠. 또 하나는 내 마음대로 된다는 거예요. 나이 든 남자나 능력 있는 남자를 만나면 좋긴 한데 나를 좌지우지하려고 한다고요. 그런 남자들은 나를 함부로 대한다는 느낌이 있는데 연하들은 아니죠. 정신적으로도 미성숙하고 빤히 보여요. 거짓말을 해도 빤히 보여요. 돈도 없으니까 내가 먹자고 하는 거 먹어야죠. 그런데 그 연하의 남자가 독립을 하고도 나를 사랑할까, 이건 좀 다른 문제죠.

아이들은 언제나 부모님을 사랑한다고 말하죠. 그렇지만 이게 정말 사실일까요. 사랑할 수밖에 없는 것 아닐까요. 먹을 것도, 입을 것도, 그리고 학비도 주는 사람인데 어떻게 미워할 수 있겠어요. 그러니까 부모님으로부터 경제적으로 독립했을 때에만, 여러분들은 자신이 부모님을 사랑하는지 알게 돼요. 독립한 이후에 부모님을 자꾸 찾아뵙고 싶으면 여러분은 부모님을 사랑하는 거예요. 만일 의례적인 방문을 제외하고는 별로 찾고 싶은 생각이 없다면, 사랑하지 않는 거고요. 그때 알아요. 독립했을 때 아는 거라고요. 여러분이 부모님을 사랑했는지 아니었는지. 연하의 남자나 경제적으로 무능력한 남자는 항상 여러분을 사랑한다고 이야기할 거예요. 하지만 그런 남자들의 사랑은 경제적으로 무능력해서 부모님을 사랑한다고 앵무새처럼 재잘거리는 아이들의 사랑과 같다는 것을 아셔야 해요.

여하튼 다시 이분의 문제로 돌아와 보죠. 저는 결혼 생활을 하는 동안 이분의 남편이었던 분에게 문제가 있었다고 봐요. 어떤 사람이든지 간에 누구를 사랑하면 사냥을 해 와요. 주고 싶거든요. 선물도 주고 싶고, 예쁜 것도 주고 싶고, 맛있는 것도 해주고 싶다고요. 그게 사랑이거든요. 그래서 무기력한 사람도 사랑을 하게 되면 독립적으로 변하게 되는 거예요. 반면 사랑한다고 말은 하지만 계속 나한테 의존하는 사람은 뭔가 문제가 있는 거죠. 그가 사랑하는 것은 나의 경제적 후원일 수 있으니까요. 만일 이것이 사실이라면, 내가 경제적으로 파산하는 순간 그는 내 곁을 떠나갈 거예요.

본인이 속물이라는 건 문제가 아니에요. 같이 살았던 그 사람이 나를 사랑했는지 그 문제를 더 심각하게 고민하셔야 돼요. 그 사람이 진짜 주려고 했는지를 고민하셔야 돼요. 그런데 주려고 하면 뭔가를 가지고 있어야 되거든요. 어떤 사람이 돈이 없어서 결혼 생활을 못하겠대요. 얼마 못 벌어서 결혼 생활을 못하겠다는 거예요. 전 거짓말이라고 생각해요. 사랑하는 사람이 생기면 일을 해요. 누군가한테 먹을 것을 주고 싶거든요. 일을 해야 결혼을 한다? 개소리죠. 사랑하는 사람이 있을 때 일을 하는 거예요. 나 자신을 사랑해도 일을 하죠. 자기가 여행을 가고 싶으면 돈을 벌어요. 사랑을 하면 돈을 벌게 되어 있다고요. 그건 원시인들도 했던 거예요.

돈의 문제는 아니에요. 노력은 하셨잖아요. 본인은 충분히 하신 거예요. 그 사이에 본인이 가진 많은 걸 주셨어요. 남편분 자체가 문제인 거예요, 이게. 그 사람은 받는 데 익숙한 거예요.

10년이란 기간은 긴 기간이에요. 뭐를 해도 할 시간이거든요. 어쩌면 헤어진 남편분이 어린아이인지도 몰라요. 이분은 부인이면서 어머니인 역할을 하신 거예요. 아이까지 생기고 나서는 집에 아이가 둘이 된 거죠. 그리고 둘 중에 하나를 고르신 거예요. 그 남편이란 아이를 없애고 지금 아이를 선택한 거죠. 왜냐면 이 아이는 약하기 때문에 정당성이 있어요. 내가 키워야 되는데 그 느낌이 오신 거고요. 이렇게 생각하시면 되죠. 좋은 아이, 예쁜 아이를 제대로 얻었다고.

　그리고 시간이 지나면 본인을 충분히 아껴서 자기가 가진 것들을 기꺼이 줄, 줄 게 부족하면 더 많이 사냥을 해 올 수 있는 남자를 만나실 거예요. 남편이었던 분이 말로는 많이 이야기했을 거예요. 사랑한다고. 어떻게 안 그러겠어요? 말이라도 해야지. 그런데 행동은 하지 않은 거죠. 사람의 영혼은 행동에 있어요. 10년이면 그 사람의 영혼을 보기에 충분한 시간이에요. 너무 오래 당했다는 느낌도 들어요. 본인에게 문제가 있는 것 같진 않아요. 잘못 없어요. 10년이면 긴 시간이에요. 너무 많이 사랑하셨던 거예요. 그리고 결혼이 끝난 것을 본인 책임으로 생각하시는 것 같은데 그러지 마세요. 하실 만큼 다 하셨어요. 다음에 사람 만날 때는 나만 보면 자꾸 일하려고 하는 사람을 만나세요.(웃음) 〔그럼 제가 주고 싶은 사람을 만나면 안 되는 거네요.〕 줘도 돼요. 무엇이라도 주고 싶은 사람이 있었는데, 이제 그런 사람이 사라져 버린 거예요. 준다는 건 소중한 거예요. 우리는 사랑하는 사람에게만 줘요. 경제적 문제 때문에 헤어졌다기보다는 사랑이 식어서 경제적 문제가 보이게 된 거죠. 사실 사랑하면 거머리가 내 다리에 붙어서 피 빨아 먹게 내버려 두면 돼요. 경제 문제 때문에 사랑하지 않게 된 것이 아니라 사랑이 식어서 경제 문제가 보였다는 게 정답에 가깝죠. 왜 사랑이 식었는지는 본인이 생각해 보시면 되고요. 그런데 정상적이면 대개 식어요.(웃음) 전에는 줘도 괜찮았는데 어느 날 주고 싶지 않다는 생각이 드신 것 같아요. 한마디로 더 이상 사랑하지 않게 된 거지요. 그러니까 속물이니 뭐니 스스로를 자책하지도 말고요, 경제 문제 때문에 헤어졌다고 이야기하지도 마세요. 그냥 있는 그대로 받아들이세요. 남편을 사랑하지 않아서 헤어졌다는 사실을요.

사랑하는 사람에게 돈을 쓰는 방법

고민 1 저의 아버지는 노동자의 아들이었고 저 역시 노동자의 삶을 살고 있습니다. 욕망을 억누르며 살아오신 조부모님과 부모님 덕분에 생존의 곤란함은 느끼지 않고 살아왔습니다. 하지만 제가 아주 넉넉하지는 않기 때문에 없는 사람들이 대부분 그러하듯 갖고 싶은 마음을 꾹꾹 눌러 참고 살아오고 있습니다. 그런데 오랜만에 친구를 만나 등산을 같이 하려는데, 친구는 온갖 장비를 갖추고 나오더라고요. '나는 저런 비싼 물건 없이도 잘 살 수 있어' 하며 적은 돈으로 재미있게 살려고 발버둥치고 있는데 잘 차려 입은 친구나 동료들을 보면 저도 모르게 위축이 됩니다. 도대체 어떻게 써야 제대로 소비하는 것인지 잘 모르겠습니다.

고민 2 좋아하는 사람이 있습니다. 대학원에서 만난 사람이에요. 제가 더 좋아하고 있고 제가 그 사람의 사랑이 아니라는 것도 알고 있습니다. 그런데 얼마 전 갑작스럽게 그 사람이 치과 치료를 받아야 할 상황이 생겼고 그 사람이 경제활동을 하고 있지 않다는 것을 알고 있었기 때문에 적금을 깨서 제가 치료비를 내주었습니다. 그 이후로 한동안 연락이 되지 않다가 얼마 전 연락이 닿아 제가 경비를 대고 몇 개월 후에 여행을 가기로 했습니다. 여행 경비가 아깝다는 생각은 전혀 들지 않습니다.

그런데 제가 이 사람에게 돈을 쓰는 행동이 어떤 의미인지 고민입니다. 아끼는 사람에게 돈을 쓰는 것은 애정의 표시인가요, 마음을 사려는 행동인가요? 그리고 약속한 여행을 가는 것이 맞는지도 고민이 됩니다. 가지 않는 것보다 가는 것이 후회가 덜 될 것 같다면, 상대가 거부하지 않는 한 가는 것이 맞을까요?

먼저 첫 번째 고민부터 이야기해 보도록 하지요. 이분 부모님은 노동자라는 의식을 확실히 갖고 계시네요. 이 노동자라는 치욕을 갚기 위해서 돈을 한 푼 두 푼 모으셨던 거예요. 그걸 목돈 형식으로 쓰셨고요. 그러니까 노후에는 더 유복한 생활이 가능했던 거지요. 아파트도 사고 아이들도 대학에 보내고요. 우리랑은 좀 달랐던 세대죠. 우리도 그랬으면 좋겠어요. 내 월급을 충실히 모으면 더 풍요로운 생활을 기대할 수 있던 과거 우리 부모님이 살았던 시절이면 좋겠어요. 그런데 지금 우리 사회에서는 돈을 모으는 사람이 바보가 되어 버렸죠. 물가는 너무 빨리 뛰는데 그것을 따라잡을 정도로 돈을 버는 사람이 줄어들어 버렸으니까요. 지금은 비정규직과 실업이 난무해서 미래를 기약하기 힘든 불행한 시대니까요.

이분은 지금 갈등하고 있는 거예요. 돈을 모아도 의미가 없으니 '우리에게 내일은 없다'는 식으로 소비의 자유를 만끽할 것인가, 아니면 부모님처럼 알뜰살뜰 미래를 도모할까? 문제는 이분은 점점 소비의 자유 쪽으로 기울고 있다는 거지요. 명품도 사고, 좋은 등산 장비도 갖추고 그렇게 살고 싶은 거예요. 그런데 할아버지에서 아버지로부터 내려온 절약 정신이 이분의 소비 욕구를 억제하고 있지요. 아파트를 사든가 뭔가 큰 것을 위해서만 돈을 써야 한다고 믿고 있으니까요. 그런데 드디어 그런 때가 온 거지요. 대학원에 다닐 때 만났던 여자분을 다시 만난 겁니다. 이분이 더 좋아했던 여자분이었지요. 그런데 이 여자가 이분의 목돈이 필요한 때가 온 겁니다. 치과 치료를 받아야 했으니까요.

과감히 적금을 깨서 한때 호감을 가지고 있던 여자분을 도우면서 이분의 두 번째 고민은 시작되는 것 같아요. 문제는 이분이 자기가 경비를 대는 조건으로 함께 여행을 가자고 제안했다는 겁니다. 여자분은 기꺼이 함께 가자고 약속을 한 것 같아요. 이분은 고민을 토로합니다. "아끼는 사람에게 돈을 쓰는 것은 애정의 표시인가요, 마음을 사려는 행동인가요? 그리고 약속한 여행을 가는 것이 맞는지도 고민이 됩니다. 가지 않는 것보다 가는 것이 후회가 덜 될 것 같다면, 상대가 거부하지 않는 한 가는 것이 맞을까요?" 잊지 마세요. 이분이나 여자분 모두에게 여행은 섹스를 의미한다는 사실을요. 그래서 이 문제는 돈과 섹스 사이의 갈등 문제라고도 할 수 있어요.

직접 이분과 이야기를 해 봐야 할 것 같아요. 제 생각에는 여행을 가면 안 돼요. 여행을 가지 마세요. 그냥 아무런 대가 없이 치과 치료비를 준 것으로 하세요. 시간을 함께 보내는 그 즐거움, 섹스의 즐거움을 이런 식으로 얻으면 안 돼요. 무슨 말인지 알죠. 하실 수 있겠어요? 여자분이 어떻게 자신을 도와준 남자의 제안을 거부할 수 있겠어요. 지금 여자분이 여행을 허락한 것은 함께 밤을 보내서 자신이 받은 호의를 되돌려 주려는 거예요. 이게 무슨 여행이에요. 〔안 가면 후회할 것 같아서 가자고 했고 일단은 승낙을 받았거든요.〕 섹스를 하지 못한 것을 후회할 것 같아서인 거죠. 그런데 누가 먼저 가자고 그랬어요?〔제가 먼저 가자고 그랬어요.〕 그러면 여자분이 당연히 그 말을 듣죠. 치과 치료비를 적금 깨서 해 줬잖아요. 요구를 해서는 안 될 때 요구를 하신 거예요. 여자분한테 그거 굉장한 부담감일 거예요. 그녀에게 여행이 즐거울 리 없어요. 지금 본인은 돈을 줬으니 몸을 달라는 식이잖아요. 2년이나 3년 뒤쯤에 너무 사랑해서 치과 치료비 대 준 것 잊어버린 다음에 요구를 해야죠. 지금 여자분이 도움받은 것을 잊을 것 같아요? 여행 가면 그 여자분이 잘해 줄 거예요. 남자의 모든 요구를 기꺼이 들어줄 거예요. 더군다나 여행 경비마저 대 주니 어쩔 수 없지요. 왜 좋아하는 사람을 도와주고 이상한 부탁을 해요? 그건 굉장히 위험한 거예요. 본인이 그 여자분을 더 사랑하고 그 여자분은 본인을 그다지 사랑하진 않는 상황인 거죠?〔그렇죠.〕 결국 그 여자분은 남자의 요구를 받아들이면서 자신의 부채를 갚으려는 거예요. 그래서 같이 가는 거예요. 해서는 안 될 일을 한 거예요. 누군가한테 도움을 주고 다른 것을 요구하시면 안 돼요. 너무 잔인한 일이에요.

〔돈을 줬기 때문에 가자는 것보다는…….〕 거꾸로 물어봅시다. 치과 치료비를 주지 않았다면 여행을 가자는 제안을 하셨을 것 같아요? 나를 좋아하지도 않는 여자한테? 그 여자분은 이제 본인의 뜻에 잘 따르죠? 미안하고 고마우니까. 그걸 이용하

시면 안 되죠. 이러면 헤어지게 되어 있어요. 부채감을 가진 관계가 어떻게 지속되나요? 뭐든 그렇지만 누군가한테 도움을 주면서 요구를 하시면 안 돼요. 굉장히 위험한 짓이고, 상대방을 너무 힘들게 할 수 있어요. 〔왜 이 사람이 거절하지 않을 걸 알고 있었느냐면 이 사람이 여행을 정말 가고 싶어 하는 걸 알고 있었고, 가려고 하는데 기회가 안 되는 걸 알고 있었어요.〕 여행 경비도 본인이 대죠? 그 여자분은 정말 묘한 분이네요. 모든 것을 자신의 몸으로 누리려는 분인 것 같기도 해요. 사실 이런 조짐은 치과 치료비를 부탁할 때부터 있었던 거예요. 결국 그녀는 섹스로 모든 것을 얻으려는 여자분인 것 같네요. 치과도 다니고 여행도 다니고. 그리고 남자분은 섹스를 즐기고. 여행을 제안할 때, 여자분이 수락할 거라는 느낌이 들었던 건 아닌가요? 〔네. 그래서 그냥 수락할 것 같은 느낌이 들었어요. 그래서 제안을 했던 겁니다.〕 그 여자분이 본인을 사랑한다는 느낌은 없어요? 〔혼란스러워요.〕 이게 본인이 혼란을 자초한 거예요. 이전에 경제적인 도움도 줬고, 여행 경비도 본인이 대요. 여행 가자는 제안도 본인이 했어요. 그러니까 혼란스러운 거예요. 절대 그런 식으로 시작하면 안 돼요. 그 여자가 나를 사랑했을 수도 있다고 오판할 수도 있어요. 나중에 본인이 힘들어져요. 우리는 내 옆에 있고 싶어서 있는 사람을 원하잖아요. 지금 같아선 여행 가면 재밌을 것 같죠. 작은 재미는 있을 거예요. 마음껏 섹스를 할 수 있을 테니까요. 그렇지만 사랑이라는 더 위대한 재미는 없을 것 같네요. 지금 본인이 음란해서 그래요.(웃음) 금욕적인 집안에 태어나서 이성 교제 경험이 없어서 그래요.

많은 여자랑 사랑에 빠지고 잠도 잤으면 이게 지금 무슨 일을 하는 건지 아실 텐데, 너무 안타까워요. 본인이 생각하기에 너무 고귀하고 소중한 경험, 즉 섹스의 기회가 갑자기 찾아온 거예요, 지금. 견물생심이거든요. 갑자기 욕심도 나고 복잡하고 합리화하는 거죠. 한때 마음에 들었던 여자이기 때문에 적금을 깬 거예요. 그건 소중한 거예요. 내 것을 준 것이니까. 거기까지 딱 만족했으면 좋았을 것 같아요. 그리고 그 여행을 여자가 제안을 했어도 문제가 되는 거예요. 그럴 때 내가 거부하면 너무 멋지죠. '아이, 나 그런 거 아니야' 이러면 너무 예쁘잖아요.(웃음)

여행을 가지 않으면, 아마 두 사람 사이에는 사랑이 싹틀 수도 있을 겁니다. 제 느낌이지만 여자분은 '이거 바보 아니야' 하면서 쾌재를 부를 수도 있고요. 그런데 어느 쪽이든 본인은 요구를 해서는 안 될 것을 요구한 거예요. 여자분이 몸으로 모든 것을 얻으려는 사람이라면, 이분은 매춘부에게 너무 큰 화대를 주고 계신거고요. 만일 여자분이 도움받은 것을 고맙게 생각하는 정상적인 분이라면, 여자분과 만들어질 수도 있는 사랑을 미리 죽여 버리는 거예요. 나중에 결혼을 하게 되어도 평생 여자분을 본인이 의심할 테니까요. 마음을 다잡으세요. 어느 쪽이든 여행을 안 가는 게 유일한 방법이에요.

어쨌든 적금까지 깨면서 목돈을 화끈하게 쓰시긴 하네요. 그렇지만 지금 본인이 뭘 하고 있는지는 알아야 돼요. 무슨 말인지 아시겠죠. 여행을 가서 본인 뜻대로 되어도 본인이 얻는 건 딱 하나예요. 그 여자의 몸이죠. 마음은 못 얻을 거예요. 마음을 얻을 수도 있지만 본인은 계속 의심하게 될 거예요. '역시 돈을 대 줘야 되는 것 아닌가' 이렇게 되는 거죠. '내가 돈을 안 벌면 이 여자는 날 떠나' 뭐 이렇게 되면서요. 피해의식을 갖게 되면 관계가 지속될 수 없죠. 지금 관계가 지속되지 않는 방향으로 꿋꿋하게 가시고 있는 거예요. 본인이 그 사람을 좋아하는건지, 그 사람의 몸을 좋아했는지 잘 고민해 보세요.

질러도 질러도 밀려드는 공허함

저는 열아홉 살의 학생입니다. 요즘 묘하게 느끼는 공허감이 있습니다. 상품을 살 때 가장 신나는 순간은 택배 아저씨에게서 전화가 올 때라는 것을 알게 되었어요. 딱 그때까지만 최고로 가슴이 두근거려요. 택배 포장을 뜯고 난 후에는 묘한 느낌이 들어요. 비유하자면 너무 배가 고파서 급하게 먹은 삼각김밥의 유통기한이 두 시간쯤 지난 것을 봤을 때와 비슷한 느낌이 들더라고요. 컴퓨터 게임을 할 때에도 가장 신나는 순간은 게임을 다운로드하고 설치하는 순간입니다. 막상 실제로 게임을 해 보면 '맞아, 이 회사는 이런 쓰레기를 9만 9,000원 받고 팔았었지' 하고 생각합니다. 막상 질러도 행복하지 않은 느낌입니다. 이게 오아시스인지 바닷물인지 헷갈립니다. 아무리 마셔도 목이 더 마르는 것 같고, 왠지 모르게 사기를 당한 것 같습니다. 마치 관음증에 걸린 것 같기도 하고요. 물건을 볼 때만 가슴이 뛰고 막상 물건을 손에 쥐면 점점 흥분이 사그라집니다. 막상 질러도 행복하지 않은 이유, 대체 뭘까요?

　사기를 당한 게 맞아요. 내가 원하는 것을 했을 때 허탈감이 들면 내 것이 아닌 거예요. 광고 매체에서 계속 행복을 팔잖아요. 광고하는 그 물건을 가지면 행복할 것 같잖아요. 그런데 아니죠. 남의 욕망이었던 거죠. 자본가의 욕망이었거나요. 물건을 주문할 때까지는 좋은데 물건이 오면 반품하고 싶잖아요. 나의 욕망이 아니었던 거예요. 증폭된 욕망, 각인되고 길들여진 욕망인 거죠. 물건을 사 보면 알죠. 물건이 왔는데 안 쓰게 되는 거예요. 그럼 낚인 거죠. 내가 낚인 리스트를 잘 써 둬야 해요. 내가 뭐에 낚이는지 그 리스트를 잘 작성해야 돼요. 거기서 못 배우면 언제 배우겠어요. 매번 낚일 수는 없잖아요.
　이분이 열아홉 살이면 아직 '나의 욕망'이라는 걸 못 가질 나이예요. 아직은 못 가져요. 그러니까 남이 하는 것들을 한 번씩 다 해 봐야 돼요. 그래서 뭘 느껴야 되느냐면, 깊은 환멸을 느껴야 돼요. 이것도 아니고, 저것도 아니라는 걸 알아야죠. 그래야 언젠가는 내가 정말 원하는 물건이 택배로 올 수 있죠. 왔을 때 너무 좋으면 그때 시작이 보이는 거예요. 남의 욕망은 그걸 이뤘을 때 '이젠 뭐하지?' 이런 느낌이 와요. 그런데 나의 욕망은 이루면 '재밌다. 이제 펼쳐진다' 이런 느낌으로 와요. 여행을 가는 순간 재미있다는 생각이 들면 여행을 간 거예요. 그런데 숙소에 도착하자마자 '이젠 뭐하지?' 이런 느낌이 들 때가 있어요. 그러면 흉내 내서 간 거예요.

그런데 내가 하고 싶다고 생각하는 것들은 지금 이 순간에는 내 욕망인지 남의 욕망인지 알 수 없어요. 모텔에 가서 상대방과 자고 났을 때, 사랑하는 사람을 만났다면 이런 느낌이 들어야 돼요. '이제 이 사람과 이런 삶을 누려야지.' 반면 일어나서 '이젠 뭐하지? 뭐 먹으러 갈까' 이런 생각이 들면 아닌 거예요. 사랑이라는 판타지였고, 단지 자신이 원하는 것은 섹스였다는 것을 알게 된 거죠. 그게 비극이고 아프고 슬픈 거예요. 해 봐야 알 수 있다는 게 비극이고 아프고 슬픈 거예요. 미리 알 수가 없다고요.

우리가 원하는 것, 우리의 소망, 우리의 욕망은 해 봤을 때 뜨겁게 알 수 있어요. 내 것인지 아닌지. 그런데 힘들다고 해 보지 않고 접어 두면 평생 헷갈려요. 그 욕망이 내 것인지 아닌지 몰라요. 공부를 하기로 생각을 했다면 해야 돼요. 끝까지 가 봐야 돼요. 그러면 그때 돼서 알게 되죠. 내 것이다, 내 것이 아니다. 끝까지 가 보고 아니라는 것을 알게 되면 버릴 수 있어요. 그런 경험들은 책에서도 배울 수 없어요. 여러분의 몸으로 알아야 해요. 그러면서 하나씩 여러분 자신을 알아 가는 거예요. '아, 나는 이런 사람이구나.' 그러면서 안목이 높아지는 겁니다.

이번 주제의 핵심은 이거예요. 우리에게 왜 돈을 준다고요? 쓰라고 줘요. 선택의 여지가 없어요. 여러분이 선택할 수 있는 건 두 가지예요. 돈을 태우든가 쓰든가. 어느 쪽을 선택하실래요? 돈을 쓰는 순간, 우리는 소비자가 되어 소비의 자유를 만끽하는 대가로 다시 노동자의 신분으로 돌아가야 돼요. 반면 돈을 태운다면 더 이상 노동자가 되지 않겠죠. 우리의 노동을 자본가에게 팔 필요가 없을 테니까요. 하지만 생계의 위험에 빠지게 될 거예요. 생계의 위험을 느끼게 되면 결국 다시 노동자가 되겠죠.

결국 돈을 태우더라도 생계의 위험이 없을 때에만, 우리는 자본주의를 넘어설 수 있을 거예요. 그래서 유대와 연대가 필요하다고 하는 거예요. 돈을 태운 사람들의 모임, 자본주의와 다른 삶을 꿈꾸는 사람들의 상부상조가 필요한 것이죠. 등산의 경험이 떠오르네요. 홀로 산에 가는 것은 너무나 위험한 일이에요. 특히 한두 주 동안 산을 헤매는 일은요. 만일 갑자기 몸이라도 아프면 꼼짝없이 죽을 수밖에 없으니까요. 그렇지만 만일 옆에 동료가 있다면 이야기는 달라져요. 그가 나를 돌봐 주고 밥도 먹여 줄 테니까요. 물론 반대의 경우에 나도 기꺼이 그 동료를 돌볼 거예요. 자본주의에 홀로 맞서는 것은 너무 무모한 짓일 거예요. 그렇지만 동료들이 충분히 있다면, 자본주의에 의지하지 않고 새로운 삶을 개척해 볼 수도 있지요.

어쩌면 당분간 우리는 자본주의로부터 더 많은 고통을 당해야 할지도 모르겠어요. 아주 심하게 고통을 받아야, 어느 곳이든 이곳보다 좋다는 자각이 생길 테니까요. 여러분 주변에는 부모님을 떠나겠다는 사람들, 그렇지만 바로 떠나지 않는 사람들이 있잖아요. 그들은 항상 말하죠. '전세 정도는 얻을 돈이 있을 때까지 떠나지 않을 거야.' 이런 생각의 이면에는 부모님과 함께 사는 삶이 월세로 사는 것보다는 낫다는 무의식적인 판단이 전제되어 있는 거잖아요. 이렇게 해서는 집을 떠날 수 없어요. '어느 곳도 우리 집보다는 좋을 거야' 이런 생각이 들어야, 가출을 하든 출가를 하든 집을 떠날 수 있으니까요. 그래서 강의를 마무리하면서 저는 빌어 보고 싶어요. 자본주의를 넘어 더 좋은 공동체로 떠날 힘이 남을 때까지만 고통을 겪으시라고. 너무 고통을 받아 망가지면 자본주의를 떠날 최소한 힘마저도 없을 테니까요.

자본주의의 상처,
그 진단서와 처방전

> 입으로 먹고 항문으로 배설하는 것은 생리이며,
> 결코 인간적이라 할 수 없다.
> 그에 반해 사랑은 항문으로 먹고
> 입으로 배설하는 방식에 숙달되는 것이다.
>
> — 이성복, 《네 고통은 나뭇잎 하나 푸르게 하지 못한다》

진단서(1):
자본주의가 남긴 첫 번째 상처

여러분은 돈이나 카드가 들어 있는 지갑을 아차 하는 순간에 잃어버린 경험을 해 본 적이 있나요? 그런데 지갑을 잃어버렸을 때 여러분들은 단순히 돈 얼마가 없어졌다는 불편함보다는 무엇인가 그 이상으로 몹시 초조하거나 쫓기는 것 같은 느낌을 받았을 것입니다. 이러한 느낌은 과거에 돈 때문에 만들어진 트라우마로 인해 발생하는 것이지요. 어린 시절 어머니가 무엇인가를 사라고 여러분에게 돈을 쥐어 주었던 적이 있을 겁니다. 그런데 여러분은 뜻하지 않게 그 돈을 잃어버리게 됩니다. 그때 만약 어머니가 여러분을 심하게 야단쳤다면, 돈의 상실과 연결된 불안감은 어린 여러분에게 강한 트라우마로 남았을 겁니다.

성인이 된 어느 날 우연히 지갑을 잃어버렸을 때 여러분이 느낀 초조함과 불안감 역시 어린 시절의 상처가 무의식적으로 드러난 것이라고 볼 수 있지요. 자본주의가 남긴 첫 번째 상처입니다.

진단서(2): 자본주의가 남긴 두 번째 상처

자본주의는 화폐와 상품 사이의 비대칭적 교환이 반복적으로 지속되어야 유지되는 체제입니다. 아무리 화폐를 많이 가지고 있는 자본가도 자신이 가진 화폐를 튼튼한 금고에 집어넣고 있을 수만은 없습니다. 자신이 가진 화폐의 가치가 계속 떨어질 테니까 말이지요. 그래서 자본가는 자신이 가진 화폐로 노동자나 원료를 사서 상품을 만듭니다. 그리고 그 상품을 원래 투자한 화폐보다 비싼 가격으로 팔아요. 결국 자본가에게는 원래 자신이 가졌던 화폐보다 많은 화폐가 남게 되겠지요. 예를 들어 1억 원이란 투자금이 상품을 팔아서 1억 5,000만 원으로 돌아오는 것입니다. 이 과정에 숨겨진 논리를 발견하려면 우리는 다음과 같이 질문을 던질 수 있어야 합니다. '도대체 자본가가 만든 상품은 누가 돈을 주고 산 거야?' 바로 자본가에게 고용되어 노동의 대가로 월급을 받은 우리들입니다. 월급을 받자마자, 우리는 노동자에서 소비자로 번데기가 나비가 되듯이 탈바꿈한 셈이지요.

 자본주의는 상품을 가진 사람보다는 자본을 가진 사람에게 우월함을 보장하는 체제입니다. 노동력이라는 상품만을 가지고 있을 때 우리가 자본가보다 열등한 지위에 있게 되는 것도 이런 이유에서입니다. 그렇지만 월급을 받아 소비자가 되는 너무나도 짧은 한순간, 상황은 180도 달라집니다. 우리가 돈을 가지고 있고 자본가가 상품을 가지고 있기 때문이지요. 이 순간 우리는 자유롭게 됩니다. 돈을 쓸 수도 있고 쓰지 않을 수도 있고, 어떤 상품을 살지 선택할 수도 있으니까요.

 그렇지만 자본가는 우리의 이런 자유와 우월함을 견딜 수가 없습니다. 바로 돈을 회수해서 잉여가치를 얻어야 되니까요. 자본가가 다양한 유혹의 기술을 개발하는 데 혈안이 되어 있는 것도 이런 이유에서입니다. 자신의 우월성을 보장해 주는 돈을 강제로 뺏을 수 없다면, 남은 길은 자발적으로 소비하도록 유혹하는 방법밖에 없을 겁니다. 어두운 밤바다에서 오징어를 잡는 집어등처럼 화려하기만 한 소비문화는 이래서 탄생한 겁니다.

 소비자로서 상품을 고를 때 우리는 자유롭다는 환상, 혹은 자유롭다는 쾌감을 갖게 됩니다. 무엇이든지 자기가 원하는 것을 구매할 수 있으니까요. 점원의 달콤한 사탕발림은 보너스로 치고요. 그러나 상품을 구매하자마자, 우리는 지금까지 가지고 있었던 자유의 느낌이 돈과 함께 소리 없이 사라졌다는 것을 직감하게 됩니다. 바로 이 소비의 자유와 관련된 치명적인 기억이 자본주의가 우리 내면에 각인시킨 두 번째 상처입니다. 소비의 자유에 대한 동경은 물론 화폐에 대한 동경에 다름 아닙니다. 소비의 자유는 돈이 있어야 가능하기 때문이지요.

이제 어린 시절 어머니가 각인시킨 돈에 대한 상처 위에 소비의 자유에 대한 상처가 덧씌워져 버린 셈입니다. 안타까운 것은 우리 대부분은 자본주의로부터 받은 상처가 상처인지도 모르고 있다는 점입니다. 상처가 상처인 줄 모른다면, 상처는 더 곪아 우리의 소중한 삶마저 집어삼킬 수도 있는 법입니다.

**처방전:
사랑과 연대라는 인간적인 길**

일본의 철학자 가라타니 고진柄谷行人은 자본주의적 삶이 영원히 지속되어서는 안 된다고 분명히 생각합니다. 그래서 그는 대안적인 삶의 형식을 숙고했던 것이지요. 그의 고민은 마르크스가 발견한 자본주의의 일반 공식, 즉 M-C-M´를 토대로 자본주의의 운동을 중지시키는 방법에 집중되어 있습니다. 여기서 M은 자본가가 가진 초기 자본, C는 만들어진 상품을, M´는 상품을 팔아 회수된 자본을 나타내는 것입니다. 이론적으로 볼 때 M-C-M´라는 운동의 사슬 가운데 생산과정 M-C을 끊거나 아니면 유통과정 C-M´을 끊으면 자본주의의 반복되는 운동을 종식시킬 수 있을 겁니다. 생산과정을 끊는다는 것은 우리가 회사에 취직하지 않는다는 것을 의미하거나 혹은 취직했어도 파업하고 노동하지 않는다는 것을 의미합니다. 반면 유통과정을 끊는다는 것은 자본이 만들어 놓은 상품들을 구매하지 않는다는 것을 의미합니다.

과연 우리들 가운데 얼마나 많은 사람들이 취업을 하지 않은 채 생계를 유지할 수 있는 여력을 갖고 있을까요? 취업을 하지 않고 생계를 유지한다는 것은 결국 자연을 통해서 직접 생필품을 구한다는 것을 의미할 겁니다. 한편 임금을 받았음에도 생계에 필요한 상품들을 사지 않는 일은 가능한 것일까요? 소비자로서의 우리가 상품을 사지 않고 버틴다면, 산업자본은 상품 생산량을 급격하게 줄일 것이고 결국은 우리를 해고하게 될 것입니다. 자본의 운동을 교란시키려는 고진의 전략은 이론적으로는 옳은 것이지만, 자본주의 사회에서 취업도 하지 않고 소비도 하지 않으면서 우리는 어떻게 살아갈 수 있을까요? 바로 이런 문제 때문에 고진은 지금 '생산-소비 협동조합'이라는 또 다른 삶의 양식을 제안하고 있는 것입니다. 이것은 반자본주의를 선언한 사람들이 모여서 생활을 지속할 수 있도록 서로 돕는 일종의 생활 공동체라고 할 수 있는 것이지요.

고진이 제안한 '생산-소비 협동조합'은 자본주의에 익숙해져 있는 분들에게는 견디기 힘든 삶의 양식이라고 느껴질 수도 있을 겁니다. 반자본주의적 생활 공동체는 소비문화가 제공하는 화려함이나 모던함과는 거리가 먼 공동체이니까요. 백화점도 'CGV'도 '스타벅스'도 없을 겁니다. 만약 공동체의 다른 성원이 경작한 것을 혹은 만든 것을 가지고 싶다면, 여러분들은 자신이 경작한 것이나 만든 것을 제공하거나 다른 사람으로부터 받아 두었던 것을 그에게 주어야 할 겁니다. 물론 여러분에게 당장 받을 것이 없다면, 그는 나중에 수확하게 될 딸기를 달라고 말할 수도 있지요. 공연을 보고 싶다면, 공동체의 다른 성원들이 틈틈이 연습해서 공연하는 연극을 모닥불 옆에서 보아야 할 것입니다. 물론 여러분은 나중에 근사한 기타 독주회를 준비하거나 아니면 고구마를 삶아 주어야 할지도 모릅니다. 차를 마시고 싶다면 차를 기르는 분에게 방금 수확한 옥수수를 가지고 가야 되겠지요. 물론 옥수수는 나중에 주어도 상관없어요.

이런 사랑의 공동체가 불가능한 꿈에 지나지 않는다고 생각하는 분들께 마지막으로 이성복 시인의 이야기를 들려주고 싶네요. "사랑은 항문으로 먹고 입으로 배설하는 방식에 숙달되는 것"이라고 말이지요. 지금 시인은 사랑이 기본적으로 생리에 반하는 방식, 즉 우리가 가진 동물성에 반하는 방식에서 그 의미를 가진다고 역설하고 있습니다. 많은 사람들은 사랑의 의미를 사적인 연애나 가족 내부의 일 정도로 축소하고 있습니다. 그래서 내 가족만을 배타적으로 사랑하는 것은 인간의 자연스런 본능이 표출된 것이라고 이야기합니다. 한마디로 사랑이란 생리적이라는 것이지요. 그러나 이것은 동물의 사랑이지, 인간의 사랑은 아닙니다. 인간의 사랑은 생리를 거스를 때에만 그 빛을 발하는 법이기 때문입니다. 추운 날 타인을 위해 윗옷을 벗어 주기, 앓아누운 타인 곁에서 잠을 쫓으며 밤을 지새우기 등등. 인간의 사랑은 어느 것 하나 생리에 반하지 않는 것은 없는 법입니다.

가면

나의 맨얼굴을
찾아서

이번에 이야기할 테마는 가면입니다. 가면이라는 건 맨얼굴이 전제가 되어야 하는 것이죠. 그러니까 가면에 대한 질문은 내 맨얼굴이 무엇인지에 대한 질문이기도 해요. 과거 그리스와 로마 시대의 연극은 지금과 달랐습니다. 지금은 분장을 하지만 기본적으로 맨얼굴로 연기를 합니다. 그런데 고대 그리스·로마 시대에 배우는 가면을 쓰고 연기를 했어요. 웃는 가면, 우는 가면, 화난 가면, 슬픈 가면, 왕의 가면, 왕비의 가면, 신하의 가면, 시녀의 가면 등등. 그러니까 사실 배우의 표정 연기란 있을 수도 없었죠. 당시 이렇게 연극할 때 쓰던 가면을 '페르소나Persona'라고 불렀지요.

한번 생각해 보세요. 웃는 가면을 쓰고 있는 배우의 비애를 말이에요. 어젯밤에 어머니가 돌아가셨는데도, 그 배우는 웃는 가면을 쓰고 무대에 서야 하는 거예요. 연극이 끝난 뒤 어느 귀족이 등을 탁 치면서 배우에게 '오늘 너 정말 웃겼어'라고 이야기해요. 이럴 때 배우는 얼마나 슬프겠어요. 아직 벗지도 않은 그 웃는 가면 밑으로 눈물이 흐를 것 같지 않나요? 어머니가 돌아가셨는데 광대놀이를 하는 자신의 신세가 얼마나 처량하겠어요. 서양의 속담에는 '쇼 머스트 고 온Show must go on!'이란 말이 있어요. '쇼는 계속 되어야만 한다'는 의미지요. 그러니까 네 속

내가 어떻든 연극은 지속되어야 한다, 혹은 네가 어떤 감정 상태에 있든 사회 생활은 장애 없이 지속되어야 한다는 뜻이죠.

이렇게 자신의 맨얼굴을 무시하고 주어진 가면을 쓰고 연기하는 것을 서양에서는 인격이라고 이야기해요. 인격이 영어로 무엇인지 아세요? '퍼스낼리티Personality'예요. '페르소나를 유지함' 정도의 의미일 겁니다. 슬퍼도 기뻐야 하는 상황이라면 기쁨을 표시하고, 기뻐도 슬퍼야 할 상황이라면 슬픔을 표시하는 사람, 이런 사람이 바로 '퍼스낼리티'를 갖춘 사람, 즉 인격자라고 불렸던 겁니다. 서양의 주된 전통은 맨얼굴을 부정하고 가면을 긍정해요. 그렇지만 스피노자Baruch de Spinoza나 니체처럼 서양 전통 일반을 공격했던 철학자들은 가면보다는 맨얼굴을 긍정하려고 했지요. 스피노자가 이성理性보다는 우리 개개인의 감정을 긍정한 것도, 니체가 짐을 지고 사막을 걷는 낙타처럼 억지로 사회적 역할을 수행하는 어른보다는 자기감정에 솔직한 어린아이를 이상형으로 보았던 것도 모두 그들이 가면보다는 맨얼굴을 중시했기 때문이지요.

흥미로운 건 동양의 사유 전통에서는 가면보다는 맨얼굴을 강조하는 경향이 강하다는 겁니다. 장자莊子도 영아嬰兒, 그러니까 젖먹이 아이의 솔직함과 순박함을 이상형으로 여겼습니다. 불교, 특히 선불교에서는 아예 노골적으로 맨얼굴을 강조해요. 맨얼굴을 찾으면 부처가 된다는 식으로 선불교는 맨얼굴을 강조합니다. '본래면목本來面目'이라는 개념이 중요한 것도 이런 이유에서입니다. '면목'이라는 건 상판대기예요. 그러니까 본래면목이라는 건 '본래 네 얼굴은 뭐야?'라는 거죠. 그것만 찾으면 해탈한다는 게 선불교의 핵심적 주제예요. 어쨌든 동서양 할 것 없이 자기의 맨얼굴을 찾겠다는 건 가면을 쓰고 살지 않겠다는, 가면 같은 것은 과감히 던져 버리겠다는 선언에 다름 아닐 겁니다. 마침내 내 맨얼굴을 찾으면 그때부터 진짜 자기 삶의 주인공으로 살 수 있다고 확신했으니까요.

──────── 가면,
약자들의 생존 방법

이제 천천히 가면의 문제, 맨얼굴의 문제, 그리고 가면과 맨얼굴의 관계에 대해 대략적인 아웃라인을 제시해 보도록 하겠습니다. 우리가 기억해야 할 기본 전제는 약한 사람이 가면을 쓴다는 겁니다. 가면을 쓰는 건 약자가 살아가는 방법이에요. 아버지가 존경스럽지 않아도 존경스러운 척하는 가면을 써야 되는 거죠. 생리적 작용이 가면을 썼는지 벗었는지를 알려 주는 단순한 기준이 돼요. 사장은 방귀를 뀌는데 나는 못 뀌어요. 약한 사람은 방귀를 못 뀌어요. 참는다고요. 그러니까 불편하죠. 그러니까 내 맨얼굴을 모르겠다는 이야기는 강해 본 적이 없다는 이야기와 같은 거예요.

부모님 앞에서 여러분 약자죠? 우리 다 약자잖아요. 그래서 우리는 그들 앞에서 가면을 쓰죠. 나중에 자신이 부모가 되면 그때는 가면을 벗을 거라고 생각하지만 그게 쉽지 않아요. 나중에 부모인 자신이 약자이고 아이들이 강자라는 느낌이 들 수도 있으니까요. 부모들이 아이들 선행 학습을 시킨다고 학원에 보내는 이유가 뭔지 아세요? 아이가 나중에 불만을 토로할 수 있으니까 그러는 거예요. 아이가 부모에게 나한테 해 준 게 뭐냐고 할 때를 대비하는 거죠. 아이들에게 상처받을까 봐 좋은 부모라는 가면, 아니면 최소한 최선을 다한 부모라는 가면을 쓰는 거예요. 이런 약한 부모들은 아이에게 맨얼굴을 보이지 않아요. '이놈아 돈 없어', '너는 머리가 나빠서 학원이 아무런 소용이 없어' 이런 이야기가 속에 꽉 차 있어도 나중이 두려워 말을 못하는 거지요. 아이일 때도 가면을 쓰고, 부모가 되어서도 가면을 쓰는 셈이죠. 이처럼 죽을 때까지 가면을 쓰는 사람들이 많아요. 신입 사원 때 가면을 쓰고 과장 때도 가면을 쓰는 식이죠.

자신이 가면을 쓰고 있다는 것을 알고 있는 사람은 스스로가 약자라는 것을 알고 있는 거예요. 그런데 가장 황당한 게 자신이 약자인 줄 모르는 경우죠. 자신이 가면을 쓰고 있다는 걸 모르는 거예요. 가면을 맨얼굴로 착각하고 있는 거죠. 세상에 쫄아 자신을 보호하려고 썼던 가면이 맨얼굴에 딱 붙어서 떼려야 뗄 수 없게 되어 버린 거죠. 두터운 화장을 10년간 지우지 않았다고 생각해 보세요. 아마 우리의 맨얼굴은 완전히 썩어 문드러져 있을 거예요. 생각만 해도 끔찍한 일 아닌가요? 맨얼굴이 이렇게 훼손되면, 이제 선택지가 없어져요. 계속 어떤 식으로든 지 가면을 써야 할 테니까 말이에요. 그러니 맨얼굴이 그나마 남아 있을 때, 가면을 벗어야 하는 겁니다. 늦지 않게요.

처음부터 맨얼굴인 사람은 없다

혹시 《자본론》 읽으셨어요? 세계는 두 종류의 인간으로 나뉘는데, 《자본론》을 읽은 인간과 읽지 않은 인간으로 나뉘어요.(웃음) 이것처럼 가면과 관련해서 원칙적으로 두 종류의 사람이 있을 수 있지요. 우선 가면을 쓴 사람과 안 쓴 사람이 있죠. 가면을 쓴 사람은 약한 사람이고요, 가면을 안 쓴 사람은 강한 사람이에요. 니체의 '초인'이나 선불교에서의 부처 정도가 가면을 벗어던지고 맨얼굴로 사는 사람의 예일 것 같네요. 한마디로 우리가 따라가기 힘든 성인聖人과도 같은 사람들이죠.

잊지 말아야 할 것은 인간이라면 누구나 가면을 쓰면서 삶을 시작한다는 점이에요. 처음부터 지금까지 계속 맨얼굴이었던 사람은 이 지구상에 없어요. 누구나 꼬맹이 시절부터 부모가 원하는 얼굴빛을 해야 된단 말이에요. 아이의 울음은 가면이에요. 아이가 왜 우는지 아세요? 울음이라는 가면을 썼을 때 어머니가 안아 주니까 우는 거예요. 우리는 어린 시절에 우는 것에서부터 연기를 시작하는 거죠. 만약 아이가 가면을 쓰지 못하게 만들고 싶으면 아이가 울 때 부모가 아이를 무시하면 돼요. 하지만 대부분 그렇지 않죠. 아이는 몇 번 울어 보니까 자기가 울면 부모가 온다는 걸 알게 돼요. 기저귀도 확인해 주고 불편한 데는 없는지 봐 주잖아요. 아이가 본능적으로 아는 거죠. '요거 좋은데? 계속 울자' 이렇게 하는 게 많아요. 누구나, 모두가 가면을 쓴다는 거예요. 이 세상 누구나 가면을 쓰고 출발하는 거예요. 아버지 앞에서, 어머니 앞에서, 선생님 앞에서 가면을 쓰는 거죠.

우리는 다 약자로 태어나요. 꼬맹이가 할 줄 아는 게 뭐 있어요? 밥 먹을 이도 없이 태어나잖아요. 걸을 수 있는 다리 근육도 없고요. 인간은 만물의 영장이 아니고 만물 중에 제일 쓰레기예요.(웃음) 태어나서 몇 년 동안은 누군가 도와주지 않으면 죽어요. 태어나서는 이도 없고 걷지도 못하고 기지도 못해요. 아프리카 초원에서 초식동물이 태어나면 그 새끼는 한두 시간 내에 걸어야 돼요. 그 새끼는 태반이랑 같이 툭 떨어지면서 피 냄새를 풍기며 세상에 태어나요. 초원에서 피 냄새가 쫙 풍기면 한 시간 사이에 하이에나들이 몰려들어요. 그 어미는 갓 태어난 새끼를 업을 수도 없어요. 초식동물이 새끼 업는 거 봤어요? 태반에 걸려서 발이 꼬여 있는 새끼도 한두 시간 안에 못 걸으면 그냥 놓고 가요. 하이에나들이 피 냄새 맡고 모여들잖아요. 그래서 새끼가 스스로 일어나야 하는 거죠. 태반을 버려 놓고 그곳을 빨리 떠나야 돼요. 심지어 동물 새끼들은 날 때 이도 나 있어요. 스스로 다 먹을 수 있어요.

그런데 인간은 태어나면 걸어요? 이는 언제 생겨요? 8개월은 되어야 이가 나요. 그 이도 사실 별로 쓸모가 없어요. 못 씹어 먹는다고요. 초식동물들은 태어나서 사흘 정도 지나면 풀을 먹기 시작해요. 스스로 배를 채울 수 있으니 일찌감치 독립된 셈이지요. 그런데 인간은 이렇게 독립되어서 태어나지 않아요. 누구한테 의존해야 된다고요. 의존 대상은 강자고 너무 약하게 태어나 의존해야 하는 아기는 약자죠. 그래서 몇몇 진화심리학자들은 이렇게 말해요. 아이들의 저 간교한 얼굴을 보라고요. 저 해맑고 천사 같은 저 얼굴, 젖 달라고 하는 저 가면이 얼마나 가증스럽냐고요. 아이들의 얼굴에 속아서 어머니들은 또 젖을 먹이죠. 정확하게 사기당하는 거예요.(웃음) 어머니가 아닌 다른 사람이 젖을 주면 아이는 쿨하게 그 사람에게 가요. 그래서 정신분석학자나 진화심리학자들이 그러죠. 아기가 귀엽고 예쁘게 태어나는 것도 이유가 있다고요. 아기 얼굴이 징그럽다고 생각해 보세요. 아기를 낳았는데 지금 여러분 얼굴이면 어머니가 여러분을 버렸을지도 몰라요.(웃음) 그리고 아이들 겉으로 보면 해맑죠? 그런데 아이들이 선해요? 선하지 않아요. 아이들 노는 것을 자세히 관찰해 보면 개미를 발로 밟고요, 동네 아이들도 패요. 아이들은 굉장히 탐욕스러워요. 자기 것 더 챙기려고 해요.

어쨌든 꼬맹이 때 그렇게 우리는 가면을 쓰는 거예요. 예쁜 가면을 쓰는 거죠. 미운 일곱 살이라는 말 들어 보셨죠? 아이가 착각에 빠진 시점이에요. 아직 아이가 독립이 안 됐는데 맨얼굴을 보일 때가 있어요.(웃음) 그때 아이는 외부적 충격을 좀 받고, 이건 아니다 싶어서 얼른 다시 가면을 써요. 그때가 중요해요. 그리고 7년쯤 지나서 중학교 2, 3학년 때, 혹은 사춘기 때 맨얼굴을 보이다가 고생을 또 한 번 하고 가면을 다시 써요. 두 번 벗어요, 두 번. 질풍노도의 시기가 뭔지 아세요? 아이가 가면을 벗어던지고 달리기 시작할 때가 질풍노도의 시기예요.

우리가 알아야 할 건 우리가 출발을 할 때부터 가면을 쓰지 않으면 생존하기 힘들다는 사실이에요. 약하게 태어나니까요. 강자의 도움을 얻으려고 착하고 예쁜, 생존을 위한 근사한 가면을 써야 하는 거죠. 가정에서도 그렇지만 군대에서는 누가 가면을 써요? 병장이 써요? 아니죠. 이등병이 가면을 쓰죠. 이등병이 날씨 덥다고 욕하고 있거나, 오늘은 정말 훈련하기 싫다고 하면 그가 과연 군대 생활을 제대로 할 수 있을까요? 불가능할 거예요. 그러니 장교나 선임들이 좋아할 수 있는 가면을 써야 되는 거예요. 날씨가 더워도 신경을 쓰지 않는다는 해맑은 얼굴, 훈련이 힘들어도 '훈련이 제일 좋아요'의 느낌을 주는 가증스런 얼굴을 해야죠. 우리는 약하게 태어나기 때문에 가면을 쓴다는 거예요.

하지만 가면을 죽을 때까지 쓰다가 죽는 인간이 있고, 언젠가는 벗는 인간이 있다는 게 중요해요. 우리가 가면을 벗을 수 있는 인간이 됐을 때, 우리는 강해진 거예요. 한 번 제대로 어른이 된 거고요. 우리처럼 대부분의 평범한 사람들은 가면을 쓰고 있거나 벗고 있는 게 아니라 그 사이에 있어요. 그러니까 가면을 썼다 벗었다 한다는 거죠. 언제 가면을 쓰고 벗는지 잘 몰라서 차라리 계속 가면을 쓰고 있는 정말로 약한 사람들도 있죠. 계속 가면을 쓰고 있었기 때문에 이게 가면이라고 한 번도 의심하지 않고 사는 사람들도 있고요. 반면 가면을 벗은 뒤 계속 맨얼굴로 당당하게 사는 아주 강한 사람들도 있어요. 물론 이 사람도 가면을 벗는 과정을 거친 거죠. 그렇지만 대부분의 사람들은 가면을 쓰고 시는데 가끔 벗기도 하면서 살아요. 물론 맨정신으로 가면을 벗기가 힘드니까, 술이나 마약의 힘을 빌리기도 하지요. 아니면 간혹 실수로 가면이 툭 땅에 떨어지기도 하고요.

화장이랑 비슷하죠. 화장하신 분들 오늘 집에 가서 제일 먼저 뭐하실 거예요? 화장 지울 거잖아요. 그런데 화장을 안 지우는 사람이 있는 거예요. 어떻게 내 얼굴을 지우느냐는 거죠. 그러면 얼굴이 떡 되는 거잖아요. 그러니까 정상적이면 가면을 쓰기도 하고 벗기도 한다는 거예요. 제가 앞에서 가면을 쓰는 게 약자라고 했죠? 가면을 벗는다는 건 강자라는 거죠. 우리는 살아가면서 약자로 있을 때도 있고 강자로 있을 때도 있어요. 선배를 만나면 가면을 쓰고 후배를 만나면 가면을 벗어요. 물론 후배가 무서운 사람도 있겠죠. 그러면 그 사람은 후배 앞에서 가면을 써야 되는 거예요. 그러니까 가면과 관련되어 이론적으로는 두 종류의 인간이 있지만, 현실적으로는 세 종류의 인간이 있다고 할 수 있겠네요. 가면을 쓰고 있는 사람, 벗고 있는 사람, 가면을 썼다 벗었다 하는 사람이 있는 거죠. 우리는 대부분 이 세 번째에 속해 있는 거고요.

가면을 써야 할 때

가면을 평생 쓰고 있는 사람들이 있어요. 가면을 언젠가 벗는 사람이 있고요. 우리는 과도기에 있어요. 썼다가 벗었다가 하죠. 질적으로는 가면을 벗은 상태로 사는 시간이 더 많아져야 돼요. 조금씩, 조금씩. 그래서 언젠가, 그러니까 눈 감을 때는 맨얼굴로 눈을 감는 겁니다. 사실은 이게 우리의 궁극적인 목표라고요. 하지만 대개 중간 정도의 단계, 어정쩡한 단계에서 머물 거예요. 우리처럼 평범한 사람들에게 문제는 가면을 써야 될 때 벗거나, 가면을 벗어야 될 때 써서 벌어져요. 그러니까 우리가 항상 고민하는 건 언제 가면을 써야 되느냐는 거죠. 가면은 생존의 위기에 닥쳤을 때 써야 되는 겁니다. 그때는 맨얼굴로 있으면 안 되는 거예요. 그건 만용이자 자폭이죠. 멋지게 살 수 있는 기회마저 한순간의 치기로 모두 날려 버리는 것, 이건 지혜롭지 않은 행동일 거예요.

가령 엠티 가면 꼭 '야자타임' 하잖아요. 그 농간에 속은 분들 여기에는 없나요?(웃음) 선배들은 궁금한 거예요. 선배니까 무서워서 자기를 인정하는 건지, 진짜 자기를 따르는 건지 궁금하니까 갑자기 알아보고 싶은 거죠. 그래서 야자타임 하자고 하는 거예요. 그럴 때 여러분들은 어떻게 해야 돼요? 그때 가면을 써야 돼요. '나는 영원히 너랑 같이 있을 거야. 이 새끼야' 뭐 이런 말을 해 줘야 되는 거죠.(웃음) 누군가 나의 맨얼굴이 뭔지 간을 보려고 할 때, 그때 진정한 위기가 찾아오는 거예요. 선배들이 그냥 심부름이나 시키는 게 더 낫잖아요. 갑자기 야자타임을 하자고 할 때 진정한 위기가 오는 거죠. 그때 소박한 사람들은 자기 맨얼굴을 보인다고요. 생존과 관련될 때는 가면을 쓰는 게 정당화되는 거예요. 자기 보호는 정당한 행위니까요. 이때는 가면을 쓰고 있어야 해요. 만약에 그때 가면을 벗으면 여러분의 생계가 위기에 빠질 거예요. 직장에서 해고되고, 선후배 사이에서 왕따되고, 부모님과의 관계도 안 좋아지고, 하여튼 다 안 좋아져요. 결과적으로 사회에서 버려지는 쪽이 될 수도 있는 거예요. 언제 가면을 쓴다고요? 내가 약하고 생존의 위기에 빠졌을 때. 그건 본능적인 판단이에요. 유치한 사람만 가면을 써야 될 때 벗는다고요.

그리고 가면을 써야 할 다른 한 가지 경우가 있습니다. 내가 약자는 아니지만 가면을 쓰는 것이 나을 때가 있으니까요. 이건 쓸데없는 에너지를 낭비하지 않으려는 목적에서 가면을 쓰는 거예요. 예를 하나 들어 볼까요? 별로 친하지 않은 어떤 후배가 '나는 박정희를 희대의 위인이라고 생각해요. 선배는 어떻게 생각해요?'라고 염장을 지른다고 해 보죠. 이 경우 여러분이 자신의 정치적 맨얼굴을 보이면 상당히 피곤한 상황이 벌어질 겁니다. 상대방의 농간에 속아 역사, 정치, 그리고 경제 방면까지 이야기가 확장되고 심지어 후배에게 짜증을 내는 것으로 논쟁이 마무리되기 쉽죠. 마침내 진이 완전히 빠지게 되고, 이건 에너지를 쏟아야 할 다른 어떤 후배에게 에너지를 쏟지 못하는 결과를 낳게 됩니다. 우리의 에너지는 한정되어 있으니까요. 그러니까 쓸 필요가 없는 에너지를 아끼는 차원에서 가면을 쓰는 게 좋을 때가 있어요. 앞의 사례에서 처음부터 그 후배 앞에서 가면을 썼다면 쓸데없는 에너지 소모는 막았을 거예요. 아주 쿨하게 외치는 겁니다. '박정희 만세! 유신 만세! 경제 기적 만세!' 이런 가면을 기꺼이 쓸 필요가 있었던 거죠.

가면을 벗어야 할 때

그럼 가면을 벗어야 할 때는 언제일까요? 외로울 때 가면을 벗어야 돼요. 가면을 쓰고 사는 건 너무나 외로운 일이에요. 그러니 사랑하는 사람이 생기면 가면을 벗어야 돼요. 물론 사랑하는 사람은 나로 하여금 가면을 벗도록 만드는 사람이죠. 가령 어떤 사람을 만났는데 너무 좋은 거예요. 그런데 상대방이 바흐를 좋아한대요. 난 싫은데. 그래서 바흐를 듣고 그 음악이 나오면 감동한 척을 했어요. 이런 상대라면 그 사람은 여러분이 흠모하는 사람일 수는 있지만 사랑하는 사람은 아닐 거예요. 누구를 사랑한다는 건, 그에게 기꺼이 나의 맨얼굴을 보일 수 있다는 거예요. 내 맨얼굴을 상대에게 보여도 그 사람이 나에게 상처를 주지 않는다는 확신이 있기 때문에 벗는 거니까요. 계속 가면을 쓰고 있으면 우리는 사랑하지도 못하고 사랑받지도 못하는 거죠. 결혼을 했는데도 아직 남편이나 아내가 내 맨얼굴을 모르는 경우가 있을 거예요. 결혼을 사랑이 아니라, 생계 유지를 위해 한 경우겠죠. 그래서 '취집'이라는 서글픈 표현도 있잖아요. 시집가는 게 취업이라는 거죠. 지금처럼 어려운 시절에는 사랑으로 이루어지지 않은 결혼 생활도 아주 많아요. 문제는 우리가 이걸 사랑이라고 최면을 건다는 거예요. 사랑의 가면을 쓰는 거죠. 그런데 남편이 실직을 하거나 부도가 나면 자신의 맨얼굴을 알게 돼요. '내가 좋아했던 건 돈이었구나.' 그리고 가면을 쓰고 계속 견디더라도 외로워요.

하지만 진정으로 사랑하고 사랑받기를 원하는 사람은 상대방이 가면을 쓰고 있는 나를 사랑해 주는 것을 원하지 않아요. 내 가면이 아니라 내 맨얼굴을 상대가 사랑해 주기를 바라죠. 배우들의 특징 중에 이런 게 있어요. 드라마나 영화에 나오는 자신의 모습과 본래 자신의 모습 사이의 괴리에서 외로움을 느낀다는 거예요. 나는 그런 사람이 아닌데 내가 연기한 모습을 사람들이 좋아할 때 외로움이 오는 거죠. 자신은 그런 사람이 아닌데 불행히도 대중들은 자꾸 그걸 강요하죠. 내 맨얼굴은 이런 건데 내 가면만 보고 누가 좋아하면 외로워지는 거죠. 연예인들이 혼자 술 마시고 사고 치는 이유 중 하나가 외로움이에요. 혼자서라도 맨얼굴을 마구 드러내고 싶은 거죠.

상대방이 내 가면을 좋아하면 안 되니까 상대방에게 내 맨얼굴을 보여 줘야 되는 거예요. 가면이 아니라 나를 좋아해야 되니까요. 나 역시 맨얼굴로 누굴 좋아해야 되는 거예요. 좋아하는 척하면 안 돼요. 그건 외로움을 자초하는 일이니까요. 그래서 신혼여행 가서 자신이 어떤 사람인지 솔직하게 이야기를 하는 겁니다. 신혼여행 가서 부부싸움 많이 나고, 이혼도 많이 하는 이유가 그거예요. 상대방이 알고 있는 나는 가면을 쓰고 있는 나인데 신혼여행에서 맨얼굴을 보이는 거죠. 가령 막 결혼한 신랑에게 사실 당신이 일곱 번째 남자라고 이야기를 하는 거예요. 성숙한 남자라면 그 이야기를 듣고 이 여자가 날 사랑한다는 걸 알아야 되는데, 불행히도 그런 남자들이 많지 않죠. 그런 위험에도 불구하고 그녀는 왜 그 이야기를 하는 것 같아요? 이제 결혼 생활을 시작하니 내 맨얼굴을 보여 주는 거예요. 맨얼굴로 사랑하고 사랑받겠다는 절절한 사랑의 고백인 셈이죠.

전에는 이런 절절한 사랑 고백들이 많았어요. 1970년대, 80년대에는 제주도로 신혼여행을 많이 갔어요. 제주도에 호텔이 쫙 있고 거기 죄다 신혼여행 온 커플들이 있으니 저녁이 되면 1

층 침대에서 사랑 나누고, 2층 침대에서 사랑 나누고, 3층 침대에서 사랑 나누는 그림이 그려져요. 그런데 대개 저 멀리서 보면 남자들이 나와서 담배를 피우고 있어요.(웃음) 상대방이 맨얼굴을 보여 주었는데, 그걸 못 받아들이는 거예요. 하지만 그녀가 솔직한 고백을 한 건 상대방이 자신을 정말 사랑한다고 생각하기에 가능했던 거죠. 서로 속옷까지 벗어야 섹스가 가능하듯이, 맨얼굴로 만나야 사랑이 가능하니까요. 그녀는 맨얼굴과 맨모습으로 사랑받고 사랑하고 싶은 거죠.

여기서 맨얼굴을 드러냈을 때 발생하는 딜레마가 생겨요. 내가 누군가를 좋아하고 그래서 상대방이 원하는 가면을 쓰면, 상대방도 나를 사랑할 가능성이 많아져요. 하지만 사랑에 있어서는 안 될 치명적인 외로움이 찾아들겠죠. 그런데 솔직히 맨얼굴을 보여 주면 관계 자체가 아예 파탄이 나요. 이 경우에도 외로움은 찾아들겠죠. 자, 어떻게 하실래요?(웃음)

맨얼굴을 감당하는 용기

우리는 출발할 때 약하게 태어났기 때문에 가면을 쓰고 있는 거예요. 그렇기 때문에 성숙하다는 건 시간이 갈수록 가면을 벗고 맨얼굴을 내보인다는 거예요. 하지만 대개 우리는 그 과도기에 있죠. 가면을 쓸 때도 있고 벗을 때도 있어요. 이 과도기에서 우리는 힘든 겁니다. 타이밍이 안 맞는 거예요. 가면을 쓰고 벗는 타이밍이 잘 안 맞는 거죠. 대개 가면을 써야 할 때 벗어서 고생하거나, 가면을 벗어야 될 때 써서 외로운 거예요. 가면을 계속 쓰고 있어서 맨얼굴이 뭔지를 까먹은 극단적인 경우도 있고요. 양파처럼 가면을 벗었지만 그게 또 가면인 경우도 있어요. 이중 가면인 셈이지요.

어떤 사람이 가면을 쓰고 있을 때, 어떤 강자에 대해 가면을 쓰고 있는지를 보는 게 중요해요. 그리고 강한 사람은 가면을 쓰지 않는다는 것을 아는 게 중요해요. 가면 안 쓰는 사람은 무조건 강한 거예요. 강해지고 싶다면 가면을 쓰지 않으려고 노력하면 돼요. 대신 생계가 위협당할 수 있고, 인간관계가 파탄이 날 수 있다는 각오는 필요하죠. 강해진다는 건 그래서 외롭고 고독한 거예요. 그렇지만 사랑과 우정처럼 진정한 인간관계를 원한다면, 외로움을 감내하더라도 우리는 가면을 어느 순간 반드시 벗어야 할 겁니다. 정말 이 순간 살 떨리는 용기가 필요하죠.

권력자는 외로워요. 이건희 앞에서 사람들은 모두 가면을 쓰지 않아요? 이건희가 아파서 미국 병원을 다녀왔더니 그 많이 배운 사람들, 삼성전자 사장 같은 사람들, 박사 학위 있는 그 사람들이 어떤 얼굴 표정 짓고 있어요? 왕이 편찮으신지 진심으로 걱정하는 얼굴들이잖아요. 이건희는 외로울 거예요. 저 새끼들이 가면 쓰는 거 아는데. 그런데 또 쓸쓸한 건, 밑에 있는 사람들이 가면 벗는 건 싫은 거죠. 밑에 있는 사람들이 가면 벗고

'회장님은 왜 목이 없어요?' 이럴 수도 있잖아요.(웃음) 이런 이야기를 들으면 어떻겠어요? 짜증 나죠. 괜히 야자타임 했다가 본전도 못 뽑은 선배처럼 머쓱하기도 하고요. 거꾸로 여러분이 약자가 아니라 강자라고 해 봅시다. 여러분이 누구의 선배고 상급자라면 후배들이 가면 벗고 나오는 것을 감당할 수 있겠어요? 제발 가면 쓰고 진실을 이야기하지 말라고 부탁하고 싶지 않을까요? 어디에든 여러분보다 약자는 있어요. 그럴 때 여러분은 약자들에게 가면 쓰기를 요구하고 싶을 거예요. 그들이 가면을 벗는 순간 여러분은 자신보다 약했던 사람들이 맨얼굴로, 그러니까 진실로 가면을 벗고 공격해 들어오는 것을 감당할 자신이 있어야 해요.

강자 앞에서 가면을 벗는 것도, 약자가 내 앞에서 가면을 벗는 것도 만만한 것이 아니에요. 맨얼굴을 감당하는 것은 생각 속에서는 가능하지만 실제로 겪으면 엄청난 자괴감과 고통이 몰려올 테니까요. 그래서 우리는 가면을 쓰기고 하고 벗기도 하는 겁니다. 그럼 가면과 맨얼굴의 사이에서 고민하고 있는 분들의 이야기를 하나씩 들어 보도록 하죠.

착한 가면을 쓰는 것의 괴로움

서른두 살의 청년입니다. 저는 콤플렉스와 트라우마의 종합 선물세트 같은 인간입니다.

저는 집에서 운영하는 식당에서 일을 하고 있습니다. 문제는 저의 '근면 강박증'입니다. 군대에서도 병적으로 일을 해서 동기들과 부딪히는 일이 많았습니다. 다니던 회사에서 같이 일을 하던 동료는 제가 일을 너무 열심히 하는 바람에 비교가 되면서 자신이 욕을 먹는다며 저에게 상욕을 한 적도 있습니다. 최근에 와서야 저의 이런 행동들이 주변을 힘들게 하고 있다는 것을 인식하게 되었습니다. 문제라는 것을 알면서도 뭔가 쉼 없이 하지 않으면 견딜 수가 없습니다. 게다가 저는 병적으로 예의에 집착합니다. 아버지의 가정교육이 엄격해서 조금만 예의에 어긋난 행동을 하면 맞거나 혼나는 것이 예삿일이었고요. 길을 갈 때도 정확히 우측통행을 해야 하고, 차 한 대 없는 길에서도 횡단보도에 파란불이 켜지지 않으면 길을 건너기가 너무 힘듭니다. 줄을 서지 않거나 공중도덕을 지키지 않는 사람이 있으면 그것이 스트레스가 됩니다. 즐겨하는 온라인 게임에서조차 저는 '착한 사람'으로 통합니다.

하지만 제 속은 그렇지 않습니다. 속으로는 온갖 추악하고

> 더러운 생각을 하는데 겉으론 착하고 예의 바른 사람처럼 살아가는 제가 너무 위선적이라는 생각이 듭니다. 스트레스를 푸는 법도 모르겠고 누군가와 진짜 속마음을 터놓고 이야기를 나누어 본 적도 없습니다. 가면을 쓰고 살아가는 거짓된 인생이 조금씩 무너지는 것 같습니다. 이러다가 안에 쌓아 둔 것들이 어떻게 표출될지 걱정이 됩니다. 문제가 있는 것을 알지만 어디서부터 무엇을 고쳐 나가야 할지 모르겠습니다.

이분은 절대적인 가면을 쓰고 계신 분이에요. 안 쫓겨나려고 열심히 일하는 노예 같은 거예요. 월요일에 출근했는데 해고당할 것 같으면 여러분은 본능적으로 일을 하기 시작해요. '아직 나에겐 일거리가 있어', '나는 나가면 안 돼'. 이런 생각들이 들면서 일을 하려고 한다고요. 아우슈비츠 같은 데에서 가스실에 들어가기 전에 사람들이 막 텃밭을 일구고 있어요. 데리러 오면 '아니에요. 이것 조금 더 솎아 놓고 가야 해요' 이러면서 일을 한다고요. 난 필요한 사람이라고 어필하면서요. 이분이 군대에서 근면했던 건 군대가 힘들었기 때문이에요. 고참들이 도움이 되는 후임을 때리지는 않잖아요. 그러니 스스로 고참들이 필요로 하는 사람이 되어 버린 거죠. 물론 그럴 때 다른 동료들은 짜증이 나죠. 자신도 그 모범적인 동료처럼 일을 해야 되니까요.(웃음) 약한 사람만이, 그리고 남에게 주눅이 든 사람만이 모범적 노예가 되는 거예요. 모범적 노예는 주인이 자신을 필요로 해서 버리지 않을 거라고 생각하죠. 결과적으로 본인이 동료들을 얼마나 많이 괴롭혔는지 그걸 먼저 자각을 해야 해요. 그런데 이분이 지금 일하는 식당에서도 그러고 있어요. 너무 열심히 일하는 거죠.

여러분이 파탄과 파국, 이런 난국에 처하는 것은 대개 여러분 탓이 아니에요. 대개 부모 탓이에요. 집에 가서 부모님한테 따져야 돼요. 당신들이 뭔데 나를 이렇게 만들어서 이렇게 많이 망가트렸냐고요. 부모가 자식을 너무 사랑하면 아이는 까뒤집어지고 가면 안 써요. 반면 부모가 엄하면 집을 청소해 놓고 있어야 할 것 같잖아요. 엄한 부모가 있으면 여러분은 가면을 쓰게 된다고요. 청소하고 근면해져요. 착한 자식인 가면을 쓰는 거죠. 이분 같은 경우에는 엄한 아버지의 자리에 군대 고참이 들어가고 사장이 들어가고 애인이 들어갈 거예요. 어디에서도 나는 근면해야 되고 뭔가 필요한 인간이 돼야 하는 거죠. 그렇지 않으면 아버지에게 맞을 것 같은 거예요. 회사에서도 '이게 내 회사냐, 사장 회사지' 이 정도 마인드는 가지고 있어야 돼요. 그런데 쫓겨나는 게 무서우니까 내 회사인 것처럼 생각해요. 그러니까 내가 잘리면 회사가 망한다고 생각해야 편한 거죠. 그래서 목숨 걸고 일을 해요. 쫓겨날 것 같으니까 두려운 거죠. 내 자신에게가 아니라 사장, 강한 사람한테 내가 필요한 사람이라는 걸 보이는 거죠.

　회사든 군대든 집이든 마찬가지예요. 회사에서는 야간 근무도 기꺼이 자청해야 안정적인 직장 생활을 해요. 군대에서는 내가 참호 열심히 잘 만들면 구박을 안 받아요. 집에서는 청소를 열심히 하면 안 쫓겨나요. 그런데 아이러니한 결과가 벌어질 거예요. 대개 열심히 일한 사람들이 쫓겨나는 법이거든요. 열심히 일한 사람들은 나가라고 하면 개기지 않고 나가거든요. 한마디로 만만한 사람이라는 거죠. 바로 이거예요. 모범적 노예는 끝까지 자신의 명령을 거부하지 않고 듣는다는 것을 주인은 잘 알고 있는 법이죠. 그러니까 부모님에게 '당신이 나를 낳았잖아. 그러니 책임져!' 이 정도의 뻔뻔한 자세는 있어야 해요. 사는 게 힘드니 책임지라고 부모님에게 말할 수 있어야 해요. 그럼 행복해져요. 물론 부모님에게 구박을 당하겠지만, 더 이상 그들의 눈치를 보지 않을 정도의 당당함에는 이르게 될 테니까요.

　그리고 이분은 공중도덕을 지키지 않는 사람이 있으면 스트레스가 된다고 해요. 나는 가면을 쓰는데 다른 사람이 안 쓰는 걸 보면 화가 나는 거예요. 이런 분들은 간혹 당혹스러운 경험을 하게 될 겁니다. 영화관에 들어가려다 한두 사람 모여 있는 곳 끄트머리에 줄을 서죠. 나중에 알고 보니, 그건 줄이 아니라 그냥 사람들이 모여 있는 거였어요. 그렇지만 줄을 서고 있었다고 생각하니까, 누군가 혹 극장으로 들어가면 화가 나겠죠? 나는 줄을 서고 기다렸는데 저 사람은 쑥 들어가니까요. 그런데 여러분을 무시하고 그냥 들어가는 사람이 의도적으로 그러는 게 아니에요. 별로 사람이 없으니까 그냥 편하게 쑥 들어가는 거거든요. 여러분도 줄이 어디 있는지 찾지 말고 별로 사람이 없다면, 그냥 쑥 들어가도 돼요. 누군가 여기 줄이 있다고 하면, 그때 줄을 서도 늦지는 않잖아요. 차도 안 다니는 밤에 신호등에 파란불이 들어오기를 기다리는 사람은 제발 되지 말자고요. 신호등이 고장이 나면 길도 건너지 못하고 늙어 죽는 사람이 되고 싶어요?

이분은 전형적인 약자예요. 전형적으로 착한 사람이에요. 모든 세상이 이분을 압박해요. 모든 것이 다 이분으로 하여금 눈치를 보게 만드는 거예요. 압박을 굉장히 많이 받는 분이에요. 지금 물풍선 같은 상태인 거예요. 물풍선을 꽉 누르면 어느 부분에서 터지겠어요? 가장 약한 부분이 터져요. 이분의 선한 얼굴의 이면에는 폭력성이 있을 거예요. 가정에서 폭력을 일삼는 아버지는 대개 밖에선 강한 폭력을 행사하지 못해요. 영화 같은 데 등장하는 연쇄살인범들의 특징이 있어요. 다 여리다는 거예요. 세계에 대해서는 '노'라고 못하니까 '노'라고 할 수 있는 약자를 찾아내는 거예요. 어린아이나 약한 여자를 상대로 범죄를 저지르는 거예요. 이런 범죄자의 부모는 개 패듯이 자신의 아이를 때리는 사람들이었을 가능성이 높아요. 물풍선은 약한 부분이 터지는 법이니까요. 그러니 부드러운 남자를 조심하세요. 부드러운 가면을 쓰고 있는 거예요. 노예와 약자는 부드러운 가면을 쓸 수 있거든요. 그 부드러움이 약한 사람에게 폭력으로 표출될 수도 있으니까요.

그래서 말씀드리고 싶은 건, 세상에 대해 가면을 벗고 맨얼굴로 더 거칠어지고 당당해져야 한다는 거예요. 만약에 나중에 결혼하고 아내와 아이에게 폭력을 행사하는 남편이나 아버지가 되지 않으려면 말이에요. 지금 폭력적인 아버지가 이분에게 최악의 유산을 물려준 거예요. 약자에게 폭력이 내려가는 굴레에 들어가 있는 거예요. 그걸 막고 싶다면 아버지와 싸워야 돼요. 물풍선의 약한 부분이 터지지 않으려면 어떻게 해야 돼요? 강한 부분에서 터져 나오면 되는 거예요. 거기서 터져 나와야 돼요. 그걸 참아 내면 그 압력은 이분보다 약자인 사람에게 계속 가는 거예요. 더 무서운 게 뭔지 아세요? 본인의 아이가 본인에게 맞고 학교에 가서 자신보다 약한 아이를 찾아 왕따를 시킬 수도 있어요. 물이 아래로 흐르듯이 폭력도 약한 자에게로 흘러드는 거예요. 그 악업을 끊어야 해요. 아버지는 못 끊으신 거죠. 그러니 본인이라도 끊어야 하죠. 이것을 해결하지 않고 다른 사람이랑 사귀면 안 돼요. 아이도 낳아서는 안 되고, 개도 키우면 안 돼요. 사랑하는 것에게 폭력을 행사하는 비극이 초래될 테니까요.

무슨 이야기인지 아시겠죠? 아버지가 했던 걸 그대로 자신이 반복할 가능성이 높아요. 군대에서도, 직장에서도 다 그랬잖아요. 본인 살려고 그런 거잖아요. 친구들, 동료들, 동기들이 쉬면 같이 쉬었어야 했는데, 내가 살아야 되니까 열심히 한 거잖아요. 하기 싫은 걸 계속 감당한 거예요. 그래야 사랑받으니까요. 중요한 건 바로 지금 싸우는 거예요. 자신에게 무례한 강한 사람 앞에서 가면을 벗고 화를 내 봐요. 세 번 정도 이런 경험을 해 보셔야 해요. 내게 무례한 강자 앞에서 모멸감을 느낄 때 순종적인 가면을 써서는 안 돼요. 그 분노와 화가 사랑하는 사람, 사랑해야만 하는 사람에게 돌아갈 수 있으니까요. 만일 계속 가면을 쓰시려고 한다면, 누구도 사랑해선 안 돼요. 사랑하고 사랑받으면서 살고 싶으시죠? 그러니까 준비를 하자고요. 나에게 가면을 쓰라고 강하게 압박이 들어올 때, 가면을 벗는 연습을 하자고요.

세 번 정도만 가면을 벗고 맨얼굴로 있어 보자고요. 물론 후유증이 클 겁니다. 직장에서 해고될 수도 있어요. 지금까지 너무나 착한 모습만 보였기 때문에 가면을 벗는 순간의 대조 효과가 너무 커서 애가 미쳤다면서 누가 병원에 넣어 버릴 수도 있어요. 그런데 어쩔 수 없어요. 가면을 벗어 봐야 해요. 세 번 정도만 해 보자고요. 세 번 정도 하면 인생이 달라질 거예요. 애인도 돌볼 수 있고, 아이를 낳아도 돼요. 이분은 서른두 살이지만 아직도 꼬맹이에요. 아주 작은 꼬맹이. 하실 수 있겠어요? 하셔야 돼요. 아무도 안 도와줘요. 자기가 해야 되는 거예요. 더 예전에 했어야 할 일이었어요. 그러니 더 늦기 전에 지금이라도 하자고요. 아버지가 때릴 때 아버지 손을 낚아챘어야 해요. 왜 때리느냐는 이야기 한 번에 후손들이 편해지는데. 그러니 착하고 순종적인 가면을 쓰는 것은 나만의 문제가 아니에요. 나와 더불어 살아갈 사람에게 커다란 영향을 줄 수 있으니까요.

직장에서 상사한테 맞짱 뜨는 선배들은 보통 후배들을 괴롭히지 않아요. 대개 상사의 말을 잘 듣는 인간들이 우리를 괴롭히지 않아요? 상사의 말을 듣느라 쌓였던 스트레스를 우리에게 푸는 거죠. 약자를 보호하고 싶고 밑의 사람들에게 존경받고 사랑받고 싶다면 당당하게 맨얼굴로 강자와 싸워야 해요. 그럴 자격이 없으면, 아니 그럴 생각이 없으면 계속 강한 사람에게 '네, 네, 네' 하며 살던가요. 내가 강한 사람한테 가면을 쓰고 있느냐, 가면을 벗고 맞짱을 뜨느냐의 문제인 거예요. 선택의 여지는 없어요.

강한 자 앞에서 근면한 모습이나 착하게 보이는 모습보다는 나태한 모습, 불량한 모습을 보이는 게 더 낫죠. 최소한 착한 사람 콤플렉스에서는 벗어날 테니까요. 좀 거친 복장 있잖아요. 반바지도 입고 다니시고, 머리를 녹색으로 염색도 해 보시고요. 그러니까 이제 반대로 하시는 거예요. 이제 근면하면 안 돼요. 나태하게 해요. 식당에서도 나태하게 일해요. '청소하면 뭐 해요? 또 더러워지는데' 뭐 이런 말을 하는 거죠. 지금까지 했던 것과 반대로 해 보시는 거예요. 노력하는 거예요. 더 많은 책임을 지기 전에, 애인도 생기고 후배도 너무 많이 생기는 나이가 되기 전에 불량스러워져야 해요. '착하면 안 돼' 하고 되뇌면서 노력을 하시는 거예요. 염색도 하고 수염도 길러 보세요. 하실 수 있어요? 제가 방법을 가르쳐 드리는 거예요. 불량하고 나태하게! 하실 수 있겠어요? 본인을 사랑하면 하시고, 다른 사람 시선 속에서 가면을 쓰실 거면 안 하셔도 돼요. 이건 아주 절박한 문제예요.

가면을 쓰기가 힘듭니다

> 사람들이 감정을 숨기고 가면을 쓴 채 살아가는 자신의 모습에 비참함과 괴리감을 느낀다지만 저는 그들의 가면이 부럽습니다. 저는 가면을 쓰지 않는데도 불편함을 느끼고 있거든요. 애초에 가면을 써야 할 것 같으면 그 상황을 피해 버립니다.
> 구체적으로는 이런 식입니다. 10년 이상 알고 지낸 절친한 친구여도 하루의 만남이 불편하면 연락을 끊습니다. 왜 요즘 연락이 뜸하냐며 만나자는 친구의 반복되는 연락에 잔인하게 대답합니다. "너랑 만나는 게 불편하다"라고요. 그리고 결국 관계가 끝납니다. 지도 교수가 진척되지 않은 일을 두고 추궁을 하면 동료들은 죄송하다며 고개를 숙입니다. 저는 그 자리에서 "너무 바빠서 할 시간이 없었다"라고 대답을 하고요. 교수는 말문이 막힌 채 저를 쳐다보고 동료들은

당황합니다. 친척들 앞에서 가면을 써야 하는 명절이 오면 그냥 그 자리에 가질 않습니다.

이런 자신이 나쁜 사람이 아닌가 싶지만 저는 남이 저를 어떻게 바라보는지 별로 신경을 쓰지 않습니다. 타인이 나를 좋아해 주기를 기대하지 않고요. 타인의 시선을 신경 쓰지 않기 때문에 관계에서 가면을 쓰는 대신 숨김없이 말을 하고 숨김없이 감정을 드러냅니다. 그런데 문제는 남들에게 잘 보이고 싶지도 않으면서 그들을 회피한다는 것입니다. 만남 자체가 불편하니 가면을 쓰든 안 쓰든 자주 도망을 갑니다. 대학원을 그만두고 다른 길을 찾아보자고 마음먹었을 때도 일단 회사에 다니는 것은 배제했습니다. 애초부터 불편함을 느낄 관계와 상황을 스스로 차단한 것이죠.

저는 제가 미숙하거나 사회성이 결여된 인간이 아닐까 싶습니다. 관계라는 것은 달갑지 않습니다. 각종 모임, 회식은 증오하는 것들 중 하나입니다. 관계가 귀찮게 느껴질 때가 한두 번이 아닙니다. 하지만 이따금 회의가 밀려옵니다. 스스로에게 맞춰진 편한 인생을 살고 있지만 제가 비겁하다는 생각이 들고 스스로를 고립시키는 게 위험한 행동인 것 같습니다. 차라리 가면을 써 가며 상황과 사람과 마주할 수 있는 능력을 키우고 싶습니다.

이분은 어떤 면에서 가면을 쓸 수 있는 능력을 상실하신 분이기도 해요. 가면을 안 쓰는 것과 가면을 못 쓰는 것은 다른 것이죠. 어느 쪽이세요? 전자인가요, 아니면 후자인가요? 만일 가면을 못 쓰는 것이라면, 이분이 잘 생존할 수 있을지는 상당히 걱정이 돼요. 강력한 권위나 부가 있는 사람이면 가면을 안 써도 돼요. 그런데 자신이 약한데 가면을 못 쓰는 거라면 얼마나 힘들게 살아야겠어요. 고민의 요점이 바로 가면을 못 쓴다는 겁니다. 제가 누누이 말씀드렸잖아요. 가면을 못 쓰는 순간, 우리는 맨얼굴로 외부의 모든 압력을 감당해야 한다고요. 인간관계도 파탄 나고 학위 논문도 통과되기 어려워요. 다른 사람들은 가면을 못 벗어 힘들어 하는데, 이분은 가면을 쓸 줄 몰라서 힘들어 하네요. 어쩌면 이분은 이제야 가면을 써야 하는 어른이 되는지도 모릅니다. 이분에게는 가면을 쓰지 않아서 생기는 불편함이 아주 때늦게 찾아오고 있어 문제가 되는 거지요. 힘이 없다면, 맨얼굴을 유지하기 힘든 법이니까요.

제가 박사 학위 논문을 쓸 때 굉장히 힘들었어요. 항상 저도 가면을 안 쓴 쪽이었거든요. 사실 지도 교수 똥구멍 한 번만 핥아 주면 바로 되거든요. 저는 지도 교수가 저한테 엉덩이를 들이대는 느낌이 왔어요.(웃음) 핥아 달라는 그런 느낌 있잖아요. 그때 눈 질끈 감고 한 번만 핥아 주면 모든 게 해결되거든요. 그런데 그걸 안 하고 매번 똥침을 '팍' 놓는 쪽이었어요. 석사 학위 논문 심사를 받을 때도 지도 교수가 논문을 두고 여간 시비를 거는 게 아니었거든요. 평상시 제가 하도 삐딱하게 구니까, 저를 길들이려고 논문 심사란 무기를 썼던 거지요. 그런데 저는 지도 교수한테 마지막까지 논문만 심사하라고 이야기했어요. 당신 밑에 더 있고 싶지 않다고요. 제가 서울대에서 석사 학위를 따고 연세대로 박사 과정을 간 이유가 그거였어요. 그런데 박사 과정 밟을 때 지도 교수랑 또 그랬거든요. 돌아보면 그 경험이 저의 품성을 만든 거죠. 나름대로 이겨 내고 성공한 거예요. 그래서 저보다 어린 분들이 이런 모습을 보이고 있으면 훌륭하다는 생각도 들어요. 그런데 그게 뭔지 알거든요. 사는 게 괜찮으세요?

〔생각해 보면 예전에 되게 많이 싸웠던 것 같아요. 예를 들어 어떤 조직에서 가장 권력이 강한 사람이 본인 스트레스를 약한 사람한테 풀잖아요. 그러면 저는 오히려 더 버럭하고. 아직 제가 진정한 강자를 안 만나 봐서 그런지 그분들이 제가 버럭하면 당황해요. 그래서 저한테 막 뭐라고 하지는 않더라고요. 그래도 그런 싸움이 너무 많다 보니 이제는 너무 지쳐서 그런 자리를 피하게 되는 것 같아요.〕 어쨌든지 간에 불이익은 뻔해요. 이분처럼 강하게 버럭하는 사람들한테는 직접 해코지하지 않고 주로 뒤에서 하죠. 지금까지는 나름 강한 삶을 살아오신 거예요. 사실 부럽죠. 내일 죽더라도 이렇게 살아야 되잖아요. 멋있고 찬란하게. 그런데 요새 좀 힘드시죠? 요새는 어떠세요. 슬

슬 가면을 써야 할 것 같지 않나요? 〔예. 제가 지금 스물여덟이 거든요. 이전까지는 관계가 나빠져서 힘들더라도 제가 그만두고 다른 것을 찾을 수 있었는데 나중에 나이가 더 많이 들었을 때 생존의 위협을 느낀다면 가면을 써야겠다는 생각이 들어요. 그런데 아직까지도 그런 마음이 있으니까 피곤한 것 같아요. 사람 사이에서 부딪힘이 굉장히 피곤해요.〕 역시 경지에 오른 분이에요.(웃음) 맨얼굴로 살다가 가면을 쓴다는 건 비범한 정신이에요. 쓸 수도 있고 안 쓸 수도 있는 경지가 어디 보통 경지입니까? '이제는 평범하게 살아야지', '이제 만사가 귀찮다'. 괜찮은 거예요. 스물여덟이라는 나이에 이 정도 됐으면 괜찮은 거예요. 만약에 공부를 하시면 좋은 글을 쓰실 거예요. 좋은 글이 뭐 별거겠어요? 남 눈치 안 보고 써야 좋은 글이 나오죠. 자기 생각을 써야 하니까요. 직업으로 따지면 일단 회사에는 들어가시면 안 돼요. 당분간 회사 생활은 하지 못하실 거예요. 회사를 다니는 순간, 상사나 거래처 사람 앞에서 능수능란하게 가면을 써야 할 테니까요. 그러니까 개인 사업을 하든지, 저자가 되든지 해야 돼요. 어쨌든 원칙적으로 잘못된 건 없어요.

그런데 저는 이거 하나는 말씀드리고 싶어요. 맨얼굴을 보여야 할 전제조건을 앞서 이야기했었죠. 중요한 사람, 사랑하는 사람이면 가면을 벗어야 된다고요. 맨얼굴을 보여야 돼요. 그런데 쓰레기 같은 인간한테 맨얼굴을 보일 이유가 있을까요? 주변에 보면 상태 안 좋은 인간도 많거든요. 그래서 저는 그런 인간들과 다시는 관계를 안 맺겠다는 생각이 들면 칭찬해 주고 끝내요. 그런데 진짜로 애정이 있거나 이 사람과의 관계는 돈독히 만들고 싶다고 생각하면 가면을 벗죠. 돌아보면 제가 지도 교수에게 맨얼굴을 보였다는 건 사실 그 교수에게 나를 사랑해 달라고 했던 건 아닌가 싶어요. 사랑이 전제되어야 가면을 벗는 거거든요. 이 세계에 대해 다 가면을 벗는다면 나는 인류애적 사랑으로 충만해야 돼요. 예수와 같은 사람이 되는 셈이죠.

모두를 사랑하고 모두로부터 사랑받으려면 일체의 가면을 다 벗어야 되는 거예요. 그런데 정말 그럴 가치가 있는지, 이건 개인적으로 한번 고민해 보세요. 혹시 교수한테, 선배한테 인정받으려고 그랬던 것은 아니었는지요. 그놈들은 나를 인정해 줄 가치도 없는 놈들인데. 그럴 땐 포기하는 거예요. 포기해 버릴 때 가면을 쓰면 돼요. 그런데 누누이 말씀드렸지만 사랑하는 사람 앞에서도 가면을 계속 쓰고 있으면 안 돼요. 그래서 우린 중간이잖아요. 기본적으로 가면을 벗고 있다는 건 좋은 거예요. 하지만 그렇게 싸움을 하고 나면 가면을 벗고 맨얼굴을 보여야 할 사람, 우격다짐으로 분노만 보일 게 아니라 애정도 표시해야 할 관계에서 에너지가 부족해질 수도 있어요. 선택과 집중을 해야 된다는 게 현실적인 조언이거든요. 그래서 머릿속에 그냥 넣어 놨으면 좋겠어요. 정말 나에게 소중한 사람, 내 속내를 이해할 수 있도록 나를 보여야 할 사람, 내 맨얼굴로 사랑해야 할 관계에 있는 친구나 애인 앞에서는 반드시 가면을 벗어야 돼요.

정말 나에게 소중한 사람, 내 속내를 이해할 수 있도록
나를 보여야 할 사람, 내 맨얼굴로 사랑해야 할 관계에 있는
친구나 애인 앞에서는 반드시 가면을 벗어야 돼요.

대신 무가치한 사람을 만났다고 합시다. 대통령을 만났어요. 가면을 쓸래요, 벗을래요?〔생존을 위해서 쓰겠습니다.〕헉! 이러면 문제가 되죠. 생존을 위해 가면을 쓰는 순간, 이분은 우리처럼 평범해지게 됩니다. 제가 말씀드리고 싶은 것은 귀찮으니 가면을 쓰라는 겁니다. 가면을 쓴다는 데는 생존을 위해서 쓴다는 차원도 있고, 넌 쓰레기니까 네가 원하는 가면이나 하나 보여주겠다는 차원이 있습니다. 이 두 가지 사이의 차이는 매우 커요. 무슨 말인지 아시겠어요? 쫄아서 쓰는 가면과 귀찮아서 쓰는 가면의 차이죠. 전자는 자신의 약했을 때 쓰는 가면이고 후자는 강하지만 귀찮아서 쓰는 가면이거든요. 이분은 이 차이를 잘 생각해 봐야 해요. '아이고, 너 잘났어. 넌 존경스러운 선생이야. 훌륭하세요' 이런 식으로 귀찮아서 가면을 쓸 수 있어요. 너희들이 원하는 모습을 한 번 보여 주려고 쓰는 가면인 셈이지요. 귀찮아서 쓰는 가면 말이에요. 반면 생존을 위해서 쓰는 절박한 가면도 있어요. 지금까지 이분은 맨얼굴로 살아오셨잖아요. 그런데 생존 때문에 가면을 쓰는 순간, 이분은 타락하게 됩니다. 단지 귀찮아서, 내가 강자이지만 귀찮아서 쓰는 가면을 썼으면 좋겠습니다. 생존을 위해 쓰지 말고 무가치한 것들 앞에서 귀찮으니 가면을 쓰세요. 가면을 써서 무가치한 에너지 소모를 방지해야 정말 가면을 벗어야 할 때 에너지를 집중할 수 있거든요.

가면을 벗어던지며

✤

제가 두세 살 때일 겁니다. 늦도록 들어오지 않는 어머니에게 화가 나 화장품을 집어 던지던 아버지, 늦게 들어와 깨진 화장품을 확인하고 그대로 돌아서 집을 나가던 어머니. 오랫동안 어머니는 집으로 들어오지 않았습니다. 이후 아팠던 큰언니가 세상을 떠났습니다. 가끔 나타나는 어머니와 아버지 사이에서는 칼부림이 날 정도의 심한 싸움이 있었고요. 학교에선 제가 아닌 척 살았습니다. 쾌활한 아이의 가면을 뒤집어쓰는 데 대부분의 에너지를 써야 했습니다. 저는 남편에게도 꼭 필요한 만큼의 상처만 내보이며 가증스럽게 결혼했습니다. 남편은 제가 처음으로 갖는 안락한 집이었습니다. 제게 처음으로 따뜻한 터전이 되어 준 이 사람을 있는 그대로의 맨얼굴로는 만날 수 없을 것 같습니다. 거둬 준 주인을 따르는 개처럼 충성스런 가면을 쓰고 이 사람을 마주하면 안 되는 건가요?
생존하겠다고 둘러쓴 가면과 갑주 덕분에 관계를 잘 맺지 못합니다. 관계가 주어지면 최선을 다해 갑주를 둘러씁니다. 그래도 관계를 오래 유지하지는 못하겠어요. 갑주를 둘러쓰고 버티는 것은 정말 힘들더군요. 그래도 그렇게 살아야 했습니다. 일어날 기운도 의지도 없이, 두터운 가면 하나만 부여잡고 지냈습니다.

이전에 박사님 강의를 듣고 인간이 대체 무얼 결정할 수 있느냐며 삐딱한 질문을 했던 적이 있습니다. 박사님은 저에게 비겁한 냉소라며, 그저 한걸음 한걸음을 내딛는 게 삶이라고 이야기하셨지요. 처음 알았습니다. 나도 한걸음을 내디딜 수 있는 사람이라는 것을요. 아직 가면을 온전히 벗어 던질 수는 없지만 이제 저도 애정을 가지고 사람을 만나고 싶어졌습니다. 그래서 얼마 전 알고 지내던 언니에게 제가 살아온 이야기를 털어놓았습니다. 태어나 처음으로 가면을 벗은 것이지요.

저는 여전히 나약합니다. 오래 쪼그라져 있던 탓에 벗은 가면을 후회하기도 합니다. 당당히 살아 내진 못했지만, 그래도 서른여덟 해 동안 저만큼 견뎌 왔고 버텨 냈다면 이제 저는 그만 부끄러워해도 되는 것 아닌가요? 가면을 쓰고 살아가며 고통받는 사람들을 보고 함부로 안다고 말하지 않을 테니까요. 그렇다면 저는 저대로 가치 있는 사람이지 않을까요? 세상에 공평이란 게 있다면 저에게 공평은 그런 것이지 않겠습니까. 세상 누구도 모를지라도 나만은 내가 사람으로 살아 있었음을 기억하고 싶습니다. 가면을 던집니다.

상담을 청해 오신 것은 아니에요. 가면을 던지겠다고 이야기를 하러 오신 거죠. 한번 삶을 돌아보고 정리해 보시니까 좋죠? 삶은 돌아보면 70퍼센트 정도는 우리가 어찌하지 못해요. 부모님한테 받은 병약한 몸, 우리가 어찌하지 못하죠. 그리고 내가 어른이 되지 않았던 어린 시절에 겪었던 모든 환경들도 내가 어찌하지 못해요. 우리가 어찌하지 못하는 그 많은 것들이 대개 우리 삶의 70퍼센트를 지배해요. 이 70퍼센트를 계속 끌고 갈 것인지 말 것인지가 여러분의 숙제예요. 노력으로 안 되는 부분들이 있어요. 남은 30퍼센트에 우리는 힘을 쓰지만 이미 주어진 70퍼센트는 엄연히 나의 현실로 존재해요. 이걸 어떻게 재배치할 것인지만 주어지는 거거든요. 나머지 몫은 30퍼센트밖에 없어요. 비극적이게도.

머릿속에 항상 넣어 놓으셔야 돼요. 그 70퍼센트는 숨길 필요 없어요. 그건 여러분이 한 게 아니니까. 하지만 30퍼센트에 대해서는 여러분이 책임을 져야 돼요. 폭력을 경험했다고 또 폭력을 행사하는 건 진짜 문제가 있는 거예요. 남은 30퍼센트가 여러분의 몫이라는 것을 꼭 기억하세요. 그래서 우린 겸손해야 돼요. 누군가를 욕하거나 비판할 때 그 70퍼센트에 대해서 비판을 하면 안 돼요. 두세 살 때 화장품이 날아다니는 충격적인 사건에 아이가 대처한다는 건 말이 안 돼요. 하지만 어른이 됐다면 30퍼센트를 난 어떻게 생각하고 있는지, 나에게 주어진 많은 상처들을 내가 재배치했는지 돌아봐야 해요. 이분은 누구보다 다른 사람을 많이 이해하실 거예요. 인생은 공평해요. 고통이 심할수록 소설도 잘 읽히고, 타인을 이해하는 능력도 현저하게 발달하게 되어 있어요. 물론 이분은 지금 힘들기 때문에 이런 이야기가 아무런 위로도 되지 않을 수 있어요. 하지만 제가 약속 하나 드릴게요. 10년만 더 지나면 아이들이 아무리 힘들어 하고 고통에 빠져도 품어 줄 수 있는 어른이 되어 있을 겁니다.

세상은 재미있어요. 어렸을 때 너무 행복하게 지냈던 사람은 나이 들어서 고통을 견디지 못해요. 20대 때 실연을 하면 죽을 것 같지만 그 다음 날 스파게티를 먹을 수 있어요. 고통을 쉽게 가라앉힐 수 있는 젊음이 있다는 거지요. 그렇지만 50, 60대에 실연하면 곡기를 끊게 돼요. 그러니 젊어서 힘든 것이 훨씬 더 나은 거죠. 인생은 그렇거든요. 지금 행복하신 분들은 그걸 저주로 받아들이셔도 돼요. 그런데 젊었을 때 불행히도 고통이 심했다면 그 심한 만큼 다른 사람을 품을 수 있고, 사랑할 준비를 갖춘 거예요. 그래서 이분이 마지막에 가면을 던진다고 하신 그 구절이 너무 좋아요. 가면을 쓰셔도 돼요. 가면을 던진 사람은 가면을 쓸 수도 있고 벗을 수도 있어요. 지금은 위로가 안 되겠지만 철학자의 말을 믿으셔야 돼요. 좌우지간 10년 뒤에 보면 누구보다 강하게 누군가를 사랑할 수 있고 사랑받으실 수 있을 거예요.

인간이 겪는 고통의 총량은 불변이에요. 카드 결제랑 비슷해요. 일시불로 갚을 수도 있고 30개월 할부로 갚을 수도 있어요. 30개월 할부, 무섭지 않나요? 내가 무슨 물건을 샀는지도 거의 잊어버렸는데 계속 돈을 내는 거잖아요. 이분은 빨리 다 겪으신 거예요. 아마 책이나 영화를 보시면 금방 아실 거예요. 이 작가나 이 감독이 알지 못하고 작품을 만들었는지, 제대로 경험하고 작품을 만들었는지 금방 판단할 수 있을 테니까요. 고통을 경험한 깊이가 얕은 대부분의 사람들은 세계를, 그리고 인간을 제대로 평가하기가 힘들죠. 고통의 깊이, 그러니까 삶의 깊이가 있어야 영화도 제대로 보고 소설도 제대로 읽고 판단을 내릴 수 있죠. 그러면 된 거예요. 지금 젊으시죠. 서른여덟이면 괜찮아요. 제가 마흔일곱인데, 이제 살기가 참 괜찮아요. 저에 비해 아직 너무 많은 시간, 더 행복해질 시간이 많이 남았잖아요. 지금까지 잘 견뎌 오신 것, 대견해요. 곧 그 상을 제대로 받는 날이 찾아올 거예요. 난로 만져서 뜨거운 것도 알고요, 칼에 베면 아프다는 것도 알아요. 고통이란 고통을 온몸에 다 가지고 있으면 진짜로 알아요, 삶을. 너무 많은 걸 가지고 계신 거예요. 훌륭하신 거예요. 꼬맹이 때 난로에 손이 덴 사람은 나중에 절대로 난로를 안 만지는데 그걸 못 만져 봤던 사람은 자기도 모르게 난로 위에 앉기도 해요. 어쨌든 난로의 뜨거움은 누구나 알고 죽어요.

그러니 젊은 분들은 까먹지 마세요. 뜨거운 고통이 올 때, 일시불로 갚고 있다는 생각을 마음속에 갖고 있어야 돼요. 물건 살 때 일시불로 결제하거나 직불카드를 사용한다는 거죠. 그럼 29개월을 덤으로 사는 거예요. 30개월 할부로 물건 사면 나중에

도대체 누구를 위해 월급을 벌고 있는지도 모르게 돼요. 무슨 말인지 아시겠죠. 그 시간이 중요해요. 중요한 게 시간이거든요. 상품들과 달리 우리에게 시간은 절대적이니까요. 유한한 삶의 시간. 29개월을 벌었다는 지혜를 얻는 것이 중요하지요. 그래서 젊었을 때 비바람이 쏟아지고 집이 무너질 것 같을 때 고마워하셔야 해요. '다 갚는구나. 고맙다.'

그런데 용기 있는 사람만이, 바깥으로 나가 세상에 계속 접촉하는 사람만이 이 경험을 겪을 거예요. 회사와 집만 다니는 사람은 못 겪어요. 그런데 아이러니한 것은 지금 못 겪은 것은 나중에 다 겪게 된다는 거예요. 그러니 나이 들어서 겪지 마세요. 추해져요. 에너지도 없고요. 힘든 게 있으면 제 이야기를 떠올리세요. '아, 일시불로 지금 갚는구나.' 물론 그 순간은 무척 힘들어요. 그래서 그거 쪼개서 30개월로 갚으면 좋겠다는 생각도 들죠. 힘들지만 일시불로 갚고 나서 29개월의 시간을 버는 것이 더 좋지 않나요? 일시불로 갚고 나면 바로 거기서부터 출발을 할 거고, 나머지 덤으로 주어진 시간은 강하고 행복하게 보낼 수 있으니까요.

불륜이라는 맨얼굴

〔 저는 겉으로 보기에는 너무나 평범한 한 아이의 어머니이 〕

자 한 남자의 아내입니다. 열일곱이란 나이에 스물여섯이었던 지금의 남편을 알았고, 날 주인공으로 만들어 주었기에 결혼에 이르러 예쁜 아이도 낳았습니다. 솔직히 육체적으로 관계를 맺은 첫 남자였기에 결혼해야 하는 줄 알고 멋모르고 스물한 살에 결혼을 한 것이지요. 그런데 결혼 생활을 하면서 저에게는 남편 말고도 두 명의 애인이 더 생겼습니다. 불륜이죠. 8년 전 알게 된 한 남자와 지금까지도 그 만남을 이어가고 있고, 이 남자 말고도 남편이 아닌 또 다른 한 남자와 만나고 있습니다. 하지만 저는 이 세 남자에게 모두 진심입니다. 각자에게 보이는 얼굴이 모두 저입니다. 이런 저의 상태는 뭘까요?

이걸 제가 뭐 어떻게 해야 되는 거죠?(웃음) 제가 보기에 이 분에게는 농담 같은 유쾌함이 있어요. 잘 사시는 거예요. 대신 엄청난 압박과 질투를 감당해야 할 거예요. 힘든 길이고 비장한 길이에요. 이렇게 사는 것은 힘들어요. 불륜을 하기 위한 고도의 에너지를 여러분은 이해하지 못할 거예요. 여러분은 친구 한 명 사귀면 그 친구만 만나나요? 아니잖아요. 그런데 이상하게 남녀관계는 달라요. 가부장제에서는 순결이라는 원칙이라는 게 있어요. 내 전 재산과 권력을 내 새끼한테 주기 위해서 자기 새끼를 낳을 여자는 순결해야 된다는 거죠. 많은 여성들도 그걸 받아들이고 있고요. 몇몇 상태 안 좋은 교회에서는 심지어 순결 서약마저 강요하죠. 전 이해를 못 하겠어요. 그런데 다행스럽게도 순결서약 해 봤자 뜻대로 안 돼요. 남자를 보고 싶은데 그게 뜻대로 되겠어요? 어쨌든 누구를 만났다고 그 사람과 영원히 살아야만 한다는 건 정말 비정상적인 판단이지요. 과거 좋아했던 기억만으로 누군가와 살라는 것이 어떻게 자연스러운 일이겠어요.

A라는 남자와 B라는 남자가 나한테 주는 느낌은 다른 거예요. 그런데 사회는 양자택일을 강요해요. 모든 양자택일은 굉장히 부당한 거예요. 이분의 이야기를 듣고 여러분은 나름대로 판단을 할 거예요. 여러 가지로. 우리 사회가 금기시하고 범죄시하는 길을 가는 분인 거예요. 그렇지만 이분은 자신에게 솔직한 길로 가고 있는 거예요. 아마 이분은 힘들 거예요. 그리고 당분간 계속 힘들 거고요. 이분은 가면을 벗고 사는 거니까요. 나중에 평범한 한 아이의 어머니이자 한 남자의 아내로 돌아온다면 그때가 아마 가면을 쓰는 때가 아닐까 싶어요. 어쩌면 결혼을 하지 않고 아이도 낳지 않았다면, 사정은 더 좋았을 거라는 아쉬움도 들어요. 그러나 어쩌겠어요. 이미 쏟아진 물인데.

저는 이분에게 죄책감이 없어 보이는 게 너무 좋아요. 여러분은 이분의 남편이나 가족이 힘들 거라고 생각하시죠? 그런데 그건 그 다음 문제예요. 이 세상에서 제일 바보 같은 게 자신을 위해서는 아무것도 못 하고 타인을 위해 자신의 삶과 감정을 스스로 검열하는 거예요. 나의 행위가 내가 아는 친구들과 가족들을 힘들게 할 거라면서요. 제일 바보들이에요. 여러분의 어떤 행위가 맨얼굴로 한 행위이고 가족들이 여러분을 사랑한다면 그들은 다시 거기에 맞게 삶과 마음을 재배치해요. 당당하게 살라고 그랬잖아요. 상관없어요.

너무 힘든데 이혼을 안 하는 커플들도 있어요. 어머니가 충격 받으시니까 어머니 돌아가시면 이혼하겠다는 제자가 있어요. 들으면 마음이 아파요, 많이. '뭐지? 왜 그렇게 생각하지?' 어머니한테 맨얼굴을 한 번은 보여야 되는 거 아니에요? 당신 딸은 이런 여자라고. 그리고 어머니가 있는 그대로의 딸을 긍정하고 자신의 삶과 마음을 재배치할 기회를 주어야 하는 것 아닌가요? 이혼하고 어머니랑 같이 살아도 되잖아요. 그러면 얼마나 좋아요. 어머니도 외롭지 않고요. 어머니가 죽은 다음에 이혼을 한다는 건 뭐죠? 사기죠. 어쩌면 어머니는 핑계고 이혼을 두려워하고 있는 건지도 모르죠. 어쨌든 지금 행복하게 결혼 생활을 하는 모습을 보인다는 것은 어머니한테 쓰는 가면이잖아요. 선택의 여지는 없어요. 사랑하는 사이라면 맨얼굴을 보이는 거예요. 그리고 상대방이 나의 맨얼굴을 싫어한다면 그 상대방과의 관계는 끝나는 거예요. 물론 어머니를 사랑하지 않으신다면, 어머니에게 계속 가면을 쓰면 되죠.

남 눈치 보고 가면 쓰는 게 더 편해요. 불편하진 않아요. 그리고 그렇게 결정했다면 투덜거리지 말아야 되는 겁니다. 자신을 약자로 자처하고 가면 쓰기를 자청했으면 그 대가는 가져가야 돼요. 진정으로 사랑하고 사랑받을 수는 없을 테니까요. 그래서 힘들어요. 죽을 때까지 철저하게 가면을 쓰기로 결정한 사람과 철저하게 가면을 벗기로 결정한 극단적인 사람들이 있어요. 이분은 사실 가면을 벗겠다는 거예요. '나 저 남자도 좋아요' 하는 거니까요. 그런데 힘든 건 주변 사람들이죠. 그들은 이야기할 겁니다. 자신도 하고 싶은 걸 할 수 있지만 타인들을 위해 참고 있다고 말입니다. 과연 그럴까요? 무서워서 그들은 참고 가면을 쓰고 있는 것 아닐까요? 그렇지만 그들은 왜 너는 가면을 벗고 있느냐, 왜 이렇게 이기적이냐고 화를 낼 거예요. 성숙하기는커녕 그들은 자신들이 비겁해서 하지 못하는 것을 이분이 했다고 질투하고 있는 거예요. 그리고 스스로를 위로하죠. '나는 성숙하다', '나는 동방예의지국에 살고 있다', '하고 싶은 대로 다 하면 짐승이지 어떻게 인간이냐'고.

여러분들한테 남은 건, 맨얼굴을 하고 있는 사람을 평가하면 안 된다는 거예요. 더럽게 힘든 일이니까. 가면을 완전히 쓰고 있는 사람도 함부로 비하하지 마세요. 더럽게 힘든 결단이에요. 자기 맨얼굴을 죽이기로 작정한 사람들이 있어요. 여기도 고치고 저기도 고치면서. 여러분이 그런 사람을 평가하면 안 돼요. 천상계에 계시는 분들이에요.(웃음) 우린 인간계에 살고 있는 것이고요. 여기서 우리가 선택할 수 있는 건 이제 그것밖에 없죠. '가면 쓸 때와 벗을 때를 알면서 어정쩡하게 살자.' 이게 일반 사람이니까요. 가면을 완전히 쓰거나 벗는 건 여러분이 감히 하기도 힘든 거니까 평가하지 맙시다. 그건 너무나 주제넘은 일이지요. 무슨 말인지 아시겠죠? 가면을 쓰기도 하고 벗기도 하는 내 모습을 정당화하기 위해서 양극단에 있는 사람들을 평가하지 말자고요. 완전히 가면 쓴 사람 앞에서 자기가 맨얼굴을 가끔 보인다고 우월하다고 생각하거나, 가면을 완전히 벗은 사람한테 성숙하면 가면을 써야 된다고, 그게 타인에 대한 배려라고 말하지 말라는 거예요.

위대한 문학 작품들 가운데 작가 자신의 맨얼굴을 드러내는 작품들이 많아요. 《로리타》라는 작품 아시죠? 한 남자가 어린 여자아이를 사랑했고, 어린 여자아이도 한 남자를 사랑한 거예요. 그게 뭐가 문제죠? 서로 사랑하고 이해하는데. 그런데 그걸 질투하기 위해서, 혹은 우리의 비겁함과 남루함을 가리기 위해서 우리는 '로리타 콤플렉스'라는 말을 만들어 두 사람의 사랑을 저주하잖아요. 일종의 '신 포도 전략'인 셈이에요. 《이솝우화》에 등장하는 이야기죠. 어느 여우가 따 먹지 못하는 포도를 보고 시어서 따지 않았다고 우기는 이야기예요. 여러분이 이분 경우에 대해서 이상한 윤리적 판단을 내리는 건 스스로 인문학적이지 않다는 것을 드러내는 일일 겁니다. 영화심의위원회에 들어가서 검열하는 것 같은 거예요. 팬티를 몇 번 벗었는지, 가슴이 몇 번 나왔는지 따지는 거예요. 본인의 어정쩡함을 정당화하기 위해서 양쪽을 비판하면 안 되는 거예요.

로리타가 좋은데 여러분들이 무슨 권리로 그걸 막을 거예요? 책을 금서로 지정해야 될까요? 어떻게 하실 거예요? 바로 이걸 여러분들이 깊게 고민을 해 봐야 되는 거예요. 자신의 비루한 삶을 정당화하려고 누군가를 비판하는 경우가 많아요. 남루한 내 모습을 정당화하려는 거죠. 나도 하고 싶지만 참고 있다고. 진짜 할 수 있어요? 못 하잖아요. 하지도 못하는 사람들이 꼭 그렇게 떠들어요. 절대 그러면 안 돼요. 양쪽 극단에 선 사람들의 고통을 알아야 합니다. 특히 이분처럼 맨얼굴로 살기로 작정한 사람들, 우리가 아니면 이분들 편에 누가 서 있을 수 있겠어요?

남들에게 보이고 싶지 않은 흉터

제가 쓰는 가면은 저의 앞머리입니다. 10년 전, 대학을 졸업하고 이마에 새끼손톱만한 흉터가 생겼습니다. 점점 흉터가 커져서 병원에 갔더니 피부경화증이라는 진단을 받았습니다. 피부가 딱딱해져서 움푹 파여 가는 병인데 치료법이 없는 희귀 난치성 질환입니다. 지금은 증상이 정수리 부위까지 칼자국처럼 길게 진행되고 있고 얼마나 진행될지 아무도 모릅니다.

발병 후 1년 정도는 가면 없이 지냈습니다. 그러던 어느 날

한 후배가 이런 말을 하더군요. "친구가 나한테 왜 여자 포청천이랑 같이 다니느냐고 물어보더라. 선배 별명이 여자 포청천인가 봐." 그날 밤 잠도 제대로 자지 못했습니다. 이런 식으로 이후에 몇 번 더 남에게 상처를 받은 후 미용실에서 가면을 만들어 쓰게 됐습니다.

가면을 쓰고 편해졌습니다. 이마를 두고 묻는 사람들도 없고, 미적으로도 훨씬 좋고요. 가면을 쓰고 직장 생활을 하고 결혼도 하고 아이도 낳았습니다. 제 병과 가면을 알고 있는 사람은 남편뿐입니다. 가면이 불편하기도 합니다. 매일 아침 가면을 장착하기 위한 시간이 필요하고, 바람이 불면 늘 신경이 곤두서 있으니까요. 그렇지만 가면을 벗을 생각은 없습니다. 사람들에게 설명하는 것도 귀찮고, 동정의 눈길도 싫고, 자신에게 그 병이 없음을 안도하는 눈빛도 견뎌낼 자신이 없습니다. 이 가면은 다른 사람들을 위한 가면이 아니라 나를 위한 가면이라고 생각합니다. 굳이 벗을 이유가 없는 것 같습니다.

그런데 앞머리로 가릴 수 없는 얼굴까지 병이 진행되면 어떻게 해야 할까요? 그때 가면을 버리면 될까요? 아니면 지금부터 미리 가면을 버리고 주변 사람들을 적응시켜야 하는 걸까요? 수년간 고민해서 제가 얻은 결론은 병을 낫게 해달라고 신께 기도하는 신자가 되는 것이었습니다. 그것 말고는 제가 할 수 있는 것이 없으니까요. 이마의 흉터가 나를

> 판단하는 잣대가 되지 않도록 더 자유롭고 멋지게 살아야
> 한다는 건 알고 있지만, 여전히 두렵습니다.

어찌할 수 없이 주어진 것이 있다는 사실은 힘든 거예요. 참 힘들어요. 제가 우리 인생의 70퍼센트는 주어진 것이라고 했잖아요. 그건 내 뜻대로 안 돼요. 이분의 병도 그런 거죠. 그런데 이 70퍼센트에 집중하면 안 돼요. 많이 힘든 일이 있을 때, 여러분이 의도하지 않았던 것들에 집중하면 안 돼요. 힘든 일이 있으면 그냥 받아들이세요. 중요한 건 남은 30퍼센트에 집중하는 거예요. 희망은 30퍼센트밖에 없어요. 내가 어찌할 수 없는 70퍼센트를 응시하고 직시해도 그게 사라지기는커녕 내 마음속에서는 실제로 존재하는 것보다 오히려 비중이 커진다고요. 거울을 보고 흉터에 집중하는 거예요. 거울을 보고 이마에 집중할수록 더 크게 들어온다고요.

오케스트라에 비유를 해 볼까요? 쓰레기 같은 오케스트라 단원들도 지휘자가 한 명 나타나서 조금만 연습을 시키면 아름다운 교향곡을 울릴 수 있어요. 그렇지만 도저히 구제 불능인 연주자가 있어요. 아무리 가르쳐도 나아질 기미를 보이지 않는 거죠. 이럴 때 지휘자가 그 불협화음을 내는 악기에만 집중하면 절대로 그 오케스트라에서는 아름다운 선율을 만들어 낼 수가 없을 거예요. 중요한 건 그 한 요소, 가령 삐걱거리는 바이올린

소리를 어떻게 하면 예쁘게 들리게 할 것인가가 문제인 거예요. 이게 나머지 30퍼센트인 거죠. 보잘것없는 지휘자라면 자신이 할 수 있는 30퍼센트의 영역을 보지 않고 자신이 어찌할 수 없는 70퍼센트에 주목할 테지만, 뛰어난 지휘자면 이 30퍼센트의 영역에 집중해서 마침내 근사한 오케스트라 화음을 연출할 거예요.

이분의 고민을 들으면서 우려가 되는 건 이분이 피부경화증에 엄청나게 집중하고 있다는 거예요. 그러면 구원이 안 돼요. 오케스트라에서 바이올린이 자꾸 삐걱거려요. 이때 바이올린 소리를 전체 오케스트라 화음에서 두드러지지 않게 하는 방법을 찾으면 되잖아요. 오케스트라 규모를 크게 하는 거예요. 안 들리게. 트럼펫을 크게 울리는 거예요. 물론 민감한 사람은 알아볼 거예요. '어, 저 바이올린만 아마추어인걸?' 그런데 대개 못 알아봐요. 문제가 되는 그 지점을 응시하지 마세요. 우리가 가진 것, 우리의 기억, 우리의 상처, 그러니까 우리 인생의 70퍼센트는 아무리 우리가 노력해도 안 없어져요. 여러분이 부모를, 상처를 제거할 수 없어요. 우리가 어쩔 수 없는 70퍼센트 말고 나머지 30퍼센트에서 어떻게 지휘자의 역량을 발휘할 것인지, 이게 중요한 거예요. 여러분이 상처에 집중하는 바람에 돌보지 못한 그 강력한 다른 소리들이 중요해요. 물론 바이올린 소리는 계속 삑삑거리면서 날 거예요. 그렇지만 이분에게도 대박인 소리가 있을 거란 말이에요. 그걸 더 강하게 울려야죠. 오케스트라에서 바이올린은 별로인데 첼로는 대박인 거예요. 그럼 첼로를 더 강하게 울려야죠.

지금 본인의 피부경화증에 너무 집중하고 있어요. 무슨 기도를 해요? 기도한다고 뭐가 나아져요. 돈 잃어버리고 '나는 잃어버리지 않았다. 나는 이제 인문주의자로 거듭난다' 이렇게 기도하면 나아져요? 차라리 옆에 있는 개를 발로 차서 나를 추격하게 만드는 게 나아요. 그럼 돈 잃어버린 걸 잊을 수는 있어요. 무슨 말인지 알겠죠? 다시 한 번 강조하지만 여러분이 어찌할 수 없는 것들이 있어요. 상처는 죽을 때까지 생길 거예요. 20대에도, 30대에도, 40대에도 생겨요. 생겨도 상관없어요. 어떤 경우에도 나머지 30퍼센트는 내가 결정할 수 있다는 게 중요한 거예요. 그리고 인문학적이고 성숙한 분들이라면 타인의 70퍼센트를 가지고 탓하지 않아요. 그러니까 제일 나쁜 놈들이 이런 놈들이죠. 성추행당한 여성을 두고 '네가 처신을 어떻게 했기에 성추행을 당해' 뭐 이딴 식으로 개소리를 하는 사람들이요.

이미 지난 거예요. 이미 지난 그 70퍼센트에 집중하면 우리는 그 상처에 갇혀 지내요. 30퍼센트가 중요한 거예요. 만약에 누군가가 상처를 돌보지 않고 지휘자의 역량을 가지지 않을 땐 욕해서도 돼요. 찰흙처럼 누군가 꽉 잡으면 그 모양대로 있는 존재인 거냐고, 시체처럼 데굴데굴 굴리면 그대로 데굴데굴 굴러가는 존재인 거냐고 욕해도 돼요. 사람은 그게 아니잖아요. 그렇죠? 까먹지 마세요. 우리의 삶을 우리가 다 결정하지는 못

해요. 하지만 제가 생각할 때는 반드시 30퍼센트 정도 우리가 개입할 수 있는 여지가 있어요. 노력 여하에 따라 그것이 어쩌면 10퍼센트 정도로 보일 수도 있고, 아니면 1퍼센트 정도로 보일 수도 있을 거예요. 그게 있으면 살아 있는 것이고, 그게 있으면 여러분에게 희망은 있는 겁니다. 삐거덕거리는 바이올린 소리 하나에 주목하는 지휘자가 되는 것은 멍청한 일이죠. 그만큼 머리에 난 상처에만 집중하는 것도 멍청한 일입니다.

무엇이 가면이고
무엇이 맨얼굴인지 헷갈립니다

전 살면서 한 번도 '착하다'는 말을 들어본 적이 없습니다. 누군가에게 착한 사람으로 보이고 싶지도 않습니다. 사람들은 저를 할 말 다 하고 사는 사람이라고 생각합니다. 제가 가장 잘하는 일 중 하나가 직장을 그만두는 일이고요. 제 가장 친한 친구는 제가 '을'인 상황에서도 늘 '갑'인 것처럼 군다며 부러워하더군요.
전 그동안 알아서 잘 살아왔습니다. 알아서 사는 건 자유롭고 좋았지만, 외로웠습니다. 그리고 누군가 나를 걱정해 주었으면 좋겠다고 생각합니다. 하지만 늘 뭐든 알아서 하는 저를 걱정해 주는 사람은 없습니다. 주변에서는 제가 가진 자유와 에너지를 부러워하지만 저는 오늘 밤에도 생각합니다. 어느 순간 자연스럽게 죽어 있었으면 좋겠다고요. 전 가보고 싶은 곳도 많고, 해 보고 싶은 것도 많지만 별로 살고 싶진 않거든요.

그리고 저는 제 신상을 정확하게 알 길 없는 사람들 앞에서 거짓말을 자주 합니다. 이름, 나이, 사는 곳을 다르게 말하곤 해요. 누군가를 속이려는 건 아닙니다. 제가 이름이나 나이를 다르게 말한다고 해서 저한테 이익이 되는 것도 없고 그들에게 손해가 될 것도 없습니다. 그런데도 전 그냥 제가 그 날 대답하고 싶은 대로 대답합니다. 원하는 가면을 씁니다. 전 감정을 잘 숨기지 않지만 거짓말은 엄청 잘해요. 때로는 제 스스로도 그 거짓말에 속아 넘어갈 만큼 말입니다. 뭐가 저의 가면이고 뭐가 저의 맨얼굴인지 모르겠습니다. 맨얼굴로 사는 일이 어떤 건지도 모르겠습니다. 대체 무엇이 진짜 저이고 무엇이 가짜 저일까요?

제가 전에 〈일〉 편에서 이야기했던 적이 있잖아요. 직장을 그만둘 수 있는 사람이 직장을 잘 다닐 수 있다고요. 직장에 뼈 묻을 생각을 하면 안 돼요. 여러분이 자유로우려면 언제든지 떠날 수 있어야 되거든요. 떠날 수 있는, 끝장을 낼 수 있는 힘과 자유와 용기가 있을 때 관계가 지속돼요. 어떤 관계여도 마찬가지예요. 이 회사에서 나가면 죽는다는 생각을 하면 노예가 되는 거고, 이 사랑은 영원히 지속돼야 한다고 하면 굴종이 시작되는 거예요. 자유로운 관계는 누가 주는 것도, 주어지는 것도 아니에요. 그만둘 수 있는데 지속해야 돼요. 그래야 가치가 있어요. 그만둘 수 없어서 관계를 지속하는 게 복종이에요. 언제 우리가 떠나야 되는지 아시겠죠? 이 사람 아니면 이제 안 되고, 모든 면을 누구에게 의존하고 있다면 관계는 끝나 가는 거예요. 나중에는 자기 맨얼굴을 못 보이고 가면만 쓰며 지내는 자신을 발견할 거예요.

그래서 이분은 훌륭하신 분이에요. 이분은 하고 싶은 대로 하죠. 맨얼굴로 하는 거예요. 그런데 문제가 심각한 거예요. 맨얼굴로 살면 여러 관계가 붕괴되거든요. 그럴 때 일종의 부작용이 있어요. 시원하게 내 속을 보인 순간 외로워져요. '오늘 이 모임은 별로야', '당신은 쓰레기예요' 이러면 관계가 깨지잖아요. 그래서 맨얼굴로 살면 처음에는 혼자 있게 돼요. 맨얼굴의 후유증 가운데 하나죠. 위대한 자유와 위대한 고독. 그런데 그 고독은 얼마 가지 않아요. 그 맨얼굴을 사랑하는 사람들이 하나둘 생길 테니까요. 결국 가면으로 이루어진 인간관계가 맨얼굴로 만나는 진정한 인간관계로 바뀌는 거죠. 물론 그 과도기는 정말 외롭고 힘들죠. 맨얼굴이라는 당당함에는 외로움이 있는 거예요. 맨얼굴의 정체, 맨얼굴로 살아가는 삶의 그림자 중 하나죠. 그렇지만 조금만 더 견디면 돼요. 맨얼굴의 인간관계가 시작될 때까지요.

그러니 이분은 일단 비범한 분처럼 보이고, 경지에 이르신 분처럼 보입니다. 그렇지만 잘 보세요. 이분은 가면을 벗고 맨얼굴로 살아오셨다고 하잖아요. 그런데 이분의 맨얼굴이라는 게, 저는 아무래도 가면일 수도 있다는 느낌이 들어요. 상담 내용 중에도 계속 나오잖아요. 살고 싶지 않지만 누군가는 본인을 걱정해 줬으면 좋겠다고요. 아이러니하게도 이분에게는 맨얼굴을 보일 사람이 필요한 거예요. 이건 스스로 토로한 것 아닐까요? 자신이 사람들에게 보였다고 하는 맨얼굴이 사실은 이분이 선택한 가장 완벽한 가면이라는 사실을요. 그러니까 맨얼굴인 것처럼 보이지만 이분 뒤에 맨얼굴은 따로 있는 것 같아요. 누군가 나를 걱정해 줬으면 좋겠다는 마음이 언뜻언뜻 드러나잖아요. 이게 이분의 본질에 가깝지 않을까 생각해요.

사랑을 받고 싶다는 것, 이건 우리의 본질이기도 하죠. 그러나 사랑에의 욕망을 실현하기 위해서는 맨얼굴이 되어야만 하죠. 가면을 쓰고 어떻게 사랑하고 사랑받을 수 있겠어요? 그런데 무가치한 인간들 모두에게 자신의 맨얼굴을 보이는 것이라면, 그리고 그렇게 하면서도 사랑을 갈구하고 있는 것이라면 지금의 맨얼굴이 사실은 가면인 게 아닐까요? 저는 자꾸 그런 느낌이 듭니다. 지금 본인은 맨얼굴로 살고 있는 게 아닙니다. 진정한 맨얼굴이 지금 언뜻언뜻 나오잖아요. 누군가 나를 걱정해 주었으면 좋겠다는 마음이 든다고요. 그런 사람이 있다면 살고 싶다는 이야기를 하시는 거잖아요. 자신을 아끼는 사람이 있으면 인간은 죽음을 생각하지 않아요. 나 하나 죽어도 아무도 신경 쓰지 않을 거란 느낌이 와야 자살을 하거든요. 그래서 가면을 쓴 사람이 자살하지, 맨얼굴을 하고 있는 사람은 자살하지 않아요. 가면을 쓰는 순간 우리에게는 사랑을 받을 가능성조차 사라지지만, 맨얼굴을 유지할 때에는 사랑받을 가능성이 살아 있죠. 타인의 사랑을 못 받더라도 최소한 자신만큼은 자신을 사랑하는 셈이니까요.

〔저는 제가 맨얼굴로 산 적이 없다고 생각을 하고 있거든요. 처음에 박사님 강의하실 때 어떤 사람은 늘 가면을 쓰고 산다고 하셨잖아요. 제가 생각했을 때 저는 맨얼굴로 사는 사람이 아닌데 사람들이 봤을 때는 제가 그렇게 사는 사람이에요. 쟤는 할 말 다 하고 살고 쟤는 아쉬울 것도 없고 쟤는 뭐든 자기가 알아서 한다고 생각해요. 사실 저는 맨얼굴로 누구를 만나본 적이 없는 것 같아요. 가장 가까운 가족조차도요. 그러다 보니까 힘들어도 힘들다고 안 하고 외로워도 외롭다고 안 하게 된 것 같아요. 제가 외롭다고 말해도 사람들이 진지하게 받아들이지 않아요. 오늘 강연을 들으면서 나는 아무한테도 맨얼굴을 안 보여줘서 살기가 싫은 거라는 느낌을 받았어요.〕 이 부분이 중요해요. 완벽하게 맨얼굴로 산다는 것 자체가 가면이었던 거예요. 만약 본인이 정말로 맨얼굴로 살았다면 살고 싶지 않다는 이야기가 나오지 않았을 거예요. 맨얼굴로 살겠다는 건, 사랑하고 사랑

받으며 살려는 필요조건이잖아요. 그런데 맨얼굴로 오래 살아 보니 외로웠다고 이야기하셨잖아요? 그건 결국 가면을 쓰고 사람들과 관계했다는 것을 의미하는 것은 아닐까요? 맨얼굴인 척 하는 가면을 쓰고 있었던 셈이지요. 물론 맨얼굴로 살려고 하는 순간, 외로움이 오는 건 사실이에요. 그러나 그건 일시적인 외로움일 뿐이지요. 이분처럼 맨얼굴로 사느라고 계속 외로웠다는 것은 결국 맨얼굴이 가면이었다는 것만 보여 주는 거죠.

그래서 이분은 쉽게 그냥 자기 이름을 다르게 이야기하는 거예요. 정영문의 소설 《어떤 작위의 세계》의 제목처럼 어떤 작위의 세계를 만들죠. 거짓말을 하고 또 뭔가를 만들어요. 큰 거짓말도 아니고 가면도 아니에요. 무료함에서 오는 것들이죠. 진지한 거짓말들 있죠? 내가 살기 위해서 하는 거짓말. 그런 진지한 거짓말이 아니라 그냥 가벼운 거짓말인 거예요. 사실은 어떻게 보면 굉장히 여린 분인 거예요. 홀로 있는 거예요. 그러면 거짓말은 가능해요. 친숙한 관계고 너무 소중한 사람이라면 거짓말 못 하죠. 내 이름을 알려 주고 싶다고요. 그 사람은 기도할 거 아녜요. 내 애인 누구누구가 잘 자게 해 달라고요. 지금 본인의 상태는 인큐베이터 안이나 잠수함 안에 들어 있는 것처럼 고독한 거예요. 그게 깨졌으면 좋겠어요.

착한 딸이라는 가면을 벗고 싶습니다

✼

저는 40여 년을 착한 딸로 살아온 여성입니다. 착하게 행동하면 돌아오는 보상에 길들여진 무기력한 사람이기도 합니다. 부모님이 사업 실패로 신용불량자가 되면서부터 저희 남매들 이름으로 채무가 잔뜩 생겨났고, 엎친 데 덮친 격으로 아버지는 뇌졸중으로 쓰러지셨습니다. 대학을 졸업하고 나서는 집안에 도움이 되어야 한다는 생각에 제 삶은 접어두고 집안일을 돕기 시작했습니다.

하지만 이런 생활이 한두 해 지나가면서 무언가 잘못되어 가고 있다는 생각이 들었습니다. 벗어나려고 해 보았지만 돌아온 것은 어머니의 무서운 분노였습니다. 견딜 수 없는 스트레스로 신경안정제도 먹어 봤습니다. 언니는 자살을 시도했고요. 이 상황에서 벗어나기 위해 저는 결혼을 택했습니다. 그때도 어머니는 혼자 빠져나가려 한다며 저를 비난했습니다.

저는 어려서부터 착한 아이라는 말을 듣고 살았습니다. 예쁨을 받는 방법이 그것이라고 생각했나 봅니다. 어머니가 너무 미웠지만 어머니를 외면하면 병든 아버지와 경제력 없는 부모를 버리는 몹쓸 존재가 되는 것 같아 죄책감에 시달렸고요. 잘못되었다는 것을 알면서도 결혼 이후에 어머니에게서 벗어나지 못했습니다. 남편까지 부모님의 빚을 떠안게 되었는데도 남편 몰래 어머니와 연락을 했고요.
이제는 정말 어머니에게서 벗어나고 싶습니다. 어머니라고 부르고 싶지도 않아요. 하지만 무기력한 부모를 저버리는 것이 맞는지 여전히 마음이 불안합니다. 착한 딸의 모습으로 40여 년을 살아온 대가가 이렇게 아픈 것인지 하루하루가 불편합니다. 진정으로 착한 사람이라는 것이 무엇인지 혼란스럽습니다. 저는 어떻게 해야 할까요.

우리 인생의 70퍼센트는 주어진다고 그랬잖아요. 가족은 폭력적이고 숙명처럼 다가와요. 그러니까 인간관계 중에 최악인 관계인 거죠. 빠져나오지 못하는 관계예요. 천륜天倫이라고 하잖아요. 천륜이라는 말 무섭지 않아요? 못 벗어난다는 저주와 같은 거죠. 잘 생각해야 돼요. 천륜은 존재하지 않아요. 천륜이라는 말이 왜 나왔을까요? 빠져나갈 수 있으니까 나온 거예요. 왜 효를 강조하는 것 같아요? 효가 자연스러운 게 아니라는 거예요. 옛날에는 자식을 왜 낳았어요? 나중에 걔네들이 돈을 벌고 밭일을 하니까 낳은 거예요. 한마디로 자신들을 먹여 살릴 보험으로 아이들을 낳은 셈이지요. 그래서 남자아이를 더 좋아하는 거예요. 여자아이는 일을 못하니까. 천륜이 아니기에, 비록 내가 낳았지만 독립적인 인간이 될 것이기에, 효라는 가치를 자식에게 내면화시키는 거죠. 천륜이어서 자연스럽다면, 왜 효라는 가치를 가르치겠어요?

제가 예전에 대학에서 1학년 학생들을 두고 강의했을 때 학생들에게 물어봤어요. 어머니를 사랑하느냐고. 그러면 다 사랑한다고 답해요. 저는 그러죠. 그건 사랑이 아니라고요. 완전히 독립해서 경제적으로 자립한 이후에 어머니와 함께 있으려고 할 때에만, 어머니를 사랑한다고 말할 수 있기 때문이지요. 내가 이곳이 아니면 잘 데도 없고 이 집이 아니면 돈도 안 들어오는데, 어떻게 어머니 곁을 떠날 수가 있나요? 불가능한 일이죠. 이런 형식적인 무기력을 퉁치려고 우리는 어머니를 사랑한다고, 그리고 어머니는 자신을 사랑한다고 말하는 겁니다. 그러나 사랑은 독립적인 사람, 자유로운 사람만이 할 수 있는 겁니다. 제가 성숙한 관계는 어떤 거라고 했어요? 거기에 있을 수도 있고 나갈 수도 있지만, 거기에 머무는 거라고 했잖아요. 마찬가지로 사랑할 수도 있고 사랑하지 않을 수도 있을 때 사랑해야, 드디어 우리는 사랑을 이야기할 수 있는 겁니다.

불행히도 대부분의 사람들은 사랑이 아닌데 사랑이라고 생각을 하고 있어요. 그렇게 생각하는 게 편하거든요. 그래야 자기의 의존성을 가릴 수 있을 테니까 말입니다. 경제적으로나 정서적으로 종속되어 있는 현실을 사랑이란 이름으로 은폐하려는 거죠. 지금 이분은 나이가 마흔이에요. 그런데 아직 어린아이의 상태에 있는 것 같아요. 어머니로부터 독립을 달성하지 못

했으니까요. 그래서 어머니와 성숙한 관계를 새롭게 맺지 못하고 있는 거예요. 아직도 정서적 관계에 묶여서 그냥 질질 끌려가고 있어요. 이제 정서적으로도 독립하셔야 해요. 물론 그러기 위해 '착한 딸'이라는 콤플렉스로부터 벗어나야 할 겁니다. 그냥 나쁜 딸, 이기적인 딸이라는 이야기를 기꺼이 들어야 한다는 거죠.

현실적인 제안을 하나 드릴게요. 지금 본인은 난파선에 타고 있어요. 혼자 빠져나와요. 나중에 한두 명이라도 건지려면. 그게 사랑이에요. 편하기는 그냥 바다에 빠지는 게, 같이 망하는 게 제일 편해요. 이 무슨 나약함이에요? 마흔이나 되시는 분이 이러면 안 되죠. 거기서 나와요. 욕먹어도 돼요. 기존 관계를 끊어야 새로운 관계가 가능한 거예요. 지금 관계는 부채로 휘말려 있는 관계잖아요. 나중에 이러다가 온 가족이 쓰러져요. 한 명이라도 육지에 나와 있어야 돼요. 배 위에서 빠져나와야 돼요. 그리고 잃어버린 건강과 자유를 제대로 되찾아야 해요. 누군가 구해 달라고 할 때 손 내밀 사람이 한 명은 있어야 되는 것 아닐까요? 그럴 때 새로운 관계에 진입하는 건데 지금은 이분을 포함해 모든 가족이 다 지쳐 있어요.

여러분도 집을 나와야 돼요. 정서적으로. 부모와의 관계는 그 다음 문제예요. 그리고 독립을 하신 분은 알아요. 어머니한테 가고 싶진 않다는 것을요.(웃음) '어머니 생일은 왜 이렇게 자주 오는 거야?' 이럴 수도 있어요. 그게 솔직한 거예요. 그게 맨얼굴인 거예요. 그런데 왜 어머니한테 가요? 욕먹기 싫으니까 가는 거예요. 착한 딸, 착한 며느리라는 말을 듣고 싶은 거라고요. 한마디로 어린아이처럼 귀여움과 사랑을 받으려는 거죠. 가면 쓰고 살겠다는 거예요. 기꺼이 그곳에 가고 싶을 때 거기 있는 분이 어머니가 되어야 하는 거예요. 명절에 가는 건 아무것도 아니에요. 머릿속에 항상 넣어 두셔야 해요. 관계라는 건, 그 관계를 내가 맺을 수도 있고 끊을 수도 있는 상태에서 맺고 있어야 가치가 있는 거예요. 이분은 이렇게 투정하지만 한편으로는 어머니에게 정서적으로 의지하고 있는 거예요. 어린아이처럼. 항상 대가는 있는 거예요. 그 고통을 견딜만 하도록 만드는 대가가 있는 거예요. 고통 속의 유대라고 해야 할까요? 나약하신 거죠.

바깥에 나와서 힘을 되찾으셔야 해요. 한 명은 무사해야죠. 난파선에 있을 때 어떻게 해야 된다고요? 혼자 빠져나와요. 욕먹을 거예요. 그런데 바다에 빠질 게 뻔히 보이는 난파선에 같이 있는 것처럼 바보 같은 게 없죠. 투덜거리고 있지만 많이 의존하고 있는 거예요. 뭔가 다른 끈으로 연결되어 있는 거예요. 이런 고통의 유대는 서로를 안 좋은 방향으로 아주 강하게 이끄는 병적인 형태거든요. 가족들이 지금 모두 성숙하지 않아요. 다 어린아이인 거예요. 한 명이라도 어른이 있어야죠. 욕먹으세요. 이젠 나쁜 딸이라는 이야기를 들어요. 난파선을 벗어나서 육지에 섰을 때 돌아가지 않겠다고 생각할 수도 있어요. 상관없어요. 일단 빠져나와야 돌아가든 돌아가지 않든 결정을 할 수 있는 거예요. 그런데 돌아가도, 안 돌아가도 배는 침몰해요. 돌아가면 한두 명은 구할 수 있겠죠. 안 돌아가면 자기는 살아요. 죽음을 앞둔 나머지 가족들에게 희망은 하나 있는 거예요. 이분은 빠져나갔잖아요. 그러니 남은 가족들은 절망 속에서도 자신들을 구하러 올 수 있는 사람이 있다는 희망을 품을 수도 있겠죠. 물론 이분은 다시 바다로 돌아가지 않을 수도 있습니다. 그러나 이렇게 매정한 모습도, 이분이 무조건 난파선에 빠져나와야만 가능한 것 아닐까요?

목사라는 가면을 쓴 폭력적인 아버지

제 아버지는 목사이지만, 어릴 적부터 저와 어머니에게 폭언과 폭력을 휘두르던 폭군이기도 했습니다. 어릴 적 아버지가 소리를 지르고 어머니를 때리면 저는 구석진 곳을 찾아 들어가 귀를 막고 울면서 빨리 잠잠해지기만을 기다렸습니다. 나이가 들어서인지 최근에는 폭력을 쓰지는 않지만 아직도 어머니에게 폭언을 하고 모욕을 줄 때가 많습니다. 하지만 제 모습은 어릴 때와 다를 바가 없습니다. 못 들은 척하거나 자리를 피해 버리곤 하는데 그럴 때면 어머니에게 미안하고 아버지가 너무 밉고 숨기만 하는 제가 싫습니다.

> 아버지의 이중적인 모습을 가장 가까이서 보지만 어디에다 속 시원히 말할 수도 없었습니다. 말했다가는 아버지가 우리를 더 괴롭힐 것도 같고, 실질적으로 경제적인 부분에 대한 걱정도 있었기 때문입니다. 어렸을 때는 그렇다고 해도 성인이 된 지금 역시 아무것도 하지 못하는 제 자신이 너무 싫습니다. 아버지의 폭력에 어떻게 대처해야 할까요?

🎤

목사는 신에게 순종하는 직업이잖아요. 아버지는 단언컨대 독실한 신앙인이고 신을 믿으려고 했을 거예요. 그런데 아버지는 신을 사랑하지는 않아요. 그저 무서워할 뿐이죠. 그러니 아버지는 지금 목사라는 가면을 쓰고 신과 신도들 앞에 서 있는 거예요. 순종적이고 착한 목사라는 가면을 쓰고 살아가는 스트레스가 만만치 않을 겁니다. 그러니 그 스트레스를 어디다 풀겠어요? 만만한 이분이나 이분의 어머니에게 풀었던 거죠. 지금 이분은 아직도 굉장히 약하고 어려요. 더 강했으면 좋겠어요. 본인이 약해서 아버지가 계속 그러는 거예요. 아버지가 착해지길 기다리지 말고, 본인이 강해지세요. 그래야만 아버지가 신보다 딸을 더 무서워할 거예요. 그렇게 되면 아버지의 폭력은 상당히 자제될 거예요. 물론 어머니에게 폭력이 집중될 테지만 말입니다. 그리고 어머니도 강해지면, 아버지는 아마 다른 약한 것을 찾아 헤맬 겁니다. 그러니까 궁극적인 해결책은 아버지가 목사라는 허울을 벗어던져 버리는 겁니다.

이제 감이 오시지요? 당당해지고 과감해지세요. 아버지는 신이나 신도들 같은 강자에게는 약하고, 딸이나 아내 같은 약자들에게는 하염없이 강한 사람이니까요. 그러니 아버지가 나를 안 때리길 기다리진 말아요. 본인이 강해지지 않으면 아버지의 폭력은 결코 잦아들지 않을 테니까요. 제 아버지가 저를 안 때리기 시작하신 건 제가 아버지 오른손을 제 손으로 딱 잡았을 때부터였어요. 그때 제 아버지도 느끼셨을 거예요. '나의 건장함이 여기서 끝나는구나.' 아버지 손을 잡았을 때 두근거림과 반역의 느낌이 들었어요. '이걸 내가 왜 잡았지? 그냥 맞을걸' 이런 기분도 들었고, 그날 아버지가 냉장고에서 소주를 꺼내서 방으로 들어갈 때 죄책감도 좀 들었어요. 그런 때가 있는 거예요. 본인이 강해져야 돼요. 아셨죠?

그리고 여러분이 변하고 싶고, 다른 나이고 싶다면 현재 자신의 모습이 쓰레기처럼 싫어야만 해요. 징글징글 이가 갈릴 정도 미워야 해요. 뭐가 되어도 지금보다 더 좋아지는 것이라고 생각해야 돼요. 반면 자세히 돌아보니 나에게 쓸 만한 것도 있다는 생각이 들면 우리는 결코 변할 수 없어요. 여러분이 진짜 변하고 싶으면 자신에 대한 깊은 절망감을 느껴야 돼요. 나의 바닥을 봐야 되고, 내가 쓰레기라는 느낌을 받아야 돼요. 뭐가 되어도 지금보다 낫다고 생각하면 우리는 자신을 변화시킬 수 있어요. 혁명도 이런 식으로 일어나죠. 어떤 상태도 지금보다는 낫겠다는 생각이 있어야 돼요. 그때 혁명이 일어나요. 대차대조표를 따지고 있으면 안 돼요. '괜히 다른 직업 가지면 내 스펙은 어떻게 해', '겨울에 집을 떠나면 추울 거야', '대안이 마련될 때까지 변화를 시도해서는 안 돼' 이러면 어떤 혁명도 안 일어나요. 그냥 그대로 살게 되는 거예요. 그러니까 본인이 벌레처럼 약하다는 사실을 아프게 받아들여야 해요. 그래야 강해질 수 있다고요. 더 강해져야 해요. 하실 수 있겠어요? 그리고 아버지에게서 조금의 좋은 점도 찾아서는 안 돼요. 그래야 아버지에 맞설 수 있다고요. 이것도 하실 수 있겠어요?

〔그럼 아버지에게 맞서 싸워야 할까요?〕 아버지의 뺨을 때려도 되고, 안 본 척해도 되고, 집을 나가도 돼요. 쫄지 않고 당당하게요.〔전 항상 피하기만 했거든요.〕 그러니까 피하지 말고 그냥 혹 나가 버리세요. 아직 집이 견딜 만한가 봐요. 집이, 아버지가 정말로 절실하게 나빠야 돼요. 그런데 아버지에게 좋은 점을 찾아 놓으신 거예요. 우리는 빠져나갈 구멍을 찾아 놔요. 결단을 미루는 비겁함을 용인하는 빠져나갈 구멍 말이에요. 예를 들면 어떤 며느리가 시어머니가 싫으면 뭐 하나를 찾아 놔야지 시어머니랑 관계를 지속하잖아요. 그래서 이런 말을 해요. '우리 시어머니는 음식을 잘하신다'고요. 당연히 음식 잘하죠. 30년을 더 했는데.(웃음) 이런 식인 거예요. 뭘 하나 찾아 놓는다고요. 아버지가 날 때려도, 우리 아버지는 나 때리고 나서 짜장면이라도 사 준다고 해요. 그런 사람 만나면 제가 더 비싼 간짜장

을 사 주고 패고 싶어요. 그건 이유가 아니에요. 〔제 아버지도 그렇게 폭력적이면서도 잘해 줄 때는 엄청 잘해 주세요.〕 그러니까요. 그래서 분열증이 오는 거예요. 못되게 굴면 차라리 딸이 독립이라도 해요. 그런데 아버지가 좋은 면을 조금씩 흘리는 거예요. 아니, 정확히 말해 본인이 아버지로부터 좋은 면을 찾으려고 하죠. 그러면 아버지와의 관계가 지속될 수 있으니까, 아버지를 적대시할 필요가 없으니까요. 핵심은 아버지가 나쁜 사람이라는 거예요. 본인이 독립했다는 걸 보여 주고, 아버지랑 새로운 관계를 맺어야 해요. 당신이 나를 함부로 대하면 나는 당신과 관계를 끊을 거라는 걸 보일 때, 아버지도 딸을 조심스럽게 대한다고요. 분리될 수 있는 관계만이 다시 결합도 하는 거예요. 아버지의 좋은 점을 찾지 말아요.

우리가 독재자 밑에서 살 때도 독재자의 좋은 점을 찾아요. 혁명을 통해 제거할 수 없으니까, 제거할 수 없는 이유를 그 제거해야 될 대상에서 찾는 거죠. 그냥 내가 힘이 없어서, 독재자를 제거할 수 없다고 생각하는 자신이 너무나 초라하다고 무의식적으로 느끼니까 그래요. 박정희가 우리를 그렇게 괴롭혔는데 경제를 살렸다고 하잖아요. 그래야 박정희에 저항하지 않았던 자신의 비겁함을 나름대로 정당화할 수 있으니까요. 사랑했던 상대방에게서 좋은 점과 나쁜 점이 보일 때 헤어져야 돼요. 사랑하는 사람은 그냥 좋은 점만 가진 사람이잖아요. 그런데 갑자기 나쁜 점이 보이는 거예요. 그러면 서둘러 우리는 좋은 점을 찾으려고 하죠. 그건 그 사람과 떠나서는 경제적으로 살기 힘들어서 그런 거예요. 그렇게 발견한 좋은 점으로 그와 헤어지지 못하는 비겁함을 정당화하는 셈이죠. 이렇게 상대방을 떠날 수 없을 때, 우리는 상대방에게서 좋은 점을 찾아 놔요. 사실 좋거나 말거나 둘 중 하나잖아요. 좋으면 좋은 거지, 어떻게 나쁜 점이 있을 수 있겠어요?

장단점을 따진다는 건 사실 그 사람과 있는 것이 싫은데, 그를 떠나는 것이 불가능할 때 하는 거죠. 좋은 점이 있으니 굳이 내가 그 사람을 떠날 필요가 없는 거예요. 핵심은 내가 약해서 그를 떠날 수 없다는 거예요. 그에게 너무나 의존하고 있는 나의 약함에 있는 거죠. 관계가 끝났는데도 내가 비겁해서, 이 사람을 떠났을 때의 불안한 생활이 무서워서 관계를 유지하려고 할 때 그의 좋은 점을 찾는 거예요. 여러분들도 항상 마음에 새겨 놓으세요. '진정한 인간관계는 좋거나 나쁘거나 둘 중 하나이다. 좋으면 지키고 나쁘면 끊으면 된다. 만약 어떤 인간관계가 좋기도 하고 나쁘기도 하다면, 우리는 그 인간관계에 벗어날 수 없어서 좋은 점을 찾는 것이다. 그러니 좋기도 하고 나쁘기도 한 인간관계는 그냥 끊으면 된다.'

내가 원하는 게 무엇인지 헷갈립니다

♦

저는 어딜 가나 있을 법한 평범한 스물다섯 살의 대학생입니다. 제가 저의 가면을 인지하게 된 때는 언제부터였을까요. 가장 최근에는 저를 진지하게 생각하지 않았던 그와 쿨함의 가면을 쓰고 성관계를 맺고 후회 없는 척을 했죠. 언제나 깨인 척, 있는 척, 착한 척, 외로움을 즐기는 척 등 온갖 '척'을 하며 살고 있습니다.

스무 살에 원치 않은 성관계로 중절 수술을 한 다음 날에도 아무렇지도 않은 얼굴로 부모님의 결혼기념일 파티를 했고요. 그 다음 날에도 다른 친구의 생일 파티에 갈 정도로 제 몸과 마음을 막 굴리며 살아왔습니다. 하지만 저는 여전히 공부도 적당히 잘하고, 성격도 적당히 좋고, 책과 산책을 좋아하고, 친구들을 만나서 술 한잔하는 것도 좋아하는 삶을 잘 살아 내고 있습니다.

그런데 정말 무서운 것은 이제는 제가 느끼는 모든 것들, 그리고 사랑하는 것들을 과연 제가 원하는 것인지 아닌지 구별할 수 없게 되었다는 겁니다. 저는 누구에게도, 심지어 제 자신에게도 솔직하지 못해요. 지금 준비 중인 공무원 시험도, 모든 관계와 사랑도, 내가 가면을 쓰고 있는 건 아닌지 구분할 수가 없어요.

가면은 다른 사람, 강한 사람 때문에 내가 쓰게 되는 거죠. 그러니까 어머니가 원하는 게 착한 딸이라고 하면 착한 딸 흉내를 내면서 살아가는 거예요. 내가 원하는 게 아니라 어머니가 원하는 대로 살아가는 거죠. 직장 상사가 원하는 대로, 사단장이 원하는 대로, 사장이 원하는 대로, 독재자가 원하는 대로 살아가는 거죠. 그게 그래서 우울한 거예요. 그런데 한참 이렇게 살다 보면 어떤 심각한 문제에 빠지게 되느냐면, 내가 원하는 게 뭔지를 잘 모르게 되는 거예요. 맨얼굴을 찾았다는 가장 큰 징후 중 하나는 남이 아니라 내가 좋아하는 걸 찾은 거예요. 나이기 때문에 원하는 것을 찾은 거죠. 그런데 너무 어릴 때부터 타인이 원하는 대로 살면 내가 원하는 게 뭔지 헷갈려요.

여러분 김치 먹죠? 김치찌개, 김치전 좋아하죠? 그런데 그거 처음 먹기에 너무 어려운 거예요. 이미 김치에 적응이 되어 있어서 이해가 잘 안 되죠? 사실 먹기가 힘드니까 어머니들이 그렇게 사활을 걸고 김치를 먹이려고 꾀고 안아 줄 준비를 하는 거예요. 김치를 먹이려는 이유는 딱 하나죠. '더 이상 이유식하기 싫다. 귀찮다. 이제 우리 먹던 걸 같이 먹자.'(웃음) 김치에 배어 있는 마늘 맛이 얼마나 강해요. 씻어 먹는다고 그게 사라져요? 사약 먹듯이 독약 먹듯이 먹는 거죠. 눈물을 머금고. 그래야 어머니가 꼭 안아 주니까요. 이러다 시간이 지나면서 반복되면 우리도 김치를 좋아하게 되는 거예요. 우리가 멕시코로 입양이 됐다면 아마 다른 걸 먹었을 거예요. 물론 멕시코에서의 상황도 똑같죠. 이상한 매운 타코를 먹이면서 안아 줄 준비를 하죠. 그렇게 멕시코에서 자라면 성장해서 또 그게 맛있다고 하는 거예요. 우리 인간은 그렇게 성장하죠. 꼬맹이 시절부터 내가 좋아해 왔던 것들이 사실은 어머니가 좋아했던 것들이에요. 놀랍지 않아요? 다른 집 가면 음식이 입에 안 맞잖아요. 어머니 음식이 좋잖아요. 그런데 사실은 어머니 음식에 적응이 된 거예요. 음식만 그런 것이 아니죠. 딸이 어떤 남자를 좋아하면 대개 어머니는 '예스', 아버지는 '노'라고 해요. 대개 어머니는 자신의 남편에게 발견하지 못한 남자에 대한 욕망을 딸에게 각인시키거든요. 그래서 어머니와 딸은 신랑감을 두고 단합된 힘을 보여요. '좌우지간 네 아빠 같은 사람만 아니면 된다'는 확신을 가지고요.(웃음) 그러니까 남자를 선택하는 것도 과연 내가 선택하는 건지 고민을 해 봐야 해요. 정말 심각한 문제죠.

중요한 건 '이 순간에 내가 진짜 원하는 건 무엇일까'라는 거예요. 제가 〈쫄지 마〉 편에서 말씀드렸어요. '나'라는 걸 막연하게 생각하지 말고 내가 욕망하는 것들의 리스트를 작성하라고요. 누군가를 알고 싶다면 그 사람이 좋아하는 것의 리스트를 작성하면 돼요. 저 사람은 슈베르트를 좋아하고, 붉은 색을 좋아하고, 밀란 쿤데라를 좋아하고, 더치커피를 좋아한다는 리스트를 작성할 수 있어요. 나 자신에 대해서도 유사한 리스트를 작성해 보는 거예요. 베토벤, 보라색, 프란츠 카프카, 그리고 아메리카노를 좋아한다는 걸 기록해 두는 거죠. 10년 뒤에 다시 작성하면 리스트가 크게 달라질 수 있을 거예요. 바흐, 분홍색, 사뮈엘 베케트, 그리고 녹차를 좋아할 수 있으니까요. 그만큼 나는 변한 셈이지요.

우리가 연애를 한창 할 때 보면 서로의 리스트를 정확하게 알아요. 아마 두 사람이 사랑에 빠진 이유는 그 리스트에 들어 있는 좋아하는 것이 많은 부분 일치했기 때문일 거예요. 그런데 오래된 커플은 서로의 리스트가 너무 변했는데, 그걸 알려고 하지 않을 수 있지요. 서로 잘 알고 있다는 오만, 한마디로 매너리즘에 빠진 거죠. 이러면 얼마 지나지 않아 관계가 붕괴되는 거예요. 서로의 리스트가 옛 기억 속에만 있고, 현재에는 완전히 달라졌을 테니까요. 좋아하는 것이 변했다면, 주민등록번호가 같거나 외모가 같다고 해도 이미 다른 사람이 되어 버린 거죠.

상대방을 알아볼 때 내면을 볼 필요는 없어요. 내면은 볼 수도 없잖아요. 심장, 십이지장, 간 같은 것만 있을 거예요.(웃음) 어떤 사람의 영혼은 그의 행동에서 다 드러나거든요. 사람의 영혼은 행동이에요. 그 사람이 뭘 잡는지만을 보세요. 바보들만이 그 사람 손을 다 묶어 놓고 그 사람의 영혼을 읽으려고 한다고요. 내가 무거운 짐을 들 때 그 사람이 내 짐을 들어 주면, 그 사람은 날 사랑하는 사람인 거예요. 반면 내가 무거운 짐을 들고 있는데 '데이트하는데 왜 이렇게 무거운 걸 들고 왔냐'고 하면, 이제 그 사람은 나를 사랑하지 않는 거죠. 이처럼 구체적인 욕망과 행동으로 드러나는 것이 바로 그 사람의 영혼인 거예요. 항상 우리의 치명적인 착각은 저 사람의 본래 마음은 그런 게 아닐 거라고 생각하는 데 있지요. 아니긴 뭐가 아니에요? 지혜로운 사람은 행동을 보고, 우매한 사람은 마음을 보려고 하지요.

그렇다면 나 자신을 이해할 때도 내가 뭘 좋아하는지가 중요한 거잖아요. 물론 김치를 좋아하는 건 어찌할 수 없는 거예요. 인생의 70퍼센트는 부정을 해도 이미 만들어진 거라고요. 어쩔 수 없이 껴안고 가야 하는 거예요. 나머지 30퍼센트가 문제인 거죠. 아직 해 보지 않은 건데 해 보고 싶은 것들이 있죠? 공무원 되고 싶다면서요. 공무원 되어 봤어요? 아니죠? 되어 보면 알아요. 공무원이 되고 싶었는지 아니었는지. 나의 욕망, 내가 하고 싶은 것들은 아직 실현되지 않은 거예요. 이런 꿈이 나의 꿈인지 타인의 꿈인지, 그러니까 맨얼굴의 꿈인지 가면의 꿈인지 그 순간에 구별하는 방법은 없어요. 해 봐야 해요. 해 봐야 끝이라는 걸 느껴요. 공무원이 되고 나서 출근을 하는 순간 알 수 있어요. 막연하게라도 느낄 수 있어요. 끝이라는 느낌이 들면 타인이 욕망하는 거예요.

반면 내가 원하는 것이라면 원하는 것을 얻은 순간 이제 시작이라는 느낌이 들어요. 가령 대학에 입학해서 첫 수업 들어 보면 알잖아요. 한숨이 나오면 부모가 원하는 학과에 간 거죠. 반면에 이제부터 해 보자는 느낌이 들면 제대로 학과를 선택한 거죠. 원하는 과에 간 거예요. 대학을 졸업한 뒤 두 경우의 인생은 굉장히 많이 다를 거예요. 부모가 원하는 학과에 간 학생이 자신의 학업에서 성과를 낼 리가 없죠. 하지만 자신이 원하는 학과에 들어간 학생은 아마 대학원을 가던가 아니면 전공에 맞는 직업을 선택하게 될 거예요. 그러니까 현재에는 몰라요. 공무원이 되는 걸 본인이 원하는지, 주변에서 원하는지 모르죠. 공무원이 되는 날 알아요. 점검할 수 있는 방법은 그것 하나밖에 없어요. 대부분의 사람들은 끝이라는 느낌이 들어도 대개 지금까지 투자한 시간이랑 돈이 아까워서 그냥 살아요. 그게 우리 부모님의 삶, 혹은 우리의 현재 모습인지도 모르죠. 문제는 공무원이 안 되면 죽을 때까지 헷갈린다는 점이에요. 내가 공무원이 되고 싶은 건지 아닌지.

어떤 남자가 마음에 들면 접근할 수 있을 거예요. 그런데 처음에는 헷갈려요. 텔레비전에 등장하는 유명 배우의 모습을 닮아서 그 사람을 좋아할 수도 있고, 목소리를 닮아서 그 사람을 좋아할 수도 있어요. 그런데 나중에 그 남자를 진짜 얻게 됐을 때 같이 여행도 다니고 사랑도 나눠 보면 알게 돼요. 정말 내가 원하는 남자였다는 것을 확인할 수도 있고, 불행히도 나만의 착각이었다는 걸 알게 될 수도 있어요. 후자라면 그 사람은 아닌 거죠. 그래도 그 남자랑 처음에 시작은 해야 하는 거예요. 남녀가 할 수 있는 마지막까지 가 봤을 때 이게 끝인지 시작인지 안다고요. 그렇다고 매번 반복할 필요는 없어요. 한두 번만 제대로 반복해 보면 알아요. 인간의 모든 형용사적 평가는 다 비교예요.

아름답다는 것도 누구보다 아름답다는 것이고, 섹시하다는 것도 누구보다 섹시하다는 것이니까요. 한두 번만 해 보면 자기가 어떤 남자를 좋아하는지 알아요. 내가 어떤 사람인지 알게 돼요. 우리 생각엔 새로운 사람을 만날 때마다 시행착오가 있을 것 같잖아요. 그런데 그렇지 않아요. 한두 번 정도만 제대로 해 보면 돼요.

한 번에 아주 깊게 환멸을 느끼면 나 자신이 어떤 사람인지를 알게 돼요. 그런데 그 한 번이 좀 약하면 몇 번 반복을 하게 되는 거예요. 어떤 소설을 제대로 직면하면 다음 작품을 읽기 쉬운데, 어정쩡하게 이해하면 계속 어정쩡하게 몇 개를 더 읽어야 하는 것과 같아요. 진짜 중요한 건 직면하는 거예요. 그래서 여러분은 항상 고민을 해 봐야 하는 거죠. 나의 꿈과 욕망이 나의 것인지 타인의 것인지. 나의 욕망이 사회적으로 각인된 것인지 확인할 수 있는 방법은 없어요. 도달해야 알아요. 도달했을 때 타인의 것이라면 끝의 느낌이, 내가 원하는 곳에 제대로 갔다면 시작하는 느낌이 들어요. 그렇지만 여기에도 단서가 있어요. 제대로 그 대상에 직면하고 몸을 던져야 된다는 거예요.

백 편의 영화를 본 이후에 백한 번째 영화를 평가한다면 그 평가는 무거운 겁니다. 그 평가에는 백 편의 영화를 보았던 경험의 무거움이 녹아 있으니까요. 물론 백 편을 꼭 봐야 백한 번째 영화의 평가를 잘하는 건 아니에요. 건성으로 백 편을 본 사람은 영화를 한 편도 제대로 보지 않은 것과 마찬가지일 테니까요. 반대로 세 편만 제대로 보면 네 번째서부터 제대로 평가할 수 있을 거예요. 문제는 숫자가 아니라 얼마나 정직하게 모든 걸 걸고 직면했는지, 그 강도인 거니까요. 어떤 남자를 정말로 사랑해 보는 거죠. 진짜로 다해 보는 거죠. 그러다가 환멸을 느끼면, 다음에 비슷한 놈을 만났을 때 이놈은 아니라는 걸 알죠.

그러니까 젊은 분들은 피하시면 안 돼요. 아주 아프게 경험해야 돼요. 아주 진하게 영화를 보고, 강하게 소설을 읽어야 해요. 그리고 강하게 연애를 해야 하고요. 이분은 이렇게 반성하시는 게 좋아요. '난 진짜 제대로 직면했는가.' 양적으로 다양한 경험을 했다고 떠벌리는 것은 아무런 의미도 없지요. 중요한 것은 얼마나 정직하게 직면했느냐는 강도의 문제니까 말이에요. 100명의 남자와 쿨하게 자 본 것이 우리에게 무엇을 가르쳐 줄까요? 오히려 한두 명의 남자와 모든 것을 걸고 했던 사랑이 더 많은 가르쳐 줘요. 괜찮은 척, 쿨한 척하는 건 본인의 자기 이해에는 어떤 도움도 주지 않을 거예요. 약하니까 매사에 척한 것뿐이죠. 상처 안 받으려고.

저는 이렇게 말씀을 드리고 싶네요. 공무원 시험에 한번 올인해 보세요. 어떤 남자를 만났을 때도 이 사람이 진짜인지 가짜인지 미리 짐작하지 말고요. 진짜라는 느낌이 들면 온몸을 던져 보는 거예요. 지금까지는 내가 원하지 않았던 것을 했었잖아요. 그 때문에 거리를 두는 거잖아요. 이제 그런 것 하실 필요 없어요. 세상을 무서워하지 마세요. 원하는 것을 찾기 위해서는 고통을 감내할 용기가 필요할 거예요. 세상에 직면하는데 어떻게 고통이 없겠어요. 그렇지만 살아 있기 때문에 아픈 거라고 생각하세요. 죽은 사람은 아픔을 느끼지 않잖아요. 아픔을 감내하고 온몸으로 원하는 것을 쟁취해야 해요. 그래야 자신이 원하는 것을 제대로 알 수 있고, 자신이 누구인지도 제대로 알 수 있으니까요. 불쾌했던 감각과 고통스런 느낌이 결정적인 도움이 될 거예요. 그만큼 여러분은 자신이 누구인지, 그리고 진정으로 자기가 원하는 게 무엇인지 잘 이해하게 될 테니까요.

연애에 필요한 가면

서른셋의 직장인 여성입니다. 저는 비교적 제 생각을 분명히 밝히고 감정에 충실했던 사람이었는데 20대에 회사 생활과 함께 사회적 편견과 좌절을 경험하게 되면서 어느덧 가면을 쓴 얼굴이 더 익숙한 삶을 살게 되었습니다. 남들이 듣고 싶은 이야기를 해 주고, 내 주장이 받아들여지지 않는 상황이 되면 쉽게 포기하고, 무엇보다 착한 사람의 가면을 쓰게 되었습니다. 저의 가면은 연애에도 영향을 주더군요. 두 번의 연애 모두 상대방에게 맞추다가 끝나고 말았습니다. 특히 두 번째 연애 상대는 양다리를 걸치고 있는 줄 알면서도 제대로 화 한 번 내지 못했습니다. 헤어지면서도 상대에게 다른 여자에게 가는 것이냐고 묻지 못했고요. 도대체 뭐가 무서워서, 제대로 따지지도 못하고 화를 내지도 못했던 걸까요?

회사에서는 이제 어느 정도 적응이 되다 보니 제 목소리도 낼 수 있게 되었어요. 할 수 없는 일은 하지 못한다고 하고, 비겁한 윗사람의 뒤통수도 칠 수 있게 되었습니다. 그런데 아직 연애에서는 착한 사람, 바보 같은 사람의 가면을 벗지 못해 두렵습니다. 그래서인지 유독 연애에 자신이 없습니다. 여자 나이 서른셋이 되다 보니 소개팅은 점점 '레어 아이템'이 되어 갑니다. 소개팅에 나가서 저의 솔직한 모습도 보여 봤고, 남자를 띄워 주라는 친구의 충고를 듣고 그대로 해 보기도 했는데 결과는 둘 다 좋지 않았습니다. 저는 계속 만날 생각이 있었는데 뭐가 문제였을까요? 연애에서는 어떤 가면이 필요한 걸까요?

남자 후려서 재밌게 지내고 싶으세요? 그러면 가면을 쓰면 돼요. 놀이 도구처럼 쓰면 되니까요. 그런데 사랑은 좀 달라요. 솔직한 모습을 보이자는 것도 일종의 가면이에요. 남자를 띄워 주는 것처럼 그것도 가면인 거예요. 둘 다 인위적인 모습이니까요. 그렇게 할 필요 없어요. 방법은 없어요. 사랑에는 방법이 없어요. 일체의 인위와 전략 없이, 상대방에게 직면하는 것밖에 방법은 없어요. 만약에 남자를 후리는 걸 선택한다면 그건 그 사람을 사랑하는 게 아니죠. 하룻밤 자겠다거나 집에 돈이 많은 남자와 엮여서 결혼을 하겠다는 게 아니라면, 사랑을 하고 싶은 거라면 방법은 없어요. 사랑에 무슨 방법이 있어요? 이성복 시인이 그랬잖아요. "방법을 가진 사랑은 사랑이 아니다"라고요. 사랑을 하면 방법이 생기는 거예요.

우리가 방법을 가진다는 건 위험한 거예요. 가령 여자는 꽃을 좋아한다고들 하잖아요. 그래서 꽃다발을 선물하죠? 그런데 꽃 싫어하는 여자도 상당히 많아요. 여자들이 바퀴벌레 무서워하는 것 같죠? 안 무서워하는 여자도 상당히 많죠. 그러니까 우리가 어떤 방법을 가진다는 건 위험하다는 거예요. A라는 사람을 사귈 때 효과가 좋았던 방법이 있었다고 칩시다. 많은 사람들이 효과가 있다고 하는 방법이었어요. 그 방법대로 만나는 건 가면을 쓰는 거잖아요. 그건 사랑과 무관해요. 연애, 놀이, 기술일 수는 있어요. 외롭지 않으려고 수컷 개 한 마리 키우는 정도인 거죠.

지금 본인이 맨얼굴이라고 생각하는 건 그래서 진정한 맨얼굴이 아니에요. 솔직함을 과장하는 것도 분명 가면일 수밖에 없잖아요. 정직해야 한다고 해서 정직한 거고, 솔직해야 한다고 해서 솔직한 거잖아요. 지금 맨얼굴이라고 보이는 것도 결국 맨얼굴이 아니라고요. 소개팅에서 솔직하게 말하라고 해서 하셨잖아요? 그거 오버하는 거거든요. 당당하지 않다면 당당하지 않은 모습을 있는 그대로 보여 주는 것이 바로 맨얼굴이니까요. 그러니 아직 사랑할 준비가 안 된 거예요. 진짜 사랑하는 사람을 만나게 되면 이런 거 안 해요. 저절로 맨얼굴이 될 테니까요. 사랑에는 방법이 없어요. 아직 안 만난 거예요.

예전에 선배들이 사랑하는 여자가 있으면 춘천 소양강을 가라고 했어요. 배가 끊기는 곳이거든요. 소양강 댐으로 내려가면 선착장이 있는데, 거기서 멍 때리고 있다가 마지막 배를 타고 들어가라는 거죠. 그러면 거기서 자야 되거든요. 그리고 이런 조언을 하더라고요. "모든 여자들이 그걸 다 아는데, 너를 따라갔다는 하나만으로 모든 건 끝난 거야"라고요.(웃음) 그런데 그 근처에 오봉산이라는 산이 있어요. 전 그 산을 넘어가는 여대생을 본 적이 있어요. 랜턴 사서 산을 넘어가겠다는 거죠. 뜻대로 안 돼요. 제가 돌아와서 그 선배한테 뭐라고 했겠어요? 선배는 전에 진짜 성공했는지 물어봤죠. 그 선배도 자기 선배한테 들은 거예요. 이런 전략으로 사랑에 성공한 사람은 한 명도 없을 거예요. 물론 섹스를 경험한 사람들은 있겠죠.

진짜 사랑하는 관계, 깊은 관계는 흉내를 내는 게 아니에요. 가면 쓰는 관계가 아니거든요. 가면 써서 성공했다고 합시다. 그러면 얼마나 외로울까요? 선녀와 나무꾼 이야기 보면 나무꾼이 옷 숨긴 거 알고 선녀가 쿨하게 떠나잖아요. 여러분은 아마 안 떠날걸요? 이미 아이도 셋이나 낳았는데 그냥 사는 거예요. '지금까지 산 게 어딘데' 이러면서요. 그 선녀 너무 멋지지 않아요? 우리는 그런 선녀를 조상으로 둔 민족이에요.(웃음) 상대방이 가면을 썼다는 것을 알자마자, 그냥 쿨하게 떠나야죠. 그런데 귀찮아서, 아니 경제적으로 의존하고 있으니까 그냥 대충 사는 거예요. 지금 늦은 게 아니에요. 친구들 다 남자 만나고 결혼하잖아요. 그렇다고 마음이 조급해져서 대충 사지 멀쩡한 사람이랑 결혼해서는 안 되죠.

물론 주변에서 압박이 많이 들어올 거예요. 부모님은 명절 때마다 결혼하라고 조르고요. 명절이 고문인 거죠. 이런 압박감들 때문에 떠밀리다시피 결정을 해요. 직장 다니듯이 결혼을 하는 거죠. 많은 부부들이 그렇게 탄생해요. 물론 그런 탄생이 싫으니까 최면을 걸어요. 사랑이라고, 아름답다고. 그런데 결혼 앨범을 자세히 보면 얼굴은 억지로 웃고 있고, 함께 찍은 남자보다 찍은 장소가 더 아름다운 기억으로 남아 있죠.(웃음) 그러니 남들 결혼하는 게 무슨 상관이에요? 나이 쉰이면 어때요. 가면을 벗도록 하는 사람을 만날 때까지 기다려야죠. 그 사이에 외로우면 대충 누구 만나도 돼요. 그때 만나는 사람은 어떤 '사람'이 아니라 '남자'면 되는 거예요. 성기 구조가 나와 다르면 되는 거예요. 요령껏 안 들키게 잘 살면 돼요. 하지만 가면을 벗게 하는 사람은 있어야 해요. 물론 죽을 때까지 없을 수도 있어요. 그러면 재수 없는 삶이자 불행한 삶인 거죠. 그렇지만 가면을 벗어야 하는 사람을 포기하지 않아야, 여러분은 그나마 사랑을 희망할 수 있을 거예요.

이제 정리를 해 보죠. 가면은 약할 때 쓰는 겁니다. 여러분이 완벽한 강자라면 가면을 쓸 필요가 없죠. 그렇기 때문에 가장 완성된 삶은 맨얼굴로 사는 거예요. 불교에서는 '본래면목'을 찾으면 부처가 된다고 하지요. 본래면목이란 본래의 얼굴, 즉 맨얼굴을 뜻하죠. 그러니까 자신의 맨얼굴을 찾아 그 맨얼굴로 당당하게 사는 것이 자유인이라는 게 불교의 철학이었던 겁니다. 맨얼굴로 있어야 모든 중생들을 사랑할 수도 있는 거죠. 그리고 그 반대편에는 평생 가면을 쓰고 살겠다고 결정한 비극적이고 불행한 사람들이 있죠. 자신의 삶이 저주받았다고 생각하지 않았다면, 결코 할 수 없는 비극적인 선택을 한 거죠. 이 결정을 한 사람을 결코 욕하지 마세요. 아니, 아마 욕을 해도 그 사람은 결코 동요도 하지 않을 겁니다. 그 사람은 왜 가면을 쓰고 사느냐는 비난을 쓴웃음을 지으며 모두 감내할 테니까요. 자신은 너무 약하다면서요.

문제는 우리들이에요. 가면과 맨얼굴 사이에서 갈팡질팡하는 바로 우리들이 문제죠. 우리의 많은 문제는 대부분 가면을 써야 될 때 벗고, 벗어야 될 때 쓰기 때문에 벌어져요. 그렇다면 가면을 언제 써야 되죠? 나의 생계와 관련되어 나를 지켜야 할 때, 그리고 관계를 끊어야 할 때 가면을 써야 됩니다. 가면을 쓰는 건 좋은 상태는 아니에요. 슬픈 상태죠. 내 삶을 사는 게 아니라 연기하고 있는 것이니까요. 특히 생계 때문에 가면을 쓰는 건 슬픈 겁니다. 하지만 생계 때문에 가면 쓰는 걸 꺼려하지는 마세요. 그리고 깊은 관계를 맺을 필요가 없을 때 능동적으로 가면을 쓸 수 있어요. 어떤 사람과 더 깊은 관계에 들어갈 이유가 없을 때 가면을 쓰는 거죠. 가면을 써 주는 거예요. 웃으면서 상대에게 존경한다고, 훌륭하다고 해 주는 가면이죠. 다시는 안 만날 거니까요.

그럼 가면을 벗어야 될 때는 언제죠? 사랑하고 싶은 사람이 나타날 때죠. 내가 맨얼굴을 보여야 할 사람 앞에서 우리는 가면을 벗어야 됩니다. 아니 거꾸로 말해도 되죠. 사랑이 우리의 가면을 벗기게 된다고요. 세상이 무서워서 두터운 갑옷을 껴입고 있는 사람이 있다고 해 보죠. 거센 바람도 이 사람의 갑옷을 벗길 수 없지만, 따뜻한 태양은 충분히 이 사람으로 하여금 자신의 갑옷을 벗기게 할 수 있죠. 이처럼 사랑을 받아 가슴이 뜨거워지면, 누구나 두터운 가면을 벗어던지게 되는 것 아닐까요? 사랑을 할 때는 가면을 벗어야 해요. 가면을 벗고 맨얼굴로 있어야 우리는 사랑받고 사랑할 수 있어요. 그래서 위대한 사람들은 항상 사랑을 말하는 거예요. 그게 우리를 맨얼굴로 살게 만드는 유일한 힘이니까요. 맨얼굴의 다른 이름이 자유이고 사랑일 수 있는 것도 이런 이유에서인지도 모르죠.

가면 없이
맨얼굴로
산다는 것!

니체와 임제,
맨얼굴을 울부짖다

니체는 말했던 적이 있습니다. "신은 죽었다!"라고. 기독교가 지배하는 서양 문명에서 신은 절대적인 권위를 행사하고 있었습니다. 당연히 기독교가 지배하는 지적인 분위기에서 인간은 기독교가 원하는 가면을 쓰고 살아갈 수밖에 없었습니다. 인간에게 맨얼굴의 자유를 되돌려 주기 위해, 니체는 신은 죽었다고 선언했던 겁니다. 신이 죽었다면 이 지상에 무엇이 남겠습니까? 그것은 바로 우리 인간입니다. 기독교의 신이 창조와 심판의 주체였다면, 이제 우리 인간이 창조와 심판의 역할을 떠맡게 된 겁니다. 물론 잘못된 창조나 심판이 있을 수도 있습니다. 그렇지만 그것을 수정하는 것도 바로 인간일 겁니다. 사실 인간에게 역사가 존재하는 이유도 바로 여기에 있다고 할 수 있지요. 바로 이 점이 니체를 서양 문명에서 가장 탁월했던 인문주의자로 만들었던 것 아닐까요?

하지만 니체가 말한 신을 굳이 기독교의 신에만 국한시킬 필요는 없을 겁니다. 신은 인간에게 자신의 맨얼굴이 아니라 가면을 쓰도록 강제하는 일체의 초월적 권위를 상징하는 개념이기 때문이지요. 그래서 신에 대한 니체의 거부는 국가권력, 사회적 관습, 자본의 힘 등 인간에게 가면을 강요하는 일체의 힘에 대한 거부로 읽힐 수 있지요. 놀라운 일은 "신은 죽었다"라고 니체가 울부짖기 전에 이미 1,000여 년 전에 동아시아에서 모든 권위를 제거하고 맨얼굴의 주인으로 서야 한다는 임제臨濟의 사자후가 있었다는 사실입니다. 바로 여기에 우리가 《임제어록》을 꼼꼼히 읽어야만 하는 이유가 있습니다.

"안이건 밖이건 만나는 것은 무엇이든지 바로 죽여 버려라. 부처를 만나면 부처를 죽이고, 조사를 만나면 조사를 죽이고, 나한을 만나면 나한을 죽이고, 부모를 만나면 부모를 죽이고, 친척을 만나면 친척을 죽여라. 그렇게 한다면 비로소 해탈할 수 있을 것이다."

지금 임제는 스님들에게 부처를 죽이고, 조사를 죽이고, 나한을 죽이라고 이야기하고 있습니다. 그리고 일반 사람들에게 부모를 죽이고, 친척을 죽이라고 이야기하고 있습니다. 자비를 궁극적 이념으로 삼아야 하는 스님이 어떻게 이렇게도 무자비하고 잔혹한 이야기를 하는지 모를 일이지요. 하지만 임제가 죽이라고 했던 것은 부처라는 사람, 조사라는 사람, 나한이라는 사람, 부모라는 사람, 친척이라는 사람이 아닙니다. 오히려 자신에게 가면을 강요하는 일체의 외적인 권위였습니다. 그래서 임제가 없애야 한다고 생각했던 것은 우리 마음 속에 있는 노예의식이라고 할 수 있지요. 맨얼굴의 삶을 영위하지 못하고 타인들의 권위에 따라 그들이 원하는 가면을 쓰고 살려는 일체의 노예 의식이 그가 표적으로 삼았던 것이지요. 한번 생각해 보세요. 싯다르타Siddhārtha Gautama의 말을 절대적인 권위로 받아들이는 사람이 어떻게 스스로 부처가 될 수 있다는 말인가요? 혹은 부모의 말을 절대적인 권위로 받아들이는 사람이 어떻게 스스로 어른이 될 수 있다는 말인가요?

어떤 자리도 없는 참다운 사람

싯다르타는 싯다르타일 뿐이고, 부모는 부모일 뿐입니다. 그리고 궁극적으로는 나는 나일 뿐이지요. 바로 이런 자각이야말로 싯다르타가 우리들에게 남긴 가르침, "무소의 뿔처럼 혼자서 가라"라는 유언을 제대로 이해하고 있다는 반증 아닌가요? 이렇게 '천상천하유아독존天上天下唯我獨尊'의 가르침을 깨달은 사람을 임제는 '무위진인無位眞人'이라고 규정합니다. 다시 《임제어록》을 넘겨 보죠.

"'벌거벗은 신체[赤肉團]에 하나의 무위진인이 있어서 항상 그대들의 얼굴에 출입하고 있다. 아직도 이것을 깨닫지 못한 사람은 거듭 살펴보아라.' 어떤 스님이 나와서 물었다. '무엇이 무위진인입니까?' 임제 선사가 법당 아래로 내려와 그 스님의 멱살을 잡고 말했다. '말해보라! 말해보라!' 그 스님이 무엇인가 말하려고 하자 임제 선사는 그를 밀치며 말했다. '무위진인, 이것이 무슨 마른 똥 막대기냐?' 그러고는 임제 선사는 자신의 거처로 돌아갔다."

무위진인! 어떤 자리도 없는 참다운 사람! 이 얼마나 멋진 표현인가요? 군주의 권위를 받아들이는 순간, 우리는 신하의 자리에 머물며 군주에게 충성하는 가면을 쓰고 있게 됩니다. 부모의 권위를 받아들이는 순간, 우리는 자식이라는 자리를 차지하며 부모에게 순종하는 가면을 쓰게 됩니다. 자본가의 권위를 받아들이는 순간, 우리는 노동자라는 자리를 차지하고 그에 어울리는 가면을 쓰게 됩니다. 선생의 권위를 받아들이는 순간, 우리는 학생이라는 자리를 차지하고 선생님을 존경하는 가면을 쓰게 됩니다. 그렇지만 우리가 이런 자리를 능동적으로 선택한 것은 결코 아닙니다. 사실 군주·부모·자본가·선생이 가진 압도적인 힘이 무서워서 우리는 그들이 원하는 역할을 배우처럼 능숙하게 수행하고 있을 뿐이죠. 한마디로 가면을 쓰게 된다는 겁니다.

무서운 것은 이렇게 부득이하게 쓰게 된 가면은 시간이 지나면, 마치 우리 자아의 일부분인 것처럼 우리에게 각인된다는 점입니다. 그래서 현실적으로 군주·부모·자본가·선생이 사라진다고 하더라도, 대부분의 사람들은 내면화된 노예 의식으로부터 벗어나지 못하게 됩니다. 이제 이해되시나요? 어느 제자가 무위진인이 무엇인지를 물어보자, 임제가 왜 그의 멱살을 잡았는지. 그리고 왜 무위진인을 "똥 막대기"라고 말했는지. 제자는 무위진인을 또 하나의 외적인 권위로 삼으려고 했던 겁니다. 그러니 임제는 무위진인을 똥 막대기라고 바로 부정해 버렸던 것이지요. 그 누구도 똥 막대기를 권위로 받들지는 않을 테니까 말입니다. 부처를 만나면 부처를 죽여야 하듯이, 무위진인을 만나면 무위진인도 죽여야 합니다. 그렇지만 그 제자는 무위진인을 자신이 반드시 달성해야 할 이상적인 권위로 받아들이려고 했던 겁니다. 무위진인마저도 외적인 권위로 변하여 제자들이 주인으로 서는 것을 방해하는 장애물이 되어 버린 셈이지요.

맨얼굴의 주인이 되는
절박한 결의

하지만 부처를 만나면 부처를 죽여야 무위진인이 될 수 있다는 임제의 말을 너무 어렵게 받아들이지 마세요. 임제는 매 경우에 우리에게 가면을 쓴 노예가 아니라 맨얼굴의 주인으로서 생각하고 행동하라는 단순한 가르침을 피력하고 있기 때문입니다. 그래서 《임제어록》에서 임제는 우리에게 주인이 되는 방법을 쿨하게 알려 주고 있습니다. "불교의 가르침에는 특별히 공부할 곳이 없으니, 다만 평상시 일 없이 똥을 누고 소변을 보며, 옷을 입고 밥을 먹으며, 피곤하면 누워서 쉬는 것이다. 어리석은 사람은 나를 비웃겠지만 지혜로운 사람은 알아들을 것이다. 옛 사람은 '외부로 치달아서 공부하는 자들은 모두 멍청한 놈들이다'라고 하였다. 너희들이 어느 곳에서나 주인이 된다면 자신이 있는 그곳이 모두 참되어[隨處作主, 立處皆眞], 외부 대상도 그것을 바꿀 수 없을 것이다."

지금 우리는 부모나 주변 사람들의 눈치를 보느라고 똥이나 소변도 제대로 보지 못합니다. 나아가 우리를 노예로 부리는 사람들의 눈치를 보느라고 피곤하지만 쉬지도 못하고 있지요. 오직 인간만이 같은 생물종인데도 불구하고 서로의 눈치를 보고, 서로에게 어울리는 가면을 쓰다가 그 가면이 자신의 맨얼굴이라도 되는 듯이 착각하는 존재입니다. 이렇게 검열로 점철되어 항상 힘 있는 자가 요구하는 가면을 쓰고 있는 삶이 어떻게 맨얼굴로 당당히 살아가는 주인의 삶이라고 할 수 있겠습니까. 가장 생리적인 것도 스스로 부정하고 있으니, 우리가 정신적이고 이념적인 면에서 주인으로서의 삶을 영위한다는 것은 있을 수도 없는 일이지요. 스스로 삶의 척도가 되지 못하고, 자신의 삶을 외적인 척도로 재단하는 데 우리는 너무나 익숙해져 있는 셈입니다.

지금은 부당한 권력이나 반인간적인 자본의 노예로 살기보다는 하루라도 맨얼굴의 주인으로 살아야 한다는 절박한 결의가 필요한 때입니다. 그러기에 앞서 자신의 소중한 삶은 한 번밖에 있을 수 없다는 투철한 자기애를 다질 필요가 있을 겁니다. 오직 자기를 사랑하는 사람만이 주인으로서 살아야겠다는 결의를 다질 수 있을 테니까 말입니다. 어쩌면 당분간 불편하더라도 우리는 임제의 사자후를 들어야 할지도 모르겠습니다. "어느 곳에서나 주인이 된다면 자신이 있는 그 곳이 모두 참되다"라는 '수처작주隨處作主, 입처개진立處皆眞'이 여덟 글자를 가슴에 품고 말입니다. 임제의 사자후를 듣다 보면 문득 아침에 일어날 때마다 자신의 가슴을 두드리며 "주인공主人公! 잘 있는가!"라고 외쳤다는 스님의 이야기가 떠오릅니다. 혹은 자신의 맨얼굴, 즉 본래면목을 찾으라고 그렇게도 강조했던 혜능慧能의 절규가 떠오릅니다. 지금 가면을 쓰고 있는 노예로 살고 계신가요, 아니면 본래면목을 찾아 주인으로 살고 계신가요?

놀람

 강의

늙음은 나의 문제다:
늙음의 과정은 누구나 거치고 있는 것

소설이나 영화를 보면 '사랑해'라는 말이 참 예쁘게 들리잖아요. 하지만 그건 관념적인 거죠. 실제로 그 상황에 처해서 여러분이 그 말을 들을 때는 영화와는 사뭇 다른 굉장한 무게감으로 그 말이 다가올 겁니다. 마찬가지로 죽는다는 말도 실제로 자신의 문제가 되었을 때, 굉장한 무게감으로 다가옵니다. 아니 굉장한 무게감이란 표현은 적절하지 않을 것 같네요. 그냥 끊어진 철로를 달리는 기차와 같은 느낌이죠. 어떤 사람에게는 죽음이 이렇게 절박하게 다가오지 않을 수도 있어요. 그건 그 사람은 아직 젊다는 증거일 겁니다. 반면 불치병에 걸린 것도 아닌데 기차가 이제 곧 끊어진 철로에 이를 것이라는 절박한 느낌으로 죽음에 맞서 있을 때, 바로 이때 우리는 늙은 겁니다.

먼저 제 선배 이야기를 해 드릴게요. 이분에게는 애인이 한 명 있어요. 그런데 이 선배는 요새 애인과 차만 마셔요. 2년 전쯤에 이분이 제 집필실에 찾아왔어요. 소파에 딱 앉더니 담배를 계속 태우시는 거예요. 이야기를 들어 봤죠. 애인이랑 모텔을 갔대요. 그런데 문제는 그날 이분이 노화를 느낀 거예요. 발기가 안 되는 거죠. 한 달 전엔 발기가 됐거든요. 경계선이 있는 거예요. 한 달 전에는 살아 있었는데 오늘 죽는 사람이 있죠. 그런 것처럼 어떤 경계선이란 게 있어요. 이분이 그 경계선을 넘고 당혹스러웠던 거예요. 이분이 어떻게 하셨을 것 같아요? 바로 카운터에서 술을 시켰어요. 애인이 목욕을 끝내기 전에 막 마셨죠. 취해야 되니까요. 취해서 섹스를 못한다는 것과 맨 정신에 섹스를 못한다는 건 다른 거잖아요. 결국 술도 안 취했는데 취한 척을 했대요. 그러니까 이분이 느낀 노화라는 건 섹스를 못한다는 거였어요.

여러분 부모님이 언젠가 6개월 정도 우울해 하셨다면 아마 어떤 경계를 지나셨을 가능성이 높아요. 이건 사람마다 다 다를 거예요. 어떤 분은 산에 오를 때 현저하게 힘이 부친다는 느낌에서 올 수도 있고, 어떤 분은 계단을 오를 때 무릎의 통증에서 올 수도 있고, 어떤 분은 손주를 보았을 때 느낄 수도 있고, 어떤 분은 폐경에서 느낄 수도 있고, 어떤 분은 소변이 통제되지 않을 때 느낄 수도 있어요. 방금 말씀드린 제 선배는 발기에서 느낀 거죠. 선배는 이제 애인과 카페에 가서 대화를 즐겨요. 연주회에 가서 음악을 듣고 광화문 근처를 산책해요. 1박하면 안 되는, 아니 애인과 잠자리를 드는 것이 의미가 없는 데이트를 하고 있는 거죠. 뭔가 애잔하지 않아요? 지금은 노골적으로 이제는 남자 구실도 못한다고 이야기를 해요. 여성들에게는 폐경이 오는 것과 비슷한 거예요. 늙음이라는 징후가 현저히 나타나는 거죠. 늙었다는 말의 무게감이 느껴지시나요?

여러분들도 늙는다는 그 과정을 다 거칠 거예요. 여성분들 '이놈의 지긋지긋한 생리 언제 끝나나?' 이러시잖아요. 그 지긋

지긋한 생리가 끝나는 날 보세요. 얼마나 그 생리가 그리운지. 그런 무게감들 속에서 늙음이 옵니다. 아니, 늙음을 받아들이게 돼요. 그렇지만 늙음에 대해 마음의 준비를 하고 있는 것과 아닌 것은 좀 다를 것 같아요. 여기에서 여러분의 인문학적 성숙도가 나오는 거예요. 아이가 울면 시끄럽다고 인상 쓰는 사람들이 있어요. 이런 분들은 스스로 생각하면 돼요. '나는 쓰레기다.' (웃음) 반면 어머니가 얼마나 힘들까 생각하는 사람들도 있죠. 기차 안에서 우는 아이가 있어요. 그 아이가 왜 우는 것 같아요? 처음 나오니 낯설어서 그렇게 울어요. 그런데 여러분이 인상을 팍팍 쓰니까 부모님이 안 데리고 나오는 거예요. 그러니까 더 나올 기회가 없고 간만에 나올 때 아이는 울 수밖에 없는 거죠.

여러분이 아이를 낳아서 기차를 탔을 때에나 아이가 왜 그리 우는지, 그리고 우는 아이를 째려보는 사람들에게 왜 서운한지 알게 될 겁니다. 한 치 앞도 못 보는 것이 인간이라고 하지만, 이것은 너무나 때늦은 자각 아닐까요? 아이가 없을 때 아이를 데리고 여행을 가는 어머니의 심정을 알기가 힘든 것처럼, 젊을 때 우리가 늙은 사람의 속내를 이해하기는 너무나 힘들죠. 쉽게 함부로 말하잖아요. '늙으면 죽어야 돼.' 그렇지만 다행인 것은 우리에게는 부모님이 계시다는 거예요. 그리고 할아버지와 할머니도 계신 행복한 분들도 있죠. 그들을 사랑한다면, 우리는 늙음을 충분히 깊게 음미할 수도 있을 겁니다. 사랑하는 사람들이 생기면, 자연스럽게 우리는 그들의 내면과 속내를 읽어 내려고 노력할 테니까요.

늙으면 폐물이 되는 사회: 자본주의 사회에서 늙는다는 것

에밀 뒤르켐Émile Durkeim이라는 사회학자가 있어요. 사회학의 선구자죠. 사실 사회학은 인문학이에요. 인간을 설명할 때 사회가 중요하다는 걸 발견하는 학문이거든요. 예전에 사람들은 자살이 개인적인 고뇌와 결단이라고 생각했어요. 그런데 뒤르켐이 데이터를 찾아보니 경제가 더럽게 어려울 때 사람들이 자살을 한다는 거예요. 그래서 우리는 알게 된 거죠. 사회와 구조의 힘을. 뒤르켐의 대표적인 저서 《자살론》의 핵심이 그거예요. 그러니까 사회학을 공부하는 사람들은 우리 앞의 한 사람을 설명하기 위해서 사회구조를 보는 거예요. 한 사람을 행복하게 해 주려면 사회구조에 개입할 수밖에 없는 거죠. 그래서 모든 사회학은 혁명적일 수밖에 없는 거예요.

뒤르켐 같은 사회학자가 없었으면, 자살하는 사람이 늘어나도 권력자들이 책임을 지지 않으려고 했을 거예요. '그거 걔가 스스로 죽은 거 아니야? 자살인데!' 이런 식으로요. 하지만 《자살론》 이후에 사람들은 알게 됐죠. 모든 자살은 타살이라는 것을요. 마찬가지로 마르크스가 없었다면, 아마 우리는 자신이 노력하지 않아서 가난하다고 믿고 있을 거예요. 그래서 사회학에 항상 관심을 기울일 필요가 있어요. 자기가 고뇌하고 있는 것이 자기만의 고민이라고 씨름하지 말고요. 여러분들 모두 각각의 고민이 있죠? 한 사람의 내면만 들여다보면, 그건 그 사람만의 고뇌 같잖아요? 그런데 막상 여러 사람들을 만나서 들어 보면 각각의 고민이 조금씩은 다르지만, 같은 시대에 살기에 하게 되는 고민이 많아요. 나만 이렇게 고뇌하고 있는 것 같지만 개나 소나 다 해요. 이럴 때 우리는 사회학적 감각을, 그리고 나중에는 정치학적 감각을 가지게 될 겁니다.

그래서 늙음을 생각할 때, 나이 든다는 것도 사회적으로 규정된다는 걸 아는 게 중요해요. 인류사회는 질적으로 두 단계로 나뉘어요. 기준은 자본주의죠. 자본주의가 도입되기 이전과 이후의 사회로 나뉘어요. 우리에게는 전前 자본주의 사회와 자본주의 사회, 이렇게 두 사회밖에 없거든요. 흥미롭게도 두 사회에서 늙음의 가치가 완전히 달라요. 당연히 노인에 대한 평가도 그만큼 다르겠죠. 나이 든 사람은 전 자본주의 사회에서는 존경을 받지만 자본주의 사회에서는 퇴물이 되어 버려요. 거꾸로 말하면 전 자본주의 사회에서 젊은이는 별로 환영을 받지 못했지만, 자본주의 사회에서 젊은이는 노동자로서나 소비자로서 가장 각광을 받게 되지요.

돌아가신 제 아버지는 마우스로 더블클릭을 못하셨어요. 우리에겐 아무것도 아닌 일이지만 노인들에게 더블클릭은 치명적인 문제예요. 아버지가 예전에 제게 자꾸 바둑을 두자고 하시는 거예요. 그런데 매번 티 나지 않게 지는 바둑을 둬야 하니까 제가 너무 힘든 거예요. 그래서 제가 아버지께 온라인 바둑을 알려 드렸죠. '아버님, 소자는 바쁘니 앞으로 이것과 노시옵소서!' 뭐 이런 마음이었죠. 그런데 자꾸 저를 또 부르시더라고요. 바둑을 두자고요. 나중에 알고 봤더니 아버지가 온라인 바둑을 못 두시는 게 더블클릭 때문이었더라고요. 처음에 부끄러워서 더블클릭이 안 된다는 말씀을 안 하셨던 거예요. '잘 안 들어가지더라' 이러시고, 눈이 침침한 척 하시면서 '이거 어떻게 들어가더라?' 이러셨던 거죠. 나중에 제가 눈치를 채고 더블클릭 연습을 시켰더니, 반 년 지나고 저한테 연락을 안 하시더라고요.

옛날에는 이런 일이 없었단 말이에요. 전 자본주의 사회에서는 나이 든 사람들이 가장 배려를 받았어요. 그리고 전 자본주의 사회에서 가장 중요한 경조사는 상례, 사람 죽는 일이었어요. 지금은 바뀌었죠. 상례는 병원의 가장 후미진 곳에서 이루어지죠. 옛날에는 아이가 태어나는 것보다 상례가 더 중요했어요. 이 차이가 왜 발생했는지 고민하셔야 해요. 옛날이 옳았는지, 지금이 옳은지를 묻는 건 아니에요. 나중에 우리의 역사가 변하면 늙음의 의미도 달라질 거라는 걸 미리 말씀드리는 거예요. 여러분이 생각하는 늙음에 대한 두려움은 우리가 지금 이 사회, 자본주의 사회에 살기 때문에 생기는 경우가 많아요. 그래서 역사가 변하면, 아마 늙음에도 지금과는 다른 가치가 부여될 수 있을 거예요.

과거에 늙은 사람들이 존중받았던 이유가 뭐죠? 그건 생활이 변하지 않아서 그래요. 춘하추동이 똑같아요. 한 아이가 태어나면 아버지한테 모든 걸 다 물어봐야 했어요. 아이가 농사를 지으려면 물어봐야 돼요. '언제 씨앗을 뿌려야 하죠?' 어르신들은 다 알아요. 복숭아꽃이 피고 나서 밤꽃이 피기 전에 심어야 된대요. 마을에 변화가 없어요. 농사짓는 거 똑같잖아요. 어려운 일이 생기면 누구한테 물어봐야 돼요? 나이 많이 든 사람들한테 물어봐야 하죠. 마을에서 무슨 일이 생기면 물어보는 거예요. '어르신, 저수지가 말랐어요. 어떻게 하죠?' 강건하고 지혜로운 마을 촌장도 마을 어르신에게 물어봐야 돼요. 오래 사신 어르신에게 온갖 경험이 있잖아요. '60년 전에 내가 꼬맹이일 때 그런 일이 있었어' 이러면서 어르신이 말씀하신다고요. 그러니까 어른이 죽으면 마을이 동요에 빠지는 거예요. 마을에 기이한 일이 생겨도 이제는 물어볼 사람이 없으니까요.

가령 구렁이가 동네에 나타나면 이사를 가야 해요. 저는 꼬맹이 때 문중 어른들한테 배웠어요. 시골에서 구렁이가 나타나면 이사를 가야 된다고요. 구렁이가 마을에서 안 보여야 되는데 보인다는 건, 구렁이가 위기를 느낀다는 거예요. 구렁이가 마을에 나타난 이후에는 산불이 나거나 산사태가 나요. 그래서 구렁이가 장독대에 보이거나 하면 무당을 불렀어요. 동물들은 촉이 발달했거든요. 동물들은 멍 때리다가 산사태로 죽지 않아요. 우리랑 다른 감각이 있는 거예요. 그런데 어른들은 그걸 다 알아요. 여러분 산에 가서 먹는 풀, 못 먹는 풀을 구별할 수 있나요? 구별 못하시죠? 그건 꼬맹이 때 소를 키우면 알아요. 소가 먹는 게 사람 먹는 거고요, 소가 못 먹으면 우리도 못 먹어요. 소풀 먹일 때 아이가 심심하니까 소 옆에서 자기도 먹어요. 그렇게 하나하나 배우는 거예요. 그래서 경험은 너무 소중한 거죠. 아무리 도감을 보고 사진을 봐도 산에서 먹을 수 있는 풀을 구별하기는 힘들어요. 그렇지만 그걸 직접 경험했던 사람은 너무나 쉽게 구별할 수 있죠.

아이가 아프면 어르신들이 뭐를 먹었느냐고 물어보시죠? 지금 우리는 할머니의 질문을 무시하잖아요. '할머니가 의사도 아닌데 뭘 알아요?' 이러면서 그냥 병원에 가죠. 그렇지만 할머니에게 한번 맡겨 보세요. 할머니는 조용히 여러분의 손가락을 실로 묶고 바늘로 손가락 끝을 찌를 거예요. 손가락 끝에 탁하고 끈적거리는 피가 나오면, 어느 사이엔가 여러분의 속은 편안해질 거예요. 이때 아마 여러분은 할머니가 새롭게 보일 겁니다. 이와 마찬가지예요. 옛날에는 경험이 쌓였던 게 지식이었기 때문에 나이 든 사람이 존중받았고, 공동체를 좌지우지할 정도였던 거예요. 어른이라는 존재는 그런 존재거든요. 나이 들었다는 건 바로 그런 존재감을 말하는 거예요. 경험이 숭상되는 곳에서는 그래요.

그런데 자본주의 사회는 최신 제품이 우리를 규정해요. 최신 제품을 다루지 못하면 낡은 사람, 즉 나이 든 사람이 되는 거죠. 컴퓨터가 고장 나면 여러분은 누구한테 물어보겠어요? 아이한테 물어보죠. 여러분들도 지금 늙음을 느끼는 거예요. 내가 늙었다는 느낌이 뭔지 알겠죠? 여러분도 아실 거예요. 여러분이 사용하는 스마트폰에는 앱이 몇 개 안 되죠? 우리보다 어린아이들 스마트폰 보면 이런 게 다 있나 싶을 정도로 많은 앱이 깔려 있잖아요. 그렇다고 '요새 뭐 있어? 뭐가 재미있는 앱이니?'라고 물어볼 수도 없잖아요. 잘못하면 늙은이 취급받기 쉬우니까요. 그런데 또 속으로는 그 앱을 갖고 싶지요. 이런 경험을 해 보신 적이 있나요? 이런 느낌이 드신 적이 있나요? 있다면 여러분은 이미 어느 정도 나이가 든 거예요.

제가 슬픈 이야기 하나 해 드릴게요. 〈리더스 다이제스트〉 요새도 나오나요? 미국에서 화장실에 하나씩 놓고 변기에 앉아서 보는 잡지인데, 거기에 실린 이야기가 하나 있어요. 미국에서 있었던 일인데, 어떤 아버지가 심장마비로 죽었어요. 아들은 따로 살고 있었는데 이상한 거죠. 심장에 통증이 왔을 때 약 하나만 먹었으면 되는데 아버지가 죽은 거예요. '약은 어디 있지?' 하고 아들이 상을 치르고 집안을 돌아다녀 봤어요. 그리고 약을 발견했죠. 정원에 깔려 있는 돌 하나가 들려 있는 거예요. 거기를 보니 약병이 있어요. 아버지가 약병을 깨려고 그랬던 거예요. 꾹 눌러서 돌려야 열리는 병으로 약병이 바뀌었던 거예요. 아버지가 글을 몰라서 사용법을 못 읽으신 거예요. 무슨 말인지 아시겠죠? 우리 시대의 늙음이란 바로 이런 모습이에요.

여러분에게 늙음은 일차적으로 그렇게 올 거예요. 최신 전자제품을 샀을 때 사용설명서가 독해 안 되는 분들 있죠? 사용설명서를 보면서 바로 기기를 조작할 수 있으면 아직 젊은 거예요. 사용설명서에 보면 간략 페이지 있죠? 이건 나이 든 사람을 위해 만든 거죠. 그런데 간략 페이지를 봐도 이해가 잘 되지 않는 분들도 있어요. 잣대는 바로 그거예요. 자본주의 사회에서 늙었다는 건 그거예요. 나이 들어서 경험이 있는데도, 그 경험이 아무런 쓸모가 없다는 것을 느낄 때. 경험만으로는 내 스스로 아무것도 하지 못한다는 느낌이 들 때. 텔레비전이나 에어컨 같은 것을 못 만질 때 오는 거예요. 그러니까 늙음은 일차적으로 주름이 생기는 데서 오는 게 아니죠. 주름에서 오는 늙음은 사치에 가까워요. 자본주의 사회에서 늙음은 생존과 관련된 거예요. 사용설명서가 독해가 안 되니, 잘못하면 우리는 새로 산 제품 때문에 죽을 수도 있는 것이니까요.

자본주의가 나누는 세대라는 간극

제 아버지가 반년에 걸쳐서 더블클릭을 배우셨을 때, 아마 젊어졌다는 느낌을 받았을 거예요. 그리고 그걸 능숙하게 할 때, 우리와 비슷한 행동을 하시더라고요. 예를 들면 온라인 바둑을 두다가 지면 등급이 떨어지잖아요. 그래서 아버지가 질 것 같으면 그냥 끄고 도망 나와요.(웃음) 그러면 상대 쪽 아저씨가 저한테 전화를 걸어요. 제가 제 이름으로 바둑 사이트에 등록을 해 놓았거든요. 사실 그분도 화가 날 만 하죠. 간만에 만만한 상대를 만나서 승리의 기쁨을 누리려고 했는데, 제 아버지가 치사하게 사이트에서 무단으로 도망가 버렸으니까요. 나중에는 제 동생한테도 전화가 왔다고 해요. 제 아이디는 찍혀서 이제 사용하지 못하니까 동생 아이디를 쓰신 거죠. 이런 건 젊은 애들이나 하는 거잖아요?(웃음) 아버지가 컴퓨터에 적응하신 거죠. 최소한 우리 아버지는 돌아가시기 전에는 조금이나마 젊음을 회복하신 셈이죠.

여러분은 지하철을 탈 때 스마트폰에 있는 지하철 노선 안내 앱으로 노선을 금방 찾죠? 도착할 역에 가려면 어느 역에서 환승해야 하는지, 그리고 어느 문으로 내려야 가장 빨리 환승 지하철을 탈 수 있는지 금방 알 수 있잖아요. 그런데 할아버지들은 젊은이들에게 당신들이 환승할 역을 계속 물어볼 수밖에 없어요. 여러분들로서는 짜증나는 일이지요. 그렇지만 할아버지 입장에 서 보세요. 그렇게 나이도 어린 우리에게 무언가를 물으면서 구박을 받는 입장은 얼마나 분통 터지는 일인지. 그렇지만 가야 할 곳이 있으니 온갖 굴욕을 다 참으시는 거죠. 할아버지와 할머니들에게 이제 세계는 만만치가 않아요. 자신이 살아왔던 경험이 다 무효화되는 거예요. 20여 년 동안 서울만 해도 너무나 많은 지하철 노선이 새로 만들어졌으니까요. 1호선과 2호선만 있었을 때의 경험이 지금의 복잡한 지하철 환승 체계를 이용하는 데 무슨 소용이 있겠어요.

여러분들이 노인을 무시하는 기본적인 감각이 뭔지 알아요? 노인들은 아무것도 못 만지고, 아무것도 못 한다는 거예요. 할아버지와 할머니가 쓰시는 컴퓨터를 만져 주면서 짜증냈던 기억나죠? '아, 이렇게 하면 된다니까요!' 그러면 어른들은 '어, 어, 어' 이러시죠. 그 화와 분노가 젊은 세대를 미워하는 지경에까지 이르면서, 세대갈등의 원동력이 되어 버린 거지요. 일종의 자격지심이라고 할 수도 있어요. 사실 할아버지와 할머니가 손주에게 무언가를 배운다는 건 굴욕적인 일이죠. 하지만 참으시는 거죠. 그러니 이런 굴욕감을 젊은이 일반에게 바로 분노와 화로 분출하시는 거예요. 스트레스는 풀어야 하는 거니까요.

여러분들도 노화가 오고 기계가 망가지면 지금 할머니, 할아버지들이 보이는 모든 제스처를 취할 수밖에 없을 거예요. 후배한테 아쉬운 소리를 해야 된다니까요. '이거 어떻게 하니?' 이렇게 한 번은 물어보죠. 그런데 두 번째 물어보면 걔가 자꾸 화를 내요. '이렇게 하라고 했잖아요, 선배.' 그러다 세 번째 정도 되면 이제 후배가 아는 척을 하면서 선배를 은근히 멸시하게 될 거예요. 선배 입장으로서는 화가 나지만 꾹 참을 수밖에 없지요. 아쉬운 것은 자신이니까. 여러분들 부모님이 뭐 망가졌다고 '이거 어떻게 해야 돼?' 그러면 제대로 친절하게 가르쳐 드린 적이 있나요? 나이가 든 사람들은 과거 경험으로부터 생긴 습관이 있기 때문에 새로운 경험을 얻으려면 열 번 이상 반복하셔야 돼요. 제 아버지는 삽질을 잘하세요. 저보다 훨씬 더 많이 삽질을 하셨거든요. 그 삽질의 기술은 제가 배울 수가 없는 수준이었죠. 그런데 인터넷을 이용하거나 에어컨을 사용하는 일 등 나머지 것들은 잘 못하시는 거예요.

자본주의 사회에서 노인은 불필요한 존재예요. 우리도 그렇게 생각하고, 노인 자신들도 그렇게 생각하죠. 노인들은 기기도 못 다루고 신제품을 못 따라가요. 이렇게 불필요한 존재 같고 심지어 젊은 세대들에게 짐이 된다는 느낌만큼 서러운 감정도 또 있을까요. 이건 모두 자본주의 메커니즘 때문이에요. 자본은 신제품을 만들어서 확 팔아먹어야 하잖아요. 신제품이 나올 때 사는 사람이 누구일 것 같아요? 나이 드신 분들은 아니죠. 그들이 새로운 제품에 간신히 적응을 하면, 또 신제품이 나와요. 당혹스러운 일이지요. 새로운 제품은 젊은 세대를 위한 거예요. 그래서 예전이랑 방송 프로그램 배치 시간도 변하죠. 저녁 10시부터 12시까지 텔레비전에서 예능 프로그램을 많이 방영하죠? 그때가 고등학생들이 학원을 마치고 귀가할 시간이고, 젊은 사람들도 직장에서 집으로 들어올 시간이라서 그래요. 섹시하고 흥미로운 예능 프로그램을 미끼로 신제품을 홍보하려는 책략인 셈이죠. 이 시간에 할아버지, 할머니들은 뭐하고 계실까요? 아마 꿈나라에 계실 거예요.

까먹지 마셔야 돼요. 지금의 노인 세대는 굉장히 슬픈 세대예요. 전에는 가족들을 모아 놓고 '애들아, 내가 올해 돌아가는 걸 보니 우리 가족에 이러이러한 문제가 생길 것 같구나' 할 수 있었죠. 경험을 통해서 보는 거예요. 집안이 어떻게 콩가루가 되는지, 그 패턴을 많이 보신 거예요. 그래서 이야기할 수 있었죠. 그런데 지금은 어떤가요? 할머니, 할아버지에게 고민 상담 하시는 분 있나요? 안 하죠. 아무도 안 물어봐요. 디지털 카메라를 어떻게 써야 되는지 누구한테 물어봐요? 할아버지, 할머니가 뭘 알아요? 안 물어봐요. 이게 자본주의의 놀라운 힘이에요. 자본주의는 세대 간의 갈등을 조장한다고요. 이걸 집요하게 이용하는 게 지금 여당이죠. 〈조선일보〉가 왜 힘이 센지 알아요? 열 가구만 사는 시골에도 배달이 돼요. 거기 사시는 분들은 더블클릭이 안 되잖아요. 스마트폰으로 기사 못 보시잖아요. 무슨 말인지 알겠죠? 〈조선일보〉의 힘은 그거예요. 배급망이 전국적이거든요. 그분들은 종이 신문의 마지막 세대들이에요. 여러분들이랑 세대가 달라요.

우리 사회에서는 노인이 존중받지 못해요. 자본주의가 그렇게 만든 거예요. 신제품이 출시되면, 그 신제품을 중심으로 세계가 새롭게 배치되잖아요. 스마트폰이 나오고, 우리가 사는 세계가 얼마나 변했는지 생각해 보세요. 이렇게 급변하는 세계에 가장 빨리 적응하는 세대는 젊은 세대거든요. 나이 든 세대는 적응이 느려요. 전 자본주의 시대가 옳았는지, 자본주의 시대가 옳은 건지는 모르겠어요. 어쨌거나 나이 들었다는 것, 늙음이라는 것의 가치는 구조적인 영향을 많이 받는다는 거예요. 우리 시대의 노인들, 그분들의 인간적 삶, 그분들의 고뇌들, 그분들의 한계를 이해하셔야 해요. 늙음은 불필요하다는 느낌을 만든 것이 자본주의 체제임에도 불구하고, 노인들은 그 자괴감을 젊은 세대에게 분노로 표출해요. 이것이 안타까운 일이지요. 마른하늘에 날벼락처럼 노인들의 분노를 접하게 되면, 또 젊은 세대들은 노인들에게 적대감을 가질 수밖에 없지요.

젊은 세대들이 노인분들의 분노에 적대감으로 대하시면 안 돼요. 자본주의 탓이지, 우리 탓은 아니니까요. 그러니 먼저 자본주의 사회를 나이 드신 분들이 살아 내는 것이 얼마나 무섭고 서러운 일인지 공감하는 것에서부터 시작해야만 해요. 예를 하나 들어 보죠. 여러분이 부모님께 물건을 사 드렸는데 부모님들이 작동시키는 방법을 몰라서 못 쓰시는 경우가 있을 거예요. 마치 자신이 세상 물정 모르는 어린아이가 된 것 같아 부모님들은 창피해서 말도 못 하시다가 명절이 온 거죠. 에어컨을 설치해 드렸는데 안 틀어요. 두 달 만에 갔더니 그대로 있어요. 여러분들이 이러죠. '전기를 아끼시나 보다.' 물론 아껴서 안 틀 수도 있어요. 그런데 리모컨에 넣는 건전지가 늘 사용했던 건전지가 아니라 동그란 수은 건전지인 거예요. 그래서 리모컨을 만지지 못하는 것일 수도 있어요. 리모컨을 만지지 못할 때, 부모님들은 자신의 늙음을 하나의 서러움으로 각인했다는 것을 여러분이 기억하셔야만 돼요.

자본주의 사회에서 늙음에 대한 공포는 이렇게 찾아오는 겁니다. 자본주의 사회에서는 늙으면 폐물이 되는 거니까요. 여러분이 여기에서 벗어날 수 있는 방법은 대단한 게 있는 게 아니에요. 여러분이 젊었을 때 나이 든 사람들이 인간적으로 소외되지 않고 살아갈 수 있도록 배려를 해 놓으셔야 해요. 여러분들도 나중에 그 자리에 들어갈 거잖아요. 놀라운 것은 이런 나이 든 세대들에 대한 이해와 배려가 우리 사회에 중요한 정치적 효과도 가진다는 겁니다. 여러분들이 나이 든 사람들을 배려했을 때 지금 보수 여당의 지지 기반은 붕괴할 테니까요. 지금 보수 여당의 모습을 보세요. 자본주의가 만든 젊은 세대와 나이 든 세대의 갈등을 확대하고 증폭시키면서 그 자리에 자리를 잡고 있잖아요. 자기들은 경로사상에 입각해서 나이 든 세대들을 존중한다면서요.

　좌우지간 나쁜 권력은 이간질을 시키고, 좋은 대표자는 서로 사랑하게 만들어요. 한 줌도 안 되는 권력자들이 대다수의 사람들을 지배하는 방법은 사람들을 깨알같이 쪼개는 거예요. 예전에 학교 선생님이 어떻게 했어요? 반 아이들에게 '너희들 다 덤벼' 이러면 선생님이 죽는 수가 있어요. 한 명씩 불러야 돼요. 교무실에서 이간질을 시키죠. '철수가 그러던데' 하면서 이간질을 해요. 예전에 학생운동 하다가 잡혀갔던 사람들도 심문을 할 때 격리를 시켜 놔요. 서로 분리해 놓고, 심문하면서 경쟁을 시키는 거예요. '그 아이는 쉽게 나갈 거야. 너만 훅 간다' 이러잖아요. 권력은 항상 그런 식이에요. 우리를 지배하려는 사람들은 우리를 이간질해요. 그래서 어떤 보수적인 정권들은 나이 든 사람과 젊은 사람의 갈등을 아는 거죠. 그런데 그 바닥을 보면 애잔한 거예요.

여러분은 노인분들 싫어하죠? 보수 세력을 지지한다고 싫어하잖아요. 왜 노인분들이 보수 세력을 지지하는지 아세요? 보수 세력들은 표를 위해서 노인분들을 챙겨요. 여러분이 이 점을 잘 알아야 돼요. 보수 정당 의원이 당선되면 우리 동네 노인 복지센터가 좋아져요. 에어컨이 하나 들어오고, 탁구 라켓이 바뀌고, 노래방 기계가 에코 있는 최신 기계로 들어와요.(웃음) 그러니 찍어야 돼요. 노인분들이 사실 정직한 거예요. 왜 노인분들이 보수 정당을 지지하는지 감이 오시나요? 노인분들이 보수 세력을 지지하는 걸 막으려면 여러분들이 보수 정당보다 노인분들에게 잘하면 돼요. '제가 놀아 드릴게요' 하면 된다고요. 이게 사실 선거에서 이기는 지름길이에요. 할아버지랑 싸울 필요가 전혀 없어요. 할아버지랑 싸우면 이득을 보는 것은 진보 세력이 아니라 항상 보수 세력이니까요. 무슨 소린지 알죠? 이제 할아버지와 할머니의 짐도 들어 주는 거예요. 이제 길을 잃은 노인분들에게 길을 찾아 주실 수 있나요? 하실 수 있어요?

늙음을 응시하라

최신 제품을 다루지 못하는 건 자연스러운 모습이에요. 우리가 사막에 가면 사막에 적응하는 기간이 필요하잖아요. 자본주의 사회가 되면서 새로운 잉여가치를 만들기 위해서 자본이 계속 신제품을 만들어요. 우리는 가만히 있는데 사막이 섬으로 막 변하는 거예요. 여러분이 그걸 언제까지 쫓아갈 수 있을 것 같아요? 이걸 쫓아갈 수 있다면, 여러분은 젊은 거예요. 반면 쫓아가다 지쳐서 포기해 버리면, 여러분에게 노화는 시작된 것이고요. 더 시간이 지나 도대체 신제품을 어떻게 작동하는지 모르겠고 심지어 공포감마저 든다면 여러분도 할아버지와 할머니, 혹은 아버지와 어머니처럼 늙은 거예요.

전 자본주의 사회와 자본주의 사회에서 늙음은 전혀 의미가 달라요. 옛날에는 누군가 죽으면 고마워하는 자리가 만들어져요. 그것이 바로 상갓집의 분위기였죠. 마을의 축제 자리였잖아요. 그분이 우리한테 해 줬었던 많은 것을 추억하고 고마워하는 자리였지요. 여러분은 부모님이 오래 사시기를 원하세요? 진짜로? 그분이 나를 가르치는 사람이었고, 그분이 없으면 내 경험의 부족함을 메꿀 수 없는 그런 사람이 바로 부모님이신가요? 그래서 부모님의 경험과 지혜를 존경하시나요? 아니잖아요. 불쌍해서 돌보거나, 아니면 아무도 돌보지 않아서 울며 겨자 먹기 식으로 돌보시는 거잖아요. 지금은 영안실이 어디에 있죠? 대개 지하에, 어두운 곳에 있죠. 많이 고마웠었다고 감사를 표하는 자리에는 어울리지 않는 곳이에요. 무언가 쓸데없는 것, 무언가 꺼림칙한 것을 처리하는 자리인 거죠. 쓸모없는 사람이 없어진 거예요. 매번 귀찮았던 어떤 사람이 사라진 거죠. 그러니 남에게 욕먹지 않을 정도로만 시신을 처리하면 되죠.

늙음이라는 주제로 강연이 있다고 하면 부모님을 모시고 왔어야 하잖아요. 그런데 안 그러죠? 여기 여러분이 아니라 부모님이 오셨어야죠. 우리가 나이 듦과 늙음을 고민할 때 젊은 사람의 고민과 나이 드신 분의 고민의 무게는 현저히 달라요. 다른 조건이에요. 어쩌면 몇몇 분들은 스스로 알 거예요. 그런 느낌이 와요. 나이가 젊지만 나중에 내가 어찌된다는 걸 보셨잖아요. 여러분이 부모님한테 그렇게 했잖아요. 나중에 누군가 여러분을 그렇게 취급할 거라는 걸 아셔야 해요. 그러니 또 무서운 거예요. 자본주의라는 환경 속에서 늙음은 항상 저주받고 배척받는 신세니까요. 우리는 지금 나이 든 사람들을 대할 때, 병실에서 얼마 안 있으면 죽을 사람인 것처럼 그들을 대하고 있을 거예요. 가끔 짜증도 내죠. 그것도 못하느냐고요. 그 짜증이 나이 든 사람에게는 천근의 무게로, 비수로 꽂혀요. 여러분이 찔렀던 그 비수는 나중에 나이 든 여러분의 가슴을 후비고 들어올 거예요.

여러분들끼리 파고다공원에 가 보세요. 할아버지들이 모여서 어떻게 노시는지 가서 보세요. 그분들은 한국 사회에 자본주의가 도입된 이후 도시에서 태어난 첫 세대들이에요. 그래서 도시를 못 떠나요. 낙원상가 근처에서 LP를 샀고 음란물을 샀던 첫 세대니까요. 그래서 그 근처에 계시는 거예요. 지금 홍대 앞에 가서 노는 분들 있죠? 나이 들면 거기 가게 되어 있어요. 어딜 가겠어요. 여러분들 추억이 있었던 곳으로 가는 거죠. 그런데 안타깝지 않아요? 낙원상가 가면 젊음을 되찾을 줄 알고 가셨는데 비슷한 사람들이 모여 있었을 때의 당혹감. '다시 젊어질 줄 알았는데.' 그래서 대동단결하면서 '요즘 젊은 것들은' 뭐 이런 이야기를 하면서 한나절 보내고 돌아오세요. 터프한 척 하시지만 집에 오면 여러분들한테 다시 전화를 걸죠. '애야, 이건 어떻게 해야 되니?' 하면서요. 그게 하루 일과예요. 그리고 나중에 20년, 30년 지나서 여러분들은 그 자리에 들어갈 거예요. '벙커1'에 오시는 분들은 할아버지, 할머니 돼서 여기 와 가지고 이야기할 거예요. '옛날에 강신주가 있었는데' 이러면서 모이는 거예요. 왜 도시에서 할아버지가 못 떠나느냐고요? 그곳에서 가장 행복했었기 때문이에요. 앞서 〈리더스 다이제스트〉의 아버지 기억나시죠? 그게 나이 든 사람의 외로움이에요. 돌아가신 제 아버지의 외로움인 거죠. 더블클릭을 할 수 없을 때 오는 외로움. 이게 여러분 집에 계시는 부모님의 모습이고, 아쉽게도 나중에 여러분이 겪게 될 모습이에요. 나중에 더블클릭이 아니라 세 번 눌러야 되는 트리플클릭 같은 게 나오면 여러분들은 혹 가요. 어떻게 될지 몰라요. 여러분들의 미래예요. 같은 거예요.

늙음에 대해서 알고 싶으세요? 그런데 왜 부모님들을 응시하지 못해요? 낡은 사람들이죠. 그런데 여러분이 그분들을 보수적으로 만들고 외롭게 만들고 정보로부터 단절시키는 거예요. 여러분이 이야기를 안 해 주잖아요. 이제 부모님을 보는 여러분의 태도는 사뭇 다를 거예요. 그리고 느끼게 될 거예요. 그게 여러분의 미래니까요. 여러분의 부모님들은 자본주의가 도래했던, 개발독재 시대에 살았던 첫 세대들이에요. 그분들이 겪었던 그것이 여러분들이 겪을 그것이에요. 그분들을 성찰하면 여러분은 나이 듦이 무엇인지 그리고 나이 든 사람에 대해서 우리는 어떻게 해야 하는지 알 수 있을 거예요. 나이 든 사람들을 배척하고 배제하는 건 자본주의 논리에 포섭되는 거고 보수 세력의 논리에 포섭되는 거예요. 그들을 어떻게 껴안고 갈지가 여러분들이 고민해야 될 문제예요. 그분들의 자리는 여러분이 가야 될 자리이기도 하니까요. 여러분들이 부모님의 자리를 부정하면 여러분들은 늙음을 부정할 거예요. 무슨 말인지 알죠? 그게 여러분들의 심각한 문제일 거예요.

어머니, 아버지 생각나시죠? '그래도 밉다', '저 사람이랑 같이 있으면 갑갑하다' 이런 분들 있을 거예요. 아직 성숙하지 않아서 그런 것 같아요. 우리 이렇게 해 봐요. 무슨 문제가 있을 때, 어머니랑 같이 상의해서 해결하자고요. 그리고 부모님들한테 한번 물어보세요. '옛날에 엄마는 어디서 놀았어?' 그리고 어머니가 옛날에 놀았던 그곳으로 어머니를 데리고 가세요. 노인정에 가시라고 하지 말고요. 그곳이 좋은 곳이에요.

자본주의는 항상 젊은 사람 편이잖아요. 지금 여러분들이 해야 될 일은 나이 든 사람을 배려할 수 있는 그 조건을 여러분들이 만들어 놓는 거예요. 여러분이 그 자리에 들어가기 때문에 그래요. 이해되시죠? 여러분들이 부모님을 많이 이해하고 많이 돌보는 그 순간들이 중요해요. 이건 아이러니하게도 효를 이야기하는 건 아니에요. 나도 그리 되는 거니까요. 나이 든 사람들은 자본주의 사회에서는 쓰레기예요. 노인은 부끄러운 거예요. 무능하고 쓸모없는 거예요. 옛날처럼 어른들의 이야기 하나가 삶을 결정할 수도 있었던 그런 시절이 아니에요, 지금. '아, 조선시대 때는 이러지 않았는데' 이런 할아버지를 만나면 한마디 해주시면 돼요. '지랄을 한다. 지금이 어떤 시대인데.' 이건 정답이에요. 우린 다른 시대에 살고 있죠. 그런데 아쉽게도 우리의 젊음도 짧아요. 시간이 가면 갈수록 삶이 행복해져야 되는데 자본주의는 시간이 가면 갈수록 자신이 버려진다는 느낌을 갖게 해요. 기계도 못 만지게 되고요. 직장 다니시는 분들은 알 거예요. '내가 직급만 높았지 후배들보다 못하다.' 파워포인트 못 만들어서 맡기는 사람들 있죠. 요새는 파워포인트로 보고를 하잖아요. 후배한테는 아는 척을 하죠. '내가 좀 바빠서 그런데 이것 좀 만들어 줘.' 그 후배가 갑자기 '나도 바빠요' 이러면 어떡해요.

이게 어디에나 있는 현상이에요. 자본주의가 그래서 무섭죠.

자본주의는 가장 젊은 것이 가장 가치 있다고 하는 체제예요. 때문에 자본주의는 우리의 나이 듦이 쓸모없는 상태로 생명만 유지하는 것이라는 자괴감을 줘요. 여기서 우리가 왜 자본주의를 극복해야 되는지 알아야 하는 겁니다. 돌아보면 시간이 가면 갈수록 우리는 더 성숙해지고 완숙해지고 많은 걸 알게 되잖아요. 하지만 지금 우리 사회는 그걸 부정하는 사회죠. 그래서 다 젊어지려고 하는 사회이고, 그래서 화장품도 '안티 에이징' 제품을 쓰는 사회가 된 거죠. '에이징'이 나이 듦이잖아요. 나이 듦이 싫은 거예요. 우리가 갖는 늙음에 대한 생각, 공포는 사실 자본주의가 만들어 놓은 부수효과라고 할 수 있지요. 물론 자본주의는 늙음에 대한 우리의 공포에서도 이윤을 얻으려고 하죠. 이익이 생기면 물불을 가리지 않는 것이 자본주의의 맹목성이니까요.

늙음이 공포와 저주로 다가올 때

전 늙는 게 두렵습니다. 늙음을 이기기 위해 화장품을 일곱 개씩 사용하고 성형 정보를 찾아봅니다. 밤새도록 술을 마시거나 클럽을 전전하는 등 남들이 10대나 20대에 할 법한 행동을 지금 하고 있어요. 그러면서 스스로에게 난 늙은 게 아니라고 되뇌입니다. 하지만 이 역시 한계가 오는 것 같습니다. 제가 이러고 있는 동안 저와 비슷한 나이의 사람들은 각자 자기 자리를 만들어 갈 테니 불안합니다. 나이가 들면서 제가 져야 할 책임감도 점점 무거워지는 것 같아요. 늙는 게 무섭습니다. 두렵고 혐오스럽습니다.

젊은 시기가 빨리 지나갔으면 좋겠다는 사람도 있어요. '너무 힘들다. 빨리 지나가자.' 또 어떤 분들은 미래가 무섭기도 해요. '내가 나이 들어간다. 매력이 없다. 버려지는 것 같다.' 이런 느낌이 들죠. 그래서 이분도 적극적으로 클럽 같은 곳을 가시는 거예요. 직감적으로 아시는 거죠. 자본주의 사회에서는 젊다는 게 굉장히 소중하고 가치 있다는 걸요. 나이 드는 건 무가치한 것에 가깝다고 생각하시는 거예요. 이게 지금 현재 우리의 모습이에요. 늙는 게 무섭죠. 그래서 화장품에 '안티 에이징'이라는 말이 붙으면 더 잘 팔리잖아요.

　잘 보이지 않던 주름도 거울을 보고 응시하면 발견이 되거든요. 어느 날 문득 '주름이 생겼네' 이러는 게 아니라 매일 아침마다 밤마다 거울을 보면서 주름을 발견하려고 애를 써요. 그러면 일이 복잡해지죠. 주름이 조금만 보여도 우울함이 심해질 테니까요. 이런 태도의 바닥에는 뭐가 있는지 아세요? 사랑받고 관심받고 싶은 마음이 있는 겁니다. 젊다는 것이 내가 사랑받고 관심받는 근본적인 조건이라고 생각하시는 거예요. 대중매체의 광고에 너무 노출되어서 그래요. 광고는 대개 젊은 사람 위주로 만들지 나이 든 사람들 위주로 만들지 않아요. 나이 든 사람이 나오는 광고를 보고 싶으면 아침 5시에 일어나서 텔레비전을 보셔야 해요. 나이 든 사람들이 보는 광고는 그때 나와요. 그러니까 대개 모든 초점은 젊은 사람들에게 맞춰져 있죠. 그들을 가장 숭상하고 그들을 가장 매력적으로 보이게 하고요.

　지금 이분이 가지고 있는 늙는 게 무섭다는 느낌의 바닥에는 어린아이 같은 태도가 있어요. 저는 이분이 어리다는 생각이 들어요. 더 사랑받고 관심받고 싶은 거예요. 우리가 어른이 되었다는, 우리가 성숙하다는 기준은 남의 시선을 의식하지 않는 거예요. 다이어트하는 분들 있죠? 그건 남을 위해 하는 거예요. 여러분들은 내 건강을 위해서라고 최면을 걸겠죠. 그거 다 거짓말이에요. 달마 스님의 배 보셨어요? 달마 스님은 자신의 넓적다리를 본 적이 없어요. 탐스러운 뱃살로 덮여 있어서 하체를 직감적으로 아시는 거죠. 자본주의 사회에서는 젊다는 게 굉장히 소중하고 가치 있다는 걸요. 나이 드는 건 무가치한 것에 가깝다고 생각하시는 거예요. 이게 현재 우리의 모습이에요. 늙는 게 무섭죠.

본 적이 없었기 때문에요. 달마처럼 당당한 사람은 그런 걸 의식을 안 해요. 어리숙하고 미성숙한 사람들이 타인의 시선을 의식해요. 왜 자기 뱃살을 내려다봐요? 남의 뱃살이랑 비교하는 거잖아요. 자꾸 그래서 다른 사람 만나면 숨 안 쉬려고 하고요. 왜 숨도 못 쉬어요?(웃음) 집에선 편히 쉬면서. 이게 우리가 약해서 그런 거거든요. 그러니까 남한테 더 관심받고 사랑받으려고 발버둥치는 거예요.

그래서 근본적인 해결 방법을 말씀드리자면, 늙음이나 젊음이 자신의 삶과 아무런 상관이 없는 것이 되어야 해요. 나이 들면 어때요. 나이 듦은 다른 젊은 사람이랑 있을 때 생겨요. 제가 마흔일곱 살인데, 저는 홀로 있을 때 나이 들었다는 의식이 별로 생기지 않아요. 제가 나이 들었다는 생각이 들 때는 간혹 독자분들이 건강하시라면서 홍삼 절편을 건네줄 때죠. 이것은 어쩔 수 없는 일이지요. 나보다 젊은 사람과 있으면 나는 늙은 사람이 되고, 나보다 늙은 사람과 있으면 나는 젊은 사람이 될 수밖에 없으니까요. 그렇지만 나는 나죠. 나는 젊지도 늙지도 않은 바로 강신주일 뿐이죠.

늙었다거나 젊다면서 자신을 평가하는 사람은 타인의 시선 속에 있는 것뿐이에요. 남의 시선을 의식하지 마세요. 거울 본다는 게 무슨 의미인지 아세요? 거울을 본다는 건 내가 분열되어 있는 거예요. 타인의 시선에서 나를 보는 거예요. 몇몇 사람은 화장하는 걸 자기만족이라고 하죠. 개소리예요. 타인의 시선에서 보는 거예요. '어찌 보일까' 미리 검열하는 거예요. 나를 위해서라고, 나의 만족이라고 변명을 할 수는 있어요. 나의 만족이면 립스틱을 가운데로, 그러니까 이마에서부터 턱까지 칠해 보세요. 미장원에서 머리를 자를 때도 여러분들은 스마트폰이나 태블릿 컴퓨터 가져가서 '이렇게 해 주세요' 하잖아요. 그러면서 무슨 자기만족이에요? 그렇게 스스로를 합리화하면 안 돼요. 누구 좋으라고 화장을 해요? 강자와 약자 중에 누가 꾸며요? 약자가 꾸민다고요. 바로 이거예요. 늙었다는 자각은 사실 외부에서 온다는 걸 잊지 마세요. 특히 젊은 사람들과 자주 만나면, 자신이 늙었다는 느낌이 더 강하게 들기 마련이지요. 그래서 지금 이분은 자충수를 두고 계시는 거예요. 전문용어로 '자뻑'이죠. 늙었다는 느낌이 너무나 싫어서 젊은 것들이 우글대는 클럽에 가시잖아요. 클럽에 몸을 맡겨 젊은이들과 어울릴수록, 늙었다는 느낌은 더 강해질 수밖에 없는데 말이지요. 물론 그렇다고 파고다공원에 가서 할아버지, 할머니들과 어울리라는 것은 아니에요.(웃음) 단지 클럽에 가는 것은 자신이 늙어간다는 자괴감을 더 가중시킬 수밖에 없다는 것을 지적하려는 거니까요.

더 핵심적인 것 하나를 알려 드릴까요? "늙는 게 무섭습니다. 두렵고 혐오스럽습니다." 이분은 절규하고 있죠. 이분의 절규가 저는 이렇게 들립니다. '젊었을 때 애인이 있었는데, 지금은 애인이 없어요. 그래서 저는 지금 제가 너무 싫어요.' 지금 이분을 사랑해 주는 사람이 있다면, 이분은 늙음을 두려워하거나 혐오스럽게 생각하지 않을 거라는 겁니다. 당연한 일이죠. 지금 애인이 이분을 절절히 바라보고 만져 준다면, 이분은 자신의 모든 면을 사랑할 수밖에 없을 테니까요. 여기에는 이분이 지금은 그렇게도 저주하는 '늙음' 혹은 '나이 듦'도 포함될 겁니다. 그렇지 않나요? 만약 이분이 지금보다 어렸다면 상대방이 유치하다며 마음을 주지 않았을 수도 있잖아요. 결국 사랑은 만병의 통치약인 셈입니다. 젊었을 때는 사랑과 관심을 많이 받았는데, 나이가 들어서 그런 사랑과 관심이 줄어든 겁니다. 그러니 늙음이 몸서리쳐지게 싫은 거죠. 하지만 당장 그런 나를 사랑하는 사람이 생기면, 그 늙음도 자신만의 매력이라고 과시할 수 있겠지요.

나이 듦의 강력함을 기억하라

내년이면 마흔입니다. 어디 가서 나이를 밝히는 게 죽기보다 싫고 마흔이 되면 꼭 세상이 끝날 것 같은 공포감이 밀려듭니다. 《강신주의 다상담》〈몸〉편을 보고 큰 충격을 받았습니다. 저는 결혼한 지 3년이 되었고, 결혼 전 연애 경험도 몇 번 있었지만 솔직히 아직 이성과의 육체관계에서 스펙터클한 화학적 반응을 경험해 보지 못했습니다. 이 나이 먹고도 못 느껴 봤고 평생 모르고 죽을 수도 있다고 생각하니 내가 한심스럽기도 하고 가엾은 느낌도 듭니다. 문제는 제 몸이 늙어 있고 제 여성성도 늙어 가고 있다는 거지요. 이런 생각들이 저를 더 조바심나게 만들고 있습니다. 제가 너무 욕심이 많아서일까요?

전반적으로는 굉장히 분열되어 있으시네요. 한편으로는 늙는다는 게 고통이고 지옥이라고 생각하시고, 또 한편으로는 〈몸〉 편의 영향을 강하게 받아서 더 나이가 들면 못 느낄 텐데 빨리 느껴야 된다는 조바심을 가지고 계시고요. 물론 전자보다 후자가 좀 더 긍정적이라고 할 수 있어요. 사실 전자 부분은 강연에서도 이야기했지만 나이가 조금이라도 들면 우리 모두가 느끼는 거거든요. 이걸 나만의 고민이라고 생각하지 않았으면 좋겠어요. 정도의 차이겠지만 다들 이 고민은 하죠. '서른 되면, 마흔 되면, 쉰 되면 어쩌지' 이런 조바심이 들죠. 피크는 지났다는 느낌이 자꾸 들고요. 우리가 자본주의에 살고 있기 때문에 그래요. 자본주의는 매시간 우리에게 각인시키죠. 늙는다는 것은 신제품이 아니라 중고 제품이 되는 것이라고요. 여기에서 벗어나려고 하는 건 완전히 이긴다는 보장이 없는 너무나 큰 싸움을 하는 거예요. 자본주의가 만들어 놓은 것과 싸워 나가야 되니까요.

하지만 사실 나이는 아무 의미도 없어요. 이 세상에서 제일

하잘것없는 인간이 '몇 년생이야? 몇 학번이야?' 묻는 인간들이에요. 어떤 사람의 나이가 그 사람에 대해서 알려 주는 건 거의 없어요. 늙었다는 느낌, 그리고 그것이 두렵다는 느낌을 근본적으로 해결하려면 지금 나이 그대로 누군가에게 사랑받는 것 밖에 없어요. 누군가의 사랑을 받아 자긍심이 커지면, 자신의 나이가 오히려 멋져 보일 테니까요. 그리고 그 순간 알게 되겠지요. 풋풋한 젊음만이 타인을 감동시키는 것이 아니라 완숙한 나이 듦도 타인의 마음을 움직일 수 있다는 사실을요. 그러니까 지금 사랑하고 사랑받는 사람이 없으니까, 자꾸 자신이 젊지 않아서 그런 게 아닌지 고민하게 되는 거예요.

그리고 또 하나 제가 이야기를 드리면, 지금 이분은 어린아이이기도 해요. 이제 바깥으로 나와야 될 텐데 못 나오는 거예요. 김수영의 시 중에 〈푸른 하늘을〉이라는 시가 있어요.

푸른 하늘을 제압하는
노고지리가 자유로웠다고
부러워하던
어느 시인의 말은 수정되어야 한다

자유를 위해서
비상하여 본 일이 있는
사람이면 알지

노고지리가
무엇을 보고
노래하는가를
어째서 자유에는
피의 냄새가 섞여 있는가를
혁명은
왜 고독한 것인가를

혁명은
왜 고독해야 하는 것인가를

하늘을 보세요. 푸른 하늘을 날아가는 새가 정말 자유롭다는 생각이 들 거예요. 그렇지만 그렇게 자유롭게 날고 있는 새가 편안한 건 아니에요. 엄청난 바람에 맞서지 않고 어떻게 높이 날 수 있겠어요. 험한 산에 기어올라 가 보면, 바람이 더럽게 세게 불잖아요. 무슨 말인지 알아요? 그러니까 자유롭다는 것은 집에서 편안히 있는 것과는 완전히 다른 거예요. 자유롭다는 것은 동시에 세상의 압력에 맞서 당당히 싸운다는 것을 의미하니까요. 그러니까 안전과 편안을 도모하면, 우리는 자유를 만끽할 수도 없고 당연히 사랑도 할 수가 없는 법이죠. 나이 든다는 것의 압력이 뭔지 아세요? 나 혼자 바깥으로 나가야 된다는 느낌이 강해지는 거예요. 노년을 무서워한다는 건 정확하게는 내가 감당해야 할 현재가 무서워진다는 거예요. 내가 혼자서 서야 되는 게 무서운 거죠. 그래서 김수영이 그러잖아요. "노고지리가 자유로웠다고 부러워하던 어느 시인의 말은 수정되어야 한다"라고요. 높은 곳 정상에 올라가 보셨어요? 밑에서 보면 그냥 멋진 푸른 하늘처럼 보이죠? 올라가 보세요. 바람 불고 난리예요. 그게 무서운 거예요.

나이 듦이 무서운 게 아니라 협소한 세계를 떠나서 다른 세계와 부딪히는 것들이 무서운 거예요. 지금 이분이 나이 듦을 두려워한다는 건 정확하게는 어린아이로 남아 있겠다는 거예요. 〈몸〉 편을 통해서 이제 뭔가 바깥으로 나와서 거친 세계로 들어가려는 마음이 간신히 드신 셈이에요. 거친 세계로 들어가시면 돼요. 물론 성공하지 못할 수도 있어요. 처음부터 설악산 대청봉에 편하게 올라가는 사람은 그 누구도 없으니까요. 그런데도 올라가야만 하는 거죠. 격렬하게 사랑을 나누지 않았던 사람들이나 사랑을 많이 해 보지 않은 사람들한테는 사랑에 대한 판타지가 있겠지만, 정말 사랑을 한다는 것은 굉장히 힘든 거예요. 거의 노동에 가까워요. 만일 만족스러운 사랑에 성공하셨다면, 그때 느끼는 건 아주 빡세게 대청봉을 올라갈 때 느끼는 희열에 가까울 거예요. 설악산 밑 작은 개울에서 깨작깨작 노는 게 아니에요. 다행스러운 것은 이분의 사연 후반부에서 굉장히 희망이 보인다는 점이죠. 후반부에 고민하고 계신 성적인 문제들은 관념이 아니라 온몸으로 바깥으로 나가려고 한다는 증거니까요. 그게 정말로 살아 있는 세계, 몸과 몸이 부딪히는 세계거든요. 격렬한 느낌, 화학적 반응이란 바로 이곳에서만 가능하지요.

그러니까 잊지 말아야 된다고요. 어른이 되고 노년이 되는 길은 힘들어요. 나이 든 어부의 주름살은 파도를 맞아서 생긴 거고, 농부의 굵은 손은 태양과 싸워서 생긴 거예요. 여러분들의 맑은 피부는 무얼 말해요? 그냥 어린아이라는 거죠. 거친 피부가 생겨야 돼요. 그래서 때때로 나이 듦, 주름은 그 사람의 진지한 삶을 상징하죠. 전쟁을 겪었던 사람들의 깊이를 아시나요? 제일 아름다운 문학은 전쟁이 끝나고 나서 나오는 전후문학들이에요. 너무 힘들어서 절절하고 아름답죠. 1950년대와 60년대를 풍미했던 푸르트벵글러Wilhelm Furtwängler라는 지휘자가 있어요. 그 사람 지휘는 절절해서 무섭다는 느낌마저도 들어요. 제2차 세계대전을 겪고 있는 음악가에게 꿈은 무엇일까요. 그건 음악을 연주하는 것 아닐까요? 음악은 평화로울 때에만 제대로 들릴 수 있지요. 그러니 푸르트벵글러에게 연주는 곧 세계에 평화가 왔다는 찬가와 다름이 없죠. 나치가 패망하고 유럽에 평화가 왔을 때, 그래서 푸르트벵글러가 베를린 필하모니 앞에서 오랜만에 지휘봉을 휘두를 때, 그때 울려 퍼진 교향곡은 얼마나 절절했겠어요. 줄리아드 음악 학교 출신의 지휘자가 하는 연주가 1960년대에 녹음된 푸르트벵글러를 뛰어넘지 못하는 것은 어쩌면 당연한 일인지도 모르죠.

이분은 나이와 섹스에 대해 고민하고 계세요. 일단 나이 듦을 두려워하는 것은 미래를 두려워하는 것이고, 거칠어진 주름을 두려워하는 거예요. 하지만 어떤 분들은 이렇게 이야기해요. '저는 왠지 40, 50 먹은 나이 든 사람이 좋아요.' 그 사람은 어린아이가 아닌 거예요. 돌아온 싱글이 매력적인 건, 다 알기 때문이죠. 쓸데없는 허례허식이 없거든요. 사랑을 시작해도 '우리 사랑은 영원해요' 이런 이야기는 안 해요. '행복할 때까지 같이 있어 봐요' 이렇게 말하죠. 이 무게감을 아시겠어요? 헤어질 줄 알면서 사랑하는 사람은 굉장히 비범한 거예요. 성숙한 사람인 거죠. 죽을 줄 알면서 사는 사람은 성숙한 사람이에요. 여러분 가운데에는 자신이 죽는다는 것이 생생하게 와 닿지 않아서 그냥 사는 사람들도 있어요. 그런데 진짜 죽을 줄 아는 분들, 가령 시한부 생명을 선고받은 분들은 하루하루 뭔가를 하죠. 산에도 가고 낚시도 하고 꽃도 돌보죠. 그 사람의 비범함, 하루하루 살아가는 무게를 느끼셔야 해요. 나이가 들고 죽음에 직면해서도 즐겁게 살아갈 때 여러분은 성숙해진 거예요.

어부의 주름진 얼굴을 존경해야 돼요. 노년은 굉장히 멋있어요. 나이 듦의 매력은 거기에 있어요. 이제 내가 오류 없이 상대를 읽는 것처럼, 그렇게 나를 읽는 사람들을 만날 수 있는 시간이 늘어가는 거죠. 연애를 많이 하신 분은 아실 거예요. 시간이 갈수록 안목이 높아지죠? 안목이 높아지면 주변에 연애할 사람이 없어져요. 하지만 상관없어요. 옛날엔 개차반 같은 애들 때문에 너무 힘들었잖아요. 완숙하게 즐기고 싶지 않나요? 러브호텔에 부드럽게 들어가는 나의 모습. CCTV를 보면서 브이 자를 해 주는 정도는 돼야죠. 이게 나이 들면서 가능한 거예요. 완숙한 경지죠. 더 많은 세계가 열리는데 거기로 가기 위해서 더 많이 강해지셔야 돼요. 그리고 겪는 거예요.

젊음을 부여잡으려고 하고 노년을 저주하잖아요. 그건 자본주의의 메커니즘에 사로잡혔다는 증거일 겁니다. 자본의 논리에 너무 편입되면 계속 '안티 에이징'을 해야 될 것 같잖아요. 그건 어린아이죠. 거칠어져야 돼요. 태양을 맞았는데 어떻게 얼굴에 주름이 안 생겨요? 어떻게 하실래요? 피부를 보호하실래요, 아니면 사하라 사막을 횡단하실래요? 여러분들은 둘 다 선택하려고 그러잖아요. 노년이 가진 강력함을 돌아보세요. 지금 알았던 것, 10대 때 알았어요? 그러니 얼마나 신기해요. 갈 데까지 가 보는 거죠. 더 많이 늙고 오래갔으면 좋겠어요. 60대 여성인 제 독자분이 보여 줬던 화장하지 않은 그 얼굴이 저는 정말 예뻤어요. 당시 그분은 제게 말했답니다. "선생님, 이게 60 먹은 여자의 맨얼굴이에요. 보신 적 없으시죠?" 나이가 들어서 어른이 되고 주름이 생긴다는 건 멋진 거예요. 멋있어지는 거예요. 노년이 가지고 있는, 나이 듦이 가지고 있는 강력함을 생각해 보시길 바랍니다.

몸이 예전 같지 않다는 망상

마음대로 되지 않는 몸, 기능이 떨어져 가는 신체는 어떻게 해야 하나요? 이제 와서 돌아가신 할머니를 생각해 보니 할머니가 왜 집에만 머무셨는지 알 것도 같습니다. 나이가 들면 몸이 예전 같지 않다는 것도 받아들여지나요? 하루하루 지금을 잘 살며 나이를 먹으면, 그러한 상실감을 받아들이는 지혜가 생기나요? 나이 들어 기동력이 떨어져 집에만 머물게 되지는 않을까 두렵습니다. 노인이 된다는 것이 상실감으로 다가옵니다.

"받아들인다"라는 건방진 소리 하지 마세요. 그냥 여러분 몸이에요. 옛날의 잔상들로 지금을 부정하지 마세요. 예를 들면 내가 교통사고 때문에 다리를 절단했다고 해 봐요. 그러면 우울해지죠. 왜 우울해져요? 옛날에 건강했던 다리가 계속 떠오르거든요. 우리의 정신은 항상 과거적이에요. 우리의 몸은 현재에 살고요. 우리의 몸이 우리 자신이에요. 받아들일 문제가 아니에요. 받아들여야 되나 말아야 되나 이런 고민 자체가 여러분이 나이 듦을 부정하고 있다는 거예요. 이럴 때 정신과 육체가 질적으로 다르다는 해묵은 이분법이 발생해요. 정신은 예전 같은

데 몸은 그렇지 않다는 발상이죠. 이건 완전히 망상이죠. '정신은 예전 같다'는 생각에는 이미 우리 정신이 몸은 그렇지 않다는 것을 전제하니까 말입니다.

잊지 마세요. 정신은 그냥 그 나이, 그 몸에 맞는 정신일 뿐이에요. 너무 신기하지 않아요? '도대체 내 모습이 어디까지 가고 내 정신은 어디까지 변할까' 이런 것들을 흥미진진하게 생각해야 되는데, 젊었을 때의 내 몸에 대한 기억과 정신 하나만 가지고 지금의 내 몸을 두고선 주름 생겼다고 걱정하고 불평하는 거예요. 주름을 그렇게 보면 어떻게 해요? '멋진 걸? 와! 내일은 몇 개나 더 생길까?', '흥미진진한 걸? 주름이 이런 모양으로 생길까, 아니면 다른 모양으로 생길까?' 이렇게 봐야죠. 그걸 부정한다는 건 내 몸이 젊었을 때의 기억으로 지금 똥고집을 부리고 있다는 거예요. 그 똥고집 부리려면 부려요. 어차피 똥고집은 붕괴될 수밖에 없으니까요. 차라리 그런 똥고집은 빨리 붕괴시키는 것이 더 좋을 거예요. 생각은 몸에 맞게 업데이트해야 돼요. 여러분의 토대는 정신이 아니라 몸이에요. 내 몸 상태라고요. 내 다리가 잘렸다면 그게 내 모습이에요. 왜 다리가 없다고 생각해요? 저는 다리가 불편하신 분이 정상인처럼 올림픽에 참여하는 게 되게 싫어요. 왜 그래요? 그럴 필요 없잖아요. '난 못 뛰어' 이러면 되잖아요. 가령 사고로 다리가 잘린 사람의 아버지가 산에 올라가자고 하면 이 사람은 쿨하게 대답하면 돼요. '나 병신이에요, 안 갈래요.' 그러면 꼭 이렇게 반응한다고요.

'너는 괜찮다.' 괜찮긴 뭐가 괜찮아요. 다리가 없는데. 정신만 그대로면 아무런 문제가 없다고 말해서는 안 돼요. 정신은 그냥 몸의 상태를 받아들이면 돼요. 내가 몸을 선택하는 것이 아니라 몸이 나를 선택하니까, 몸의 상태를 빨리 수용해야 하는 거죠.

거울 보면서 '왜 이렇게 늙어가지?' 이러는 건 유치한 거죠. 정신은 지금 여기에 없고 항상 과거에 있는 거예요. 정확히 말해 과거로 현재를 판단하는 것이 바로 정신의 작용이지요. 그러니까 정신은 과거의 내 모습으로 현재의 내 모습을 본다고요. 여러분들은 거울을 보면서 젊음이 사라지고 있다고 생각하죠. 사라지긴 뭐가 사라져요? 주름은 생기고 있잖아요. 답답해 죽겠어요. 그걸 즐겨야 되는데 즐기지 못하니까요.《장자》라는 책에 이런 이야기가 나와요. 나병에 걸리고 곱사등이가 되고 몸이 망가진 사람에게 어떤 사람이 물어요. "힘드시죠?" 그러자 이렇게 대답해요. "안 힘들어요. 내일은 또 어찌 다리가 변해갈지 궁금해요." 이 이야기가 무슨 의미인지 아시겠죠? 무슨 정신을 유지해요, 유지하긴. 그 유치했던 서른 살의 정신이요? 그 미적 판단이요? '쉰이 되더라도 아직도 내 정신은 서른이야' 이러지 마세요. 나이에 맞게 경험하는 게 다르거든요. 돌아보세요. 방향을 자세히 보세요. 우리가 어렸을 때 경험했었던 세계가 시간이 가면 갈수록 더 넓어지죠. 계속 확장되는 거예요. 그 극점에 이르러서 우리가 죽을 거예요.

그런데 이분이 어릴 적 보았던 할머니의 모습은 조금 더 생각해 볼 필요가 있을 것 같아요. 기동력이 떨어져 집에만 계셨다고 기억하는 바로 그 할머니 말이에요. 어쨌든 나이가 드는 건 괜찮은데 경험을 못한다는 건 정말 문제가 되죠. 들뢰즈Gilles Deleuze란 철학자가 1995년에 아파트에서 투신자살을 해요. 당시에 많은 사람이 수군거렸어요. 삶의 철학자가 자살을 선택했다고 들뢰즈를 비아냥거렸던 학자들도 상당수 있었죠. 그러나 그들의 조롱과는 달리 들뢰즈는 죽을 때까지 삶의 철학을 관철시켰던 거예요. 들뢰즈는 말년에 몸을 거의 못 움직였어요. 그러니 자기가 사는 게 아닌 거예요. 기계나 간호사들이 사는 거죠. 그런데 어느 날 운이 좋게 몸이 움직여서 기어갈 수가 있었어요. 그래서 들뢰즈가 창문으로 올라갔던 거죠. 창문에 섰더니 아직도 괜찮아요. 그때 훅 뛴 거예요. 마지막까지 살아 있었던 거죠. 이건 여러분들이 고민을 해 봐야 돼요. 누구한테 강요하면 안 돼요. 개인의 실존적인 결단이니까요.

여행을 못 가게 되거나 맛있는 걸 못 먹게 되는 상황이 되었을 때, 세계를 경험하는 게 현저히 줄어들고 있다는 생각이 들면 마지막 남은 힘은 여러분 삶을 위해서 쓰세요. 들뢰즈처럼. 끝까지 병원 가지 말고요. 하실 수 있겠어요? 살아 있는 채로 죽으세요. 죽어 있는 것처럼 살다가 죽는 분들을 너무 많이 봐서 그래요. 그렇다고 부모님한테 권하시면 안 돼요.(웃음) '어머니 기동력이 현저히 떨어지신 걸 보니……. 들뢰즈란 철학자가 있었어요' 이런 이야기하시면 안 돼요. 이건 각자 결정하는 부분이거든요. 그렇지만 여러분들이 이 세상을 떠날 때는 삶으로서 떠났으면 좋겠어요. 무슨 말인지 알죠? 내가 더 이상 세계를 느낄 수 없고, 경험을 할 수 없어요. 더 이상 나는 주름을 만들어 줄 수 있는 바람도 맞을 수 없고 얼굴에 근사한 그림자를 만드는 햇빛도 받을 수 없어요. 몸도 별로 못 움직여요. 이럴 땐 사실은 죽은 거예요.

내가 살아 있다는 건 새로운 것을 경험할 수 있다는 것, 거기까지예요. 다리가 잘 움직이지 않더라도 조금씩 걸어 다니면서 다른 것을 경험할 수 있잖아요? 그러면 내일 눈이 떠지고 움직여져요. '내일은 또 무슨 일이 있을지 모르겠다.' 이게 우리의 희망이거든요. 젊은 사람들이 자살을 하는 건, 내일도 뻔할 때예요. 내일이 되어도 사랑하는 사람이 지금처럼 싸늘한 시신으로 누워 있다면, 사랑에 모든 것을 걸었던 어떤 젊은이는 분명 권총을 머리에 대고 방아쇠를 당길 겁니다. 매일매일이 너무나 무료하고 뻔하다면, 권태를 못 이긴 젊은이는 차를 낭떠러지 끝으로 몰아 지루한 삶을 끊으려고 할지도 몰라요. 이건 우리에게 커다란 교훈을 주죠. 삶이 매력적인 이유를 가르쳐 주니까요. 삶이 살아갈 가치가 있는 이유는 내일이 뻔하지 않기 때문이에요. 목숨을 안 끊으면 우리는 내일 또 어떤 태양을 볼지 모른다는 거죠. 그런데 이 느낌도 없다면 문제는 심각해지는 거예요. 이것도 고민을 많이 해 보세요.

들뢰즈의 죽음에 대해 생각을 많이 해 보세요. 삶과 죽음 사이의 간극이 요단강 건너는 것처럼 순식간에 날카로운 칼날처럼 보여야 돼요. 그런데 삶과 죽음 사이에서, 살아 있으면서도 죽은 것과 다름없는, 그 묘한 병실의 단계가 있죠. 병원 자본들이 여러분들을 착취하는 부분이에요. 그래서 비범한 영혼들은 말기 암이라는 선고를 받았을 때 병원을 가지 않아요. 항암치료를 받지 않고 계속 가 보는 거예요. 항암치료보다 그것이 덜 고통스러운 거니까요. 남은 시간에 여행을 다니는 거예요. 그러다 죽기 몇 주 전에 더럽게 아파요. 그리고 죽는 거죠. 병원은 항암치료를 하면서 여러분을 죽어 있는 상태로 만들어 놓지요. 이건 의학적이지도 인문학적이지도 않은 거예요. 그저 돈을 벌려는 경제적인 행위일 뿐이죠. 병실에 눕는 순간 여러분의 삶은 의사나 의료 체제에 통제되기 시작해요. 약 넣고 주사 놓고 그러다 2~3년 뒤에 죽어요. 사실 말기 암이면 6개월 안에 죽어요. 의사들도 다 알아요. 그런데 '어떻게 될지 모른다'고 꾄다고요. 이걸 많이 생각해 보세요.

이분의 할머니도 어리셨던 것일지도 몰라요. 더 운동을 많이 하시든가 몸을 더 강건하게 만들 수도 있잖아요. 살아간다는 것은 새롭게 경험한다는 것이니까요. 아니면 이분이 착각을 하신 것일 수도 있어요. 할머니는 다른 식으로 기운을 쓰고 계셨을 수도 있으니까요. 많이는 못 돌아다니시지만 텃밭에 가서 밭을 매셨을 수도 있고 동네 노인정에 다니셨을 수도 있고요. 아니면 본인의 방을 청소하거나 뜨개질을 하고 있었을지도 몰라요. 그냥 과거 활발했던 모습에 비해 할머니가 힘이 떨어진 것만 보고 이분은 할머니의 노년을 기억하고 있을 수도 있어요. 아니면 자신의 젊음으로 할머니의 늙음을 평가했기에 할머니가 무기력해 보였는지도 모를 일이죠. 단언하건대 아마 할머니는 돌아가시기 직전까지 미약하나마 몸을 움직이셨을 거예요.

움직일 수 있고, 바깥에 나갈 수 있고, 누구를 만날 수 있고, 경험할 수 있다면 우리에게 죽을 이유는 없어요. 여러분들이 삶에서 마지막 죽는 그날이 마지막 사는 그날이었으면 좋겠어요. 중간 단계를 만들지 말아요. 여러분이 여러분의 삶을 통제할 수 없다면, 삶도 그리고 죽음도 여러분에게는 어떤 의미도 없는 거예요. 인공호흡기로 연명하면 자살도 할 수 없어요. 내가 나의 모든 것을 통제하지 못하면 그건 죽은 상태거든요.

어른들 돌아가실 때 전신이 마비되고 인사불성이 되더라고요. 그때 의사는 말씀을 못 하신다고 하죠. 그런데 들을 수는 있어요. 저는 그런 경우를 많이 봤어요. 어떤 할아버지가 미국에 있는 딸을 기다려요. 호흡기를 떼면 돌아가실 줄 알았는데, 호흡기를 제거해도 그분이 돌아가시지 않는 거예요. 그런데 딸이 들어와서 "아빠, 저 왔어요" 하니까 이상하게 고갯짓 비슷하게 하더니 숨이 끊어져요. 부모님이 돌아가시려고 할 때, 왜 어른들이 여러분들에게 부모님의 임종을 봐야 된다고 하는지 아세요? 그때 마지막으로 부모님께 드릴 이야기를 하면 돼요. '엄마, 괜찮아. 잘 살았어. 나 행복하게 잘 살게' 이 이야기를 따뜻하게 전하세요. 그 이야기를 들으면 부모님들은 안심하고 스스로의 생명을 거둬들일 거예요. 대개의 경우, 아주 극단적인 경우를 빼고는 사람은 스스로가 자기 수명을 거둬들여요. 그것도 경험하고 싶지 않아요? 마지막 숨 쉬는 그때가 마지막 사는 순간이기도 해야 돼요. 무슨 말인지 아시겠죠? 정말 삶은 신기하고 멋지지 않나요?

죽음까지 남은 인생이 너무 길어요

제멋대로 사는 40대 후반 싱글 여성입니다. 얼마 전부터 기능 저하, 충전 부실이라는 늙음의 징후가 서서히 나타나고 있습니다. 기능은 그래도 아직 쓸 만하니 괜찮은데, 문제는 충전이 안된다는 것입니다. 충전이 잘 안되다 보니 조금만 뭘 해도 몸의 배터리가 방전됩니다. 그에 비해 시간은 너무 넘쳐 나고요. 한마디로 시간은 많고 하고 싶은 것이 없진 않으나 에너지가 부족합니다. 이 또한 자연의 이치려니 생각해서 큰 불만은 없습니다.

나름 하고 싶은 것들은 거의 다 경험해 봐서인지 미련이 딱히 남는 것도 없는데, 앞으로 죽음에 이를 때까지 남은 인생이 너무 길다는 것이 고민입니다. 늙음이 무르익는 이 시간을 빨리 지나가게 할 수 있는 방법은 없을까요? 한마디로

> 후딱후딱 늙을 수 있는, 생명이 단축될 수 있는, 힘 안 드는 건전한 방법을 찾고 있습니다.

🎤

이분은 비범한 분입니다. 다른 사람들은 '어떻게 하면 젊음을 유지해 볼까'라는 거의 진시황적 마인드의 유치함을 가지고 있는데 이분은 비범한 정신을 갖고 있어요. '내일은 무슨 일이 일어날까?' 이건 굉장히 중요한 거예요. 삶을 살아 낼 수 있는, 자살하지 않을 수 있는 가장 근본적인 동력이니까요. 그런데 이분은 지금 완전한 매너리즘 상태에 빠져 있어요. 이제 이분에게 남은 선택지는 두 가지죠. 이곳에서 자살하거나, 다른 곳으로 떠나거나. 저는 후자를 권하고 싶어요. 다른 곳에 가서도 똑같은 느낌이 들면, 그때 자살하셔도 늦지는 않을 테니까요.(웃음) 이제 떠날 때가 됐어요. 다 정리하셔야 돼요. 가족, 직장, 동네 등등 다 정리하실 때가 됐어요. 지금 속해 있는 곳에선 다 끝장난 거예요. 다른 곳에 가셔야 돼요.

다른 곳에 가면 다른 삶이 열려요. 완전히 다르게 한번 삽시다. 내가 프로그래머라면 이제는 프로그래머 말고 다른 삶을 사시는 거예요. 카페 마담을 해 보는 거죠. 무슨 말인지 알죠? 카페 마담이었으면 수녀님이 되어 보는 거예요. 이런 식으로 완전히 다른 삶을 사는 거예요. 여기에 머물러 계셔서 그러거든요. 가족들도 다 정리하셔야 해요. 여러분은 집에서 왔다 갔다 하는 그 일상의 패턴을 반복하기 때문에 그게 세상의 전부처럼 느껴지고 세계의 전부일 것 같지만 전혀 아니에요. 지금은 떠날 때가 된 거예요. 여러분은 이분의 느낌에 공감하시나요? 더 이상 경험할 게 없다는 느낌인 거죠. 살아도 경험하는 게 없어요. 완전한 매너리즘 상태는 이럴 때 오거든요. 정리할 때가 된 거예요. 짐을 챙기고 떠나세요. 편지 하나 쓰고요. 편지 안 써도 돼요. 편지를 쓰는 사람들은 대개 돌아오려고 편지를 써요. '저 떠날게요' 이런 편지는 돌아오겠다는 거예요. 진짜 무서운 건 편지도 안 쓰고 떠나는 거예요.

쿨하게 증발하시는 거예요. 다른 곳에서 사세요. 멋있게. 가서 옷도 바꾸시고, 스타일도 바꾸시고, 염색도 해 버리고 다 바꾸는 거예요. '이름도 몰라요. 성도 몰라' 이런 식으로 완전히. 인생을 두 번 산다는 건 매력적인 거예요. 살다 보면 지금 방전됐다는 느낌이 들 때가 있어요. 우리가 일을 막 하고 산을 막 다니면 오히려 건강해져요. 배터리는 안 썼을 때 방전이 돼요. 써서 방전이 되는 게 아니라 그냥 흘러 버리는 거죠. 에너지를 쓸 데가 없는 거예요. 지금 본인이 살고 있는 곳에서는 에너지를 쓸 데가 없어요. 급하게 가는 방법도, 천천히 준비해서 움직이는 방법도 있어요. 새로운 세계가 열릴 수 있어요. 삶이 방전된 것 같다, 에너지도 없다, 아침에 일어나도 똑같다는 느낌이 딱 드셨을 때는 떠날 때가 된 거예요. 더 이상 살아도 경험하는 건 아니에요. 우린 경험하려고 살아요. '무슨 일이 있을까?' 이 느낌이 있어야 된다는 걸 잊지 마세요.

나이를 먹을수록 뜻대로 되는 게 없어요

아이크림 바른다고 눈 밑 주름이 생기지 않는 건 아니라는 사실을 깨닫고도 밤마다 아이크림 바르는 일을 포기할 수 없는 30대 여성입니다. 눈 밑 주름처럼 나이가 들면 들수록 내 계획과 의지와는 무관한 많은 일들을 겪게 되는 것 같습니다. 그래서 적금을 들기도 하고, 나름의 인생 계획을 짜 보기도 하는데요. 계획을 할수록 불안하다는 생각만 듭니다.

이분은 어린아이 같아요. 내일 소풍을 가는데 비가 올 것 같아서, 잠을 못 이루며 자꾸 창문을 여는 초등학생 같아요. 그러나 돌아보세요. 인생의 묘미는, 뜻대로 안 된다는 것에 있어요. 어쩌면 우리는 항상 좌절하려고 뜻을 세우는지도 모르겠어요.(웃음) 뜻대로 안 되는 게 삶의 매력이에요. 뜻대로 되면 얼마나 재미없는지 아세요? 살아갈 이유가 없죠. 여기서 뜻대로 안 된다는 것을 염세적으로 생각하지는 마세요. 100을 얻을 것이라고 뜻을 세우고 행동했는데, 50을 얻을 때도 있고 또 150을 얻을 때도 있어요. 이것이 바로 뜻대로 되지 않는다는 말의 뜻이에요. 그러니 최선을 다해서 뜻을 관철시키려고 노력해야 해요. 최선을 다한 사람만이 알아요. 안 된다는 것, 혹은 그 이상으로 되었다는 것을요. 어설프게 던지는 사람은 자기 뜻보다 못하게 될지, 혹은 자기 뜻 이상으로 될지 알 수 없어요. 진짜로 최선을 다해 모든 것을 걸고 배팅하는 거예요. '이대로 돼야 돼' 하는 사람만이 절망도 맛볼 수 있고, 행운도 거머쥘 수 있는 법이에요. 이게 비범해지는 거예요. 뜻대로 안 된다는 것을 알기에 해 보는 거라고요.

뜻대로 되는 것에 집착하시는 분들 있죠? 우리 뜻대로 안 되는 게 삶이고, 그것이 바로 살아가는 매력이에요. 우리가 그것 때문에 여행을 가는 거예요. 어떤 일이 생길지 모르는 거죠. 여행 갈 때는 쿨해야 돼요. 아무도 데리고 가면 안 돼요. 남편도, 아내도 안 돼요. 자기 혼자 가는 거죠. 세계에 열리는 거예요. 어찌될지 몰라요. '이틀은 로마에서 잔다' 이런 식으로 막연하게 계획을 세우는 거예요. 로마에 못 갈 수도 있어요. 내가 만난 그 남자, 그 여자가 피렌체에 가재요. 그러면 거기로 가야죠. 그게 설레는 거예요. '내가 뜻을 세워도 그 뜻대로 안 된다. 그렇지만 그 대신 새로운 경험이 가능할 것 같다' 이 느낌을 맛본 사람들은 모험을 하죠. 이런 모험에 뛰어든다면, 생물학적 나이가 마흔이든 쉰이든 환갑이든 그분은 젊은 거예요. 그게 바로 살아 있는 사람, 혹은 살아가는 사람의 매력인 거예요.

느슨하게 살라는 말은 아니에요. 아침에 일어나서 볼펜을 놓고 톡 돌려서 서쪽을 향하면 서쪽으로 가자, 이런 이야기를 하는 건 아니에요. 그런 막연한 게 아니에요. 뜻을 세워요. 그런데 뜻을 세우고 그것을 실현하려는 의지가 강하면 강할수록 뜻대로 안 돼요. 뜻대로 안 되는 사건이 매력적이죠. 안 좋을 수도 있어요. 그래도 뜻을 정확하게 세우고 방향을 세우는 사람만이 뜻대로 안 된다는 것도 경험해요. 아주 집요하게 그쪽으로 가고자 할 때, 뜻이 좌절되면 그때 여러분에게 무언가 할 게 하나 더 생긴 거예요. 무언가 할 것이. 이게 매력이거든요. 뜻대로 되는 삶은 지루한 삶이에요. 뜻대로 안 돼야 돼요. 기상천외해야 돼요. 무슨 말인지 알죠? 뜻대로 안 된다는 건 소중한 거예요. 그래서 뜻대로 안 되는 게 많을 때 우리는 삶의 힘을 느껴요. 그런데 어리신 분들은 뜻대로 안 되는 게 생기면 징징거려요. 어린 아이들은 세계가 뜻대로 돼야 되잖아요. 울면 밥이 나오고 젖이 나와야 되잖아요. 그런데 성숙한 사람은 거꾸로 생각해요. 내 뜻대로 안 돼서 살 만한 거죠. 이런 분들은 어느 정도 나이가 드신 거예요. 젊었을 때, 어렸을 때는 뜻대로 됐는데 나이 드니 뜻대로 안 된다고 생각하는 건 조심하셔야 돼요.

여의봉如意棒이라는 것 아시죠? 손오공이 들고 다니는 봉. '같을 여如' 자에 '뜻 의意' 자, 생각만 하면 길어지는 봉이거든요. 그것만 가지면 모든 게 뜻대로 된다는 거거든요. 꼬맹이는 세계가 내 뜻대로 돼야 하죠. 그래서 소풍갈 때 비 오면 화내잖아요.(웃음) 여러분들은 어떻게 해요? 아직도 여의봉에 연연하는 손오공 같은 원숭이로 사시나요? 어른은 뜻대로 안 되는 것을 알기에, 그 이후에 처리하는 것도 어린아이와는 다르죠. 절대로 징징거리지 않지요. 그게 어른이에요. 산을 올라갈 때 암벽이 앞에 있거나 험한 데가 나왔을 때 어른은 돌아가지 않고 흥미진진해 해요. 만약 여러분이 뜻대로 안 된다는 이유로 좌절을 하고 있다면 나이가 들었어도 어린아이인 거예요. 어른은 내 뜻대로 안 되는 것, 거기에서 즐거움과 삶의 희망을 찾을 수 있는 사람들이에요. 그것을 잘 생각해 보시길 바랍니다.

나잇값을 못하는 것 같아 고민입니다

마흔 살의 여성입니다. 교사로 10년 가까이 일했고, 결혼은 하지 않았습니다. 최근 4년간 진하게 연애했던 열두 살 연하의 남자와 헤어졌습니다. 나이 들어가는 저의 모습이 겁이 난다며 헤어지자고 하더군요. 그 이후로 나이 드는 것에 자신이 없어지고, 당황스럽기까지 합니다. 연하의 남자와 만나고 있을 때 주변 사람들은 모두 남자에게 중요한 건 경제적인 능력이라고 충고했지만, 저는 사랑이 중요하다고 생각했습니다. 이런 생각을 밝히면 철이 없다는 이야기도 많이 들었고요. 남들이 뭐라고 해도 나이는 숫자에 불과하다고 생각했는데, 나이를 이유로 남자와 헤어지고 나니 정말 제가 너무 어리게 생각하며 사는 것인지 혼란스럽습니다. 제가 저의 신체 나이를 따라가지 못하고 있는 것 같아 고민입니다. 게다가 가르치는 학생들과 이야기를 할 때가 주변의 어른들과 이야기를 할 때보다 편합니다. 정신의 나이와 육체의 나이의 괴리가 점점 더 크게 느껴지게 될까 걱정입니다.

이것 보세요. 연하의 애인이 본인의 나이 때문에 헤어지자고 한 게 아니에요. 그냥 본인이 싫어진 거예요. 나이는 구차한 이유예요. 그건 정확하게 아셔야 돼요. 사랑을 하게 되면 나이가 중요한 게 아니거든요. 상대가 내 배가 나와서 헤어지자고 했을 때, 뱃살을 빼도 소용없어요. 상대가 들이대는 이유에 주목할 필요는 없어요. 그냥 헤어지자는 거예요. 뱃살을 빼고 그와 만나 보세요. 그럼 그 사람은 당혹감에 아마 다른 이유를 다시 대거나, 아니면 뱃살을 빼는 독한 여자와는 사랑할 수 없다는 황당한 이유를 댈 거예요.(웃음) 헤어져야겠다는 생각이 들 때, 우리는 상대방에게서 그 이유를 찾아요. 사람들은 비겁해서 자신이 이제 상대가 싫어졌다는 이야기를 못 하고 상대방에게 그 이유를 돌리려고 해요. 헤어지자고 할 때도 사람들은 예쁜 사람으로 남고 싶은 허영을 뿌리치지 못하는 거죠. 자신이 얼마나 변덕스럽고 약한지를 드러내기보다는, 모든 파국의 원인을 상대방에게서 찾는 식으로 말이지요. 전 남자 친구도 그런 거예요.

그냥 헤어지자는 거예요. 이제 예전처럼 사랑하지 않으니까. 절대 나이 때문이 아니에요. 착각하시면 안 돼요. 우린 이유를 만들거든요. 그리고 그 이유를 상대방한테 던져요.

남자 친구가 본인을 싫어한 거예요. 싫어해서 이유라는 걸 찾은 거죠. 나이가 들어서 우리 미래가 걱정된다면서요. 그런데 본인은 그 이야기를 받아들인 거예요. 그러다 보니 자신이 나이가 많아 보이는 거예요. 애초에 잘못된 메커니즘이죠. 완전히 잘못됐어요. 만약에 그 남자 친구가 그런 이야기를 하지 않았다면 아마 이분은 본인이 나이가 많다거나 철이 안 들었다는 생각도 하지 않았을 거예요. 그런데 돌아보시는 거죠. 돌아보면서 필요 이상으로 어떤 부분들이 보이기 시작한 거예요. 당연히 연하의 남자 친구보다야 나이가 많죠. 그런데 사랑할 때 나이를 속이고 사랑하신 건 아니잖아요. 그런데 지금 이분은 전 남자 친구의 저주에 걸린 거예요.(웃음) 남자 친구와의 결별이 자신의 나이 문제라고 생각하고 있는 거예요. 아마 전 남자 친구는 자신의 결별 전략이 성공했다고 쾌재를 부르고 있을 걸요? 나이라는 화두를 던진 게 전 남자 친구예요. 그러니 그 새끼가 나쁜 놈이죠. 치사한 걸 이야기한 거예요. 그냥 이제 사랑하지 않는다고 정직하게 이야기를 했어야죠.

그리고 본인도 마흔 정도면 알아야죠. 남자 친구가 나이 이야기를 꺼냈을 때, 이랬어야 해요. '야, 싫으면 싫다고 해.' 이유는 나중에 찾는 거예요. 저 사람이 싫다는 게 먼저예요. 그 다음에 이유를 찾아요. 이유를 가지고서는 사랑을 할 수 없어요. 가령 어떤 사람을 돈이 많다는 이유로 사랑하는 척을 할 수는 있겠죠. 하지만 사랑할 수는 없어요. 이유 때문에 사랑하진 못해요. 이유를 댄다는 건, 법정에 세우는 거잖아요. 우리 관계를 법정에 세우는 거예요. 그래서 사랑하는 사람을 만나든 미워하는 사람을 만나든 상관없어요. 인간관계에서 이유는 나중에 찾는 거예요. 이유를 찾는 과정은 자기합리화의 과정이고, 대개는 나 자신한테 찾지 않고 상대방한테서 찾아요. 그 친구도 그런 거예요. 그러니까 그 친구도 어린 거죠. 전 남자 친구가 이런 이야기를 했을 거예요. '당신이 싫어진 게 아니고, 우리의 헤어짐은 나이 듦 때문이고 우리가 나중에 불행질 것 같아요.' 속았죠?(웃음) 속으신 거예요.

〔중요한 것은 제가 나이가 올해 마흔이 됐는데 남들이 봤을 때 그 마흔이란 나이에 꼭 했어야 하는 그런 것들을 제가 하지 않고 있다는 거죠. 학교에 여자 동료 선생님들이 많은데 자꾸 저를 어리게 대하고요. '나이가 마흔인데 아직까지 그러고 있다', '성숙하지 않다' 이런 말을 들으니 너무 힘들어요.〕 지금 그 사람들은 본인을 질투하고 있는 거예요. 결혼해서 아이 낳은 친구들 있죠? 그러면 친구들은 아이를 낳아야 된다고 아이를 낳지 않은 친구에게 말하잖아요. 그래야 안정적인 결혼 생활이 가능하다고, 그래야 진정한 여자가 된다고 말하죠? 속지 마세요. 대개 여러분이 혼자서 자유롭게 사는 게 부러워서, 고통을 분담하

기 위해서 아이를 낳으라고 그러는 거예요. '애를 키우느라 나는 이렇게 힘든데, 너는 왜 그렇게 자유로운 거야?' 이게 그들의 속내죠. 거기에 속으면 안 돼요. 꼭 그런 사람들이 있죠. '인간이면 이거 해야 돼.' 그건 의무잖아요. 그 사람은 의무를 수행하고 있는 거죠. 그러니까 '너는 왜 의무를 수행하지 않아? 나는 불행해. 다 같이 고통에 빠지자' 이러는 거예요. 그래서 그런 이야기 들으면 고마워해야 돼요. '내가 잘 사는 것 같은데?' 하고요.

이건 사실 고민도 아니에요. 행복하신 거거든요. 삶은 두 가지잖아요. 철학적으로 아주 쉬워요. 내가 원하는 대로 사는 삶과 남이 원하는 대로 사는 삶이 있어요. 남이 원하는 대로 사는 걸 보통 노예라고 불러요. 본인은 본인이 원하는 대로 살잖아요. 남들은 노예로 사니까 '왜 너는 자유롭게 살아? 우리 같이 노예가 되자' 뭐 이렇게 꾀는 거예요. 사실은 다른 사람들이 질투를 하는 거죠. 어려 보인다는 건 학생들한테 인기가 좋다는 거잖아요. 동료 교사들이 봤을 때 학생들이 자기는 좋아하지 않는데, 이분은 인기가 좋은 거예요. 그래서 질투하는 거죠. 누군가가 그렇게 유혹을 해요. '우리가 결혼하고 아이 낳고 이렇게 정상적으로 사는 건 이유가 있더라' 이러는 사람들이 있어요. 그럴 땐 '참 부러워. 잘 살길 바란다. 아이를 하나 더 낳으렴. 그러면 더 행복해질 것 같다.' 이러면 돼요.(웃음) 그러면 그 사람이 당혹스러워할 걸요? 절대로 그들의 페이스에 말리면 안 돼요.

〔나이 듦을 신경 안 쓰는 것이 바람직하긴 하겠지만 그게 좀

어렵거든요. 늙어가는 것 자체가 이미 굉장히 불안한 요소이고 저는 거기서 자유롭지 못하거든요. 사람들을 신경 안 쓰고 내가 바로 설 수 있게끔 어떻게 해야 하는 건지 모르겠어요.) 일단 제가 다른 사람을 신경 쓰지 말라고 하는 이유를 말씀드릴게요. 다른 사람한테 신경 안 쓸 수 있는 사람이 다른 사람을 신경 쓸 수 있어요. 이해되시나요? 다른 사람을 신경 쓸 수도 있고 안 쓸 수도 있는 사람, 심지어 다른 사람을 개무시를 할 수 있는 사람만이 마음만 먹으면 제대로 누군가한테 신경을 쓸 수 있어요. 그래서 그걸 해 보라는 거예요. 제가 그래서 항상 이야기하잖아요. '노'라고 할 수 있는 사람만이 '예스'라고 할 수 있는 거라고요. 쫄지 않고 당당하게 살아가는 힘은 일단 부정할 수 있는 용기에서 나와요. 친구가 어려운 일을 부탁했는데 내가 대신하기 어려운 경우가 있죠. 그럴 때 '못 해!'라고 이야기하세요. 그 사람이 친구라면 여러분을 이해할 거예요. 만일 여러분을 노예로 본다면 화를 낼 거고요. 그러면 관계가 끝나는 거지요. 그런데 뭐 어때요? 나를 노예로 보는 인간과는 헤어지는 것이 더 행복한 일 아닌가요?

    타인과 세상의 시선을 의식하지 않는다는 건 당당하게 살기 위해서, 그리고 제대로 타인과 관계를 하기 위해서도 필요한 거예요. 우리는 대개 동류만 만나면서 대충 맞춰서 살잖아요. 그러니까 몰라요. 내가 진짜 원해서 하는 건지 눈치 봐서 하는 건지 모른다고요. 그러니까 '노'를 한 번 해 봐야 된다고요. 한 번 부정을 해야 돼요. 머릿속에 항상 외워 놓고 있어야 해요. '노'라고 할 수 있는 사람만이 '예스'라고 할 수 있어요. '노'라고 못 하는 사람의 '예스'는 아무 의미도 없는 거예요. 그냥 평생 굽실거리고 사는 거예요. 그래서 남의 시선을 의식하지 않아야 해요. 그 단계를 거쳐야 진짜 내가 원하는 것을 표현할 수 있고 그에 따라 진정한 관계를 만들 수 있으니까요.

인생의 기본 전제를 하나 말씀드릴게요. 여러분들은 행복을 자명하다고 생각하고, 젊음을 자명하다고 생각해요. 그러니 불행하거나 늙음이 찾아왔을 때 엄청난 결여감과 박탈감을 느끼는 거예요. 당연히 무슨 수를 쓰더라도 그걸 채워야 한다고 생각하겠죠. 그러니까 나의 삶에 불행이 찾아오면, 발버둥을 쳐서라도 행복이라는 원래 상태로 돌아가야 된다고 생각해요. 그런데 인생은 고통스럽고 외로운 거라고 싯다르타가 그랬잖아요. 행복이 뭔지 아세요? 간혹 고통과 외로움이란 상태가 호전될 때가 있어요. 바로 이때가 행복한 때예요. 오버들 하지 마세요. 누구도 내가 아플 때 아프지 않아요. 하지만 내가 아플 때 사랑하는 사람이 아픈 척을 해 주면 고맙죠. 위로도 되고 힘도 되니까. 그렇지만 우리는 알지 않나요? 내 치통을 그 사람이 어떻게 대신해요. 그런데도 있어 주는 거예요. 그냥 있다가 피곤해서 하품도 해요. 그런데도 그게 예쁜 거예요.

그러니까 우리는 굉장히 힘들고 고통스러운 것이 삶의 본래 모습이라는 것을 알아야만 해요. 죽을 때까지 배도 고프고,

버려지기도 하고, 오만 가지 일이 벌어져요. 행복이라는 건 간혹 가다가 그 고독과 불행이 완화되는 거예요. 아주 짧은 순간 에요. 너무 힘들었는데 잠시 아카시아 향이 나서 행복한 거예요. 사랑할 때도 똑같아요. 그때 행복했으면 된 거예요. 사실 그런 기억 몇 개만 있어도 살아갈 힘이 되거든요. 그리고 그 몇 가지 때문에 또 희망을 거는 거예요. 내일이 되면 또 완화될 수 있을 거라고요. 제가 이분을 어리다고 보는 건 젊음이 유지된다고 생각하고, 자신이 행복해야 된다고 생각하기 때문이에요. 그러니까 항상 욕구불만인 거예요. 그거부터 내려놔야 돼요. 착각이니까요. 그냥 혼자 있어요. 혼자서 견뎌요. 그런데 혹여 누군가가 여러분 혼자 있을 때 옆에 있어 준다면 고마운 사람이 하나 있는 거고요. 거꾸로 여러분이 누군가를 사랑한다면 그 사람이 가장 외로울 때 옆에 있어 주는 거예요. 무슨 말인지 알죠? 이게 최고 수준에 이르렀던 지성인들이 간파했던 행복의 정체예요.

나중에 아프실 거고요, 버려져서 혼자 늙어갈 거예요. 그리고 외롭게 죽어가겠지요. 그걸 그냥 긍정하세요. 그러면 아플 때, 늙어갈 때, 죽을 때, 누군가 여러분의 손을 잡고 있는 것이 얼마나 기적과도 같은 행복인지 알게 될 거예요. 그런데 우리 인간의 심보는 정말 못된 것 같아요. 함께 있어 주었던 고마운 사람이 죽어서 내 곁을 떠나는 것은 용서해도, 살아서 나를 떠나는 것에는 일말의 용서도 허락하지 않잖아요. 여러분들이 성숙한 사람이면 상대방이 내가 살아 있을 때 내 곁을 떠나 다른 사람과 행복했으면 좋겠다는 마음 정도는 있어야 해요. 절대로 자신의 행복과 충족감이 당연한 것이라고 생각하지 마세요. 충족감이 당연하다고 생각하면 어린아이가 되는 거예요. 징징거리고 투덜거리는 거죠. 외로워졌을 때는 원래 내 자리로 돌아왔다고 생각하는 게 정직해요. 우린 외로운 거예요.

불교에서 삶은 고해苦海, 고통의 바다라고 하죠? 저는 그게 참 마음에 닿아요. 여러분들이 힘들면 저한테 메일도 보내고 상담도 하시죠? 그런데 저도 힘들 때가 있잖아요. 그러면 저는 어떻게 할 것 같아요? 전 그냥 있어요. 다른 사람한테 징징거리지 않아요. 음악은 듣죠. 아무 의미도 없어요. 오히려 고통을 증폭시켜 보는 거죠. 내가 가진 어떤 감정을 증폭시키고 응시하려고 들는 거죠. 저는 지우려고 음악을 듣는 게 아니고 그 감정을 더 부각하려고 들어요. 고통과 고독에 익숙해지는 법들을 배워야 성숙해지는 거거든요.

어린아이들은 혼자 못 있고 자꾸 친구한테 전화를 걸어요. 놀아 달라고요.(웃음) 성숙하면 놀아 달라고 하지 않아요. 나이 든다는 건 정확하게는 혼자 있을 수 있다는 것이에요. 여럿이 있어도 혼자 있을 수 있다는 것이죠. 그래서 위대했던 사람들은 나이 들어 끝내 죽는 것을 편안해지는 거라고 생각해요. 이제는 외로워질 일도 없고 이제는 고통스러울 일도 없어지니까요. 이처럼 그들에게 죽음과 나이 듦은 안식과도 같은 것으로 오지요. 편안하게 쉬는 것처럼. 그래서 그런 사람들은 삶을, 죽음을, 당연히 늙음을 무서워하지 않아요. 쉬는 걸로 생각한다고요. 그런 성숙한 자세를 가지고 있으면 돼요.

그런데 앞서 이야기했지만 이 자세를 갖기 위해서는 '노'라고 하거나 개무시하는 것들을 해 봐야 돼요. 나의 생각이 부모님과, 애인과, 가족과 다르다는 걸 알게 되면 우리는 외로워지고 괴로워지죠. 그 외로움과 괴로움은 굉장히 소중한 거예요. 삶이 외롭고 괴롭다는 것을 아는 순간, 우리는 드디어 성숙한 어른이 된 거니까요. 어머니의 요구에 당당히 '노'라고 할 수 있는 딸만이 어머니에게 진정으로 '예스'라고 할 수 있지요. 그럴 때 어머니는 얼마나 행복하겠어요. 자신의 딸이 진정으로 자신의 요구를 기꺼이 받아들였다는 것을 아니까요. 그런데 여러분들은 계속 부모님 말만 의식하고 거기에 맞춰 살다 보니 속이 썩어 가고 있지요. 그건 부모님을 위한 것도, 자신을 위한 것도 아닌데 말이에요. 기본적으로 인생은 외롭고 고통스럽다는 것, 그리고 행복은 아주 간혹 무지개 보듯이 온다는 입장을 가져 보세요. 그러면 웬만한 고통은 다 정리가 돼요. 누군가와 헤어져도 무지개가 떴던 그 순간을 부정하시면 안 돼요. 그리고 나중에 다른 사람을 만나시면 그 무지개보다 더 멋있는 무지개를 꿈꾸실 거예요. 그게 매력적인 거예요.

나이가 들었다고 해서 어른이 되었다고 오판을 하면 안 돼요. 나이와 인생의 깊이는 상관이 없거든요. 어른인 척, 성숙한 척, 모든 것을 아는 척하는 노인분들이 계시잖아요. 손주한테 스마트폰 못 만지면 못 만진다고 하면 되는데 만질 줄 아는 척을 해요. 이건 손주의 멸시를 피하려는 어린아이 같은 행동이죠. 우리가 나이 듦을 숨기니까 약해지고, 주름을 숨기니까 약해지는 거예요. 정직하면 나이가 없지요. 20대에는 20대의 정직함으로 가면 되고요, 50대에는 50대의 당당함으로 가면 돼요. 어른 흉내 내지 말고요. 그저 자신의 느낌과 판단에 당당한 순간, 우리는 젊음도 부러워하지 않고 늙음을 저주하지도 않아요. 매사에 여러분 삶의 지평에서 정직하고 당당하면 돼요.

우리는 나이가 들 거고, 아플 수도 있어요. 할머니가 되고 할아버지가 돼요. 그럼 그냥 정직하게 말하면 돼요. 안 보인다, 안 들린다고요. 안 되는데 되는 척하면 문제가 발생하지요. 자신뿐만 아니라 주변의 모든 사람들을 힘들게 하는 거예요. 다리가 아프면 아프다고 하세요. 그래야 주변 사람들이 업을 기회라도 갖지요. 그런데 안 아픈 척하면 죽을 때까지 아들이나 딸 등에 업히는 경험을 할 수가 없어요. 재미있지 않아요? 한때 내가 업어 주던 아이들의 등에 업히는 새로운 관계가 말이에요. 자신에게, 그리고 자신의 나이에 당당해야 새로운 관계에 진입할 수 있어요. 이게 삶을 잘 사는 가장 중요한 방법이에요. 어떤 나이이든, 어떤 상황이든 정직하세요. 아프면 아픈 거예요. 그냥 정직하게 사세요. 남 눈치 보고 그거 맞춰 주느라고 썩지 말고요. 나이가 들면 그 나이에 맞게 그냥 그걸 끌어안으세요. 정직하고 당당하게.

이성에게 어필하지 못해 자존감이 떨어집니다

▲

> 서른 살의 유부녀입니다. 얼마 전 버스 정류장에 서 있는데 20대 초반으로 보이는 남자가 저를 향해 급히 뛰어오더라고요. 예전엔 길에서 헌팅을 당한 적도 있기에 조금은 설렜어요. 그런데 저한테 "아줌마, 방금 마을버스 지나갔어요?"라고 묻는 거예요. 충격이었습니다.
>
> 어느 날은 남편이 저를 물끄러미 쳐다봐요. 예전 같으면 예쁘다는 말을 했을 텐데, 아무 말 없이 하던 일을 하더군요. 저는 저의 외모가 문제라고 생각하고 하루 종일 거울을 붙잡고 삽니다. 남편은 말합니다. 말 안 통하는 어린 여자보다 나이가 들어도 말 잘 통하는 여자가 제일 섹시하다고. 저도 압니다. 하지만 이왕이면 나이도 어리고 말도 잘 통하는 여자가 더 좋잖아요? 정말이지 나이 드는 제 모습을 받아들이기 쉽지 않네요. 외모가 나이 들어가면서 자존감이 함께 떨어집니다.

🎤

밀란 쿤데라Milan Kundera의 《정체성》이라는 책을 권해 드리고 싶어요. 소설 내용을 간단히 말씀드릴게요. 이 책의 주인공이 연상의 여자와 연하의 남자예요. 두 사람은 동거를 하고 있어요. 그런데 어느 날부터 여자가 자신이 나이가 들었다면서 슬퍼하는 거예요. 길가를 지나가는데 남자들이 자기를 보지 않는대요. 그래서 이 동거하는 남자가 편지를 써요. 다른 남자가 쓰는 것처럼 스토커 같은 편지를 보내요. 당신의 목선이 아름답다, 붉은 색이 어울린다는 둥 편지를 쓰는 거예요. 그러자 여자가 붉은 색 옷을 입어요. 자기랑 동거하는 남자 친구 몰래 편지도 숨기고요. 이 여자가 변해 가는 거예요. 뭔지 아시겠죠? 관심과 사랑을 받은 거죠. 편지를 보낸 남자가 누군지는 몰라요. 그러자 이 남자는 묘한 질투를 느끼게 되죠. '스토커를 사랑하는 거야, 나를 사랑하는 거야?' 그리고 또 헷갈리죠. '내가 그 스토커잖아!'

제목이 재밌죠? 원제가 '아이덴티티L'Identite'인데요. 아이덴티티가 자기동일성이잖아요. '나는 누구인가.' 이 소설의 남자 주인공은 스토커가 되기 위해 연상의 동거녀를 주시하기 시작해요. 어떤 속옷을 입는지, 행복할 때 어떻게 걷는지, 사랑을 나눌 때 어느 부분을 애무하면 좋아하는지 등등. 스토커처럼 편지를 쓰려면 섬세하게 주시할 수밖에 없잖아요. 그러다 보니 나이 들었다고 무관심했던 연상 여자에게서 새록새록 새로운 매력을 발견하게 되죠. 그런데 예상 외로 새로 발견한 이 여자의 모습이 상당히 매력적인 거예요. 처음에는 억지로 스토커인 양 편지를 썼지만, 어느 사이엔가 남자는 정말로 스토커가 되어 그녀의 매력을 찬미하게 된 셈이죠. 결국 이 여자는 런던으로 떠나게 돼요. 스토커가 자신의 동거남이라는 것을 알고 순간적이나마 모멸감을 느꼈나 봐요.

사실 처음에는 남자도 그녀와 헤어지려고 했었어요. 둘 사이의 관계가 심드렁해졌다고 느꼈으니까요. 편지를 쓰게 된 것도 그녀에 대한 마지막 동정심 때문이었지요. 그런데 편지를 쓰다 보니 그 여자의, 그 나이에 맞는 그 여자 자체가 가지고 있는 새로운 매력을 발견한 거예요. 그녀가 런던으로 떠나고 나서 그는 깨닫게 되죠. 예전에 젊었을 때의 모습이 아닌 지금 있는 그대로 그녀를 사랑하고 있다는 사실을 말이에요. 애벌레가 탈바꿈하여 나비가 되는 것처럼, 두 남녀는 자신들의 정체성을 변화시키는 데 성공한 셈이지요. 물론 새롭게 시작된 두 사람의 사랑은 과거의 사랑과는 질적으로 다른 새로운 것일 수밖에 없어요. 애벌레들 사이의 사랑과 나비들의 사랑이 다른 것처럼 말이죠.

《정체성》읽고 싶으시죠? 지금 이분의 남편이 물끄러미 쳐다보는 그 시선은 사랑의 시선이 아니죠. 지금 남편은 아내를 무엇인가 결여된 존재로, 측은한 마음으로 보고 있는 거예요. 물론 아내가 결여한 것은 20대의 젊음이죠. 그러니까 지금 남편은 이미 사라지고 없는 여자를 아내에게서 찾으려고 하는 거예요. 자신의 속내를 들킬까 봐 남편은 말하죠. "말 안 통하는 어린 여자보다 나이가 들어도 말 잘 통하는 여자가 제일 섹시하다"라고. 거짓말이에요. 남편은 어린 여자가 더 섹시하다고 보는 사람이니까요. 불행하지만 이게 핵심이에요. 지금 남편은 서른 살 먹은 유부녀 아내를 사랑하고 있지 않아요. 그가 사랑하는 여자는 지금 그의 눈앞에 있는 여자가 아니라, 자신의 아내가 되기 전 풋풋했던 20대의 젊은 여자니까요. 그러니 아내도 자꾸 거울을 보며 젊었던 시절로 가려고 하고, 당연히 그 시절로는 갈 수가 없으니 절망하고 있는 거죠.

아시겠어요? 이건 나이 들어감의 문제는 아니에요. 이분이 젊었어도 상관없어요. 남편은 아내를 수족관의 물고기처럼 볼 수 있으니까요. 중요한 것은 두 사람 사이에 사랑이 존재하느냐는 문제죠. 그런데 본인은 착각하는 거예요. 지금 남편이 사랑이 식어 자신을 보지 않는 것인데, 자신이 나이 들었기에 안 본다고요. 아니에요. 이건 많이 다른 문제예요. 말이 통하고 통하지 않고의 문제는 핵심이 아니에요. 밀란 쿤데라의 《정체성》을 읽어 보세요. 한 번 사랑했던 것들이 두 번째 사랑으로 건너갈 때 어떤 것이 필요한지에 대한 통찰을 얻을 수 있을 겁니다. 어떤 사람을 사랑하면 아이덴티티, 자기동일성이 변해야 되는 거예요. 사랑에 대한 소설은 많잖아요. 물론 사랑의 말로는 환멸이고 지루함이죠. 그런데 밀란 쿤데라의 소설은 두 번째 사랑에 **빠질** 때 어떤 요소가 들어오는가를 통찰하고 있어요. 그 여자도 변하고 나도 변하는 거예요. 변하는 데 실패하면 끝나는 거예요. 살아도 옛날에 좋았다는 과거 기억만 가지고 살게 되니까요. 두 분이서 같이 《정체성》을 읽어 보셔야 해요. 고민의 핵심은 나이가 아닙니다.

〔싯다르타가 삶 자체를 불행이라고 가정한다고 하셨잖아요. 늙어서 퇴물이 되고 점점 불행해진다면 결국 사람은 살 이유가 없는 것 아닌가요?〕 여러분 고민의 바닥에는 대부분 아주 이기적인 것과 유아적인 것이 깔려 있어요. 우리는 사랑하는 게 있으면 죽지 않아요. 삶의 이유를 찾았어요? 자신에게선 못 찾아요. 타인에게서 찾는 거예요. 이렇게 되물어 보죠. 왜 자살을 안 하냐고. 집에 물고기 한 마리라도 사랑하는 게 있으면 못 죽어요. 밥 줘야 되잖아요. 제 누이가 죽겠다고 했을 때 저는 누이를 사랑한다고 했어요. 제가 왜 그렇게 이야기했는지 아세요? 죽어 보라는 거예요. 누이를 사랑하는 큰 동생이 얼마나 아파할지 알잖아요. 그 이야기만 하고 그냥 전화 끊어도 돼요. 우리 누이가 듣고 싶은 이야기는 그거예요. 누가 나를 사랑하느냐는 거예요. 사실 나이 들어감이 중요한 건 아니에요. 주변에 사랑하는 사람이 없으면 우리는 살 이유가 없어요. 사랑하는 것이라도 있어야 돼요. 그래서 배우자를 잃은 사람이 개라도 키우는 거예요. 개한테 밥 주느라고 사는 거예요.

밀란 쿤데라가 왜 《참을 수 없는 존재의 가벼움》을 썼겠어요. 우리는 언제 가벼워지는지 아세요? 소설을 읽어 보면 등장인물들이 사랑하는 강도가 굉장히 약해지고 들쑥날쑥해져요. 사랑의 강도가 커지면, 우리의 존재감은 무거워집니다. 반대로 사랑의 강도가 약해지면, 우리의 존재감은 쿤데라의 말처럼 참을 수 없을 정도로 가벼워지죠. 그러니 개라도 키워야 살아요.

그래야 나의 존재감이 무거워지니까요. 이제 아시겠어요? 바로 사랑이 우리의 존재감이에요. 기본적으로 늙음과 죽음은 우리 자신의 존재감이 가벼워지는 경험이잖아요. 그렇지만 유대와 연대, 그리고 사랑만 있다면 늙어서 죽음에 가까워지더라도 우리의 존재감은 충분히 무거워질 수 있습니다. 연대의 대상이나 사랑의 대상이 친구일 수도 있고 애인일 수도 있죠. 아니면 슈베르트의 노래일 수도 있어요. 상관없어요. 그 노래를 들어야 내가 행복하다면, 우리가 무슨 이유로 자신의 삶을 가볍게 여기겠어요. 결혼 앨범일 수도 있어요. 그걸 봐야 행복하잖아요. 그것으로 충분히 삶이 무거워져 살아갈 이유가 될 수 있잖아요.

제일 힘든 사람은 돌보는 게 없는 사람들이에요. 왜 사는지 이유를 모르는 사람들 말이에요. 부모님을 일찍 돌아가시게 하는 방법, 그러니까 나이 든 부모님의 삶을 가볍게 만드는 방법을 가르쳐 드릴까요? 어머니가 아무것에도 손을 못 대게 하세요. 그러면 어머니는 돌아가세요. 여러분들이 진짜 좋은 자식들이면 어머니만 오시면 밥도 태우고 그릇도 깨고 집도 어지럽히고 그래야 돼요. 그러면 어머니가 들어오면서 이래요. '아, 이런 개새끼들. 내가 죽지도 못하겠다.' 이게 삶의 무게감이에요. 내가 돌볼 게 있는 거예요. 항상 그렇게 질문을 던지세요. '왜 난 죽지 않는가.' 분명 여러분을 사랑하는 것이나 혹은 여러분이 사랑하는 것이 있을 거예요. 사람이 아니어도 돼요. 산 위에서 바람 맞는 게 좋은 사람은 바람을 맞을 수도 있고 안 맞을 수도 있겠지만 산에 올라가죠. 내가 아끼고 좋아하는 것 하나만 있어도 나는 살아요. 그래서 음악 하나가, 영화 한 편이 한 사람을 살릴 수도 있어요.

뭔지 아시겠죠? 겨울에 내리는 눈발 하나가 나를 살릴 수도 있는 거예요. 이게 힘인 거예요. 왜 사는지, 그 이유를 여러분 자신한테 찾지 마세요. 여러분 아닌 것과의 관계, 여러분이 애정을 갖고 있거나 나에게 애정을 갖고 있는 무언가에서 찾아야 해요. 여러분들의 존재감이 좀 가벼워질 때가 있어요. 왜 사냐. 이런 게 가벼움이잖아요. 참을 수 없는 존재의 가벼움이거든요. 언제 우리가 무거워지고 이 세상을 떠나면 안 되겠다는 느낌이 드는지를 알아야 해요. 홀로 있는 사람은 그래서 훅 가기가 쉽다고요. 뭔지 알죠? '살아서 뭐해. 어차피 갈 건데.' 삶의 이유를 내면에서 찾지 말아요. 그래서 옆에 돌볼 것들이 있거나 사랑하는 것이 있거나 나를 사랑해 주는 사람이 있을 때 행복하게 생각하세요. 그게 여러분의 삶의 무게고, 여러분을 살게 하는 힘이니까요. 이건 생생하게 경험하셔야 돼요. 옥상에 올라가서 신발 벗고 서야 보여요. 누가 나를 사랑하는지. 거꾸로 내가 누굴 사랑하는지. 나를 아끼는 사람, 그 사람의 가슴에 대못을 박고 있다는 느낌이 확 올 때 우리는 못 뛰어내린다고요.

왜 노인을 공경해야 하나요?

노인을 왜 공경하고 배려해야 하나요? 저는 지하철에서 노인분들을 보면 자리를 양보하기도 하고, 무거운 짐을 들고 가는 어르신들을 보면 측은한 마음이 들어 서둘러 도와드리곤 합니다. 그러다가도 제 몸이 피곤하거나 귀찮으면 시선을 피합니다. 가끔은 지하철이나 버스에서 자리를 비켜 달라고 요구하시거나, 비어 있는 노약자식에 앉았다고 욕을 하실 때도 있는데 그럴 때마다 '다시는 양보 따윈 하지 않으리라' 하는 생각이 들기도 합니다. 노인을 공경해야 하는 이유는 무엇인가요? 사회적 약자이기 때문인가요? 그럼 약자가 아닌 노인은 공경하지 않아도 되나요? 노인 공경을 무조건 실천해야 한다면 제가 저의 불편함을 감수하고 해야 하는 이유를 알고 싶습니다.

공경하고 배려하지 마세요. 그분들이 불쌍해 보여야 돼요. 그런데 불쌍하진 않죠? 무섭죠? 그러니 어떻게 공경하겠어요. 저는 할아버지, 할머니들 모시고 장난도 치면서 놀고 야단도 쳐요. 이분들은 나이가 드셔서 그런지 제가 야단치는 게 무슨 뜻인지 알아요. 막 쌍소리를 해도 좋아하세요. 배려 안 해도 돼요.

나중에 사람이 죽는다는 것이 측은하게 다가올 겁니다. 그때가 되면 공경이고 배려고 의무처럼 하는 게 아니라 불쌍해서 도와주게 되죠. 제스처를 취할 필요는 없어요. 그분들이 아직은 나보다 힘이 세다고 느끼시니까 무서워 보이는 거예요. 내가 약한데 어떤 사람을 돌볼까요? 여러분이 강해야 누구를 돌보거든요. 그러니까 노인이 약자임이 분명한데도 아직도 무섭고 측은해 보이지 않는다면 여러분은 그분들보다 더 약자인 거예요. 이렇게 생각하시는 게 정답일 거예요.

이 질문을 하신 분은 나중에 더 나이가 들어서 어머니, 아버지가 진짜 기력이 완전히 쇠해질 때가 되면 알게 될 겁니다. 공경이나 효도가 아니에요. '에휴, 힘들게 살아오셨네. 이제 내가 돌봐야지' 이런 생각이 들 거예요. 제가 어머니랑 하는 게 사실은 그런 거거든요. 장난도 잘 치고요, 어린아이 돌보듯 해요. 저한테는 어머니가 어린아이거든요. 저희 어머니는 아버지 돌아가시고는 사실 저한테 의지하세요. 언젠가 어른들을 무서워하지 않을 때가 오는데, 그때가 여러분이 너무 나이가 들지 않은 상태였으면 좋겠어요. 지금보다 한 살 정도 더 많았을 때, 그리 보였으면 좋겠어요. 그래야 그들을 측은한 마음으로 돌볼 수 있는 시간이 여러분에게 많이 주어질 테니까 말이에요.

제가 누누이 말씀드렸죠. 자본주의 때문에 노인 세대는 불필요한 존재가 되어 버렸다고요. 신제품을 사용할 수 없으니, 노인 세대의 자괴감이 얼마나 심하겠어요. 그런 모멸감을 숨기려고 노인분들은 더 당당한 척 뻐기고 있는 거예요. 이런 모습 때문에 젊은이들은 그런 노인들을 무서워하거나 혐오하게 되고요. 악순환이죠. 보수 세력들은 이런 갈등 관계를 철저하게 이용해요. 그래서 노인 세대와 젊은 세대 사이의 갈등은 정치적 문제이기도 해요. 젊은분들과 노인분들의 관계가 계속 갈등상태면 보수 세력이 좋아해요. 제가 앞서 말씀드렸죠? 지금 여러분이 나이 든 분들과 좋은 관계를 유지하려고 노력해야, 권력이나 자본이 우리를 쪼개지 못해요. 나이 드신 분들과 관계만 좋아신다면, 신제품이 나왔을 때 거꾸로 우리가 더 화목해질 수도 있어요. '엄마, 새 거 나왔네. 이리 와 봐. 이것 참 편하다.' 이렇게 할 수 있죠. 물론 설명하느라 1주일이 걸리겠지만요.

무서운데 억지로 공경하고 배려하는 건 오히려 거리를 만들고 멀어지게 해요. 억지로 하는 건 오래 못 가요. 불교에 "평상심平常心이 도道다"라는 말이 있어요. 억지 마음이 아니라 평상시의 마음으로 타인과 관계하는 것이 가장 좋다는 말이에요. 억지로 하는 것이 아니라 일상적으로 지속될 수 있는 것이 오래가거든요. 사랑한다고 말만 하는 건 정말로 사랑하는 게 아니에요. 거짓말이거나 일순간의 기분 때문에 하는 소리일 수도 있으니까요. 지속적으로 내 짐을 들어 주고 나한테 도움을 주려고 하는 것이 사랑하는 거죠. 서양에서는 말하는 게 옳은지 그른지만 따지잖아요. 그런데 동양의 성숙한 사람들은 말이 행동으로 지속되는지를 주로 봐요. 주자학의 창시자, 주자朱子라는 사상가를 아시죠? 주자가 사람은 발로 걸어야 된다, 그게 일상적이고 지속가능한 것이라고 이야기를 했어요. 그런데 제자가 묻는 거예요. 물구나무서서 갈 수도 있지 않느냐고요. 주자는 한마디로 말해요. 물구나무로는 오래 못 간다고요. 주자와 그의 제자들의 대화를 기록한 《주자어류》라는 책에 나오는 내용이에요.

지속가능한 것, 그것이 깊이를 가진 거예요. 그래서 지금 억지로 존경하면 안 돼요. 오래 못 가요. 오래 못 가는 걸 하지 마세요. 오래 갈 수 있는 것을 해야 나도 상대방도 상처를 적게 받아요. 그래서 스스로를 돌아보실 때 내가 오래할 수 있는 게 무엇인가를 돌아보셔야 돼요. 노인분들을 존경 안 해도 돼요. 항상 정직해야 돼요. 진짜 무서운 건 존경하는 척하는 거죠. 이건 누구도 원하지 않는 거거든요. 나중에 '조선일보 만만세' 하는 할아버지들이 진짜 불쌍하고 측은해 보일 때가 올 거라는 거예요. 세대갈등, 이 적대감은 여러분이 만든 게 아니라 사회에서 증폭시키고, 자본주의가 증폭시키고, 권력이 증폭시키고, 〈조선일보〉가 증폭시킨 거예요. 거기에 말려들지 마세요. 살아 있는 사람들이 유대를 해야 권력자들이 우리를 좌지우지 못 해요. 우리가 분열되면 권력과 자본은 항상 작동한다고요. 이건 사회와 관련한 정치철학의 공식이에요. 사람들이 사랑하고 연대하면 권력자는 힘을 발휘하지 못해요. 우리가 갈등에 빠지고 불신하고 서로 의심하고 경쟁하면 권력과 자본은 힘을 가져요.

〔노인이 불쌍해 보이는 그 감정이 사회적 약자를 돕는 마음

하고 비슷한 기분인 건가요?〕여러분이 여러분의 어머니를 어머니로 보면, 어머니라는 역할을 수행하고 있는 바로 그 나이 들어가는 여자를 평생 못 만날 거예요. 그 여자는 여러분의 어머니이기도 하고, 누구의 친구이기도 하고, 이런저런 것들을 좋아하는 여자예요. 그러니까 그 여자에게 누군가의 어머니라는 것은 자신을 규정하는 작은 한 가지에 불과한 겁니다. 여러분은 끝내 죽을 때까지 어머니만 보고 죽을지도 몰라요. 아이들의 어머니로, 한 남편의 아내로 살아가는 어떤 여자를 끝내 못 볼 수도 있어요. 여러분이 어머니와 제대로 관계를 한다는 건 뭔지 아세요? 나의 어머니로만 보시면 안 돼요. 그분의 욕망, 그분의 좌절, 그분이 좋아하는 것, 그분이 가진 성격들, 그걸 모두 보는 거예요. 그런 수많은 특징들이 응결되어 있는 눈앞의 바로 '그 여자'를 보는 거거든요. 사실 여러분은 어머니를 사랑하지, '그 여자'를 사랑하진 못해요. 그래서 여러분의 어머니는 외로운 거예요. 어머니가 죽었을 때도 여러분은 자신이 고아가 됐다는 연민 때문에 울 거예요. 여러분은 절대로 애써 한 세상을 살았던 한 여성이 끝내 이 세상을 떠나갔다고 울지는 못할 거예요.

　노인의 경우도 마찬가지죠. 그 노인은 나이가 들었다는 점만 빼면 여러분과 공통점이 더 많을 수도 있어요. 여러분은 할아버지들이 다 보수적으로 보이죠? 우리보다 급진적인 할아버지들도 많아요. 지하철 노약자 좌석에 앉아 있는 그 사람은 수많은 성격으로 규정될 수 있는데, 나이 하나만 여러분과 차이가 있는 것일 수 있어요. 어떤 사람을 노인이라는 이유로 차별하는 것은 일본인이란 이유로 누군가에게 돌을 던지는 것과 같고, 유태인이란 이유로 누군가를 죽이는 것과 같아요. 지하철에서 만난 어떤 사람이 케케묵은 노인으로만 보일 때 여러분은 그 사람을 멀리하게 되어 있어요. 자본이나 정치권력이 원하는 대로 움직이는 셈이죠. 한 사람이 있는데 그 사람은 나랑 성향이 다 같을 수도 있어요. 늙었다는 것만 빼면요. 그게 보이기 시작하면, 많은 경험이 있음에도 노인이라는 이유만으로 자신의 경험을 피력하지도 못하고 늙어 가는 안타까운 어떤 사람이 여러분 눈에 들어올 거예요. 바로 그때 그 사람을 사랑할 수 있어요.

단지 노인이라는 이유로 상대를 도와주면 그 사람에게 상처를 줄 거예요. 모든 어머니도 그럴 걸요? 모든 어머니들은 자신을 어머니 이전에 하나의 인격으로 바라보는 자식을 절실히 원할 거예요. 그렇지 않으면 너무나 외롭잖아요. 이제 나이 들고 외로워 아들, 딸이랑 함께 이야기를 하고 싶은데 자식은 자꾸 어머니로만 보려고 해요. 이럴 때 어머니는 얼마나 외롭겠어요. 여자로서의 외로움을 이야기하고 싶은데, 자식은 투정을 부리는 여자가 아니라 모든 것을 이해하는 어머니로만 자신을 대하니까 말이에요. 일본인이라서 미워하면 안 돼요. 그러면 여러분은 나치랑 똑같은 거예요. 무슨 말인지 알죠? '종북'이니 '빨갱이'니 이런 식으로 보수 세력은 프레임을 만들어요. 여러분이 그들보다 강해지는 데에는 한 가지 방법밖에 없어요. 사람들을 패거리로 보지 않아야 한다는 거지요. 우리는 구체적인 한 사람을 봐야 해요. 이게 인간적으로 성숙한 사람이 취하는 자세예요.

약통을 못 열어서 죽은 할아버지 기억나시죠? 그게 지금 우리 사회의 노인들을 가장 잘 표현하는 사례일 거예요. 자본주의가 열어 놓은 세계가 너무나 자신에게 배타적이어서 무섭고 두렵지만, 노인들은 그것을 젊은 세대들에게 드러내지 않아요. 어른이라는 마지막 자존심이라고 할 수 있지요. 현실적으로 약하기 그지없음에도 자존심을 드러내려니, 그 방법이 과도한 역정밖에 더 있겠어요? 마치 궁지에 몰린 쥐가 악에 받쳐서 고양이에게 대드는 것과 같은 모양새죠. 그러니 노인분들의 공격은 이빨 빠진 사자의 절망스런 포효에 지나지 않는 겁니다. 그러니까 그들을 무서워하지 말고, 측은하게 생각하셔야 해요.

이제 아시겠죠. 지하철에서 그렇게 난리를 피우시는 노인분들은 힘이 있어서 그런 것이 아닙니다. 힘이 없어서 힘이 있는 것처럼 과장하고 있는 거니까요. 그들은 나이 들었다고 자신을 무시하지 말라고 지레 헛된 위엄을 보이고 있는 겁니다. 이제 그분들이 측은해 보이지 않나요? 그리고 누누이 이야기했어요. 노인분들을 외롭게 하지 않으면, 그분들은 젊은 세대와 함께 있게 될 겁니다. 이렇게 우리가 나이 든 세대와 돈독한 관계를 맺는다면, 다음에 보수 세력은 결단코 집권하지 못할 거예요.

갈수록 노인들이 많아진다는 걸 아셔야 돼요. 자본주의가 강요한 삶이 팍팍해서인지, 이제 아이를 많이 낳으려는 부부들도 별로 보이지 않으니까요. 그러니까 갈수록 노인 인구는 기하급수적으로 늘어나게 될 거예요. 정치적이고 싶으세요? 민주 사회를 꿈꾸시나요? 그럼 노인 세대들을 부정하고 혐오하기보다는 그들에게 따뜻한 연대의 손을 내미세요. 이 순간 바로 나가서 1호선을 타세요. 1호선에 그분들이 제일 많이 계시니까요. 오늘 지하철 1호선에서 두 분하고만 여러분이 친구를 먹으면, 4년 뒤에 정권이 바뀌어요. 잊지 마시길 바랍니다. 이걸로 마치겠습니다.

홍대 앞과
종로통
사이에서

홍대 앞에는 젊은이,
종로통에는 노인이 모이는 이유

서울 종로통, 특히 종로 2가와 종로 3가 사이에는 눈에 보이지 않는 묘한 경계선이 생긴 지 오래입니다. 북으로는 인사동과 낙원상가에서, 남으로는 명동성당에 이르는 길이 경계선이지요. 탑골공원 방향 종로 3가에는 수많은 노인들이 북적거리지만, 경계선을 넘어 종로 2가 쪽으로 가면 노인들의 수가 현저하게 줄어듭니다. 젊은이들도 종로 3가 쪽에서는 무엇인가 불편함을, 그리고 반대로 노인들도 종로 2가 쪽에서는 무엇인가 이질감을 무의식적으로나마 느끼기 때문이지요. 그러던 것이 최근에는 노인들이 서서히 종로 2가 쪽으로도 많이 출몰하는 흥미로운 현상이 벌어지고 있습니다. 종로 2가와 종로 3가 사이에 유지되었던 젊은이와 노인 사이의 경계선이 이제 점점 광화문 쪽으로 옮겨가고 있는 형국인 셈입니다. 종묘, 광장시장, 그리고 낙원상가를 중심으로 형성되었던 노인 문화권이 노인들의 수가 급격히 늘어나면서 확장되는 중이니까요.

　종로 3가를 중심으로 하는 서울의 노인 문화권은 주목할 만한 현상입니다. 이곳에 모인 노인들은 도시에서 대부분의 삶을 보낸 도시화 첫 세대에 해당하기 때문이지요. 젊은 시절과 장년 시절에 종로통에서 사회 생활의 고단함을 술로 풀었으며, 1960년대와 70년대에 해적 LP판을 구하기 위해서 낙원상가나 세운

상가를 떠돌던 사람들이 바로 그들입니다. 연어가 자기가 태어난 곳을 찾아 바다에서 하천을 거쳐 온갖 역경을 무릅쓰고 작은 내에 이르러 알을 낳고 마지막 숨을 몰아쉬는 것처럼, 도시에서 자란 첫 세대는 어느새 노인이 되어 자신의 젊은 시절의 낭만을 향수처럼 찾아 종로통에 모여들고 있는 겁니다. 대부분의 노인들은 5,000원 내외의 용돈을 갖고 이곳에 모여듭니다. 그들은 생면부지의 친구와 함께 종잣돈을 만들어 술을 마시며 왕년의 무용담을 늘어놓곤 하지요. 또 이곳에서는 노인들을 상대로 한 노점상, 심지어 매춘마저도 성행하고 있습니다. 한마디로 젊은이들이 감히 근접하기 힘든 나름의 노인 문화가 제대로 정착하고 있는 겁니다.

이제 서울도 이질적인 공간들로 분화하고 있는 중입니다. 젊은이들은 주로 홍대 앞이나 강남에 모여들고, 노인들은 종로통에 모이게 된 겁니다. 그렇다면 왜 젊은이들과 노인들은 물과 기름처럼 서로 섞이지 않는 것일까요? 만약 키케로Marcus Tullius Cicero가 보았다면 고개를 갸우뚱거렸을 겁니다. 키케로 시절 노인들은 젊은이들과 건강한 공동체를 구성하고 있었으니까요.

노년은 성가신 것이 아니라 즐겁다네. 마치 현명한 노인들이 훌륭한 자질을 타고나 젊은이들을 보고 좋아하고 젊은이들의 존경과 사랑을 받음으로써 노년이 더 수월해지듯이, 젊은이들도 덕을 닦도록 이끌어 주는 노인들을 좋아한다네. 자네들이 내게 즐거움을 주는 것 못지않게 나도 자네들에게 즐거움을 준다고 나는 생각하네.

―《노년에 관하여》

로마 시대까지 갈 것도 없이 도시화가 되기 이전 과거 우리의 시골 공동체를 떠올려 보세요. 한참 벼가 자랄 무렵 가뭄이 유례없이 극성일 때, 마을의 젊은 남성들과 장년의 남성들은 모여서 대책을 의논하게 될 겁니다. 뾰족한 결론이 나지 않을 때, 그들은 함께 마을의 최고 연장자를 찾아가죠. 그로부터 마을에 닥친 위기를 극복할 수 있는 혜안을 얻기 위해서입니다. 그러면 최고령 연장자로서 백발이 성성한 노인은 퀭한 눈으로 기억을 더듬어 마을 사람들이 탄복할 만한 해법을 알려 줍니다. '지금으로부터 60년 전 내가 젊었을 때 이와 비슷한 재난이 있었지. 그때 어른들은 말이야……' 노인의 말이 시작되면, 마을의 모든 이들이 그의 이야기에 귀를 기울였을 겁니다. 이렇게 과거 시대에 노인들은 경험으로부터 우러나오는 지혜를 제공했으며, 강건한 신체를 가진 젊은이들은 그들의 지혜를 존경했고 사랑했습니다. 그렇다면 무슨 일로 노인과 젊은이가 공존했던 사회가 와해되고, 노인과 젊은이가 소통하지 못하는 사회가 도래한 걸까요?

자본과 모더니즘이 각인시키는
낡음과 새로움, 젊음과 늙음의 경계

산업자본이 추동했던 모더니즘Modernism의 논리에서 우리는 그 해답의 실마리를 찾을 수 있습니다. 산업자본은 소비자의 필요를 극복하지 못한다면 생존할 수 없지요. 예를 들어 볼까요? 산업자본이 작동하기 이전 시대에는 사람들은 사용가치가 없어질 때에만 낫을 새로 구입했습니다. 그렇기에 다량의 낫을 소지히고 있던 사람들은 별로 없었습니다. 그렇지만 산업자본은 소비자가 구매한 상품이 사용가치를 다할 때까지 기다리지 않습니다. 대량생산된 상품을 신속하게 판매하지 않는다면, 산업자본은 붕괴될 수밖에 없으니까요. 그래서 산업자본은 필요 이상의 상품을 사도록 소비자를 유혹할 수밖에 없으며, 유혹 전략의 핵심은 바로 신상품을 통한 유행의 전파였습니다. 그 결과 현대인들은 아직 사용가치가 있는 제품을 버리고 새로운 유행의 신상품을 앞다투어 구입했던 겁니다. 그래서 옷장이나 신발장에는 유행이 지난 옷들과 신발들이 수두룩하게 쌓이게 된 것이죠. 산업자본의 생존 전략에서 '모더니티Modernity'의 논리를 간파했던 철학자가 바로 리오타르Jean François Lyotard입니다. '포스트모던Postmodern'이란 말을 인구에 회자시킨 것으로 유명한 그의 말을 들어 보지요.

어느 시대에 등장하든 간에, 모더니티는 기존의 믿음을 산산이 부수지 않고서는 그리고 '실재의 결여'를 발견하지 않고서는 존재할 수가 없었다. 동시에 모더니티는 다른 실재들을 발명하면서 존재하게 되는 것이다.

—《포스트모던의 조건》

모던Modern이란 말은 '새로움'을 의미하는 중세 라틴어 '모데르나Moderna'로부터 유래합니다. 결국 모더니티는 새로움, 그리고 모더니즘을 새로움을 추구하는 경향을 뜻합니다. 여기에서 중요한 것은 새로움이 중시되자마자 낡음도 동시에 부각된다는 점 아닐까요? 산업자본의 생리, 그리고 모더니즘의 취향은 낡은 것은 무가치해서 버려야 할 것이며 새로운 것은 중요한 것으로 선택해야만 한다는 무의식적 경향을 우리에게 각인시킨 겁니다. 지금도 모더니즘을 추구하는 사람들, 그러니까 유행에 발맞추어 가려는 사람들은 자신이 '얼리어답터Early adopter'라는 사실을 자랑하고 있지요. 신상품을 지향하는 경향성은 새로움과 낡음을 구별한다는 것, 나아가 낡음보다는 새로움이 소중하다는 가치평가마저 낳습니다. 이것이 노인을 폄하하고 젊은이를 숭상하는 풍조로 이어지는 데에는 한 걸음이면 족하지요. 노인들은 스마트폰이나 새로운 상품들에 적응하기 어렵습니다. 반면 젊은이들은 어떤가요? 노인뿐 아니라 장년층 성인들도 신상품의 작동 방법을 알려면 젊은이들에게 물어보아야만 하는 것이 우리의 현재 모습 아닌가요? 이제 신상품이 우후죽순으로 쏟아져 나오는 도시 생활에서, 지혜는 노인들이 아닌 젊은이들에게서 찾을 수밖에 없게 된 거지요.

늙음을 기억하라

흥미로운 것은 종로통에 모여든 노인들은 도시에서 생활한 첫 세대, 그러니까 모더니즘 첫 세대에 해당한다는 사실입니다. 그들은 한때 유행의 첨단을 걸었던 사람들, 통기타와 카페 문화에 처음으로 발을 디뎠던 사람들입니다. 당시 그들도 자신의 윗세대 사람들을 새로운 풍조를 모르는 낡은 세대라고 조롱했을 겁니다. 그런데 이제 그들도 나이가 들어 자신들이 했던 조롱을 지금 젊은이들로부터 받고 있는 셈입니다. 업보라고나 할까요. 그렇기에 젊은이들은 노인들이 자주 찾아드는 종로통을 떠나 홍대 앞이나 강남으로 자신들의 근거지를 옮긴 겁니다. 젊은이들은 과연 알까요? 지금 종로통에 노인들이 모여들었던 것과 마찬가지로, 자신들도 노인이 되었을 때 홍대 앞이나 강남으로 과거에 대한 향수를 품고 연어처럼 발걸음을 옮기게 될 것이라는 사실을요.

바로 이 점입니다. 젊은이들이 종로통에 모여든 노인들에게 배울 것이 있고, 노인들은 홍대 앞이나 강남에 모여든 젊은이들에게 가르칠 게 있습니다. 그건 바로 새로움만을 편집증적으로 추구하는 삶이 가진 허망함입니다. 산업자본은 카멜레온처럼 부단히 자기 변형을 할 수 있지만, 인간은 사계절의 변화처럼 젊은 시절에서 시작해 노년 시절을 거쳐 죽음에 직면할 수밖에 없는 존재입니다. 의외로 우리 시대 노인들과 젊은이들은 서로 가르치고 배울 것이 많다는 것. 이것은 불행일까요, 아니면 다행일까요.

꿈

꿈은 없어야 한다

이번 주제는 꿈입니다. 원칙적으로 옳은 이야기를 먼저 드린 다음에 현실적인 이야기를 드릴게요. 꿈은 없어야 돼요. 이게 결론이에요.(웃음) 꿈이 없어서 고민이라고들 많이 하시죠? 그런데 꿈은 없어야 돼요. 꿈을 가지면 안 돼요. 꿈이 여러분을 얼마나 피곤하게 하는데요. 좋은 대학을 간다는 꿈을 안 꾸면 학창시절이 편해요. 모든 체제나 제도는 꿈을 갖기를 원해요. 그래서 자꾸 물어보잖아요. 어렸을 때 기억 안 나요? 꿈이 뭐냐고 어른들이 계속 물어보잖아요. 괜히 대통령이라고 그랬다가 일 커지고.(웃음) 어떤 사람은 과학자가 되고 싶다고 하고 누군가는 판사가 되고 싶대요. 이것 때문에 여러분 삶이 힘들어지는 거예요. 원칙적으로 꿈을 가지란 말은 다 개소리예요. 꿈을 가지면 안 돼요. 여러분은 꿈 없이 사는 방법을 알아야 돼요. 미래에 대해 꿈을 갖지 마세요.

극단적으로 이야기해 볼까요? 공무원 시험 보겠다, 사법고시 보겠다고 하면서 현재의 찬란한 빛을 모두 다 희생하잖아요. 현재를 살아야 되는데 미래에 살죠. 바보 같은 삶이에요. 그런데 어른들이 그러죠. '너 커서 뭐 될래?' 이거를 자꾸 각인시켜요. 내일 시험을 본다고 하면 오늘 즐겁게 놀면 돼요. '내일은 내일이다' 이러면 돼요. 그런데 이걸 못 견디는 거예요. 불안하죠. 꿈의 논리와 연금의 논리는 같아요. 보험 든다는 게 뭐예요?

미래를 무서워하는 거잖아요. 걱정하는 거죠. 그러니까 꿈을 가지면 안 돼요. 그런데 이게 실천하기가 힘들어요. 꿈이 없는 사람들을 동양 전통에서는 '성인聖人'이라고 불러요. 성인은 '일체의 꿈이 없이 잠을 깨듯이 태어나고 잠을 자듯 죽는' 사람이에요. 그냥 100퍼센트 현재에 사는 사람이 바로 성인이에요. 진짜로요.(웃음)

이게 무슨 말인지 천천히 알아야 돼요. 꿈을 가지면 안 돼요. 여러분은 꿈이 있기 때문에 힘들어요. 무슨 말인지 잘 납득이 안 되죠? 그래서 이게 원칙적인 이야기예요. '결혼의 꿈을 위해 돈을 모으자' 이런 쓸데없는 소리하지 말고 '지금 맛있는 거 먹자' 이렇게 할 수 있어야 해요. 꿈이라는 건 미래를 이야기한다고요. 미래는 여러분 머릿속에만 있는 거예요. 그런데 한번 생각해 보세요. 미래를 고민하게 되면 무슨 일이 벌어지나요? 내일을 걱정하는 사람이 오늘 영화를 제대로 볼까요? 어떤 꿈을 꾸고 있는 사람이 오늘을 향유할 수 있을까요? 못 해요. 꿈을 죽여야지 영화도 봐요. 재밌는 영화 볼 때 '나는 검사가 돼야 돼' 이러고 있어요? 그런 생각을 가지고 있는 사람은 영화도 못 볼 거예요. 음악도 못 듣죠. 그러니 일차적으로 꿈은 없어야 된다고 생각하시면 돼요.

이상理想은 없어야 돼요. 내가 되어야 할 모습을 미리 꿈꾸지 마세요. 삶을 잘 살아 본 사람은 알아요. 삶이 뜻대로 되지 않는다는 걸요. 삶이 여러분 뜻대로 되던가요? 절대로 안 돼요. 꿈꾸면 괜히 힘만 들어요. '이 사람이랑 영원할 것 같아' 이런 쓸데없는 생각하지 말아요. 지금 그 사람과 키스할 때 키스만 나누면 돼요. 그리고 행복감에 나른하게 젖는 거죠. 꿈은 항상 과잉되어 있어요. 그게 가장 큰 문제죠. 완벽한 인간은 꿈을 꾸지 않아요. 미래를 생각하지 않아요. 그게 어떤 모습이든지 간에. 완벽한 인간은 그저 현재를 살 뿐이니까요. 반면 우리는 대개 바람직한 모습, 행복한 모습을 꿈꾸죠. 그래서 미래를 위해 현재를 기꺼이 희생해요. 연금을 많이 모으고 보험금을 많이 부어서 노후가 편안한 모습을 꿈꾸죠. 그렇게 되면 참 좋은데 그전에 교통사고로 죽으면 아무 의미도 없잖아요. 연금을 한참 부었는데 대통령이 이상하게 정책을 바꾸면 아무 의미 없어요. 꿈을 갖지 마세요. 자본가들은 꿈을 가지라고 하죠. 은행 다니는 사람도 꿈을 가지라고 해요. 그래야 꿈을 미끼로 자신의 금융상품을 팔 수 있을 테니까요.

꿈을 갖지 않아야 된다는 건 정확하게는 미래를 걱정하거나 미래의 일을 쓸데없이 증폭시키지 말라는 거예요. 내 눈앞에 있는 사람에게 집중할 때는 내일을 생각하지 않아요. '난 이렇게 되고 싶어' 그러는 친구들 보셨죠? 나중에 그 친구가 무슨 시험에 통과할 수도 있지만 결과적으로 잘 살지 못해요. 그걸 위해서 쓴 긴 시간들은 그냥 날아간 거예요. 그래서 여러분이 성숙하다면 꿈을 안 꿔야 된다는 거예요. 꿈이 실현되지 않는다고 고민들 많이 하시죠? 당연히 안 돼요.(웃음) 안 되는 게 좋아요.

우리가 인생에서 배우는 건, '꿈은 그냥 꿈일 뿐'이라는 거예요. 여하간에 꿈이 없어야 돼요. 내일이 안 떠올라야 돼요. 오늘이 너무 재미있으면 내일이 생각나지 않아요. 꿈을 많이 꾸는 분들은 잘 못 살아요. 꿈꾸지 마세요.

'꿈이 없다'는 것과 '꿈'이 없다는 것의 차이

꿈을 꾸지 않는 건 아주 힘들어요. 이건 똥줄 빠지게 힘든 수행으로만 도달할 수 있는 굉장한 경지거든요. 그런데 아주 성숙해지면 어차피 그렇게 돼요. 일단은 완전한 삶을 위해 꿈은 제거하려고 노력하는 게 중요해요. '나에게는 꿈이 없다' 정도의 수준을 말하는 게 아니에요. 나는 '꿈이 없다'가 아니라 '꿈'이라는 단어가 아예 머리에서 사라져야 된다고요. 진짜로 없는 상태란 그런 거예요. 제가 담배를 가지고 있다가 어디에 떨어뜨린 거예요. 그럼 생각이 나죠. '담배가 없다. 담배가 없어.' 지금 내 손에는 담배가 없지만 좌우지간 머릿속에 담배가 있잖아요. 정말 꿈이 없다는 건, 꿈이라는 게 떠오르지 않아야 되는 거예요. 만약에 제가 담배를 찾다가 누구랑 이야기를 하다 보면 담배를 잊죠. 내가 세계에 열려 있으면 내 꿈을 비롯해 나에게 없다고 생각하는 것들, 즉 나에게 있어야 된다고 생각했던 것들에 대한 의식마저 없어져요.

베르그송Henri Louis Bergson이라는 철학자가 쓴《창조적 진화》라는 책이 있어요. 그 책을 보면 '없다'는 '있다'보다 하나가 더 많대요. 책상 위에 연필이 하나 있다고 칩시다. 여러분이 보고 있는데 제가 그 연필을 뒤에 숨겨 놓으면 이제 연필이 없죠? 그런데 여러분 머릿속에는 연필이 있잖아요. 연필이 있었는데 이제는 없다는 생각이 들 거예요. 그런데 이곳에 새로 들어온 사람에게 제가 책상을 가리키면서 여기에 뭐가 있는지 물어보면 그 사람이 뭐라고 할까요? 아무것도 없다고 할까요? 아니죠. 책상이 있다고 대답할 거예요. 그래서 없다는 건, 하나가 더 있다는 거예요. 애인이 없다는 건 '애인+없다'라는 생각인 거죠. '없다'라는 생각이 하나 더 있잖아요. 아예 애인이 없었으면 괜찮아요. 그러면 '없다'는 생각도 없었을 테니까. 그런데 괜히 연애를 했다가 헤어지면 이러죠. '쓸쓸하다. 애인이 없다.' '없다'는 '있다'보다 하나 더 많다는 베르그송의 이야기가 이제 이해가 되시나요? 세계는 다 있어요. 그런데 여러분은 책상을 못 보고 계속 연필이 없대요. 꿈도 그래요. 꿈이 없다고요? 웃기고 있네요. 그 사람처럼 무서운 게 없어요. 차라리 무슨 구체적인 꿈이라도 있으면 더 나아요. 그런데 꿈이 없다고 하는 사람은 꿈에 집착하고 살아요. 그게 더 무서운 거라고요. 애인이 내 곁을 떠나가면 애인이 그립죠. 내 곁에 애인이 있어야 되는데 없는 거예요. 아예 없었으면 나아요. 그렇지만 떠난 애인은 내 뇌리에 계속 남아 있죠. 애인이 '없다'는 생각이 계속 내 머릿속에는 있는 거잖아요. 의자가 있으면 '의자가 있네' 하면 되는데 '이 의자에 앉았던 애인이 없다' 이런다고요.

그래서 지혜로운 사람은 세계를 있는 그대로 보죠. 물론 그러기 위해 그는 모든 '없다'라는 생각을 머릿속에서 깨끗이 제거할 수 있어야 하죠. 그런데 이런 분들이 있어요. 꿈이 없는 게 고민인 분들. 주변을 둘러보니 다른 사람들은 꿈이 많아서 다들 바쁜데 나는 뭘 해야 될지 모르는 거죠. 꿈이 없다는 걸 나쁘게 보는 거예요. 이건 꿈이 있는 것과 같죠. 그러니까 '꿈이 없다'고 하는 사람은 사실 머릿속에 꿈이 가득 있는 거예요. 자신에게 꿈이 없다는 생각 때문에 꿈을 계속 찾고 꿈에 연연하니까요. 제가 처음에 아예 꿈이 없어야 된다고 했던 것과는 다른 맥락에 있는 거죠.

제가 산을 오르는 건, 생각을 하려고 가는 게 아니에요. 생각을 안 하려고 가는 거예요. 굉장히 힘들게 산을 헐떡거리며 올라가면, 내 발소리와 숨소리밖에 들리지 않아요. 암벽 타는 게 왜 매력적인지 아세요? 암벽을 탈 때는 잡념이 허락되지 않아요. 내 손의 느낌, 암벽을 잡는 것만 있어요. 그런 경험을 해 본 적 있나요? 암벽을 붙들고 있을 때 '저 정상에 올라가야지', '나의 꿈은 저기야' 이런 생각하면 툭 떨어져요. 삶의 강도는 꿈이 없는 데에 있어요. 그냥 붙잡는 거예요. 그리고 또 붙잡는 거예요. 그러면 어느 사이엔가 정상에 가 있어요. '없다'의 종류는 많아요. '나는 성적이 나쁘다', '나는 스펙이 안 좋다' 이런 것도 마찬가지예요. 무엇이 없다고 할 때처럼 우리가 거기에 사로잡혀 있는 경우는 없어요.

그런데 아까 제가 말씀드렸죠. 여기 처음 들어오신 분은 책상 위를 가리키면 책상이 보인다고요. 여러분에게는 뭐가 보여요? 아까 있었던 연필이 보인다고요. 여러분은 연필이 없다고 생각한다고요. 이 세상에 없는 건 없어요. 이 세계는 있음으로 가득 차 있어요. 없다는 건 여러분 머릿속에만 있는 거예요. 아예 없었으면 없다고 느끼지도 않아요. 있던 게 없어질 때 없다고 느끼는 겁니다. 내 기억의 문제라고요. '없다'는 건 내 기억이나 습관에는 있어야 되는데, 그것이 지금 없다는 거예요. 그러니 그 '없다'고 생각하는 것에 집착할 수밖에요. 꿈이 없다는 고민도 똑같은 거예요. '나는 이런 꿈이 있는데 이거를 실천하지 못해요'라는 고민은 그런대로 괜찮은데, '꿈이 없다'는 고민처럼 무서운 게 없는 거죠. 제일 심각한 상태라고요. 꿈이 있어야 하는데 없다고 느끼는 것, 이처럼 우리 삶을 옥죄는 집착이 또 어디에 있겠어요?

꿈, 오늘을 저당 잡혀 내일을 살게 하는 억압

일단 꿈이 없어야 된다는 건 아셔야 해요. 그럼 해탈하는 거예요. 불교에서 있는 그대로 세상을 보는 걸 '여여如如', '타타타

tathatā', '진여真如'라고 해요. 완전히 현재에 사는 거예요. 책상 위에 있는 연필이 없어져도 없어진 연필을 머릿속에 넣는 것이 아니라 책상을 볼 수 있는 사람이 깨달은 사람이에요. 있는 그대로 현재를 살아가려는 것, 이게 중요한 거죠. 그런데 말은 맞지만 이렇게 살아 내기가 힘들어요. 스님들은 어떻게 하면 해탈을 하고 어떻게 하는 것이 현재를 사는 건지 알아요. 그런데 다 아는데도 해탈을 못하고 계속 목탁을 치잖아요. 이게 뜻대로 안 된다고요. 있는 그대로 현재를 살 수 있는 날, 여러분은 제대로 살 거예요. 그런데 이게 가끔 될 때가 있어요. 오만 가지 꿈들을 다 잊게 만드는 자극이 올 때가 있어요. 너무나 멋진 사람을 만났을 때, 너무나 멋진 사람과 키스하고 있을 때 미래를 생각하고 꿈을 꿔요? '나는 의사가 되어야 하는데' 이런 생각이 들어요? 여행을 갔을 때, 좋은 영화를 봤을 때처럼 우리가 현재에 살면 살수록 꿈이 아무 의미가 없다는 걸 알게 되죠.

대개 꿈은 내가 현재 누릴 수 있고, 즐거울 수 있고, 만끽할 수 있는 것들을 억압하도록 만들어요. 꿈의 특징이에요. 그런데 왜 꿈을 찾아요? 그 꿈이 있으면 자신의 현재 삶을 억압을 해야 되는데. 그런데 불행히도 대부분의 사람이 꿈이 있는 게 당연하고, 심지어 멋진 것이라고 생각하는 것 같아요. 어른들도, 체제도, 정치권력도, 자본도 한 목소리로 이야기하죠. 꿈을 가지라고. 저는 반대예요. 누구 좋으라고 꿈을 가져요? 미쳤어요? 어차피 한 번 태어나서 한 번 죽는데 평생 하루하루를 절대적인

하루인 것처럼 살아야죠. 고등학교 다닐 때 생각해 보세요. 그 3년 어떻게 보냈어요? 입시 준비로 보냈잖아요. 그 대학에 가려는 꿈만 접었으면 3년 내내 행복했을 텐데. 그리고 나서 대학에 가면 뭐하죠? 이젠 취업 걱정한다고요. 그리고 결혼해요. 결혼하면 일이 또 복잡해져요. 집 옮겨야 되고, 아이 교육시켜야 되고. 지랄들을 하는 거예요. 아무 의미 없는데. 그러다 보면 행복은 없어요. 나이 들어서 너무 때늦게 깨우치게 되어 있어요. '아, 쓸데없는 지랄이었구나', '그때 맛있는 와인을 마실걸', '그때 그 아가씨랑 키스를 할걸' 하고요.

이런 애인 만나면 헤어지셔야 돼요. '우리가 지금 하루 이틀 만나는 건 아니잖아. 또 하루 이틀 만날 것도 아니잖아. 그런데 지금 스파게티를 꼭 먹어야 되겠니? 내일의 꿈을 위해 현재의 기쁨은 조금 미룰 수는 없겠니? 오늘의 스파게티가 내일의 눈물이 될 수가 있어.' 저 같으면 이렇게 대답하겠어요. '응, 오늘 스파게티를 먹고 내일 울래.'(웃음) 현재를 희생하자는 사람이 주변에 있으면 빨리 헤어져야 돼요. 제가 단언컨대 그러면 영원히 스파게티를 못 먹어요. 지금 먹으면 먹는 거예요. 무슨 말인지 이해되시죠? 이 가치를 갖고 있으면 여러분은 건강해지고 충만하게 살 수 있어요. 연습이 굉장히 많이 필요해요. 허무주의가 아니에요. 굉장히 건강한 삶을 살게 되거든요.

비가 오면 우산을 펴듯, 목적이 없이 여행을 가듯

자, 지금까지 당혹스럽겠지만 꿈과 관련된 옳은 이야기, 원칙적인 이야기를 들은 거예요. '꿈을 없애야 된다. 꿈이 만악의 기원이다.' 어떤 사람은 꿈을 가지라고 책도 써요. 반기문 유엔 사무총장은 어렸을 때부터 꿈이 있었대요.(웃음) 반기문 씨는 얻어걸린 거예요. 제가 지금 이렇게 상담하고 있는 게 제 인생의 꿈이었던 것 같아요?(웃음) 아니죠. 저 이렇게 될 줄 전혀 몰랐어요. 인생은 그냥 그렇게 되는 거예요. 인생을 어떻게 알아요? 그냥 비 오면 우산을 펼치듯이 그렇게 가는 거예요. 저도 여러분을 만나서 이야기하고 고민을 듣고 이럴 생각 없었어요. 제 대학 선배들은 알 거예요. 철학 고전이나 어려운 철학 책들을 독해해 나갔던 강신주란 인간이 변한 거죠. 어느 순간에. 옛날에 걔가 썼던 논문들은 너무나 예리해서 감히 읽을 수가 없었는데, 지금은 무슨 그 시장에 있는 국밥집 아저씨처럼 이야기를 한다는 거죠.(웃음) 저도 많이 변했을 거예요. 저도 김어준을 만나지 않았으면 이 자리에 오지 않았을 거예요. 그래서 돌아보면 꿈은 쓸데없는 거예요.

가끔 사람들이 물어봐요. 왜 철학을 공부했느냐고요. 저는 대학에서 화학공학을 전공했어요. 그런데 저는 문과 가고 싶었거든요. 사실 문과에 가고 싶다고 생각한 것도 막연했던 거예요. 사회 선생님이 새로 부임을 했는데 멋있는 여자 선생님이었거든요. 팬히 그 여자랑 나이 차이 계산해 보면서 문과 가고 싶다고 막연하게 생각했던 거였어요. 그냥 그렇게 시작을 하는 거죠. 그러다 몇 년이 지난 거예요. 만약에 제가 경제적인 문제를 걱정했었다면 철학을 선택해선 안 되는 거였죠. 다행스럽게도 저는 복이 많은 시절에 대학을 다닌 것 같아요. 제가 86학번인데, 제가 졸업을 할 당시에는 취업이 다 됐던 시절이었거든요. 사실 그러니까 취업이 안 됐다고 말할 수도 없으니 부모님께도 철학 전공으로 대학원 가는 건 다 숨겨야 하는 문제였고요. 꿈이었냐고요? 그게 무슨 꿈이에요, 꿈이. '자뻑'인데.

그냥 좋아서 하는 거였어요. 전공 책 보는 것보다 철학 책이 더 좋았어요. 훨씬 더 고도감도 있고요. 암벽등반 하는 것 같았거든요. 그래서 대학 3, 4학년 때 제가 소설을 싫어했어요. 유치하다고. 제가 그런 애였어요. 옛날 선후배, 동기들이 절 얼마나 무서워했는데요. 정말 냉정했거든요. "네가 하이데거를 알고 떠드는 거야?" 막 이러고.(웃음) 철학과 대학원 가면 선배 하나가 후배들 불러다 놓고 원전을 강독하는 세미나를 해요. 그때 제가 후배들 많이 울려 내보냈어요. "그렇게밖에 독해가 안 되니?", "머리는 있는 거야?" 이러면 어떤 후배는 막 울어요. 속으로 그랬죠. '왜 울지?'(웃음) 제가 옛날에 그랬어요. 제가 처음에 철학을 공부했던 동기는 그런 거였어요. 지적인 호승심과 자신감으로 똘똘 뭉쳐 있던 게 저였으니까요.

저는 2,000년 전, 500년 전에 쓰인 철학 책을 읽는 게 좋았어요. 아니면 문화가 전혀 다른 서양의 책들, 혹은 지금과는 확연하게 다른 고대 동양의 책들을 읽는 게 재미있었어요. 그 사람이 보았던 것처럼 보고 있다는 느낌, 그 사람 속으로 들어가는 느낌. 그 희열은 저한테 너무 매력적이거든요. 그러니까 그 안으로 못 들어가고 버벅거리는 애들이나, 철학책 읽고 연애편지 쓰는 애들, 이상한 데 밑줄 긋는 애들을 보면 짜증이 나는 거예요. 나중에 후배들이 제 욕을 엄청 했대요. '자기가 교수야?' 이러면서.(웃음) 어쨌든 저는 가장 좋았던 것들을 하려고 노력했어요. 그리고 〈다상담〉을 맡았을 때도 좋아서 했어요. 꿈이라고 할 건 전혀 없어요. 그냥 조그만 것들은 있어요. 앉고 싶다 쉬고 싶다, 화장실 가고 싶다, 이런 것들.

'나의 꿈이 뭐다'라는 건 나중에 다 살아 놓은 다음에 날조할 수는 있어요. 삶은 뜻대로 안 돼요. 그냥 순간순간 결정하며 사는 거예요. 여행 갔을 때랑 비슷해요. 목적지를 가진 여행 말고요. 《장자》의 첫 번째 편이 〈소요유〉죠. '소요逍遙'라는 말은 목적이 없다는 뜻이고, '유遊'라는 글자가 여행을 말하는 거예요. 그러니까 목적이 없는 여행인 거죠. 여러분 목적 없는 여행 가 보셨어요? 항상 묵을 곳 정하고, 며칠에는 어디에 있을 거고, 며칠에는 반드시 돌아오죠. 그게 여행이에요? 예비군 훈련이지.(웃음) 여행은 그냥 가는 거예요. 막연하게 가는 거예요. 파리 공항에 내려서 냄새를 맡는 거예요. 서쪽에서 여자의 향내가 나면 그쪽으로 가면 돼요. 그러면 되는 거예요. 그게 소요유예요. 위대한 사람만 할 수 있는 것이죠. 갈 곳을 꿈꾸지 않았기에 어디든지 갈 수 있는 거예요. 여행의 목적지가 없어야 길가 꽃밭에도 누울 수 있고, 근사한 남자와 침대에서 며칠 동안 뒹굴 수도 있는 것 아닌가요?(웃음)

그런 의미에서 여행을 정말 가 보셨나요? 소요유를 해 보셨어요? 대학로에 오신 것도 '벙커1'에 온다는 목적으로 오신 거잖아요. 그러니까 대학로를 못 돌아다니죠. 그냥 대학로를 돌아다녀 보시면, 놀라운 일이 벌어져요. 어느 가게에서 너무나 예쁜 핸드폰 고리를 파는 거예요. 너무 좋죠. 이게 여행이고 삶인 거예요. 그런데 여러분은 출발하기도 전에 돌아올 날을 걱정하죠. 여행 기간의 중간만 되면 돌아올 날을 걱정하잖아요. 어머니한테 '돌아올 날은 기약할 순 없어요'라고 말하고 떠나는 거예요. 이 정도는 돼야지 여행이죠. 무슨 말인지 이해되시죠? 그런데 우리는 돌아올 날 정하고, 숙소 정하고, 먹을 데 정하고, 구체적으로 계획을 짜요. 여행의 제스처만 취하지 여행은 못 간 셈이죠.

처음에 프랑스 파리를 갔던 사람은 어떻게 갔을까요? 인터넷도 없을 때 그냥 파리에 도착했겠죠. 그리고 아마 그 사람이 떠들었는지도 몰라요. 에펠탑이 크고 좋다면서요. 그러면 여러분은 그 사람을 보고 '그래요? 거기가 좋아요?' 하면서 졸래졸래 가요. 왜 여행을 하세요? 여러분이 가는 여행지 중에 여러분이 발견한 곳 있어요? 없죠? 파리에서 뭐 발견하신 적 있어요? 에펠탑 가면 반드시 사진을 찍어야 하죠. 안 찍어도 된다는 걸 한 번도 생각하지 않아요. 그럴 바에는 차라리 에펠탑을 배경으로 찍은 다른 사람의 사진에 포토샵으로 여러분 얼굴을 넣어도 돼요. 그게 무슨 여행이에요. 뻔한 데 확인하러 가는 거잖아요. 다른 곳 찾아보셨어요? 여행지 중에, 아니 여행지도 필요 없어요. '이곳은 내가 발견한 곳이야', '나만의 곳이야', '내가 있기에 너무나 좋은 나무 밑이야' 이런 곳을 가지고 있어요? 대부분 우리는 누구나 앉아 있는 그곳에 앉아 있고 누구나 사진 찍는 그곳에서 사진을 찍어요. 이게 심각한 문제가 되는 거죠.

꿈이 없어야 한다는 이야기를 허무한 것으로 들으시면 안 돼요. 충만해지는 삶을 사시라는 거예요. 꿈에 지나치게 집착하면, 우리는 다른 경우의 삶을 살 수 있는 기회를 놓치게 되니까요. 인생은 소요유처럼 목적이 없이 걸어 다니고 목적이 없이 살아가는 거예요. 그래서 예쁘고 멋있는 거예요. 비록 불행도 찾아오겠지만, 매너리즘에 빠진 삶이 아니라 드라마틱한 삶이 펼쳐질 거예요. 위대한 사람들이 삶을 여행에 비유할 때 목적지를 정하고 체크인하고 체크아웃하는 여행을 이야기하는 게 아니에요. 무슨 말인지 아시죠? 비도 만날 수 있고요, 멋진 남자도 만날 수 있다고요. 도대체 무슨 일이 일어날지 모르고, 그래서 내가 어떻게 변할지 예측할 수도 없는 거예요. 그 설렘, 그 위기, 그 긴장을 사랑하는 거죠. 삶이란 원래 그런 드라마틱한 것으로 가득 찬 것이니까요.

여행을 갈 때 가족들과 같이 가면 안 돼요. 굳이 가족 여행을 하려면, 출발만 같이 하는 거예요. 서울역에서 헤어지는 거죠. 5일 뒤에 부산에서 보자고 하고요. 그때 가족들과 한 번 만나고요. 그러고 난 다음에는 며칠 뒤에 제주도에서 보는 거예요. 그게 여행이죠. 그래야죠. 그래야 내 부인도 어떤 남자와 사랑에 빠질 시간이 있고 내 남편도 어떤 여자와 사랑에 빠질 시간이 있죠.(웃음) 심지어 아이도 사랑에 빠질 수 있고요. 그런데 우리가 하는 가족 여행은 온 가족이 함께 가서 서로를 감시하는 여행이에요. 한마디로 부산에, 제주도에 집을 통째로 옮겨 놓는 거죠. 차라리 집에 있지 왜 여행을 떠나는지 모르겠어요. 그게 무슨 여행이에요? 여러분은 어떻게 여행하세요? 진정한 가족 여행은 제가 말한 대로 그렇게 하는 거예요. 출발 날짜와 도착 날짜만 지키는 거죠. 그리고 흩어지는 거예요. 다시 만나는 날 가족들은 얼마나 설레겠어요. 변해 버린 가족들의 새로운 모습을 생각하는 것만으로 설레지 않겠어요? 오만 가지 낯선 것들을 경험하는 여행을 해야 돼요. 그런데 불행히도 우리는 이렇게 여행을 다니지 못해요. 꿈이 있어야 되고 목적이 있어야 된다고 생각하죠. 목적을 생각하다가 모든 소중한 기회와 인연을 다 놓친다고요.

기껏 경험한다는 게 '맛집'이에요. 여러분 맛집의 비리를 아세요? 규모가 좀 큰 식당은 종업원들이 밤새도록 클릭을 해요.

블로그 조회 수를 올려야 되잖아요. 그러니까 음식에는 신경을 안 써요. 그래서 맛집이 맛이 없어요. 그냥 돌아다녀야 돼요. 그냥 돌아다니면서 냄새를 맡아 봐야죠. 예를 들면 군산에 100년 된 중국집이 있어요. 인터넷에서 유명한 집이에요. 그런데 그 집 가면 안 돼요. 항구 근처에 120년 된 집이 있어요. 거기가 맛있어요. 그런데 그걸 어떻게 찾죠? 걸어 다녀야 돼요. 걸어 다니다가 냄새를 맡아야 돼요. '이거 좋은데?' 그렇게 얻어걸리는 거예요. 그런데 여러분은 차 몰고 군산에 가서 군산 맛집이라고 소개된 그 집에 다 들어가요. 그게 뭐예요? 꿈이니, 목적이니, 계획이니 하는 것들이 여러분을 옥죄고, 제대로 향유하지 못하게 하고, 새로운 기적을 못 만들게 해요. 그러니까 꿈이 없어야 되는 거예요. 꿈은 우리의 현재를 못 살게 해요, 항상.

현실과 꿈의 사이에서: 꿈의 세 가지 단계

꿈과 관련된 원칙적인 이야기가 납득이 되시나요? 꿈과 목적이 없어야 된다는 겁니다. 장자, 임제, 니체와 같이 제대로 삶을 영위했던 사람들한테는 꿈이란 게 거의 없어요. 유치한 인간들에게만 집요하고 강하게 꿈이 있죠. 그런데 우리는 성인聖人이 아니잖아요. 그러니까 현실의 이야기를 해야 되겠죠. 우리는 장자도 아니고 싯다르타도 아니고 니코스 카잔차키스Nikos Kazantzakis

도 아니에요. 그래서 평범한 우리는 꿈을 꾸고 그 꿈의 지배를 받죠. 그런 우리 같은 사람에게도 꿈은 두 종류로 나뉘어요. 하나는 현실을 안 보게 하는 꿈이고, 다른 하나는 현실을 냉정하게 보여 주는 꿈이죠. 둘 중에 그나마 어떤 걸 좇아야 할까요? 저는 늘 여러분에게 현실에 살아야 한다고 말하죠? 당연히 우리가 좇아야 할 것은 두 번째 종류의 꿈, 즉 현실을 보여 주는 꿈입니다.

'백마' 탄 왕자는 100퍼센트 현실을 가리는 꿈이에요. 백마 탄 왕자는 없어요. 현실을 가려요. 이런 꿈을 꾸는 사람은 왕자에게 자신이 걸맞지 않다는 현실이 전혀 눈에 들어오지 않지요. 꿈만 꾸는 사람들도 있죠. 이런 사람들은 아무것도 안 하고, 바꾸는 것도 없어요. 이런 사람들은 현실을 은폐하려고 꿈을 꾸는 거예요. 여러분도 머릿속에 개꿈 있으시죠? '타워팰리스에 살았으면 좋겠다' 뭐 그런 거요. 그럼 어떤 노력을 하세요? 자본주의적 가치를 좇는다고 한다면 어떤 노력을 하세요? 돈 모으세요? 카페 들어가서 커피 사 먹고 이런저런 데 돈 다 쓰면서 '언젠가는 부자가 될 거예요', '크루즈를 타고 세계 여행 갈 거예요' 이러시진 않나요? 안 좋은 현실을 잊으려고 '나는 나중에 이렇게 될 수 있을 거야' 하는 꿈으로 퉁치는 경우가 있어요. 현실을 은폐하는 꿈이죠.

또 다른 하나는 현실을 보여 주는 꿈이에요. 가령 꼬맹이한테 꿈이 뭐냐고 물어봐요. 물어보면 자기는 나사에 가서 로켓을 타겠대요. 개꿈일 가능성도 있지만 만약에 그 아이의 꿈이 개꿈, 백일몽이 아니라 진짜 꿈이면 현실이 보이기 시작해요. 자기가 수학을 못하고, 아버지가 가난한 게 보이기 시작해요. 그러면 아이가 돈을 모으고 수학 공부를 시작하겠죠. 주변을 둘러보면 꿈을 가지고 현실을 바꾸려고 하는 사람들이 있죠? 그건 괜찮은데 이런 꿈을 꾸면 현실이 너무 냉정하게 드러나요. 가령 외국으로 유학을 가서 공부를 하고 싶다는 꿈이 있다고 해 보죠. 그런데 '한국 교육제도는 개판이야. 역시 공부는 미국에서나 영국에서 해야 돼' 이러면서 공부는 하나도 안 하는 사람들이 있어요. 이런 사람들은 유학을 가거나 말거나 그냥 공부를 안 하는 사람들이에요. 반면 유학을 정말 가야겠다고 생각하는 사람에게는 오히려 꿈을 꾸는 순간 현실이 보여요. '집이 가난하다. 어떻게 하지?', '유학 가려면 영어를 잘해야 되는데 난 영어를 못해. 어떻게 하지?' 이렇게 현실이 보이기 시작한다고요.

꿈과 관련해 우리는 세 가지 단계 중 어딘가에 속해 있을 거예요. 첫 번째는 앞서 말한 꿈이 없이 현재를 향유하는 성인聖人의 단계죠. 그런데 이건 평범한 우리들로서는 생각하기도 어렵고, 이루기도 어려운 거잖아요. 평범한 우리는 꿈에서 자유롭기 힘들죠. 그렇지만 우리의 꿈이 모두 같은 건 아니지요. 두 번째 단계의 꿈과 세 번째 단계의 꿈은 다른 거니까요. 두 번째 단계의 꿈이 현실을 보이게 하는 꿈이라면, 세 번째 단계는 현실을 보지 않으려고 꾸는 꿈이에요. 한마디로 백일몽이죠. 우리는 이

세 번째 단계에서 시작해요. 이어서 두 번째 단계의 꿈을 꾸다가, 최종적으로 꿈 대신 현재가 들어서는 최종 단계에 이르러야 해요.

백일몽에 계속 머무르면 우리는 영원히 꿈에서 못 벗어나요. 현실에서 살지 못하게 돼요. 우리의 바로미터는 현실이 되어야 해요. 꽃 냄새 나고, 음악 소리 들리고, 맛있는 음식이 있는 지금을 향유하는 게 가장 중요한 거예요. 백일몽을 꾸고 있으면 현실에서 살지 못하기 때문에 그걸 향유하지 못해요. 두 번째 단계에는 그나마 현실이 조금 보이죠. 어떤 꿈을 꾸다 보니 더 나아지고 싶을 거고요. 그 꿈을 실현하는 데 장애가 되는 현실이 보이기 시작할 거예요.

가장 높은 경지는 꿈 자체가 없어져서 완전한 현실로 오는 단계죠. 그런데 백일몽을 꾸는 사람에게는 현실이 없어요. 자기는 미운 오리 새끼인데 나중에 백조가 될 거라고 믿고 있는 사람들이지요. 오리 새끼라는 걸 그냥 받아들이면 되거든요. 어차피 오리예요. 그런데 백일몽을 꾸는 사람에게는 현실감각이 없어요. 현실을 향유하지 못한다고요. 두 번째 단계에서 꿈을 꾸는 사람에게는 현실이 조금 있죠. 극복해야 하니까. 이 기준이 중요해요. 평범한 우리에게 꿈은 소중한 거예요. 그렇기 때문에 어떤 꿈을 꾸고 있는지를 스스로 점검해야 돼요. 그냥 막연하게 꿈을 꾸고 있는 사람들이 많거든요. 여러분은 어떤 종류의 꿈을 가지고 계세요? 현실이 보이는 꿈을 가지고 있나요? 그런 꿈을 갖고 있다면 그나마 괜찮은 거예요. 제일 하바리 단계가 뭐예요? 현실을 은폐하면서 백일몽을 꾸는 거죠.

꿈을 꾸고 있는 자에게
현실이란 전쟁이다

이제 현실을 얼핏 보여 주는 꿈에 관한 이야기를 좀 더 밀도 높게 해 보죠. 백일몽을 꾼다는 건 무슨 말인지 아시겠죠? 쓸데없는 꿈, 현실을 살아가는 데 오히려 장애가 되는 꿈을 꾸는 거죠. 공부도 안 하면서 1등을 꿈꾸는 사람들이 있잖아요. 여러분도 다 했었잖아요. 시험 기간에 《수학의 정석》 베고 누워서 '머릿속에 들어올거야' 이러고 있는 거.(웃음) 그러면서 공부는 안 하는 거죠. 그런데 구체적인 꿈, 두 번째 단계의 꿈을 꾼다면 이런 식이죠. 수학 점수를 80점 이상 받겠다는 꿈을 가진 거예요. 그러면 공부를 하느라 수학 문제를 풀 거 아녜요. 그러다 보면 알게 되죠. 아무리 봐도 50점 넘기가 힘들다는 것을요. 그럼 빡세게 공부하겠죠. 어쨌든 자기가 처한 현실이 보이니까요.

알프스의 아이거 북벽을 아세요? 3,000미터 수직 절벽이에요. 오르기 너무 어려운 절벽이에요. 죽음의 벽이라고 불릴 정도죠. 그런데 어떤 아이 둘이 아이거에 오르겠다는 꿈을 꾼다고 칩시다. 한 아이는 어머니가 공부 좀 하라고 하면 '저는 아이거에 올라갈 건데 공부를 왜 해요?' 이러고 있어요. 이 아이는 세 번째 단계에 있어요. 그냥 공부하기 싫어서 아이거 올라간다고 하는 거죠. 준비도 안 해요. 공부해야만 하는 현실을 은폐하는 거죠. 막말로 뻐꾸기만 날리는 거예요. 부모는 대개 그거에 속고요. 가까운 사람이 꿈을 좇고 있다고 할 때 그걸 잘 봐야 돼요. 그 사람이 꿈을 이루기 위해 뭔가를 하고 있으면 도와주면 되는데, 뻐꾸기만 날리는 인간들도 있거든요. 어쨌든 다른 아이는 아이거에 올라간다는 걸 구체적으로 생각하고 있어요. 준비를 하죠. 다리 운동도 하고 뒷산도 올라가고 나무도 올라가 보는 거예요. 연습을 할 거예요. 하다 보면 현실을 알게 되죠. '난 다리가 너무 짧아', '손에 힘이 부족해'. 두 번째 단계에 있는 거죠. 아마 이 아이에게는 아이거가 공포 그 자체일 거예요. 이 아이에게 아이거는 현실이거든요.

여러분들은 설악산 같은 데 높은 암벽이 있으면 '아유, 높은 게 후련하게 좋다' 이러죠. 올라갈 생각이 없으니까 그런 거예요. 그런데 암벽을 타는 사람들은 환장을 해요. 암벽이 나한테 말을 걸죠. '올라와 봐, 이 새끼야. 너 올라올 수 있어?' 이러면서 협박을 해요. 그리고 올라가는 생각을 하는 순간 '떨어지면 어떻게 하지' 이런 생각이 들면서 몸이 떨려요. 그 암벽에 오를 생각이 없으면 그 암벽은 풍경이에요. 그런데 오르려고 진짜 꿈을 꾸는 사람에게는 현실이죠. 아이거를 정말로 오르려는 아이에게 아이거는 너무 무서울 거예요. 후회도 할 거예요. 괜히 올라가려는 꿈을 꿨다고요. 그냥 암벽 지나가면서 멋있다는 생각만 하면 좋잖아요. 사진이나 찍고. 그런데 올라가려는 꿈을 가지고 만 거예요. 아마 그 아이는 아이거를 사진으로 찍기도 힘들걸요. 그 공포의 맨얼굴을 어떻게 봐요. 수직 3,000미터짜리 절벽 앞에 섰을 때 어떤 느낌이겠어요. 올라가려는 사람한테. 지나가려는 사람에게는 상관없어요. 풍경과 현실은 그래서 다른 거예요. 이 아이는 노력을 했어요. 그래서 뒷동산에 500미터쯤 되는 암벽도 올라가면서 연습했는데 거기서 계속 떨어지는 거예요. 어느 날 이 아이가 편해지는 순간이 올 수도 있어요. 아이거를 올라가려는 꿈을 포기하면 돼요. 그때 아이거는 현실이 아닌 풍경으로 와요. 무슨 말인지 이해가 되시죠?

이 아이의 상황에 제가 비유를 해 드린 거예요. 두 번째 단계에 있는 사람에게는 현실이 보이죠. 그때는 전쟁이 벌어져요. 그 꿈이 무슨 꿈인지 중요한 건 아니에요. 어떤 꿈이든 두 번째 단계의 꿈을 가지면 우리에게 현실이라는 게 들어와요. 물론 그 현실이라는 건 꿈 때문에 눈에 들어오는 거예요. 평범한 사람들의 역사라는 게 그래서 생겨요. 꿈을 꾸고 그것을 실현하려고 현실을 극복해요. 사실 민주주의의 꿈을 꾸는 순간, 우리의 삶은 굉장히 피폐해지기 쉽죠. 독재를 없애려는 노력을 치열하게 할 테니까요. 이렇게 두 번째 단계의 꿈을 꾸는 순간, 반드시 승리해야만 하는 전쟁 같은 현실이 다가온다고요. 꿈이라는 게 그래서 중요해요. 꿈을 꾸면 현실을 극복해야겠다는 어떤 의지도 생기니까요. 민주주의를 이루겠다는 꿈을 꾸면 제거해야 할

독재가 보이게 되죠. 민주주의를 향한 꿈을 가지고 계세요? 그런데 아마 백일몽이기 쉬울 거예요. 극복해야 할 현실이 보이세요? 여러분은 대충 민주주의를 꿈꾸면서 '난 진보적인 인사야. 요새 뭔가 연금이 문제가 되지 않니? 좌우지간 이 이야기는 그만 하고 일단 빨리 가서 놀자' 뭐 이런다니까요.(웃음) 여러분이 민주주의의 꿈을 제대로 꾸면, 여러분에게는 저주받은 삶이 펼쳐질 거예요. 국정원에 잡혀서 졸지에 물고문을 당할 수도 있고, 정부기관의 압력으로 회사에서 쫓겨날 수도 있을 거예요.(웃음) 그러니 민주주의의 꿈을 갖는 것은 불온한 일이고, 위험한 일이에요. 이 꿈을 갖고 계세요? 혹시 백일몽을 꾸고 계신 건 아닌가요? 우리가 두 번째 단계의 꿈을 꾸는 사람을 존경하는 이유가 이런 거예요. 우리는 대개가 세 번째 단계에 있거든요. 어떤 꿈을 갖게 되면 현실이 압박으로 다가와요. 하지만 이것이 역사의 힘이에요. 꿈을 꾸는 인간은 현실을 극복하려고 노력할 테니까요. 민주주의에 대한 꿈이 없었다면 우리가 이렇게 됐을 것 같아요? 자유와 독립에 대한 꿈이 없었다면 어떻게 됐을 것 같아요? 아무것도 안 되죠.

왜 우리가 꿈을 포기하는지 아세요? 꿈이 현실에 지면 그때 우리는 진짜 패배자가 돼요. 아이거에 올라가는 꿈을 꿨더니 아이거가 나를 압박해 눌러 버릴 때가 있어요. 다시는 아이거를 못 올려다보고 심지어 사는 곳도 옮겨요. 산 안 보이는 평야로. 한 번 눌리면 그래요. 1940년에서부터 1945년 사이에 정말 많은 시인들이 친일 시를 써요. 서정주, 노천명 이런 시인들이 다 친일 시를 썼잖아요. 왜 그런지 아세요? 일제 치하에서 30년 동안 독립의 기미가 없었잖아요. 서정주나 노천명이 처음부터 친일을 한 게 아니에요. 이 사람들은 꿈을 접은 거예요. 독립에 대한 꿈을 접었어요. 일본어 교육을 받은 새끼들이 일본에서 학위 받고 와서 취직하고 관료가 돼요. 다 일본어를 써요. 한 세대가 지나 버린 거예요. 거기에서 시인들은 절망한 거예요. 꿈을 버리는 거죠. 그래서 1940년서부터 급격하게 친일 시가 발표되기 시작해요. 일제의 지배를 받은 지 30년이 된 거죠. 나쁜 체제이더라도 체제가 30년이 지속되면 관성이 붙어요. 그 기간 동안 그 체제의 교육을 받고 자란 사람들이 어른이 되고 그 체제에 다시 편입되니까요. 꿈을 꾸었을 때 보이는 극복의 대상인 현실이 아니라 그냥 적응해야 되는 현실처럼 보이는 거예요.

꿈을 갖는다는 건 이렇게 힘들어요. 꿈이 아예 없어야 되는 그 높은 경지는 일단 빼고서라도, 백일몽을 꾸고 있는지 극복해야 할 현실이 보이는 꿈을 꾸고 있는지를 생각해 봐야죠. 현실을 가리는 꿈과 현실을 냉정하게 보여 주는 이 두 가지 꿈 중에 여러분이 꾸고 있는 꿈은 어느 쪽이에요? 이걸 고민하셔야 돼요. 내가 가지고 있는 꿈은 도대체 무엇인지. 현실이 보이시나요? 아니면 현실을 은폐하고 있나요? 잘 생각해 보셔야 돼요. 이 부분이 중요해요. 극복할 현실을 보여 주는 두 번째 단계의 꿈만 꾸어도, 우리는 존경받는다고요. 저는 어떤 것 같아요? 전

민주주의가 꿈이거든요. 아주 강하게요. 그러니까 칼럼도 쓰고 이렇게 이야기도 하고 다녀요. 그런데 사실은 첫 번째 단계에도 발을 좀 디디고 있어요. 저는 개인적으로는 민주주의라는 꿈을 위해 칼럼을 써요. 그러면 극복되어야 할 현실이 보이죠. 뉴라이트 나쁜 새끼들이라고 막 써요. 그런데 한편으로는 불교 신문에《무문관》으로 글을 써요. 해탈의 경지에 대한 글이거든요.(웃음) 그러니까 저는 첫 번째와 두 번째 단계에서 오가고 있는 중이지요. 아마도 시간이 좀 지나고 나이가 더 들면 제가 말씀드린 첫 번째 단계로 살아가게 되겠죠. 꿈 없이.

어쨌든 우리는 꿈과 관련해 세 가지 경우로 나뉘어요. 첫 번째 단계는 순수한 현재에 사는 사람. 두 번째는 꿈과 현실이 갈등하지만 현실을 극복해야 할 것으로 바라보게 하는 꿈을 꾸는 사람. 세 번째는 백일몽을 꾸고 있는 사람. 우리가 꿈에 대해서 고민할 때는 우리의 꿈이 백일몽이 아닌지 생각해 봐야 해요. '선생님, 저는 꿈이 없어요'라는 이야기가 저는 이렇게 들려요. '선생님, 저는 현실을 가릴 수 있는 선글라스 같은 게 없어요'라고. 꿈 갖는 게 얼마나 무서운 건데. 아이거 올라가려는 꿈만 꾸더라도 그리 두렵고, 저 남자를 내 남자로 만들겠다는 생각만 가져도 그 남자가 얼마나 두려워지는데요. 꿈의 이 세 단계에서 여러분이 어느 자리에 있는지 고민해 보세요.

나의 꿈인가, 타인의 꿈인가

제가 꿈을 버려야 한다고 강조했던 가장 큰 현실적인 이유 중 하나는 그 꿈들이 대개 개나 소나 다 꾸는 꿈이기 때문이에요. 이건 그 꿈이 내 꿈이냐 아니냐의 문제예요. 여러분 중에 많은 분들은 남이 주입한 꿈을 꾸고 있어요. 내가 꿈을 꾸고 있다고 생각하지만 실은 남의 꿈을 꾸고 있는 거죠. 교육도 너무 많이 받았고, 사회 영향도 너무 많이 받았고, 드라마를 너무 많이 본 거예요. 우리가 원하는 직업도 누구나 다 좋아하는 직업이에요. 희소성이 있으니까 좋아하죠? 의사는 되기 어렵잖아요. 그러니까 돈을 많이 버는 거고요. 의대 입학 정원을 따로 정하지 않으면 어떨 것 같아요? 지원하는 사람을 다 뽑으면 어떻게 될까요? 사실 의대에서 배우는 건 많이 힘들어요. 의사가 너무 많아 생계마저 걱정해야 한다면, 과연 얼마나 많은 사람들이 의대에 들어가서 시체 해부에 참여할까요?

　돌아보면 우리는 내 꿈인지 아니면 남의 꿈인지 모른 채 꿈을 꾼단 말이에요. 내가 원했던 직업이라는 게 뭐죠? 어디서 본 거예요. 흉내 내는 것 아닌가요? 그러니까 또 하나 고민해 봐야 돼요. 내가 지금 욕망하는 것, 나의 꿈이 과연 나의 것이냐는 문제를 심각하게 제기해 보셔야 해요. 내가 진짜 의사가 되고 싶은 건지, 변호사가 되고 싶은 건지, 외교관이 되고 싶은 건지, 연주자가 되고 싶은 건지, 연예인이 되고 싶은 건지. 모른단 말이에요. 우리는 타인의 꿈을 그냥 소비할 수도 있어요. 우리의 꿈은 사회나 역사에 강하게 영향을 받아요. 그러니 우리 시대에서 꾸는 꿈과 당나라 시대에서 꾸는 꿈이 다른 거죠. 대개 그 시대에 의해서 규정된 꿈, 사회에 의해서 규정된 꿈을 우리는 나의 꿈이라고 생각해요.

이게 진짜 내 꿈인지 확인해야 되잖아요. 문제는 꿈을 꾸고 있을 때는 그것을 확인할 수 있는 방법이 없다는 거죠. 해 봐야 돼요. 해서 그걸 실현해 봤을 때 알아요. 실현이 됐을 때 '이제 뭐하지' 이럴 수도 있고, '이제부터 시작인걸' 이런 느낌이 들 수도 있어요. 이제 시작이라는 느낌이 오면 그 꿈은 여러분의 꿈이죠. 반면 '이젠 어떻게 하지' 이런 허무한 느낌이 들면 그건 여러분 꿈이 아니었던 거예요. 꿈을 꾸는 사람들은 이게 내 꿈인지 남의 꿈인지를 모른다고요. 여러분의 꿈이 자신의 꿈인지, 부모님의 꿈인지, 사회의 꿈인지, 한 시대가 공유하고 있는 꿈인지 구별을 해야 되는데, 그 꿈을 꾸는 순간에는 구별하는 방법이 없어요.

그러니까 해 봐야 돼요. 꿈을 꾸면 반드시 그걸 실현해야 해요. 그래야 지켜야 할 내 꿈인지, 아니면 버려야 할 남의 꿈인지 알 수 있으니까요. 하긴 무언가를 잡은 사람만이 그것을 놓을 수도 있는 법이죠. 꿈을 실현하지 않으면 인생은 계속 겉돌아요. 삶에서 비겁해지거든요. 진짜 꿈을 꾸고 있으면 그 꿈을 실현하기가 힘들잖아요. 그러니까 다른 이유를 찾아서 피하는 거죠. 그러면 안 돼요. 어쨌든지 간에 되어 봐야 알아요. 이게 의미가 있는지 없는지, 이게 내 꿈인지 남의 꿈인지는 그때 알 수 있어요.

공무원 시험 준비하시는 분들 많죠? 대개 공무원들은 매너리즘에 빠져 있어요. 제가 강연하기 제일 어려운 사람들이 공무원들이에요. 그 사람들은 반응이 없어요. 그냥 눈만 뜨고 있어요. 그런데 제가 했던 강연회 담당자가 강연이 끝난 후에 제 손을 잡더니 오늘 반응이 최고였대요. 사람들이 안 잤다는 거죠.(웃음) 공무원이라는 게 꿈이라고요? 정확하게는 연금이겠죠. 안정된 직장을 원하는 거고요. 그런데 이건 공무원이 되는 순간 알아요. 이게 나의 꿈이라기보다는 부모님이 원하셨던 거라는 걸요. 우리 국민을 돌보고 어려운 사람을 돌보겠다는 것도 아니잖아요. 교사도 되어 봐야 알죠. 교사 임용시험 합격한 이후에 '이제는 맞선을 봐야지' 이럴 수도 있고 아이들을 볼 수도 있겠죠. 그런데 그건 돼 봐야 알아요. 여러분의 꾸는 꿈이 어떤 꿈인지는 모르지만, 그 꿈이 여러분의 꿈인지 남의 꿈인지는 해 봐야 아는 거예요. 학습된 꿈인지 나만이 꿀 수 있는 꿈인지는 그냥 꿈으로 남아 있을 때는 알 길이 없다는 거죠. 그게 정말 나의 꿈일 수도 있잖아요. 그러니까 해 봐야 되는 거예요. 해서 그게 현실화가 되어야 해요.

가령 등산을 해 보겠다는 사람이 있어요. 그 사람이 산에 안 올라가고 변명할 수는 있어요. '올라가면 뭐해? 어차피 내려올 텐데.' 이런 놈이 제일 나쁜 놈이에요. 올라가려는 생각을 했으면 올라가야죠. 괜히 구시렁대지 말고요. 그냥 올라가요. 정상을 밟은 다음에 내려와서 이러는 거예요. '이제 난 산에 안 가. 뭐가 좋아? 하나도 안 좋던데!' 이러면 돼요. 그런데 그때 안 올라가면 집에 돌아와서 그리워져요. '거기 올라가면 뭐가 보였을까? 희열이 있다고 하던데' 이러면서 나중에 평생 그 근처를 헤매요. 반드시 올라가서 버려야 돼요. 올라간 다음에 그곳이 내가 올라갈 곳이었으면 거기에 있는 거고, 아니면 다시는 안 올라가면 돼요. 그렇게 하나씩 지우는 거예요. '아, 이거는 내 꿈이라고 생각했는데 남의 꿈이구나' 생각하면서 하나씩 접는 거예요. 의대 가는 게 꿈이에요? 그럼 의대에 가세요. 가서 아니면 그만두는 거예요. 그리고 부모님께 의사는 아닌 것 같다고 말씀드려요. 그래도 최소한 한 가지 배운 건 있잖아요. 의사는 내가 원하는 직업이 아니라는 사실을. 그런데 못 가 본 사람이 의사는 아닌 것 같다고 말하는 게 무슨 의미가 있어요? 의대 준비하는 사람이 '어머니, 대자본에 휘둘리는 의료 행위의 행태를 아세요? 저는 이거 못 하겠어요' 이러는 건 사실 공부를 안 하겠다는 거예요.

두 번째 단계의 꿈이 있으면 이루어야 돼요. 이루고 버려야 돼요. 잡은 다음에 버릴 수 있어요. 안 잡고 나서 '어차피 버릴 거 안 잡는다' 이러면 말짱 도루묵이에요. 현실이 보이는 꿈을 꿨을 때는 어려워도 반드시 그걸 얻어야 돼요. 저 남자랑 사랑을 하겠다는 생각이 들면 어떻게 해서든지 접근을 하다가 그 남자랑 하룻밤 잔 다음에 버려야 돼요. 그런데 '나중에 어차피 헤어질 것을' 이렇게 생각하면 이건 노력을 안 하겠다는 거죠. 이러면 평생 그 남자를 그리워 하게 돼요.

꿈을 마주할 용기

대학에 갈 때도 마찬가지죠. 여러분은 여러분이 원하는 학과에 들어갔어요? 아니라면 그걸 버렸어야 해요. 대학 다닐 때 자퇴를 하거나 전공도 바꿔 봐야 해요. 자기 꿈이 아니었다면요. 그게 성숙이에요. 전공이 내가 원하는 것이 아닌 것 같아서 바꾸신 분 있어요? 바꾸신 분들은 정직해서 바꾸는 거예요. 이 전공이 진짜 좋다고 생각해서 가 봤는데 아니니까 바꾼 거예요. 하지만 '이 세상 뭐 별거 있냐. 적응하면 마찬가지지', '내가 전공 보고 갔나? 학교 간판 보고 갔지' 이러는 사람은 안 바꿔요. 전공을 바꾼 사람들은 순수한 건 있는 거예요. 나는 이 학과에서 하고 싶었던 게 있었고, 뭔가를 배우면 행복할 거라고 생각했는데 아니어서 전공을 바꾼 거예요. 그런데 전공을 안 바꾼 사람 대부분은 '에스컬레이터에 탔으니 가만히 있어도 쭉 올라가는데 내가 왜 바꿔?' 이런 생각인 거죠.

일단은 내가 꿈을 꿨다면 두 번째 단계는 되어야지 극복해야 할 현실도 보이는 거예요. 나의 꿈이면 여러분은 그 꿈을 밀어붙여야 해요. 그것이 나의 꿈인지 남의 꿈인지는 꿈을 꾸고 있을 때는 확인할 수 없으니까, 꿈을 실현해야만 확인될 수 있는 거니까요. 해 봐야 알아요. 모든 사람이 '어머, 그 과를 갔니? 취업도 잘되고 너무 좋겠다' 이래도 '싫어요. 별로예요' 이러면서 자신의 삶을 하나씩 찾는 거예요. 그런 진정성은 있어야 돼요. 그런데 이런 진정성 있는 꿈, 현실에 맞서도록 하는 꿈이 있으신가요? 학과를 선택할 때 학벌이나 거기 졸업해서 얼마나 벌 수 있는지나 따져 가며 선택한 것 아닌가요? 그러면 결국 세 번째 단계의 수준으로 떨어지게 되는 거죠. 자기와 맞지 않는 학과에 있으면서 다른 전공을 꿈꾼다든가, 자기가 원하지 않는 회사에 있으면서 다른 직업을 꿈꾸게 되죠. 자신의 남루한 현실을 잊기 위한 백일몽을 꾸게 되는 거예요.

다시 한 번 정리를 해 보죠. 꿈과 관련해 우리에게 세 가지 단계가 있을 수 있다고 했죠. 첫 번째 단계를 목표로 하셔야 되고, 최소한 두 번째 단계까진 가 있어야 돼요. 하지만 세 번째 단계에 있는 분들이 더 많을 거예요. 이게 문제죠. 그리고 내가 지금 두 번째 단계의 꿈을 꾸고 있었을 때 그 꿈이 나의 꿈인지 남의 꿈인지는 꿈의 수준에선 알 수가 없어요. 그건 꿈을 현실화시켰을 때 냉정하게 밀려들어와요. 그래서 꿈을 꾼다는 건 저주받은 행위이지만, 꿈을 꿨을 때 힘들다고 꿈을 저버리면 안 돼요. 저 산에 올라가기로 했다면 올라간 다음에 버려야 해요.

의대를 가기로 했다면 의대에 가서 버려요. 공무원이 된 다음에 했다면 공무원이 되고 버려야 되고요. 수차례 해 봐도 돼요. 해야 돼요. 안 그러면 나중에 유령처럼 그 주변을 배회하고 있을 거예요. 백일몽을 꾸면서요.

이걸 꼭 정리해서 머릿속에 넣어 두세요. 우리의 궁극적인 목표는 첫 번째 단계예요. 꿈이 없는 상태, 그래서 완전한 현실에 사는 단계. 하지만 그 단계는 우리가 이야기하기에 아직 미성숙한지도 모르겠어요. 그래서 우리의 고민 대부분은 두 번째와 세 번째 단계 사이에 있을 거예요. 저도 젊었을 때 겪었던 것들이지요. 이 꿈의 단계를 계속 올려 일체의 꿈도 없이 있는 그대로 현실을 향유하는 수준에 이르러야만 해요. 어느 순간 삶이 목적 없는 여행처럼 진행되어야 하죠. 미래에 대한 어떤 두려움과 걱정도 없이 가장 편안하게 음악을 듣고 산책을 할 수 있는 사람이 될 때까지는 어쨌든지 간에 계속 고민을 할 수밖에 없을 거예요. 그렇지만 두 번째 단계의 현실을 보여주는 꿈과 세 번째 단계인 현실을 은폐하는 꿈만 구별할 수 있어도, 우리는 최고의 수준에 이를 준비는 어느 정도 갖춘 셈일 거예요. 자, 이제 구체적으로 여러분의 고민들을 들어 보도록 하죠.

꿈이 없기에 삶도 의미가 없다?

서른일곱의 나이이지만 뚜렷한 꿈이 없기 때문인지 요즘 저는 말 그대로 '그냥' 살고 있습니다. 제 주변의 사람들은 대부분 일에 대한 성공이나 사랑하는 사람과의 행복한 미래를 위해서 열심히 살아가고 있습니다. 그러나 일이나 가족이 저에게는 '꿈'이 되질 않습니다. 일에 대한 욕심도 많지 않고, 오래 만나 온 남자 친구가 있지만 습관처럼 만나는 사람이라 결혼을 하고 싶은 마음도 그다지 없습니다.

이렇다 보니 삶이 무미건조하게 느껴집니다. 물론 맛있는 음식을 먹거나 재미있는 영화를 볼 때 작은 즐거움을 느끼기는 하지만 그건 순간적인 즐거움이지 삶의 원동력은 아닌 것 같아요. 그래서 가끔은 죽음에 대해서도 생각을 합니다. 죽고 싶다는 생각을 한다기보다는 삶 자체에 대한 미련이 없습니다. 욕망과 욕구가 있기 때문에 사람들은 즐겁게 살 수 있는 것 같아요. 그런데 저는 그 욕망과 욕구가 점점 사라지고 있는 것 같습니다. 그래서 삶에서 느끼는 재미도 점점 줄어들고 있고요.

일단은 유럽 여행을 가기로 했습니다. 무언가 목표라도 있어야 할 것 같았고, 만약 여행을 통해 제 삶의 의미나 꿈을 발견하게 된다면 더 좋을 것 같아서요. 꿈이 없는 제 삶이

⌠ 즐겁고 행복할 수 있는 방법은 없을까요?　　　　　　　⌡

🎤

　순간적인 즐거움을 느끼고 있다는 건 문제가 없어요. 인생에서 가장 소중한 것들은 다 순간적이에요. 왜 벚꽃이 아름다운데요. 왜 우리가 플라스틱으로 만든 조화造花를 싫어하는데요. 순간적인 것들이 가장 아름다워요. '이 순간적인 것들을 어떻게 쌓아 놓을 것인가' 하는 게 중요한 거예요. 오늘 마신 커피도 맛있었고, 들었던 음악도 좋았다고 하면 오늘은 좋은 거예요. 순간적인 거예요. 그거부터 아셔야 돼요. 여러분은 결국 다 죽어요. 지금 사랑하지 못하면 나중에도 못 하는 거예요. 영원한 것은 없어요. 우리의 삶은 그래서 매력적이고 예쁜 거예요. 이걸 모르는 사람이 많더라고요. 여러분을 방부처리 해 드릴까요? 영원히 안 죽게? 세상의 모든 것들은 시들어 가는데 혼자 영원하면 행복할 것 같아요? 이 세상에서 제일 슬픈 게 그거예요.
　영화 〈반지의 제왕〉 보셨어요? 영화를 보면 아라곤과 아르웬이 결혼을 할 때 아라곤이 말리잖아요. 아르웬의 아버지도 아르웬을 말리죠. 아르웬은 영원히 살 수 있는 요정이고 아라곤은 삶이 유한한 인간이니까요. 자신은 그대로 있는데 사랑하는 사람이 나이 들어 죽어 가고, 낳은 아이들도 죽어 가는 것을 봐야 하잖아요. 사랑하는 모든 것이 죽어 가는 것을 봐야 하는 고통이 어떻겠어요. 영원하다는 건 저주예요. 미라나 흡혈귀의 삶이 좋은 것 같아요? 여러분들 고마워해야 돼요. 이 세상을 떠날 수 있다는 건 축복이에요. 영원한 것이 행복한 게 아니라는 태도를 가져야 해요.

그리고 삶에 큰 미련이 없다고 하셨는데, 저 같은 경우는 내일 무슨 일이 있을지 모르니까 죽지 않아요. 무슨 말인지 아세요? 우리가 스스로 죽지 않는 건, 소소한 무언가가 일어날 수 있기 때문이에요. 우리는 내가 더 이상 침대에서 못 일어날 때 죽으면 돼요. 내일이 오늘과 똑같으면 우리는 살 이유가 없어요. 그런데 우리에게는 내일 무슨 일이라도 일어날 수 있잖아요. 소소한 즐거움이 왜 중요한 건지 아시겠죠? 여러분이 크게 착각을 하는 것 중 하나가 사는 데 큰 이유가 있다고 생각하는 거예요. 사실 사는 데는 큰 이유가 없어요. 내일 무슨 일이 일어날지 모르기 때문에 우린 죽지 않는 거예요. 뻔하면 우린 죽어요. 박제된 것처럼 뻔한 삶이 펼쳐지면 죽어요. 무료할 때, 삶이 너무나 똑같을 때 우리는 삶을 끊고 싶어 하죠. 그런데 돌아보면 우리에게는 수많은 사건들이 일어나요. 이분은 지금 그것들을 안 보고 있죠. 꿈이 없다는 막연한 마음으로 그런 것들을 보지 않으려고 해요.

이런 분들한테 제가 항상 이야기해요. 죽으시라고. 옥상에 올라가서 발을 떼려는 순간 알아요. 왜 뛰어내리지 말아야 될지를. 만약에 내일도 똑같다면 죽을 수 있어요. 예를 들면 사랑하는 사람이 죽었어요. 내일이 찾아와도 그 사람이 살아나진 않죠. 내일도 똑같이 그 사람은 죽어 있을 거예요. 모레에도 그 사람은 내 곁에 없을 거예요. 이렇다면 죽을 수 있어요. 하지만 내일 무슨 일이 일어날지 모르면 절대 못 뛰어내려요. 죽음에 대해서도 우리는 관념적일 수 있어요. 그러니까 옥상에 한번 올라가 보셔야 돼요. 올라가 보면 많은 것들이 명료해져요. '어, 더치커피를 마실 시간이네' 이러고 내려올 수도 있어요. 그건 모르는 거예요. 물론 뛰어내릴 수도 있죠. 이것도 모르는 거예요. 사람들한테 죽는다고 말하지 말고 혼자 고독하게 절벽에 서 있으면 살아갈 이유들이 찾아져요. 머릿속에서 관념적으로 생각했던 거랑은 좀 다르죠.

이분은 '나에게 꿈이 없다'는 결여 의식만 버리면 돼요. 그러면 많은 것들이 보이실 거예요. 지금 꿈이 없다는 그 느낌 때문에 그 많은 소중한 작은 이유들이 눈에 들어오지 않는 거죠. 사실 이분은 상당히 높은 수준에 이른 거예요. 두 번째 단계에서 첫 번째 단계로 가는 과도기에 있으니까요. 조금만 더 많이 비워 보세요. '꿈이 없다. 그러니까 꿈이 있어야 된다'라는 그 꿈마저도 버리면 돼요. 이분의 꿈은 꿈이 있는 거잖아요. 그것도 꿈이란 말이에요. 그런 꿈마저도 버리게 됐을 때 진짜로 보여요. 아침에 일어나면 내리는 빗소리도 들리기 시작할 거예요. 거기에서부터 출발을 하시는 거예요. 더 많이 버리시면 돼요.

여행을 계획하고 계신다고 했죠? 그렇지만 의미를 찾는 여행이 아니라 사건을 만나는 여행을 했으면 좋겠어요. 여행의 묘미는 어떻게 될지 모른다는 것에 있어요. 물론 여행은 혼자 가셔야 해요. 애인은 두고 가세요. 유럽에서 남자를 사귈 수도 있으니까.(웃음) 여행을 같이 가면 나중에 애인이 진짜 귀찮아져요. 여행 가서 새로운 남자를 만났는데 애인이 자꾸 따라오잖아요. 그러니 여행은 혼자 가셔야 되는 거죠. 여러분도 애인이 여행 갈 때 징징거리고 쫓아가는 거 아니에요. 나한테 돌아오면 나를 사랑하는 거예요. 만약 돌아오지 않으면 나를 사랑하지 않는 거니 그만두는 거죠. 어쨌든 모든 사람은 자유로운 존재니까요. 여행을 가서 의미가 아니라 사건을 만나는 거예요. 거기서 만난 남자랑 살아도 돼요. 아무 문제없어요. 의미나 꿈이요? 그런 거 못 찾아요. 그런 거 없어요. 집중과 몰입, 그래서 황홀한 행복만 있을 거예요. 새로운 사람을 만나는 설렘, 여기와 전혀 다른 느낌으로 나를 간질이는 바람, '꿈이고 개나발이고 이 바닷가가 제일 좋아요' 이런 경험과 느낌을 찾아오는 거예요.

여행 간다고 하고 절에 들어가는 분들 있죠? 절에 들어가서 돈 내고 승방 하나 빌려서 의미를 찾겠다며 참선하고 이런 사람들 있잖아요. 그런 것 좀 하지 마세요. 그냥 절 근처에서 놀아요. 절이 산에 있어서 주변이 좋거든요. 밤도 따 먹고 다람쥐도 구경하고 낚시도 하고 그러면 돼요. 저도 조계종 교육원에서 불러서 3박 4일 절에 들어간 적이 있거든요. 저는 거기 가서 중들 가르치다 낚시했어요. 제가 절 같은 데 강연을 나가면 주변을 봐요. 고기가 있을 것 같으면 싸구려 낚싯대 하나 사서 낚시를 해요. 여행은 그런 거예요. 그때 저는 물고기와 낚싯대에 몰입하는 게 너무 좋아요. 물론 낚시를 하러 절에 간 것은 아니에요. 작은 물고기들이 맑은 개울에 보이니, 낚시를 하는 식이지요. 바로 이런 겁니다. 의미를 찾는 과정이 아니라 어떤 새로운 사건과 계속 만나면서 꿈도 미래도 과거도 잊어버리고 현재에 몰입하려고 우린 여행을 가는 거예요.

좋은 경치가 왜 매력적인지 아세요? 미래에 대한 걱정을 하지 않게 해 주잖아요. 좋은 애인이 가진 매력이 뭐예요? 그 사람을 만나면 집에 들어갈 걱정도 안 하게 되잖아요. 만나고 있으면 몇 시간이 금방 가요. 몰입하게 해 주는 거예요. 좋은 영화가 매력적인 이유도 마찬가지죠. 좋은 영화는 미래를 걱정하거나 과거를 회상하는 것을 막아 버리잖아요. 현재에 몰두했던 행복한 삶들이 하루하루 쌓여서 평생이 되는 거예요. 그럼 인생 전체는 분명 행복한 것으로 기억되겠지요. 그러니까 여행을 가실 때 의미를 찾으려고 하면 안 돼요. 열어 놓고 가셔야 돼요. 어떤 소나기를 만나고, 어떤 무지개를 만나고, 어떤 남자를 만날지 모른다는 거예요. 그걸 열어 놓고 가는 거예요. 그러면 삶의 경로가 달라질 수 있고, 여러분은 더 멋지게 변할 수 있을 거예요.

자기를 찾으러 여행을 간다는 건 아무 의미 없어요. 일단은 가세요. 무슨 의미를 찾아요? 살기도 힘든데. '오늘은 어디서 자야 되지?' 이런 집중도가 우리한테 좋은 거고, 우리를 살아 있게 해요. 좌우지간 현재에 사는 삶이 행복한 거예요. 불교에서 말하는 '여여'나 '타타타'는 '있는 그대로의 현재'를 가리킨다고 그 랬죠. 스님들이 제자들한테 갑자기 '악!' 하고 고함치는 거 아세요? 이걸 '할'이라고 불러요. 제자들이 잡생각하면 소리를 꽥 질러서 마음을 확 깨워 주는 거예요. 현재에 살게 하려고요. 그 상태가 계속 유지되면 그 사람이 행복하고 해탈한 사람이 되는 거니까요. '과거의 내가 제대로 못 살았어', '미래는 어떻게 될까' 이런 생각하는 게 안 좋으니까요. 그렇게 살면 현재를 못 느끼니까요. 꽃 향기도 못 맡아요. 심지어는 내가 아껴 줘야 될 사람이 어디가 아픈지도 못 읽어요. 당장 내일 시험 봐야 되는데 그 사람을 언제 읽고 있겠어요. 이러면 어떻게 사랑을 하겠어요?

현재에 많이 육박해 들어갈수록 여러분은 행복한 거예요. 그래서 인문학과 예술은 현재에 살라고 해요. 목사나 중이나 이런 나쁜 사람들이 대개 여러분에게 천국과 같은 장밋빛 미래를 이야기해요. 물론 그만큼 우리는 현재를 무시하거나 천국을 위해 지금을 소비해 버리고 말겠죠. 혹시 여러분은 죽어서 천국을 가겠다고 꿈꾸고 있지는 않나요? 저는 안 갈 거예요, 천국. 미쳤어요? 여기가 더 좋지. 개똥밭에 굴러도 이승이 나은 거예요. 그래서 누군가 죽으면 목사나 신부, 그리고 중들도 슬퍼하는 거예요. 왜 여러분은 사람이 죽었다고 슬퍼해요? 그 사람이 천국에 갔을 텐데 왜 슬퍼하느냐고요. 지금이 좋은 거예요. 지금 이 순간. 이것이 인문학의 정신이고 우리 삶의 정신이에요. 꿈이라는 건 거기에 위배되기 때문에 제가 싫어하는 거예요. 〈죽은 시인의 사회〉에서 키팅 선생님이 그랬잖아요. '카르페 디엠Carpe Diem', 현재를 잡으라고요. '지금, 여기'인 거예요. 지금 여기에서 행복하지 못하면 그냥 행복하지 못한 거예요.

그런데 '여기'는 집중해야 와요. 내일 있을 시험을 걱정하고, 내일의 중요한 거래를 생각하고, 내일 있을 상견례를 생각하면 오늘 꽃 냄새를 못 맡아요. 그런데 내일이 되면 행복해지나요? 그 다음 일이 또 생기겠죠. 우리는 끈덕지게 하루하루 행복을 이루면서 살아가야 하는 거예요.

그렇다면 어떻게 이 집중도를 높일 수 있을까요? 사랑하는 사람은 나를 현재에 있게 해 주는 사람이죠. 내가 지금 밥 먹는 것 자체를 행복하게 해 주는 사람인 거죠. 사랑한다는 게 별게 아니에요. '이 음악을 들으면 나를 현재에 있게 해 준다' 이러면 그 음악이 여러분이 사랑하는 음악인 거죠. 사람도 마찬가지예요. 어제를 생각하게 하거나 내일을 생각하게 하는 사람이라면 헤어져야 해요. 자꾸 옛날 연애할 때가 좋았다고 생각하도록 만드는 사람, 혹은 결혼하면 지금보다 더 좋은 관계가 될 수도 있다고 생각하도록 만드는 사람과는 헤어져야죠. 나를 현재에 있게 하는 게 사랑인 거예요. 그러니 연애가 얼마나 매력적이에요. 연애는 현재에 있게 해 주잖아요. 집에 늦게 들어가면 어때요? 부모님께 혼나면 되죠. 지금이 더 중요한데. 우리를 현재에 있게 하는 게 가장 소중한 거예요. 그러니까 꿈은 안 좋은 거죠. 이분은 꿈이 없어서 꿈을 갖고 싶다는 꿈을 가지고 있어요. 이게 하나의 꿈이거든요. 이렇게 되면 잘 못 찾아요. 하지만 이 상태로 여행을 가시면 돼요. 여행을 가시면 이런 생각도 안 나요. 폭포의 압도적인 경관을 보면서 무슨 생각을 할 수 있겠어요? 우린 그런 걸 보려고 여행을 하는 거예요. 멋진 사람, 멋진 풍경, 멋진 음악을 듣고 싶은 거예요. 그래야 행복할 수 있으니까.

부부가 오래 행복할 수 있는 방법을 가르쳐 드릴까요? 이사를 자주 다니시면 돼요. 내 집 마련해서 거기서 곰이 동굴에 살듯이 영원히 살면 안 돼요. 이사를 자주 다니는 게 왜 매력적인지 아세요? 새로워요. 그건 굉장히 소중한 가치예요. 자주 이사를 가고 거주지를 옮기는 건 우리를 현재에 살게 해요. 매너리즘이 뭔지 아세요? 과거인지 현재인지 미래인지 구분이 안되는 게 매너리즘이에요. 여행이 그 무미건조한 순환의 패턴을 깨요. 매너리즘을 깨는 거죠. 연애하는 분들은 애인을 만날 때 매번 똑같은 옷을 입으면 안 돼요. 머리 모양도 변화를 줘야 해요. 상대방이 나를 안 볼 때가 있어요. 머리 모양도 매일 똑같고 옷도 똑같으면 상대방이 매너리즘에 빠져요. 금색으로 염색하면 애인이 현재에 살아요. 물론 도망갈 수도 있어요.(웃음) 나의 파격적인 모습에 상대방이 도망갈 수 있음에도 불구하고 그런 노력들이 필요한 거예요. 사랑은 현재진행형이어야 하니까. 그러니까 사랑의 문제는 내가 상대방을 현재에 살게 해 주고 있는가의 문제예요. 현재에 살게 해야 한다고요. 그게 누군가를 사랑한다는 증거니까요. 매너리즘은 과거, 현재, 미래가 없어요. 어제랑 오늘이 같고, 내일도 똑같을 것 같은 거예요. 이런 매너리즘을 어떻게 깰 것이냐의 문제죠. 이건 삶을 위한 싸움이에요.

또 한 가지 고민해야 할 것이 있어요. 자본주의 체제나 이 나라의 대통령, 이 사회까지 모조리 다 여러분에게 미래를 걱정하도록 만들어요. 그거에 말려들면 행복은 끝이에요. 그걸 깨는 걸 전쟁처럼 찾아야 돼요. 여러분은 개미가 될 거예요, 베짱이가 될 거예요? 개미가 되면 회사 사장이 좋아할 거예요. 그렇다고 베짱이가 굶어죽는 거 봤어요? 역시 개미가 먹을 걸 줘요.(웃음) 베짱이는 안 죽어요. 베짱이처럼 사세요. 현재를 행복하게 살려고 노력해야 해요. 그래야 내일이 오늘이 되어도, 우리는 새로운 그 오늘에 행복하려고 할 테니까요.

운동과 현실 사이

스물여덟 살의 운동 단체 활동가입니다. 우연한 기회에 가정폭력이나 성폭력 문제를 상담하는 운동 단체에서 일을 하게 되면서 저는 제 생애 최고의 시절을 보냈습니다. 러브콜 세례를 받고 '미친 존재감'으로 인정받을 정도로요. 그러다 더 장대한 꿈을 꾸게 되었습니다. 처음에는 성에 대한 관심에서 운동을 시작했지만 이제는 인권운동을 위해서 인생을 바치기로 결심하게 되었어요.

그런데 저를 시험에 들게 하는 한 가지 문제가 생겼습니다. 바로 경제적인 문제였습니다. 도통 생활을 제대로 이어갈 수가 없었습니다. 운동을 하겠다면서 돈 운운하는 것이 찔리기도 하지만 배가 고픈데 운동을 계속 할 수는 없어서 돈을 벌기 위해 다른 일도 잠시 했습니다.

최일구 아나운서의 "인생 뭐 있겠습니까? 전세 아니면 월세"라는 말을 떠올리며 마음을 달랬다가도 물질적 소유가 없는 현재와 혼자 살아갈 40대를 상상하면 먹먹함에 한숨이 나옵니다.

인권운동을 포함해서 사회운동 단체에서 일하는 건 더럽게 힘들어요. 돈을 얼마 안 주거든요. 정말 웃기는 일이지요. 노동자로서의 인권도 지키지 못하면서, 어떻게 다른 사람의 인권을 챙겨 주겠다는 건지. 물론 사회운동 단체는 훌륭한 일을 하지요. 그러나 운동가들이 경제적으로 힘들다면, 그 단체는 지속적으로 사회운동을 하기가 어려울 겁니다. 당연히 그 단체의 수뇌부들은 어떻게 해서든지 운동가들에게 경제적 안정을 마련해 주어야 합니다. 그런데 과연 그런 진지한 노력을 하고 있는지, 제 경험상 긍정하기 힘들어요. 대의명분을 앞세워 개인의 희생을 강요하는 일부 사회운동 단체를 보면 저는 화가 나요. 자원봉사라는 미명으로 순진한 대학생들을 착취하는 나쁜 짓과 무슨 차이가 있나요? 제가 제일 싫어하는 게 '재능 기부' 뭐 이런 거예요. 내가 기부를 하고 싶어야 의미가 있는 거지 재능 기부를 해 달라는 건 뭐예요? 기부를 당하는 거잖아요. 어쨌든 운동한다고 해서 돈 운운하는 건 절대로 잘못이 아니에요. 사실 일을 했으면 돈을 받는 건 당연한 거예요.

그런데 지금 좋아하는 일을 해서는 돈을 벌기가 힘들죠. 고민을 좀 해 보셔야 할 것 같은데, 부업을 뛰세요. 자기가 좋아하는 일을 할 때 경제적인 뒷받침이 없으면 지속할 수가 없어요. 이 세상에서 제일 행복한 긴 내가 하고 싶은 일을 해서 돈을 버는 건데, 내가 하고 싶은 일을 하면서 돈을 벌기는 힘들어요. 대개 하고 싶은 일을 하면 생계가 어려워지죠. 그런데 이 상태가 오래 지속되면 내가 제일 좋아했던 일이 저주의 대상이 되게 마련이에요. 이건 진짜 끔찍한 일이거든요. 사실은 나이기 때문에 좋아하는 그 일이 나를 규정하는 거잖아요. 내가 그걸 해야 행복한 사람이니까 그걸 좋아하는 거잖아요. 어떤 이유에서든 좋아하는 일을 거부하게 되면 나를 거부하게 되는 거예요. 그래서 좋아하는 일을 저주하게 되는 건 끔찍한 거죠. 자기가 좋아하는 일을 부정하게 되면 안 되는데, 대개 생계 문제 때문에 좋아하는 일을 부정하게 되는 경우가 많아요. 사랑하는 사이에서도 경제적인 문제, 그러니까 돈이 없어서 헤어지는 경우가 있잖아요. 정말 좋아하는데도 돈 때문에 상대방과 함께 있을 수 없는 거죠. 똑같은 문제예요. 부업을 해야 된다고 말씀드린 건 농담이 아니에요. 가장 좋은 건 물론 내가 좋아하는 일을 하면서 돈을 버는 거예요. 그게 안 되면 가장 빠른 건 좋아하는 일을 포기하는 거예요. 그러면 우리는 개돼지가 되는 거죠. 먹고사는 것만 하는 거잖아요. 그렇게 되면 사실 삶의 가치는 없는 거죠. 좋아하는 것을 하는데 경제적으로 힘드시다면, 그것을 지속적으로 하기 위해서라도 다른 일로 돈을 버셔야 합니다. 정말로 그 일을 좋아한다면 말입니다.

내가 좋아하는 일을 부정하면 안 돼요. 그건 정말 큰일인 거예요. 내가 좋아하는 일을 부정하게 되면 돈도 의미가 없어져요. 예를 들어서 취미로 자전거를 타고 전국을 돌아다니는 걸 너무 좋아하는 사람이 있다고 쳐요. 그럼 돈을 벌어야 돼요. 우리가 생계 활동을 가장 열심히 하게 되는 때는 사랑하는 것이 생겼을 때예요. 그걸 하기 위해서 돈이 필요하다는 거죠. 돈이 없어서 뭔가를 하지 못한다는 건, 그걸 별로 사랑하지 않는다는 걸 말해 주는 겁니다.

나랑 사귀면서 상대방이 열심히 무언가를 해서 돈을 벌려고 한다면, 그는 나를 정말로 사랑하는 거죠. 그 사람은 사랑하는 사람과 좋은 시간을 보내려고 돈을 열심히 버는 거니까요. 반면 사귀자마자 상대방이 '어떻게든 되겠지', '도와줘' 이런 식으로 이상하게 변한다면, 빨리 관계를 정리하는 것이 낫죠. 그런 사람은 여러분을 착취하는 거예요. 거머리가 하나 붙은 거죠. 사람은 정말 좋아하는 게 있으면 그걸 하기 위해 필요한 조건을 갖추려고 해요. 영화를 정말 좋아한다면 돈을 모아요. 어떻게 해서든지 영화를 봐야 되니까요. 좋아하는 것을 하려면 그것을 하기 위한 조건을 어떻게 마련할까를 고민하게 되죠. 정말로 좋아한다면 말이지요. 그리고 혹시 지금 하고 있는 일을 포기하려는 명분을 지금 하나하나 쌓고 있는 것은 아닌지 그것도 한번 생각해 보세요. 제발 그러지 않기를 바랍니다.

그리고 제발 40대의 삶을 지금부터 걱정하지는 마세요. 그때 걱정해도 늦지 않으니까요. 갑자기 광고가 하나 생각나요. 아들이랑 아버지가 팔씨름을 하는데, 아버지가 일부러 져 줘요. 그러다 아버지 목에 목말을 탄 아들이 이야기를 해요. "언제 나는 아버지를 이길 수 있어?" 그러면 아버지가 "20년 지나서"라고 답을 해 줘요. 그리고 아버지는 속으로 생각을 하죠. '20년 뒤면 나는 어떻게 되지?' 그러니까 보험을 들라는 거예요.(웃음) 40대의 막막함 같은 소리 하지 마세요. 그런 거 없어요. 제가 수차례 강조했잖아요. 미래에 대한 공포는 여러분의 삶, 여러분의 현재를 피폐하게 만든다고요.

여러분은 가진 게 없는 걸 걱정하죠. 그런데 가진 게 없다는 사실이 결여 의식을 낳지만 않는다면 무척 긍정적인 효과를 낳을 수도 있어요. 여러분은 지금 갖고 있는 것이 소중하죠? 그런데 그 소중한 것 때문에 여러분이 다른 것을 하지 못한다는 생각을 해 보신 적 있나요? 소중한 게 없으면 대개 자유를 얻어요. 예를 들어 예쁘다는 소리가 가장 소중한 사람한테 예쁘다고 말해 주면 훅 넘어가는 거죠. 내가 소중하게 꽉 쥐려는 것이 상대방한테 나를 통제할 수 있는 미끼가 될 수 있어요. 그것만 건드리면 나를 좌지우지할 수 있으니까요. 여러분이 돈에 집중하기 때문에 자본가가 여러분에게 힘을 발휘할 수 있는 거예요. 월급 받을 때 사장한테 이렇게 말해 보세요. '회사 사정도 안 좋은데 이번 달 월급은 건너뛰죠.' 이러면 사장이 얼마나 쫄겠어요? 월급을 가볍게 여기면, 사장도 여러분을 어떻게 할 수가 없잖아요. 돈에 연연하니까 문제가 되는 거예요. 자본가들을 이기는 방법은 별거 없어요. 돈에 당당한 거죠. 비록 돈이 아쉽지만 당당한 척이라도 해야, 자본가가 여러분에게 움찔하기라도 할 거예요.

깡패한테 이기는 방법이 뭐죠? 깡패들이 꼭 이렇게 말하죠. '너 죽고 싶어?' 그럴 때 이러는 거예요. '죽여.'(웃음) 이렇게 나가면 깡패들이 대책이 없어요. 권력자들을 이기는 방법이 뭐예요? 우리가 생명을 소중히 하지 않을 때 그들은 무서워해요. 우리가 고문을 무서워하지 않으면 권력자들은 무서워해요. 우리가 소중하게 여기는 것을 다른 사람들은 이용한다고요. 그걸 항상 명심하셔야 돼요. 그러니까 웬만하면 자신이 소중하다고 생각하는 걸 타인에게 알려 주지 마세요. 여러분을 사랑하는 사람이라면 상관없지만, 여러분의 적들은 바로 그 점을 집요하게 파고드니까요. 우리는 자신이 소중하다고 생각하는 것 때문에 남들에게 끌려다니게 되어 있어요. 내가 진정으로 소중하게 생각하는 걸 상대방이 몰라야, 그가 나를 함부로 대하지 못해요.

정말로 멋진 일은 실제로 자신이 소중하게 생각하는 것이 사라지는 거죠. 그럴 때 여러분은 굉장히 자유로워질 수 있어요. 돌아보세요. 집이 있어서 집으로 돌아가는 거잖아요. 집이 없으면 굳이 그곳을 갈 필요가 없어요. 부모가 없으면 왜 돌아와요? 친구가 없으면 왜 돌아와요? 안 돌아오죠. 그게 여러분을 잡는 거죠. 그래서 소중한 것이 때때로 여러분의 족쇄이기도 하다는 걸 아셔야 해요. 그러니 잊지 마세요. 아무것도 잡고 있지 않아야 아무거나 잡을 수 있는 자유가 생긴다는 사실을요. 웬만해서는 실현하기 힘든 진실이더라도 말이에요.

어쨌든 이분은 정말 행복한 분이라고 할 수 있죠. 좋아하는 일이 있고 하려는 게 있잖아요. 어떤 꿈이 있는 거잖아요. 그러면 그걸 이루기 위해서 지금의 조건들을 개척하시면 돼요. 사실 정말로 위기가 다가온 것이기도 하죠. 내가 이루려는 것이 정말로 내가 원하는 것인지. 정말로 이루려고 한다면, 제대로 된 자기만의 꿈을 가지고 있는 거예요. 만일 이 정도의 위기로 꿈을 포기한다면, 그건 본인이 지금 품고 있는 꿈이 포기할 만한 꿈, 조금만 힘들면 내던질 수 있는 꿈이었다는 걸 보여 주는 거죠. 위기입니다. 본인에게 이제 넘어야 할 산이 하나 생긴 거예요. 넘으시면 돼요. 넘기로 작정했으면 방법이 보일 거예요. 중요한 것은 원하는 걸 포기하면 안 된다는 거예요.

너무나 험난한 꿈을 이루는 길

상업 연극극단에서 직원으로 일하고 있는 스물네 살 남성입니다. 저는 연극배우가 꿈입니다. 하지만 저는 연극을 전공하지 않았고, 대학에서는 식품영양학과를 다녔습니다. 아마추어지만 학교 행사나 축제 무대에서 춤을 추고 쇼를 하고 난 뒤 관중들이 저를 향해 열광하고 박수를 쳐 주었을 때 느꼈던 그 희열감 때문에 막연히 무대를 동경하게 되었고, 지금은 연극배우가 되기로 마음먹은 상태입니다. 제 꿈은 공연이 끝나고 나서 커튼콜을 할 때 관객들이 쳐 주는 박수를 받는 것입니다.

하지만 꿈을 이루는 길이 너무 아득합니다. 전문 배우가 아니기 때문에 극단 기획팀의 막내가 되어 포스터를 붙이고, 무대를 짜고, 대학로 주변의 음식점을 돌며 연극 물통 배너 설치를 부탁하는 생활을 6개월 동안 하고 있습니다. 극단의 배우들은 저를 두고 '병신'이라고 말한 적도 있을 정도 입니다. 극단에 이용당하고 있다는 거죠. '내가 궁핍한 삶을 살 수도 있다'는 불안감도 있습니다. 돈을 벌지 못하니 자격지심도 생기고요.

며칠 전에는 대학로 음식점을 돌며 공연 할인권을 비치하다가, '이곳을 그만두고 월급을 받지 않아도 좋으니 연기를 배울 수 있는 곳으로 가자' 하는 생각이 들었습니다. 하지만 그것 역시 현실적이지 않더군요. 생활비가 나오지 않기 때문에 다시 부모님께 의존을 해야 하니까요.

꿈을 이루는 길이 힘들다는 것은 어찌 보면 당연한 일인데, 그 당연한 일을 어떻게 즐길 수가 있을까요? 원하는 대로 흘러가지 않고 비뚤어지는 길이, 나중에는 올바른 길이 될 수도 있다고 자위하며 참고 견뎌야 할까요? 과연 그런 과정은 즐길 수 있는 것인가요?

배우가 되면 되잖아요. 배우가 되는 게 진짜 꿈 맞아요? 암벽에 에스컬레이터가 어디 있어요? 다 투정이에요. 힘들다, 더럽다. 물론 연극판은 힘들죠. 개판이에요. 돈이 없으니까. 간혹 연극에 열정을 갖고 있는 사람을 악랄하게 이용하는 연극판 사람들도 있지요. '힘든 것들을 겪어 봐야 나중에 배우가 되는 데 도움이 된다. 고통은 배우에게 가장 큰 재료다' 이런 말이나 하면서요. 이건 격려가 아니죠. 날로 부려 먹으려는 거죠.(웃음) 그렇지만 이런 모든 것들은 암벽을 오르다가 만나는 다양한 난코스에 지나지 않는 거예요. 이런 난코스가 싫다고 암벽 오르기를 포기한다면, 사실 이건 애초에 암벽을 타겠다는 진지한 열망이 없었다는 것을 의미하는 건 아닐까요? 문제는 이분이 배우의 꿈을 접으면 나중에 할아버지가 되어서 대학로를 헤맬 거라는 사실이에요. 그러니 죽이 되든 밥이 되든, 반드시 배우로 대학로 극장에 서야 해요. 꿈이 있는 사람은 반드시 그 꿈을 이루어야만 해요. 안 그러면 평생 후회할 테니까.

이분은 관중들이 박수를 쳐 주는 게 좋대요. 나 자신한테 쳐 주는 박수가 아니라 내가 했던 제스처나 내가 맡은 배역에 대한 박수인데도 좋으신 거예요. 그런데 뭐 어때요? 나에게 쳐 주는 박수가 아니라 내 연기에 박수를 쳐 주는 박수라도 좋은 거잖아요. 박수를 받는 연극배우가 되셔야 하는 거예요. 그 나머지 조건들은 암벽을 타고 올라갈 때 나오는 힘든 코스들이에요. 무슨 소리인지 아시겠죠? 그리고 배우가 되어서 무대에 선 그날, 공연이 끝나고 혼자 카페에 가서 맥주를 마시든 커피를 마시든 하실 거예요. 그때 '이게 다야' 이런 생각이 들 수도 있고, '근사한걸. 이제 시작이야' 이렇게 될 수도 있는 거죠. 전자라면 그냥 배우가 멋있어 보여 흉내를 내 봤다는 것을 알게 된 거고, 후자라면 정말 배우가 되는 것이 내 꿈이라는 것을 알게 된 거죠. 다행히도 배우가 내 꿈이라는 확신이 생긴다면, 이분은 배우로 크게 성공하시게 될 겁니다.

지금 중요한 건 이분이 투정을 부리고 있다는 거예요. 다 투정이에요. 두 번째 단계에 있는 사람에게 주어지는 저주죠. 꿈이 생기면 현실이 들어오니까요. 그런데 꿈을 가진 자들이 겪는 이런 고민들, 이것도 없는 사람도 있어요. 에스컬레이터에 탄 사람처럼 사는 사람들도 있어요. 에스컬레이터에 올라타고 그냥 풍경 보듯이 주르륵 올라가는 사람들이죠. 본인은 지금 자기를 시험해 볼 수 있는 거잖아요. 행복하신 거예요. 배우로 무대에 서는 그날 아실 거예요. 식품영양학과 나오셨다고 했죠? 전공 살려서 살면 얼마나 좋아요? 전공 대충 살려서 돈 벌고 살아도 돼요. 그런데 그 삶에서는 사람들이 박수를 안 쳐 주겠죠. '음식의 영양가가 최고네요!' 이러면서 박수 쳐 주진 않을 거 아녜요.(웃음) 지금 괜찮은 거예요. 스물네 살이라 그랬죠? 아이거 북벽을 타고 싶어 하는 그 꼬맹이를 생각해 보세요. 그리고 그 아이거에 올라가세요. 연극배우로 주인공이 되고, 배우가 되어서 공연을 하세요. 관객이 다 돌아가고 혼자 남았을 때, 그때 알게 될 거예요. 그때 연극 그만두고 영양사가 될 수도 있고, 그때 진정으로 배우로서의 삶이 시작될 수도 있어요.

애인의 꿈, 어디까지 도와줘야 할까요?

✦

혼기가 찬 커플이 서로의 꿈을 찾는 일을 어디까지, 어떻게 도와주는 게 좋을까요? 저는 서른 살의 여자이고 제 남자 친구는 서른 두 살입니다. 남자 친구는 현재 학원 강사로 일을 하고 있는데, 얼마 전 로스쿨 입학에 필요한 법학적성시험을 치르고 결과를 기다리는 중입니다. 남자 친구는 법학을 전공했는데도 경제적인 사정으로 사법시험에 제대로 도

전해 보지 못했던 게 아쉬움으로 남았던 것 같아요. 그리고 개인적인 법적 분쟁에서 승소하기도 하면서 그 일에 소질이 있다는 생각이 들었던 모양입니다. 변호사가 되면 60세 이후에도 일하기에 유리할 것 같다고 합니다. 그래서 저도 도전해 보라고 했습니다. 그런데 로스쿨 준비를 하기 전에는 손해사정사라는 다른 자격증 시험을 준비했었거든요. 은퇴 이후 일하기 유리하다는 것과 캐나다 이민 가능 종목이라는 것 때문에 준비를 했었는데, 결과적으론 안 되었고요.

꿈을 찾는 건 좋은 거고, 저도 사회 진출이 늦은 만큼 남자 친구가 이해도 되고 응원도 해 주고 싶습니다. 하지만 고정 수입을 예측하기 어려운 것을 언제까지 이해해야 되는 것인지, 만약에 이번에 로스쿨에 입학하지 못한다면 한 번 더 도전할 기회를 줘야 하는 것인지, 로스쿨에 입학을 해서 장학금을 받지 못한다면 그 등록금을 결혼해서 제가 감당해야 하는 것인지, 언제 돈을 모아서 결혼할 수 있을지 고민이 많습니다. 이런 저의 고민들을 남자 친구도 당연하다고 생각할까요? 이런 제 마음을 어떻게 하면 남자 친구 기분을 상하지 않게 말할 수 있을까요?

이거 환장하죠. 상대방이 자신에게는 별다른 도움이 안 되면서, 자기 꿈 찾아가는 데 도와달라는 거잖아요. 참고로 말씀드리자면 지금 변호사 되어도 돈을 못 벌어요. 너무 많이 뽑아서. 그러니까 사법시험 보는 게 비전이 있는 것도 아니에요. 시험에 통과를 해도 사법연수원 가면 전쟁이에요. 사법연수원 성적으로 그 다음이 다 결정되거든요. 성적이 좋아야 판검사가 되고 로펌에 들어가려고 해도 성적이 엄청 좋아야 돼요. 사법연수원 성적이 어정쩡한 사람은 뭐하겠어요. 요새는 사법연수원 들어가도 애매하거든요.

어쨌든 남자 친구는 여자 친구의 이런 고민을 절대로 당연하다고 생각하지 않을 거고요, 분명 '너는 사랑하지 않는 거지?'라면서 기분 나빠할 거예요.(웃음) 지금 두 분 모두 사랑을 감당하기에는 너무나 어린 것 같아요. 이분이 남자 친구를 도와주는 게 두려운 건 도와준 만큼의 대가가 돌아오지 않을 것 같다는 생각 때문이잖아요. 그러니 둘 다 지금 사랑의 제스처를 취할 뿐 진짜 사랑은 하지 못하고 있는 거죠. 사랑하는 사람에게 어떤 대가를 요구하는 여자분이나, 사랑하는 여자에게 무언가 도움이 될 일을 하지 않으려는 남자분이나 마찬가지예요. 사랑하는 사이라면 그냥 주는 거죠. 무슨 상관이겠어요? 그런데 남자 친구가 판검사니 변호사니 되면 수입이 좋을 것 같단 말이죠. 이게 아주 복잡한 거예요. 그런데 이 남자 친구가 사전 경력이 있죠. 손해사정사 시험도 그만뒀잖아요. 이분 질문을 보세요. 고정 수입을 예측할 수 없는 것을 언제까지 이해해야 되냐, 등록금은 결혼해서 내가 감당해야 되냐 뭐 이런 거잖아요. 개를 키울 때 내가 밥을 준다고 개가 청소를 해야 되나요?(웃음) 아니잖아요. 남자 친구도 여자 친구를 위한다기보다는 자기 세계에 그냥 머물러 있는 사람인 것 같아요. 여자 친구를 제대로 사랑하지는 않는 것 같아요. 어쩌면 다른 여자여도 비슷한 반응을 보일 수도 있지요.

어쩌면 모든 젊은 커플들이 겪을 수밖에 없는 고뇌라고 할 수 있죠. 내 남자 친구가 계속 돈을 못 벌면 여러분은 어떻게 감당하실 것 같아요? 언제까지 도와줄래요? 남자 친구가 중국집에 가서 자꾸 곱빼기를 먹어요. 얻어먹는 주제에. 이렇게 되면 처음에는 괜찮았더라도 슬슬 얄미워지기 시작한다고요. 여러분 언제까지 곱빼기 사 줄 거예요? 우리는 사랑할 때까지 사 주는 거예요. 사랑할 때까지. 사랑 안 하면 투자가치가 없잖아요. 언제까지 애완견한테 밥을 줘요? 사랑할 때까지 주죠. 사랑하지 않으면 관악산에 버리잖아요. 관악산에 버려진 개들이 너무 많아요. 새끼 곰인가 하고 봤더니 퍼그예요. 산에 왜 버렸겠어요? 더 이상 먹이 주는 게 아까워진 거죠.

그게 우리의 잣대예요. 그런데 이분은 지금 생각을 하시잖아요. 수입이나 등록금 같은 걸 생각하시잖아요. 사랑이 식은 거예요. 더 가지 마세요. 관계를 더 유지하는 이유는 딱 하나일 거예요. 사랑이고 나발이고 사법고시 붙은 사람이 좋다는 거예요. 경제적 이유인 거죠. 사랑이라고는 하지 말자고요. 애완견 키우는 거랑 비슷해요. 애완견을 키울 때 애완견 화장실을 청소해 주면 애완견이 고마워할 수도 있는데 고마워하지 않아도 되는 거잖아요. 이런 게 사랑이잖아요. 여러분은 어떻게 사랑하세요? 도와주면 좋고, 안 도와줘도 내 옆에 있는 것만으로 예쁘다는 생각이 들면 사랑하는 거예요. 굳이 일하지 말고 쉬라고 그랬는데 나가서 돈을 벌어 오면 고마운 거죠. 가령 사랑하는 남자가 직장이 없어서 집에 있으면 꼭 여자가 나가면서 그러죠? 청소라도 하고 있으라고요. 이럴 때 집에 남아 있는 남자의 마음은 어떨 것 같아요? 열심히 청소를 해야겠다고 생각하겠죠. 그러면 남자에게 전업주부라는 직업이 생기는 거예요. 그러니까 청소하고 있으라는 그 한마디를 하면 안 돼요. 차라리 호주머니에 있는 돈을 주면서 영화 좀 보라고 해야죠. 그거를 해 줘야 남자가 이 여자한테 밥을 사 주고 싶어서 일을 구해요. 사람은 사랑하는 대상이 생기면 그 사랑하는 대상을 위해 경제 활동을 하려고 한다고요. 이건 과거 원시인들도 기꺼이 했던 거죠.

진짜 사랑하는 게 있으면 다른 희생을 감내하더라도 사랑하는 대상에 집중을 하거든요. 그래서 어쨌든지 간에 본인에게는 안쓰러운 이야기지만 두 분 다 사랑하는 것 같지는 않아요. 두 분 다 아직 너무 어려요. 돈 많이 벌어다 주는 남자면 좋아요? 그러면 좋은 관계가 될 것 같아요? 이럴 때 우리는 심각해지는 거예요. 결국 그 남자가, 그 여자가 아니고 상대방이 가져온 돈이 중요한 거잖아요. 그러면 우리는 사랑을 하는 게 아니죠. 그냥 사회적인 관계를 맺고 있는 거예요. 만약에 그런 대상과 성관계를 가지면 난 매춘을 하고 있는 거예요. 스스로를 비하하게 된다고요. 결국 우울하고 남루한 삶만 남을 거예요.

10년간의 수험 생활

서른네 살의 취업 준비생입니다. 10년간 감정평가사 자격증을 준비했고, 올해 시험을 본 후 공부를 그만두고 취업을 준비하고 있습니다. 어릴 때 빡세게 공부해서 자격증 취득하고 하고 싶은 것 하면서 살자는 마음으로 시험을 준비했어요. 빨리 합격할 수 있을 것 같았습니다. 그렇게 4년을 열심히 공부했는데 아까운 점수 차로 떨어졌습니다. 분명히 합격할 것이라고 생각했는데 막상 떨어지고 나니 그 충격이 상상을 초월했습니다. 하루하루 심장이 갈리는 것 같은 느낌이었어요.

그 와중에도 먹고는 살아야 했기에 학원 강사로 취직했어요. 하지만 아이들과 부대끼면서 생각했습니다. 아무리 목구멍이 포도청이라지만 이 일을 하는 것보다는 굶는 게 낫겠다고요. 시험에 대한 아쉬움도 있었기에 공부를 다시 시작해 5년을 더 공부했습니다. 하지만 공부는 생각만큼 잘되지 않았습니다. 만나는 사람들에게 예민하게 굴어서 인간관계에도 문제가 생겼고요. 내가 좋아서 시험을 준비하는 거라고 생각했었는데, 어느새 내가 이 시험을 선택한 건지 선택지가 별로 없어서 시험을 준비하는 건지 모를 지경이 되어 버렸습니다. 올해 시험을 보기 1주일 전, 그냥 이때까지 견뎌 온 것만으로 나는 위대하다는 생각이 들었습니다. 나는 여기까지인 것 같다고요. 이제 그만할 때가 되었다고 생각했습니다. 그런데 시험을 포기하면 시원할 것이라고 생각한 것과 다르게 아직까지도 조금은 헛헛합니다. 저 잘하고 있는 거 맞겠죠?

아뇨. 감정평가사 자격증을 따셔야 돼요. 그리고 그 다음에 버려야 돼요. 선택의 여지는 없어요. 지금 이분은 오만 가지 생각을 다 해요. 헛헛한 기분이 드는 건 당연하죠. 산에 올라가려고 했고 올라가려는 준비를 했는데 자신이 없어진 겁니다. 그러니 스스로 합리화를 시도하는 거죠. '올라가도 의미가 없어. 어차피 내려갈 텐데 뭐하러 올라가?' 그러나 스스로는 알죠. 그건 좌절을 정당화하는 거라는 사실을요. 헛헛한 느낌은 이래서 발생하는 겁니다. 이런 헛헛한 느낌이 평생 이분을 위축시킬까 봐 걱정이 됩니다. 감정평가사 자격증을 따시고 그 합격증이 오면 찢어 버리세요. 그래야 위대해지는 거예요.

이분이 자꾸 시험에 떨어지는 비밀에 한 발 더 다가가도록 하죠. 핵심은 이미 이분의 고민에 다 나와 있어요. "내가 하고 싶은 것을 하면서 살자는 마음으로 시험을 준비했어요." 흥미로운 것은 이분이 고민을 상담하실 때, 정말로 자신이 하고 싶은 것이 무엇인지는 말하고 있지 않아요. 그런데 추측하건대, 그건 아이가 북벽을 오르는 것처럼 도달하기 힘든 꿈은 아닌 것 같아요. 그냥 술 마시고, 여행 다니고, 멋진 이성과 연애를 하는 것 등등. 뭔가 쾌감도 있고 편안함도 있는 그런 것일 겁니다. 그렇지만 이것을 과연 꿈이라고 할 수 있을까요? 거의 동물적인 수준의 만족을 추구하는 것 아닐까요? 사실 그래서 이분이 자격증 시험을 준비한 건지도 모르죠. 가장 편하게 돈 버는 방법으로 자격증 시험을 준비하는 거니까요.

제가 말하려는 것은 '내가 하고 싶은 것'에 대한 절실함이 있어야만 한다는 겁니다. 그러면 아마도 이분은 더 시험에 몰두했을 겁니다. 그런데 '내가 하고 싶은 것'이 안일한 쾌락이나 편안한 나태 정도로 막연한 것이라면, 시험에 몰두하는 것은 정말 어려운 일입니다. 시험은 안일한 사람이나 편안함을 추구하는 사람에게는 감당하기 힘든 고통이니까요. 결국 마음먹은 대로 편하게 살기 위해 시험을 준비하는 사람들은 시험에 실패하기가 매우 쉽습니다. 이미 기질적으로 편하게 살려는 사람이 어떻게 인내를 요구하는 시험에 제대로 올인할 수가 있겠어요? 힘든 일이죠. 힘들 때마다 또 시험에 합격해서 돈도 명성도 여자도 얻는 백일몽에 빠지게 될 겁니다. 물론 백일몽에 빠진 순간, 그만큼 우리는 시험공부에 몰입할 수는 없을 겁니다.

그렇지만 '내가 하고 싶은 것'이 구체적이고 절실했다면, 우리는 그것을 실현하려는 준비를 철저하게 갖추게 될 겁니다. 이건 이분만의 문제가 아닐 거예요. 이 점을 자격증 준비를 생각하시는 분들은 모두 스스로 점검해 보셔야 해요. 사랑하는 여자와 아이를 위해 처절하게 동물을 사냥하는 어느 원시인의 절절함을 떠올려 보세요. 사냥에 실패하면 가족이 굶을 수 있다는 그 절절함을 말입니다. 결국 일신의 편안함 때문에 자격증을 따려는 분들에게는 절실함이 결여되기 쉬워요. 홀로 편안하게 살겠다는 생각을 접고, 누군가를 사랑하세요. 그 사람이 부모여도 좋고, 애인이어도 좋고, 더 위대하다면 가난한 이웃이 될 수도 있겠죠. 자신만이 아니라 타인을 사랑하려고 여러분들이 노력할 때, 그 노력은 결실을 맺을 가능성이 많아질 겁니다. 제발 자기만을 사랑하지 말고, 타인을 사랑하세요.

꿈이라는 것, 꼭 있어야 할까요?

스물여덟 살의 남자입니다. 저는 살아오면서 꿈을 꾼 적이 없습니다. 꿈이라는 게 허황되거나 의미가 없다고 생각하는 쪽입니다. 미래의 희망도, 과거의 기억도 그리 중요하게 생각하지 않습니다.
그림 그리는 것을 좋아해 미대로 진학을 했지만 막상 대학에서 배우는 것이 제가 생각했던 것과는 달라 1년 만에 학교를 그만두고 군대로 도망치듯 떠났습니다. 이때부터였을까요? 저는 선로를 이탈한 기차마냥 세상과 점점 멀어지는 기이한 느낌을 받았습니다. 주위에선 걱정을 많이 했습니다. 꿈이 없다는 건 행복을 저버리는 것이라고 말했던 사람도 있었고, 목표 없이 인생을 사는 건 올바르지 못하단 말도 들었습니다. 다행히 지금 큰 문제없이 열심히 살고 있습니다. 벌이는 얼마 되지 않지만 일도 하고 있고요.

그러나 아직도 저는 꿈이 없습니다. 되고 싶은 것, 바라는 이상향도 없습니다. 세상에 무언가 남기고 싶은 생각도 없고요. 대신 저는 제가 하고 있는 것, 현재 나에게 주어진 것에 집중하고 싶습니다. 제가 좋아하는 일을 하고, 좋아하는 여행지로 떠나고, 좋아하는 음악을 듣고 할 수 있는 한 최대한 즐기며 살고 싶습니다. 과연 꿈이 있어야 잘 사는 것일까요? 사람이라면 꿈이 있는 것이 당연하다고 하던데 그럼 저는 사람이 아닌 걸까요?

드디어 훌륭하신 분이 왔어요. 잘 살고 계신 거예요. 잘 살고 계신데 왜 상담을 신청하신 거예요?(웃음) 주변을 둘러보면 모든 사람들이 꿈이 있는 것처럼 보여요. 꿈이 있어서 미래에 사로잡혀 분주히 살아가는 사람을 보면 뭔가 불안하실 거예요.

주변을 둘러보면 모든 사람들이 꿈이 있는 것처럼 보여요.
꿈이 있어서 미래에 사로잡혀 분주히 살아가는 사람을 보면 뭔가 불안하실 거예요.
'나는 지금 미친 거 아닌가' 이런 생각이 들고요. 그런데 그 사람들이 미쳐 있는 거예요.
자신들의 꿈이 자기 삶을 옥죄고 있는 걸 몰라요.

'나는 지금 미친 거 아닌가' 이런 생각이 들고요. 그런데 그 사람들이 미쳐 있는 거예요. 자신들의 꿈이 자기 삶을 옥죄고 있는 걸 몰라요. 이분은 비범하게 잘 살고 계신 거예요. 이분이 쓴 걸 보세요. "되고 싶은 것, 바라는 이상향도 없습니다. 세상에 무언가 남기고 싶은 생각도 없고요. 대신 저는 제가 하고 있는 것, 현재 나에게 주어진 것에 집중하고 싶습니다." 해탈하신 거예요. 그렇게 사시면 돼요.

이런 분이랑 연애를 하셔야 돼요. 여러분이 앞에 있을 때 이분은 여러분한테 집중할 거고요, 자신이 할 수 있는 최선을 다해서 여러분한테 몰입할 거라고요. 그런데 여러분이 구하는 사람들은 대개 '잠시만, 오늘은 만날 수 없어. 내일 시험이 있거든', '잠시만, 내일 내가 중요한 거래처에 미팅이 있거든. 나 오늘은 안 돼' 이런 사람들이죠. 그러면 또 여러분은 그러라고 해요. 바보인 거예요. 물론 돈이 목적이면 그렇게 하시면 돼요. '남자가 열심히 일해서 돈을 벌면 내가 회수한다' 이러면 괜찮아요. 이런 목적이면 되는데 그걸 사랑이라고 착각하진 마세요.

다만 꿈을 꾸지 않는다는 것을 걱정하는 것만 버리시면 돼요. 꿈을 꾸지 않기 때문에 현재에 집중할 수 있는 거예요. 이렇게 현재에 집중하고 있는 사람이 행복한 사람이거든요. 우리가 모두 이런 가치들을 가지고 있게 되면 보험 회사는 다 붕괴돼요. 보험을 들 이유가 없거든요. 앞으로의 일이 어떻게 될지 안다고 보험을 들어요? 우리가 현재에 집중을 하면 자본주의도 우리를 현혹시키지 못하고, 당연히 우리는 경쟁을 할 필요도 없어요. 미래를 걱정하지 않는데 경쟁할 게 뭐가 있겠어요? 학교에서 선생님한테 '오늘은 영월에 가서 좀 놀다 올래요' 이러고 가는 거예요. 우리가 이런 가치들을 많이 가지게 될 때 행복해지거든요. 그러니까 꿈을 꾸지 않는다는 걸 걱정하는 것만 버리시면 돼요. 그러면 더 훌륭해지실 거예요.

'좋은 사람'이 되고 싶어요

저의 꿈은 '좋은 사람'입니다. 저는 항상 착한 딸, 예의 바른 여자 친구, 친절한 누구누구 씨로 불리길 바랐습니다. 그러기 위해 저는 제 욕망, 생각, 편의를 우선시하기보다는 착하고, 예의 바르고, 친절하고, 선량한 사람이 되기 위해 노력했습니다. 그렇지만 꿈은 현실이 되지 못했습니다. 좋은 사람이라는 꿈을 갖고 있는데도 인간관계가 좋지 않았습니다. 그래서인지 그 꿈이 너무나 버겁습니다. 꿈이 제 삶의 방향이나 동기가 되지 못하고, 오히려 저의 부족하고 나약한 부분을 파헤칩니다. 자꾸 저는 한계에 직면하게 됩니다.
박사님의 강의를 들으면서 좋은 사람이 될 필요 없이 욕망에 솔직해지고 현재를 놓치지 말아야겠다는 마음이 생겼습니다. 제 주관을 찾다 보니 그동안의 관계가 가면에 의한 형식적 관계였음을 알았습니다. 가족들 앞에서 착한 딸의 가면을 벗었고, 20년 지기 친구와는 싸우고 냉전 상태에 있고요. 지도 교수와도 결별했습니다. 그렇다면 이제 좋은 사람이 되고 싶다는 꿈을 놓아야 할까요? 성인군자답게 사회에 기여하고 평화를 만들어 가며 살고 싶었던 저의 꿈이 의미가 있긴 한 걸까요? 박사님의 강연을 들으면서 인간에 대한 저의 관점이 잘못된 게 아니었나 하는 생각도 들었습니다. 그렇다면 어떻게 해야 할까요?

나는 '누구'에게 좋은 사람이려고 했는지를 항상 되물어 보셔야 합니다. 나에게 좋은 사람이려고 했는지, 타인에게 좋은 사람이려고 했는지를 생각해 보셔야 해요. 왜 좋은 사람이 돼야 해요? 나쁜 사람이 되어야죠. 착한 딸이 되면 누가 편한가요? 어머니가 편하죠. 예의 바른 여자 친구가 되면 누가 편해요? 남자 친구가 편해요. 좋은 사람이 되고자 한다는 건 꿈이 아니에요. 왜 좋은 사람이 돼야 해요? 남한테 인정받고 칭찬받으려는 거잖아요? 갈등은 거기서 생기는 거예요. 다른 사람한테는 나쁜 사람으로 보이는 것이 본인의 진짜 모습일 수 있습니다. 그리고 그 모습을 본인이 사랑해야 되죠. 좋은 사람이 되면 안 돼요. 여러분은 무조건 나쁜 사람이 되어야 합니다.

나쁘다는 건, 타인이 봤을 때 나쁘다는 거예요. 타인의 입장에서 불편한 거고요. 상대방 말을 그냥 들어주면 되는데 꼬치꼬치 따지는 거예요. 어머니가 잔소리 못 하게 하는 방법 가르쳐드려요? 어머니가 5분 잔소리하면, 50분을 이야기하면 돼요.(웃음) 그러면 나쁜 딸이 돼요. 어머니가 처음에는 막 화를 내요. 그러다 슬슬 시간이 지나면 이야기를 안 하실 거예요. 대학에서 교수가 뭐라고 할 때 있죠? 교수가 박사 학위 논문 심사장에서 20분 지적하면, 네 시간 답을 하는 거예요.(웃음) 그럼 절대 이야기 못 해요. 나빠진다는 것, '싫다'고 말한다는 건 비범한 사람이 된다는 거예요.

사람은 다 생각이 다르잖아요. 내 감정과 내 느낌과 내가 좋아하는 것은 항상 타인과 달라요. 내 생각을 주장하면 다른 사람은 자기 생각을 포기해야 되죠. 그러니 당연히 싫어하는 겁니다. 여행을 갔다고 생각해 봐요. 같이 간 친구가 '어디로 갈까? 쇼핑몰로 갈까, 유적지로 갈까?' 이래요. 친구는 쇼핑몰을 가고 싶어 해요. 착한 사람은 쇼핑몰을 따라가죠. 그러고는 나중에 혼자 그러죠. '난 유적지 가고 싶었어.'(웃음) 좋은 사람이 되고 싶다는 꿈을 꾸면 다른 사람이 편해요. 중요한 건 이 꿈이 본인의 꿈이 아니라는 거예요. 주변 사람들이 원하는 꿈을 가지신 거예요. 말 잘 듣는 딸, 얼마나 좋아요. 아이가 대소변을 가리면 누가 편해요? 어머니가 편하죠.(웃음) 여러분은 어떠세요?

인간과 개만 변비가 있어요. 사회 생활을 하는 존재들은 변비가 생겨요. 타인의 편안함을 위해 스스로 똥을 참아서 생기는 거니까요. 여러분은 언제부터 변비가 생겼나요? 어렸을 때 변비가 있었어요? 없었잖아요. 지금도 싸고 싶을 때 막 싸면 돼요. 언제 밥 먹어야 되는지 아세요? 배고플 때 먹으면 돼요. 세 끼 먹을 필요 없어요. 왜 세 끼 먹는 줄 아세요? 어머니 편하시라고요! 밥 먹을 시간이 되면 배가 아직 안 고픈데도 식사를 하잖아요. 그게 습관이 되죠. 습관이 되면 편해요.(웃음) 직장 생활을 하시는 분들이 12시에 개떼같이 몰려서 식당에 들어가는 걸 보면 불쌍하다는 생각이 들어요. 유년 시절에는 가족에 맞추어 밥을 먹었는데, 이제 회사에 맞추어 밥을 먹으니까요. 우리는 그런 존재거든요. 어머니가 왜 자기 입맛에 자식을 길들여요? 그래야 편해요. 우린 그렇게 자란다고요. 어머니가 원하는 게 뭐죠? 집 청소 깨끗이 하는 거잖아요. 안 하면 어머니가 청소해야 하거든요. 그런데 딸이 청소한다? 착한 딸이에요. 이 딸은 어머니가 돌아가셔도 방 청소를 할 거예요. 저는 책들이 무너졌을 때, 손님이 오거나 친구가 왔을 때만 청소해요. 앉을 자리는 마련해야 되잖아요.(웃음) 언제 청소를 해야 하는 거예요? 이유가 있을 때 해야 돼요. 이유가 없는 행동들은 위험해요. 습관적인 행동들은 대개 유년 시절의 지배를 받은 것이죠. 어머니가 돌아가셨으면 이제 막 어지르고 다니면 되잖아요. 그런데 어머니가 여러분 마음속에 살고 있어요. 어머니가 마음속에서 외치는 거죠. '나의 영원히 착한 딸아, 치우거라.'(웃음)

지금 좋은 사람이 되는 게 본인의 꿈은 아니라는 이야기를 드린 거예요. 나의 욕망과 나의 편리함을 누르고 있는 거잖아요. 집에선 편해야죠. 항상 가치 기준은 '나에게 좋냐, 나쁘냐'예요. 제가 〈몸〉 편 상담할 때 '굿Good'이냐 '배드Bad'냐가 기준이 되는 거라고 말했던 것 기억하시나요? '굿Good'과 '에빌Evil', 즉 선과 악은 타인이 기준이 되는 거라고 이야기했죠. '나쁜 딸이야', '나쁜 아이야' 이런 이야기를 들어도 돼요.

〔저도 개인주의적이긴 한데요. 인간은 혼자 사는 존재가 아니잖아요. 사회적인 존재이고 관계에서 기쁨을 느낀다고 생각해요. 언제나 자기 욕망대로 살 순 없잖아요. 배려도 해야 되고요.〕 강하세요? 강한 자만 배려하는 거예요. 약한 자가 하는 배려는 배려가 아니에요. 눈치 보는 거예요. 단어를 함부로 쓰지 마세요. 그래서 비트겐슈타인Ludwig Josef Johann Wittgenstein 같은 철학자들이 단어의 오용 때문에 우리가 잘못된 착각을 한다고 그랬던 거예요. 남한테 굽실굽실하고, 남에게 쫄아서 하는 행동을 배려라고 하지 않아요. 배려라는 단어를 쓰면 안 돼요. 할 수도 있고 안 할 수도 있는데 하는 걸 배려라고 해요. 사회적인 거요? 글쎄 모르겠어요. 강한 사람만이 당당하게 사회 생활을 할 수 있어요. 혼자 있을 수도 있고, 타인과 함께 있을 수도 있어야 강한 사람이고 어른인 거니까요. 반면 약한 사람은 항상 패거리에 휩쓸려 자신만의 기쁨과 행복을 기꺼이 희생해요. 그걸 배려라고 자위하면서 말이에요. 사실은 남의 칭찬을 받으려고 하고, 남의 욕이 무서워서 그러는 것인데 말이에요. '혼자 있을 수 있

는 사람만이 진정으로 당당하게 타인과 함께 할 수 있다!' 이 말을 잊지 마세요.

타인의 입장에서 한 가치 평가가 선악이라고 말씀드렸어요. '이 사람은 선한 사람이야. 이 사람은 악한 사람이야' 이건 타인의 평가예요. 내가 평가하는 건 '굿과 배드'라고요. '좋아, 나빠' 이 느낌이에요. 그런데 '내가 좋아!' 이럴 때, 다른 사람이 '나와 다른데?' 이럴 수 있죠. 내가 좋은 것과 남이 좋은 게 같을 수가 없죠. 당연해요. 그런데 이럴 때 내가 좋은 걸 관철하면 나는 '나쁜 년'이 되는 거예요. 완전히 좋은 사람이 되는 순간 본인의 욕망도, 의견도, 편안함도 포기하는 거예요. 포기하면 죽은 거예요. 군바리가 되는 거예요. '까라면 까는' 사람이 되는 거라고요. 진짜 좋은 사람이 되어 버리면 그래요. 좋은 사람이 되면 안 돼요. '나의 꿈은 타인에게 나쁜 사람이 되는 것'이라고 모토를 삼으세요. 하지만 이 나쁜 행동이 본인에게는 좋은 겁니다.

〔저는 어렸을 때부터 마더 테레사 같은 사람이 되고 싶었는데요. 조금 힘들어도 참을 만하면 그걸 견디고, 대신 다른 누군가가 웃고 편한 데서 만족감을 얻고 싶었어요.〕 거꾸로 생각하세요. 사랑하는 사람이 생기잖아요? 그러면 기꺼이 힘든 걸 선택하실 거예요. 본인이 무거운 걸 감당하고 배고픔을 감당했다고 해서 그 상대를 사랑하는 건 아니에요. 그건 그냥 자기를 고문하는 거예요. 어떤 사람을 아끼면 힘든 걸 감당하게 돼요. 사람은 사랑할 때 힘든 걸 감당해요. 테레사가 어떤 사람을 돌봤

을 때는 그 사람을 사랑한 거예요. 많은 고통을 감당하는 숭고해 보이는 그 모습은 테레사가 사랑을 했기 때문에 가능한 거예요. '난 남자 하나 사랑하기 힘든데 저 사람은 어떻게 수백만 명을 사랑했을까?' 그래서 우리가 테레사를 존경하는 겁니다.

사람들을 그만큼 사랑하세요? 아니잖아요. 사랑하게 되면 그렇게 될 수는 있지만 그렇게 했다고 해서 누굴 사랑하는 건 아니에요. 그런데 이분은 테레사를 흉내 내면서 잠을 안 자고 누군가를 기다리고 있는 거라고요. '내가 잠을 참는 게 당신에 대한 사랑이에요.' 이러는 거라고요. 그러면 그 사람이 그럴 거예요. '아줌마 주무세요. 제가 잠을 못 자겠어요.' 상대에게는 부담으로 온다고요. 테레사의 그 숭고한 모습은 사랑하면 생기는 거예요. 의무감으로는 할 수 없는 일이에요. 여러분이 아주 비천해 보여도 진짜 사랑하는 무언가가 있으면 그런 숭고한 모습이 나와요. 희생이 아니라 행복하게 타인을 위하는 것이죠.

그런데 '굿'과 '배드'가 있어야 본인이 사랑을 할 수 있는 거잖아요. '이 개가 좋아', '누가 좋아' 이런 게 있어야 하는 거죠. 이분은 굿과 배드가 없는 거예요. 다른 사람이 봤을 때 숭고해 보이는 모습만을 취하려고 하는 겁니다. 그래야 사람들의 칭찬을 받을 수 있다는 어린아이와 같은 마음이 무의식적으로 작동하고 있는 거죠. 그러니까 테레사처럼 되고 싶다는 것도, 좋은 사람이 되고 싶다는 꿈과 같은 거예요. 되지 마세요. 차라리 이렇게 생각하세요. 어른이라면 한 번쯤은 본인이 '굿'과 '배드'를 평가해야 한다고요. 여러분 친구 만날 때 다른 걸 먹고 싶은데도 친구가 먹자고 하는 음식 먹을 때 많죠? '그래? 넌 스파게티 먹어. 30분 뒤에 여기서 만나자. 나는 볶음밥이거든' 이렇게는 못 해 봤죠? 한 번이라도 해 봤어야죠. 하실 수 있겠어요?

〔그렇게 했더니 모든 인간관계가 정리됐어요〕 정리가 돼야 해요. 쓰레기 같은 관계들이 정리되고 빈손이 되어야 다른 걸 잡는 거예요. 정말로 '굿'과 '배드'로 사시게 되면, 기존 관계는 다 정리됩니다. 그러니 순간적으로 외로움이 밀려들겠지요. 왕따가 된 것 같기도 하고. 그렇지만 본인의 '굿'과 '배드'를 인정하는 사람들이 점점 자기 주변에 모여들 거예요. 마침내 새로운 인간관계가 맺어지는 거죠. 이혼을 해야 새로운 남자도 만나는 것 아닌가요? 순간적으로 외로울 것 같아 이혼을 하지 않는 것보다 소심한 일이 또 있을까요? 어쨌든 '굿'이냐 '배드'냐, 이것이 기본이에요. 좋은 사람이 되고 싶은 꿈을 접으세요. 거꾸로 자신의 욕망, 의견, 편의를 위해서 사세요. 그렇게 사는 건 진짜 힘들어요. 우리 사회가 얼마나 권위적인지 알게 돼요. 자신의 의견을 피력하면 힘들어지고 자신의 욕망을 꺾어야만 생계를 유지할 수 있다는 걸 그때 되면 알게 돼요. '내 이 굴욕을 반드시 이기리라. 어떻게 하면 이길까?' 그렇게 하나씩 개척해 나가시길 바랍니다.

〔저는 제가 이기적이라고 생각해요. 주로 제 감정이라든가 직관적으로 와 닿는 것들을 많이 따르는 편이에요. 그리고 저에

게 그것들이 바람직하게 작용했다고 생각해요. 그런데 저에게 '굿'이 되는 어떤 것이, '굿과 에빌'의 관계에서도 '굿'이 될 수도 있지 않을까요? 가령, 여럿이 여행을 갔을 때 같이 있는 공간이 금세 지저분해지잖아요. 그럼 저는 청소를 해요. 그게 윤리적으로 옳다는 생각에서 하는 게 아니라 지저분하고 정신 사나운 상황이 짜증나서 하는 거거든요. '굿과 배드'와 '굿과 에빌'이 충돌 관계이기만 한 건지 묻고 싶습니다.) '굿과 에빌'의 관계에서 '굿'의 행위를 한 건데, 본인은 그걸 '내가 불쾌했으니까'라고 이야기하는 건 아닌가요? '굿과 배드'와 '굿과 에빌'을 보면 '굿'이 같단 말이에요. 그러니까 이것의 가치 평가는 '배드냐, 에빌이냐'에서 나오는 겁니다. 그러니까 어떤 감정이 들 때, 그 대립되는 감정이 '에빌'인지 '배드'인지를 보시면 돼요. 본인이 좋다고 평가를 내린 게 사회적으로 '굿'이라고 평가되는 것과 결합될 때가 있어요. 그런 것들이 윤리적인 행위라서 칭찬을 받거나 혹은 안 하면 안 되는 것일 때도 있어요. 한편으로는 본인이 불쾌해서 한 것일 수도 있고요. 그건 본인만이 알죠. 그게 남의 눈치를 봐서 한 행동인지 아니면 내가 정말 싫어서 한 행동인지를요. 그건 구별이 되니까 별로 어려울 건 없어요. '배드'와 '에빌'의 차이에서 보시면 돼요. 내가 생각하는 '굿'이라는 감정의 반대편이 무엇인지 생각해 보시면 됩니다. 안 하게 되면 욕을 들어서 한 건지, 안하게 되면 불쾌해서 한 건지를 본인이 생각해 보시면 돼요.

한량의 꿈

저의 꿈은 한량이 되는 것입니다. 낮에는 직장에서 적당히 일하다 '칼퇴'해서 저녁에는 친구들을 만나 술 한잔 기울이고, 주말이면 좋아하는 텔레비전 프로그램을 보거나 책을 읽으며 그렇게 적당히 즐기며 사는 것이 제 꿈입니다. 아주 소박하지요. 그렇게 일해서 번 돈으로 연금보험에 가입해 노후에도 그 생활을 계속 영위하는 것이 바로 제 꿈입니다. 적당히 즐기며 살고 싶다는 제 꿈을 이루기 위해선 적당한 곳에 취직을 하면 좋았을 텐데, 그것이 쉽지 않습니다. 문화·예술 쪽 전공자이다 보니 일반 기업 취직이 쉽지 않았습니다. 결국 인맥 위주로 채용을 하는 분야 특성상 선배, 교수의 추천으로 인턴을 시작해 계속 지금의 일을 하고 있습니다. 그런데 지금 일하는 곳의 현실은 주말 없이 밥 먹듯 야근을 하며 박봉을 감내해야 하는 곳입니다. 업무 외에 개인적인 취미 생활을 하는 것은 불가능합니다. 물리적 시간도 경제적 여유도 없기 때문이지요.

예술가가 되는 것이 꿈인 사람도 있겠지만 저에게 예술이라는 건 꿈을 위한 수단일 뿐입니다. 이 일을 하며 적당한 휴식을 즐길 수 있는 여유를 갖는 게 제 꿈이니까요. 그런데 이런 제 꿈은 다른 동료들에게 늘 비난의 대상이었습니다.

왜 비난받아야 하는 걸까요? 업무량과 전문성에 비해 너무나도 낮은 대우를 받고 있으니 더더욱 일과 삶을 통합해 꿈을 향한 열정으로 살아야 하는 걸까요? 왜 어떤 꿈은 옳고 정당하며, 어떤 꿈은 비난받아야 하는 건가요?

한량이 꿈이신데 한량이 되기에는 힘든 곳에서 일하고 계신 거죠. 한량의 꿈은 유지하고 계시죠? 그럼 거기서 나와야 돼요. 거기서 나와야 되는데 그러려면 현실에 대한 계산을 하셔야 해요. '이 코스는 난이도가 심해서 한 번에 올라가기 힘들다. 여기서부터 여기까지는 이렇게 올라가야지.' 암벽 타는 거랑 비슷해요. 정확하게 계산을 해 나가야 돼요. 지금 본인은 문화·예술 쪽에 매달려 있는 거예요. 그런데 한량의 길로, 한량이라는 정상으로 올라가야 돼요. 본인에게 보일 거예요. 이 자리에 있지 마시고 하나씩 하나씩 올라가시면 됩니다. 지금 다른 걸 배워서 자격증 따자는 건 아니죠. 한량이라는 건 날로 먹겠다는 거잖아요. 그러니 힘들게 그 짓을 왜 하겠어요? 지금도 여태까지 대학에서 배운 것과 인맥을 대충 이용해서 돈 벌고 있는 거잖아요. 그게 한량인 거예요. 지금도 훌륭한 한량이에요. 괜찮아요. 물론 지금 조건이 안 좋긴 하지만 그 자리에서 조금씩 올라갈 길을 찾으시면 돼요. 한량이라는 꿈을 포기하실 필요는 없어요.

한량의 길은 힘든 길이에요. 한량은 베짱이거든요. 부모님은 돈이 많으신 편인가요? 부모님 형편이 좋으면 기대기 진짜 좋거든요. 그럼 괜찮아요. 나중에는 여러분이 다 돌봐야 돼요. 미리 뽑아 쓰는 거예요. 그냥 편하게 지금 있는 조건을 다 이용해야 되는 거예요. 게릴라 아시죠? 약한 사람들이 당당하게 살아가는 유일한 방법은 게릴라처럼 사는 거예요. 게릴라는 어떻게 싸워요? 적의 무기를 가지고 적의 식량을 축내면서 적인지 아군인지 모르게 사는 거죠. 진짜 바보들만 시어머니랑 싸워요. 지혜로운 며느리는 그렇게 싸우지 않아요. 시어머니가 헷갈리겠죠. 딸인 것 같으면서 딸이 아닌, 묘한 경계선에 있어야 돼요. 여러분이 어떤 것들에 대처할 때 전면전을 할 필요가 없어요. 전면전을 해야 할 때가 오면 그때 하면 돼요. 전면전을 할 때는 끝장을 낼 때잖아요. 죽일 수 없을 때는 상대방을 공격하면 안 돼요. 상대방의 목덜미를 잡아서 한방에 끝낼 수 있을 때만 공격해야 하는 거예요. 괜히 늑대의 꼬리만 잡으면 아주 복잡해져요. 늑대가 고개를 빙글 돌려서 여러분을 물어뜯을 수 있으니까요. 우리가 당당하게 살아가는 방법은 굉장히 조심스러워야 해요. 단호할 때는 단호해야 되겠지만요. 어쩔 수 없어요. 그렇게 살아가셔야 돼요.

〔부모님한테 기댈 수 있을 때 기대라고 하셨는데요. 《강신주의 다상담》 2권에 보면 부모님한테 돈을 받으면, 부모님이 하는 말을 잘 들어야 한다고 하셨잖아요. 말을 안 들으면 나쁜 거라고요. 부모님에게 기대면서 자기가 하고 싶은 걸 하면 안 되는

건가요?〕 부모님한테 기대니까 말을 잘 들어야 하는 거예요. 아르바이트를 하면 가게 주인이 말하는 거 잘 듣죠? 그런데 더 많은 돈을 받으면서 부모님 말을 안 듣는 건 사기꾼 같은 거죠. 집에서 숙식도 제공받고, 텔레비전도 볼 수 있어요. 이 집은 너무 좋은 집이죠. 그러니까 받은 만큼 해 줘야죠. 그런데 100을 받았으면 100을 돌려줘야지, 200을 돌려주지 말라는 거예요. 부모님에게 기대라고 하는 이야기는 쓸데없이 나가서 고생하지 말라는 거예요. 게릴라처럼 주어진 조건을 다 이용하라는 이야기인 겁니다. 집에 가면 보일러가 돌아가는데 왜 겨울에 밖에 나가 있어요? 집에 보일러가 꺼지면 그때는 나와 살아야 돼요.

나와서 살 수도 있고 들어가서 살 수도 있을 때, 집에 있는 게 편하면 편한 걸 누리라는 이야기예요. 그러면 집에서 청소라도 해야 된다는 거고요. 학생이면 공부하면 돼요. 부모가 원하는 게 공부면 공부를 해 줘요. 독립하면 공부를 안 해도 돼요. 그런데 여러분은 집 나와서 기껏 한다는 게 아르바이트예요. 온갖 구박을 받으면서 아르바이트를 해요. 제 말은 그럴 필요가 없다는 거예요. 성숙한 인간이라는 전제로 이야기하는 거예요. 정확하게 판단을 하는 거죠. '내 삶은 이렇게 가야 되는데 지금 집에서 다니는 게 가장 에너지가 세이브된다' 이런 결정들을 말하는 거예요. 부모님이 여러분을 도와주니까 여러분도 부모님에게 그만큼은 해 줘야죠. 그렇다고 너무 부모님에게 미안해하지는 마세요. 나중에 여러분이 부모님을 돌보게 되어 있어요. 그러니까 지금 열심히 기대세요. 이러면 나중에 조금 덜 속상해요.

기대지 않는 방법도 있어요. 그냥 나오면 돼요. 독립하면 돼요. 독립을 안 했을 땐, 경제적인 편안함이 있죠. 그 대가를 받았으면 부모님께 그 정도는 해 줘야 되는 거예요. 이건 예의예요. 자식의 도리를 이야기하는 게 아니에요. 인간에 대한 예의를 말하는 겁니다. 아무리 그래도 부모가 여러분이 일하는 그 편의점 주인보다 못하다면 집에 있을 수는 없는 거죠. 아니, 있을 필요가 전혀 없는 거죠. 그런 건 정확하게 계산해야 하죠. 성숙한 아이들은 고등학생이라고 해도 부모님이 밥도 먹여 주고 용돈도 준다고 집안일을 해요. 그 아이는 어디 가도 살아요. 그런데 대개 유치한 아이들은 집에서 돈만 받아 쓰려고 하죠. 부모를 우려먹으려고 해요. 성숙한 아이들은 이래요. '제가 설거지 할게요.' 그럴 때 어머니들은 무서워져요. 부채감을 갖지 않으려는 아이가 얼마나 무서운 줄 알아요? '당신 나한테 돈 안 주면 설거지 안 해' 이런 것처럼 어떤 거래 관계가 되는 것 같은 느낌이 드니까요. 아이에게 맹목적인 효도를 강요할 수 없다는 싸한 느낌. 여러분도 경험한 적이 있지 않아요? 밥을 사 주자 바로 다음 날 밥으로 그걸 갚은 후배와는 무언가 가까워질 수 없는 싸한 느낌이 들잖아요.

〔그러면 막 살려면 집에서 아예 나와야 돼요?〕 왜 막 살아요? 집을 나오는 건 잘 살려고 나오는 거예요. 자유롭게 살려고, 내가 결정해서 살려고요. 그걸 왜 막 산다고 말해요? 막 사는 게

아니에요. 누구한테 의지하지 않고 내가 뿌리 내리고 살겠다는 거예요. 가출 안 해 보셔서 그래요. 가출을 해 봤어야 돼요. 어렸을 때 나와서 사는 건 굉장히 힘들어요. 가출을 했다가 집에 들어가는 아이에게는 비장함이 있어요. 그렇게 들어가는 건 부모님한테 효도하는 게 아니에요. 편안함의 대가를 아이가 아는 거죠. 그 아이는 이제 성숙한 거예요. 산에 가서 야영하면서 막 살아 보세요. 막 산다는 건 굉장히 긴장하고 사는 거예요. 힘든 거예요. 아무한테도 보호를 못 받아요. 여러분 스스로를 보호하는 생활이 시작되는 겁니다. 어디든 여러분이 가고 싶은 곳을 갈 수 있지만 발생할 수 있는 모든 위험도 여러분이 감당해야 돼요. 부모랑 같이 여행 다니면 편하죠? 부모가 다 보호해 주잖아요. 혼자 여행 다녀 보셨어요? 막 가는 거예요? 안 그래요. 오히려 부모랑 같이 가는 게 막 여행하는 것에 가까울걸요? '막'이라는 것이 가지고 있는 자유로움을 여러분 스스로 결정했을 때, 그 모든 후유증도 여러분이 감당해야 된다는 이야기를 드리는 겁니다. 누구 욕할 것도 없어요. 내가 결정했기 때문에. 이게 막 산다는 느낌이에요. 그러니까 '막 산다'라는 표현은 조심해서 쓰셔야 하죠.

참, 여기서 한량의 비극을 하나 이야기해 드리죠. 한량은 누구도 사랑하지 않고 누구의 사랑도 받지 않으려고 할 때에만 가능합니다. 그러니까 한량은 고독을 다반사의 일로 껴안고 살아가기로 결정했을 때에만 가능하다는 거죠. 앞에서 편하게 살기 위해 자격증을 준비했지만 뜻대로 안 된 분의 고민을 들었죠. 한량이 꿈인 이분은 그분과 비슷한 딜레마를 가지고 있는 셈이지요. 자기만의 편안함을 추구하는 사람들이 가진 무기력함, 혹은 헛헛함을 감당해야만 할 거예요. 자신 있으세요? 만일 자신이 없다면, 차라리 누군가를 사랑하세요. 그러면 어떤 생계 활동을 해도 더 치열하게 삶을 살아갈 수 있을 테니까요. 풍류의 시인 이태백李太白처럼 한량이 된다는 건, 아무나 할 수 없는 일이니까요.(웃음)

꿈을 향한 여정에서 빠져나갈 구멍 만들기

저는 배우 지망생입니다. 최소한의 아르바이트를 하면서 배우 생활을 병행하는 것과 버틸 수 있을 때까지 올인해 보는 것 중에 어떤 선택을 하는 게 옳을까요? 빠져나갈 구멍을 만들어 놓는 게 나쁜 건가요?

빠져나갈 구멍을 만들면 그곳으로 빠져나가게 되어 있어요. 그게 항상 비겁한 구멍이라고요. 예를 들면 이런 거죠. 누가 여러분에게 '사랑해'라고 말해요. 그래 놓고 분위기가 이상해지니까 '농담이야. 왜 그렇게 긴장해' 이럴 때 있죠? 그럴 때 관계가 더러워져요. 아무 결과가 안 나와요. 시간 낭비하는 거예요. 빠져나갈 구멍을 만들었잖아요. 빠져나갈 구멍이 있으면 그쪽으로 빠져나가게 돼요. 이게 위험한 거예요. 빠져나갈 준비를 다 갖춰 놓고 있는 거예요. '네가 한 번만 거부해라. 나는 구멍으로 간다' 이렇게 되는 거죠. 매사에 빠져나갈 구멍을 만들게 된단 말이에요. 한 번 만들기 시작하면 계속 만들어요. 그러면 인생이 어떻게 되겠어요? 계속 구멍만 빠져나가다가 한 세월 가는 거예요.

〔그런데 저한테 빠져나갈 구멍은 경제적인 부분을 말하는 거거든요. 그래서 더 고민이 되는 것 같아요.〕 우리는 자본주의 사회에 살고 있죠. 그래서 자신의 비겁함과 소심함을 정당화할 수 있는 가장 확실한 '빠져나갈 구멍'은 항상 경제적인 이유죠. 사랑이 식었다면 이제 사랑이 식었다고, 더 이상 너를 사랑하지 않는다고 솔직히 말하면 되죠. 그런데 우리는 '나는 너를 행복하게 해 줄 경제적 능력이 없어'라고 말하죠. 자신의 꿈을 접을 때, 우리는 경제적인 이유를 대죠. 자본주의에서 살고 있는 사람들이라면 누구나 인정하는 빠져나갈 구멍이니까요. 그냥 고백하는 게 낫지 않나요? 이루기에 너무나 막연한 꿈을 가지고 있었다고, 그래서 절실히 실현하려는 마음이 생기지 않았다고요. 너무나 어려서 백일몽을 꾸고 있었던 것 같다고요.

어떤 걸 할 때 여러분이 너무 거친 이분법을 적용시킬 때가 있는 것 같아요. 그게 비겁한 방법 중에 하나거든요. 인생에서 삶의 어떤 태도들을 생각할 때 머릿속에는 항상 '모'와 '도'만 있어요. 그런데 현실에는 '개'도 있고 '걸'도 있고 '윷'도 있어요. '개', '걸', 아니면 '윷'을 하려고 하면 되는데, '모'가 아니면 아무런 의미가 없다고 어떤 것도 하지 않는 거죠. '개', '걸', '윷'을 지나야 '모'가 나오는 것 아닌가요? 그러니 '모'를 당장 할 수 없다고 '도'에 머물러 있는 것은 정말 비겁한 일이죠. 내가 하고 싶은 것은 '모'죠. '모'를 하지 못할 때, 우리는 '도'가 아닌 다른 것을 선택할 수도 있었잖아요. '개'나 '걸'이어도 '모'에 가까이 가려는 실천이 될 수 있잖아요. 그런데 우리는 '나는 모 아니면 도야'라며 어떤 노력도 하지 않아요. 이런 식으로 빠져나갈 구멍을 만들 수도 있어요.

마음속으로는 누군가를 100퍼센트 사랑할 수 있지만, 현실에서 그렇게 하기는 힘들죠. 80퍼센트나 70퍼센트만 사랑을 해도 정말 대단한 거예요. 그런데 100퍼센트 사랑할 수 없으니, 이제 사랑하지 않겠다고 말하는 사람이 있죠. 그냥 사랑하지 않는다고 말하는 것이 더 정직한 것 아닐까요? 사랑은 현실에서는 어떻게 드러나요? 여러분이 어떤 사람을 마음으로는 사랑하는데, 너무 피곤하면 병간호를 하지 못할 수도 있죠. 그때 몇 시간 정도 버티면 '걸'인 거예요. 그런데 갑자기 이러는 거죠. '아무래도 중간에 너를 돌보다가 잠들 것 같으니 나는 집으로 가겠다.' 뭔가 이상하잖아요.

머릿속에서는 50보와 100보는 같은 거죠. 그런데 현실에서는 50보와 100보가 다르다는 겁니다. 우리는 100보의 비겁함이 아니라 50보의 비겁함을 선택하는 삶을 살아야 해요. 그래야 언젠가 조금의 비겁함도 없는 삶에도 이를 테니까요. 현실에서 여러분이 관철시키고 싶은 게 있잖아요. 가다 보면 단계들이 보여요. 단계들이 있을 때 오래 지속할 수 있는 걸 해야죠. '모'를 하고 싶은데 잘 안되면 먼저 '개'로 가는 거예요. 그 다음에는 '걸'로 가고, 그 다음에는 '윷'으로 가고요. 그렇게 가는 사람이 정말로 '모'를 꿈꾸는 사람이 아닌가요? '개', '걸', '윷'을 지나지 않고, 우리가 갑자기 '도'에서 '모'로 갈 수는 없는 것 아닐까요? 모 아니면 도라고 생각하는 순간, '걸'이나 '개'를 할 필요가 없어요. 이건 결국 '모'를 포기하겠다는 거죠.

이분 같은 경우 경제적인 이유로 꿈을 포기하게 된다면 쿨해 보이긴 하지만 찜찜함이 계속 남을 거예요. 자꾸 대학로 근처를 어슬렁거리고 '한때 나도 그런 고민을 했었어' 이렇게 되는 거죠. 아주 평범한 사람들처럼요. 조금씩 한 걸음 더 나아가는 거예요. 등산할 때 보면 개처럼 뛰어다니는 사람이 있어요. 능선을 헉헉거리며 가요. 진짜 무서운 사람은 어떤 사람인지 아세요? 동일한 걸음과 속도와 호흡을 가지고 걷는 사람들이에요. 이 사람들은 부드럽게 지나가요. 산을 못 타는 사람들은 내리막길 나오면 뛰어가고 난리죠. 오래 못 가요. 오래 지속할 수 있어야죠. 소중한 꿈인데 경거망동하면 안 되죠. 한 걸음씩 조심조심 가지고 가야 그 안에 있는 물이 안 넘치잖아요. 여러분의 그릇이, 여러분의 역량이 커서 아무리 뛰어도 물이 안 넘치면 괜찮아요. 그런데 여러분의 그릇이 작아서 물이 흐를 것 같으면 아장아장 걸어야죠. 그런데 못 갈 것 같은 생각이 든다고 안 간다고 하면 안 된다는 겁니다.

꿈을 포기하다

스물여덟 살의 여자입니다. 몇 주 전 유학 생활을 접고 한국으로 돌아왔습니다. 어려서부터 과학자가 꿈이었습니다. 대학을 나와 취업을 했지만 결국 과학자가 되어야겠다는 생각에 박사 과정을 밟기 위한 유학을 떠났습니다. 선명하게 꿔왔던 과학자의 꿈이 이루어지는 것 같았습니다. 하지만 지도 교수와의 갈등이 커져 너무나 힘들었습니다. 우울증 정도였던 증상이 점점 심해져 나중에는 교수만 봐도 호흡 곤란이 오고 심박이 급속히 뛰는 불안장애 증상까지 생겼고요. 여기에 더해 연구에 흥미를 느끼기도 힘들었습니다. 실험의 실패가 주는 스트레스도 견디기 어려웠습니다. 2년 정도를 버티다 이러다 죽겠구나 싶어 대학원을 그만두었습니다. 그리고 평생 해 보지 않았던 고민이 시작됐습니다. 하고 싶은 일도, 꿈도 없습니다. 과학자가 전부인 줄 알고 내달린 외길 인생이었는데, 이제는 과학의 '과' 자도 보기 싫습니다. 과학은커녕 공부조차 하기 싫습니다. 딱히 하고 싶은 일이 없지만, 일을 한다면 '머리 쓰지 않고 생각 없이 하는 일'을 하고 싶습니다. 과학자의 꿈을 꾸기 전에는 책 대여점 언니가 되는 것이 꿈이었으니까요. 부모님은 당분간 쉬라고 하셨지만, 집에만 있기에는 눈치가 보여 콜센터에 취업을 했습니다. 학력을 그대로 밝히면 취업이 안 될 것 같아 고졸로만 썼고요. 콜센터 일은 아직 할 만합니다만 평생 이 일을 할 것이라고 생각하면 앞이 깜깜해집니다. 다른 곳에도 취입 원서를 넣고 있지만, 기계적이고 가식적이라는 느낌이 듭니다. 꿈이 사라져 버린 지금, 저는 무엇을 해야 할까요? 어떻게 새로운 꿈을 꿀 수 있을까요?

다시 대학원으로 가서 공부를 해요. 가서 교수를 제거해요. 공부의 문제가 아니에요. 교수와의 문제잖아요. 자신의 주업이 아닌 곳에 있으면 휴가처럼 생활을 할 수는 있죠. 여러분에게 가장 압력을 주는 곳이 바로 여러분의 현실이에요. 그 전쟁터에서 나오면 나머지 삶은 휴가예요. 그런데 왜 여기에서 힘들어 하는 거예요? 여기서 마치면 안 돼요. 그 전쟁터에서 끝장을 내야 돼요. 〔그런데 제가 거기에 있으면 정말 죽을 것 같아서요.〕 안 죽어요. 왜 죽어요? 왜 죽을 생각을 해요? 에베레스트 산이 8,848미터죠? 지금 본인은 8,800미터까지 올라갔어요. 그리고 내려왔어요. 어떻게 할 건데요? 앞으로 어떻게 살 거예요? '이제 다시는 산에 안 가야지' 이렇게 되는 것도 아니잖아요. 과학자의 꿈이요? 되고 나서 버리든지 말든지 해야 돼요. 지금 교수가 문제인 거잖아요. 누군가 뺨을 때릴 때 뺨을 내미는 게 아니에요. 그럼 계속 맞아요. 한 번 맞은 사람은 불행히도 죽을 때까지 맞아요. '나는 왜 이렇게 맞지?' 이렇게 생각해야 된다고요. 지금 나이브해요. 그런데 그게 본인의 산이에요. 그걸 넘어야 다른 세상이 열려요.

〔대학 학부 과정까지는 남이 해 놓은 연구를 학습만 하는 거잖아요. 그런데 대학원에 와서야 과학자는 연구를 해야 한다는 걸 알게 됐어요. 그리고 나는 학습은 잘하는데 연구는 못한다는 걸 깨닫게 됐어요. 그게 그만두게 된 가장 큰 이유예요.〕 정신 차리세요. 박사 과정까지 갔으면 지금 8,000미터까지 올라간 거예요. 아무리 그렇게 합리화해도 그 정상을 찍어야 하는 거예요. 그 정상을 찍고 나서 버려야 돼요. 본인이 학부 1, 2학년이면 그럴 수도 있어요. 그런데 석사를 거쳐서 박사 논문 쓰는 게 장난인가요? 애정 없으면 못 써요. 박사 과정까지 갔고 힘든 유학 생활까지 했는데 이렇게 빠져나갈 구멍을 만들면 안 돼요. 학위를 받으면서 과학자로서의 꿈을 마무리하세요. 그런 다음에 포기하고 싶다면 그때 책 대여점을 해요. 상호도 이미 정해졌네요. '박사 대여점.'(웃음) 다니셨던 그 학교가 너무 불편하면, 그 학교에서 안 하셔도 돼요. 다시 들어가는 일에 굉장히 모멸감을

느낄 수도 있어요. 그런데 지금까지 공부한 게 있잖아요. 그걸 가지고 과학자로서 하나의 성과를 마무리하시길 바랍니다. 그때 가서 봅시다. 본인이 이 과학자라는 꿈을 버릴 건지, 끌고 갈 건지를요. 지금 바람이 세서 밀려 떨어진 거예요. 그래도 가야 하는 거예요.

그러니까 지금 콜센터에서 일하거나 다른 곳에 원서를 넣어도 찜찜한 거예요. 아무리 정당화해도 안 돼요. 그건 본인이 해결해야 돼요. 저도 못 도와줘요. 제가 아는 건 그거예요. 지금 본인이 비겁한 선택을 했다는 거예요. 정당화하지 말고, 문제에 직면하세요. 그게 본인을 강하게 만들 거예요. 그게 본인을 어린아이 같은 과학자가 아니라 성숙한 과학자로 만들고 어른으로 만들 겁니다. 조금만 더 고생하세요. 40미터만 더 올라가면 돼요. 거기 가서 '내가 에베레스트 산에 다시 오면 성을 간다' 이럴 수도 있고, 다시 또 오를 수도 있는 거예요. 그건 나중에 마흔, 쉰이 되고 나서 고민해도 돼요. 본인의 꿈이었는데 안 올라가 봤잖아요. 지금 다른 오만 가지 것들을 하잖아요. 콜센터에 위장 취업하는 거나 다른 회사에 원서 내는 거, 책 대여점을 생각하는 것까지. 다 핵심이 아니에요. 내려왔으니 뭔가를 해야 되는 거예요. 과학자로서의 꿈을 포기한 걸 정당화하려는 거죠. 그런데 다 만족스럽지 않잖아요. 왜냐하면 본인이 거의 근처까지 갔던 정상이 아직도 보이기 때문이지요. 당분간 원기를 회복해요. 지금 결정하지 말고요. 원서 내지 말고 여행 다니면서 회복할 시간을 가지세요. 좀 더 성숙해졌으면 좋겠어요.

제가 석사 논문을 쓰고 왜 그 학교에서 나왔는지 아세요? 교수한테 이렇게 말했어요. "개소리하지 말고 논문이 좋은지 그른지만 판단하라"라고요. 박사 논문 쓸 때도 그랬어요. 매번 그랬어요. '여기가 절정이다. 여기서 물러나면 안 돼. 난 철학자니까. 나는 학생이 아니니까.' 그때마다 성장하는 거예요. 이분도 지금 인생에 처음으로 위기가 온 거에요. 지금까지 너무 편하게 사회에서 박수쳐 주는 길을 걸어오신 거에요. 내성이 없어요. 이제 내성이 필요해요. 이겨 내야 하는 겁니다. 버티고 밀어붙여야 돼요. 조금만 더 가면 돼요. 조금만 더 올라가요. 힘든 이야기지만 제 말이 맞아요. 이대로 그만두시면 나중에 후회하게 돼요.

우리는 다들 그렇게 살아요. 힘들다는 이유로 너무 쉽게 꿈을 포기하잖아요. 한 번만 거기 올라가면 풍경이 얼마나 좋은지 느낄 수 있는데 그것 좀 힘들다고 뒤로 주르륵 밀려 내려오잖아요. 그러고는 오만 가지 변명을 다 하죠. 무언가를 포기할 때 대개 그런 식으로 생각하는 것 같아요. 빠져나갈 구멍이 인간의 사유를 규정하는 것 같아요. 아니, 우리는 자신의 사유를 좋은 데 쓰지 않고 '빠져나갈 구멍'을 찾는 데 너무나 쉽게 사용하는 것 같아요. 나의 느낌과 감각은 맞아요. '이 사람은 나빠' 이런 느낌은 맞아요. 그런데 우리가 거기 있어야 되면 생각을 막 하죠. 우리의 감각은 정직하고, 우리의 사유는 비겁하기 쉬워요. 감각을 믿으셔야 돼요. 조금 쉬었다가 올라갔던 바로 그 코스로 올라가든지, 아니면 다른 코스로 올라가야 돼요.

힘을 내세요. 지금 8,000미터에서 버티셔야 해요. 2년, 3년 지나서 다른 일을 하게 되면 그 8,000미터에서 뒤로 더 내려와 7,000미터에 있을 거예요. 직장 생활하면서 5년이 지나면 아마 3,000미터쯤 내려와 있겠지요. 점점 그 정상에서는 멀어지게 될 겁니다. 그리고는 스스로 계속 자신의 결정을 합리화하겠죠. 잘 내려왔다고. 그러나 그럴수록 8,000미터에서 바로 코 앞에 보였던 그 정상은 더 아련한 아픔으로 남게 될 거예요. 그러니까 정상을 앞둔 지금, 바로 여기서 더 밀리면 안 돼요. 여기에 베이스캠프를 딱 쳐요. 그리고 맛있는 것도 많이 먹고 좋은 것도 많이 보고 힘을 길러서 마지막을 치고 올라가는 거예요. 올라가 봐야 알아요. 실험 결과가 딱 나오는 그날 알아요. 희열이 드는지 안 드는지 그날 알 수 있습니다.

다시 꿈꾸고 싶습니다

마흔한 살의 남편과 두 딸을 둔 주부입니다. 작년까지는 대학에서 시간 강사를 했고요. 저는 중학교 3학년 때 일본 역사를 공부해야겠다고 생각하고 서른일곱 살까지 학교에 있었습니다. 제 학력은 박사 수료이고요. 박사 논문은 쓰지 못했습니다. 지금 생각해 보니 박사 논문에 대한 절박함이 없어 논문을 쓰지 못했다는 생각이 듭니다. 지금은 어머니로, 며느리로, 딸로, 아내로 인정받으며 살고 있습니다.

그런데 집에 있으면 시간이 너무 많이 남습니다. 공부를 하는 과정에서 받은 지도 교수와 선후배들과의 갈등이 아직도 남아 자신감이 너무 없는 상태이고요. '무얼 하고 살까? 이제 나는 가치 없는 인간이 아닌가?' 그런 생각을 너무 깊이 해서인지 지금은 우울증 치료를 받고 있습니다. 마흔한 살에 긴 가방끈도, 남편도, 아이도, 부모도 제 삶의 이유가 되지 못하는 자아가 무너지는 경험을 하면서 다시 꿈을 꾸고 싶다는 생각을 합니다. 마흔 살까지 열여섯 살에 세웠던 꿈을 향해 살았는데, 이제는 무엇을 하며 살아야 할까요?

논문은 왜 접으셨어요?〔막상 논문을 쓸 때가 되니까 역량이 부족하다는 걸 절실히 느꼈어요.〕 어떤 점에서요?〔사실 그때는 제 노력이 부족하다는 생각을 했는데, 지금 돌이켜 보니 교수님이 학생을 이용하는 분이었다는 생각이 들어요.〕 거기서 쇼부를 치셔야 돼요. 어떤 식으로든지 학위를 마쳐야 합니다. 어떤 교수들은 제자가 자기보다 똑똑하면, 자기 자리를 위협하는 존재로 봐요. 좋은 선생은 그러지 않거든요. 좋은 선생은 자신을 밟고 넘어가는 제자를 좋아해요. 누누이 이야기를 드렸지만 산에 오르기 시작하셨으면 일단은 정상을 찍으셔야 해요. 그런 다음에 '난 다시는 산에 안 간다' 이렇게 하셔야 합니다. 그리고 아직 모르잖아요. 그 산 위에 올라가면 뭐가 보일지를요. 거기에 가 보자고요. 시작했는데 어떻게 해요. 마무리를 해야죠. 일본으로 유학을 가도 돼요. 대학원에 안 가고, 박사 학위를 마무리하지 않으려고 지금 그러시는 거예요.

힘드셨던 일들은 공부를 다시 하고 마무리를 지으면 작은 일이 될 거예요. 불행한 사람은 계속 불행해요. 남은 삶을 잘 못 살면 그 불행의 저주에서 조금도 못 벗어나요. '난 불행할 거야' 이렇게 돼요. 불행을 겪었던 사람들이 반드시 해야 할 건 수천 배 이상 노력해서 행복해지고 강해지는 거예요. 그래야 옛날 일들이 재미있어져요. '옛날에 우리 교수 새끼가 날 그렇게 욕하고 괴롭혔다' 이렇게 돼야 해요. 힘들 때 거기서 물러나면 그 저주에 사로잡혀 살게 돼요. 아주 강해지지 않으면 그 저주에서 벗어나지 못해요. 소나기 만나듯이 불행이 온 거잖아요. 지금 상태로 그대로 있으면 평범한 사람보다 더 불행해져요. 지금은 무조건 하시던 공부를 마무리 지으셔야 돼요. 안 그러면 평생 그 상처가 유령처럼 집요하게 쫓아다닐 거예요. '내 다리 내 놔' 이렇게요. 불행하신 분들은 반드시 더 강해져야 됩니다. 방법은 그것밖에 없어요.

원칙적으로 꿈은 제거해야 한다고 말씀드렸어요. 인간의 꿈과 현실은 상관관계가 있어요. 꿈이 강하면 현실감각은 약해져요. 그런데 우리의 행복은 현실감각에서 나와요. 빵을 생각하는 것과 내 입에서 빵이 녹는 것은 다른 거예요. 그래서 첫 번째 단계는 현실을 충만하게 살기 위해서 꿈을 제거하는 거예요. 불교적 표현을 빌리면 '타타타', 즉 '여여'인 거죠. 있는 그대로의 세상을 보는 걸 말해요.

두 번째 단계의 사람은 꿈은 있어요. 꿈이 있어서 평범하지만 나름 위대한 사람이죠. 그 꿈 때문에 극복해야 할 현실이 보이는 사람들이거든요. 자기가 힘들어져도, 그 결과가 뜻대로 될지는 알 수 없어도, 그 꿈을 실현하느라 강해지는 사람이죠. 물론 나중에는 그 강해짐이 덧없다는 걸 알아요. 꿈이 없이 현실을 있는 그대로 긍정하는 첫 번째 단계로 가기 때문이지요. 더 강해진 거죠.

최악의 경우는 세 번째 단계인데요. 개꿈이자 백일몽을 꾸는 단계죠. 현실을 사는 것 같지만 막연하게 꿈만 꾸고 있는 거예요. 물론 이를 통해 현실을 직시하지 않으려는 거지요. 조금만 힘들어지면 꿈속으로 들어가 환상의 나래를 펼치죠. 그리고는 아까운 삶의 시간을 꿈을 꾸는 데 소모해요. '나중에 행복해질 것 같아', '나중에 근사한 논문을 쓰고 위대한 학자가 될 거야', '나중에 백마 탄 남자 만날 것 같아', '나중에는 좋은 아이를 낳아서 잘 기를 것 같아'. 그런데 그런 꿈을 실현시킬 노력은 안 해요. 애초에 백일몽에 사로잡힌 이유는 그런 피땀이 흐르는 노력을 직시하지 않으려는 무의식적인 동기 때문이었으니까요. 꿈을 꾸다가 현실이 자꾸 눈에 들어오면, 금방 다른 새로운 꿈을 꿉니다. 하나의 백일몽이 깨지면, 다른 백일몽으로 대체하는 식이지요.

자신이 어느 단계에 있는지를 보셔야 돼요. 첫 번째 단계가 우리가 올라가야 되는 곳이에요. 빨리 올라가면 갈수록 좋아요. 3단계에서 2단계로 갈 거고요. 2단계에서 1단계로 갈 거예요. 그리고 우리의 삶은 완성될 거예요. 1단계에 이른 순간 우리는 그렇게 살아왔던 과거 모든 위대한 사람들과 만날 수 있을 거예요. 1단계는 정상 같은 곳이에요. 다양한 루트로 올라왔지만, 그 정상에서는 하나로 합류하는 겁니다. 그림을 그렸을 수도, 농사를 지었을 수도, 배를 탔을 수도, 대기업에 다녔을 수도, 춤을 추었을 수도, 음악을 연주했을 수도 있어요. 그렇지만 현재를 있는 그대로 긍정하는 순간, 그런 모든 사람들은 그곳에 모여 서로의 삶을 이야기하고 노래하게 될 겁니다.

여러분의 자리가 어디인지 생각해 보세요. 내가 세 번째인지, 두 번째와 세 번째 사이 어딘가에 있는지 각자 자신의 단계를 찾아보시기 바랍니다. 두 번째와 첫 번째 사이에 있으면 저처럼 돼요. 약간 상태가 안 좋아요. 가만히 저를 보세요. 철학자 같지 않고 빵집 아저씨 같기도 하고 보일러공 같기도 하다는 이야기를 많이 들어요. 처음 저를 만나 본 사람은 제 정체를 잘 파악하지 못해요. 제가 강신주인지도 모른다고요. 여러분들은 지금 어느 과정에 있나요? 그러나 우리 모두 1단계, 꿈이 사라져 철저히 현재에만 사는 삶을 지향해야 해요. 비가 오나 눈이 오나 꿈이 없이 지금의 음악 소리에 빠질 수 있는 나, 물소리를 들을 수 있는 나, 사랑하는 사람의 얼굴을 볼 수 있고 읽을 수 있는 나. 이것들이 하나하나 소중하게 다가오면서 삶을 향유하는 내가 될 수 있어야 하는 거죠. 이 방향으로 가는 거예요.

그래서 꿈에 대한 강의는 반체제적이죠. 모든 교육들이 그래요. 네가 공부를 잘하면 꿈을 이룰 수 있다고 하죠. 여러분들에게 꿈을 주입시키고 현실을 부정하게 만들어요. 미하엘 엔데 Michael Ende의 《모모》라는 소설에서 그러잖아요. 마을 사람들은 모모라는 아이 때문에 현재에 사는 즐거움을 알게 돼요. 그런데 모모가 없는 사이에, 시간 도둑이 오거든요. '미래를 합리적으로 계획하고 꿈을 꾸어야 돼' 이렇게 유혹하죠. 불행히도 미래의 꿈을 꾸느라 마을 사람들은 풍요로운 현재, 관능적인 삶을 잃어버리게 돼요. 마을 사람들처럼 자본주의라는 시간도둑 때문에 시간을 뺏기는 어리석음을 저지르지 마세요. 꿈에 투자하지 마세요. 궁극적으로 꿈은 없어요. 꿈을 많이 가지면 여러분은 계속 세계 속에 말려들어가 살게 돼요. 이걸로 마치겠습니다.

자유,
의지,
그리고
꿈

자유란 무엇인가

'직장이나 학교에서 벗어나면 누구든지 자유를 느낄 것이다', '나는 노래할 때 제일 자유를 느끼는 것 같아', '최근 미디어의 발달로 우리는 더 자유로워졌다' 등등 너무나 많은 사람들이 오늘도 '자유'라는 말을 그 의미를 제대로 이해하기라도 하는 양 사용하고 있습니다. 다양한 용례를 살펴보면 일단 자유라는 말은 구속이나 한계가 부재한 상태를 의미하는 것으로 보입니다.

그렇지만 구속으로부터 벗어났을 때가 진짜 자유의 상태라고 할 수 있을까요? 시험의 압박에서부터 벗어나 홍대 앞 클럽에서 몸을 흔들고 있는 젊은이들은 자유로운 사람들일까요? 아니면 상사가 맡긴 프로젝트가 성공적으로 마무리된 뒤 강남 유흥가에서 독한 폭탄주를 돌리며 긴장을 푸는 회사원들은 자유를 만끽하는 사람들일까요? 무엇인가 이상하지 않나요? 시험이나 프로젝트는 학생들이나 회사원들이 결정한 것이 아니라, 학교 당국이나 회사에서 지정한 것이기 때문입니다. 그래서 이 경우 학생들이나 회사원들이 느끼는 자유는 마치 피라미드 공사장에서 오늘 할당된 석조 작업을 끝내고 흥청망청 술을 마시는 노예들의 자유와 유사하다는 느낌을 줍니다.

도대체 자유란 무엇일까요? 자유를 의미하는 한자 '自由'를 들여다보면 우리의 고뇌를 해결할 수 있는 실마리를 찾을 수 있습니다. '스스로'나 '자신'을 의미하는 '자自'라는 글자와 '근거하다'나 '말미암다'를 의미하는 '유由'라는 글자로 구성되어 있지요. 결국 자유는 어떤 행동을 자신에게 근거해서 수행하는 것을 가리키는 개념이었던 셈입니다. 《실천이성비판》에서 칸트Immanuel Kant가 자유를 "한 상태를 자신으로부터 시작하는 능력"이라고 정의했던 것도 이런 이유에서일 겁니다. 그렇습니다. 이것이 바로 자유이지요. 새로운 상태를 시작하지 않는다면, 우리는 자유롭다고 스스로 이야기할 수 없습니다. 결국 홍대 앞 클럽에서 몸을 흔들며 광란의 밤을 보내는 대학생들, 강남 유흥가에서 마음껏 술을 마시고 노래를 부르는 직장인들, 오랜 가사노동으로부터 탈출하여 친구들과 관광 버스에 몸을 맡긴 채 여행을 떠나는 주부들은 사실 자유롭지 않았던 셈입니다.

결국 일하는 날은 구속된 날이고, 휴일은 자유로운 날이라는 우리의 생각은 그릇된 것이었던 겁니다. 휴일이 끝나면 다시 일터로 나가야 하기 때문이지요. 이것은 휴식일 수는 있어도 결코 자유일 수는 없습니다. 이제 잊지 마세요. 인간이 자유를 가지고 있다는 것은 그가 '새로운 상태를 자신으로부터 시작하는 능력을 가지고 있다는 것'과 같은 말이라는 사실을요.

혁명은 왜 고독한 것인가:
꿈꿀 수 있는 의지가 없다면 자유도 없다

그렇지만 아직도 우리는 자유에 대해 더 알아야 할 것이 있습니다. 여기서 잠깐 칸트에 이어 독일 철학을 대성시켰던 헤겔Georg Wilhelm Friedrich Hegel의 이야기를 읽어 보도록 하지요.

> 자유로운 것은 곧 의지이다. 자유 없는 의지란 공허한 말에 지나지 않듯이 이와 마찬가지로 자유는 오직 의지로서, 그리고 주관으로서만 현실적인 것이다.
>
> ―《법철학 강요》

항상 그렇지만 헤겔은 쉬운 말을 지나치게 어렵게 이야기하는 나쁜 버릇이 있는 것 같습니다. 여기서 '의지'가 어떤 의미인지를 알 수만 있다면, 헤겔의 난해해 보이는 구절은 쉽게 이해될 수 있습니다. '의지'의 대상은 현실이 아니라 바로 꿈입니다. 반드시 현실에서 실현시켜야 할 꿈이 바로 의지의 대상이지요. 예를 들어 아침에 자꾸 지각을 하는 사람이 있다고 합시다. 물론 그는 아침에 일찍 일어나야 몸에도 좋고 하루도 여유롭게 시작할 수 있다는 것을 잘 알고 있습니다. 이 경우 '아침에 일어나야 몸에도 좋고 하루도 여유롭게 시작할 수 있다'는 생각이 그의 꿈이라고 할 수 있지요. 만약 이런 꿈을 품고 있다면, 그는 이것을 현실화시키기 위해 노력하게 될 겁니다. 이런 노력이 바로 '의지'입니다. 이런 꿈과 그것을 실현시키려는 의지가 있기 때문에 그는 저녁에 운동을 해서 일찍 잠자리에 든다거나 아니면 강력한 타이머를 사 머리맡에 둔다든가 하는 다양한 노력을 시도하게 될 겁니다.

이제 "자유로운 것은 곧 의지"라는 헤겔의 말이 눈에 들어오시지요? 헤겔의 이야기는 어쩌면 "한 상태를 자신으로부터 시작하는 능력"이라는 칸트의 말을 부연하고 있었던 것에 지나지 않을 겁니다. 새로운 상태를 꿈꿀 수 있는 의지가 없다면, 자유는 불가능한 것이기 때문이지요. 그렇지만 새로운 상태를 꿈꾸면서 현재 상태를 바꾸는 것은 얼마나 힘든 일인가요? 어쩌면 우리는 자신이 괜한 꿈을 꾸어서 스스로를 괴롭히고 있다고 자책할지도 모릅니다. 그만큼 꿈을 가지고 그것을 현실에 관철시키는 것은 여간 힘든 일이 아니기 때문이지요. 우리 시인 김수영이 위대한 이유는 다른 데 있는 것이 아닙니다. 자유를 노래하는 것이 시인의 숙명이듯이, 그는 누구보다도 자유가 무엇인지를 직감하고 있었기 때문이지요. 김수영의 시 〈푸른 하늘을〉의 일부분을 살펴봅시다.

어째서 자유에는
피의 냄새가 섞여 있는가를

혁명은

왜 고독한 것인가를

혁명은

왜 고독해야 하는 것인가를

어떤 구속도 없이 누구의 간섭도 받지 않고 자신이 하고 싶은 것을 마음대로 하는 것이 자유라는 착각을 이보다 신랄하게 조롱한 시가 또 있을까요? 특히 "자유에는 피의 냄새가 섞여 있는가를"이란 대목에서 우리는 숙연해지기까지 합니다. 때로는 우리는 자신의 소중한 꿈을 위해서 목숨까지 바칠 각오를 해야 합니다. 피 냄새는 아닐지라도, 우리는 자유롭기 위해서 얼마나 많은 땀을 흘려야 하는지 알고 있으니까요. 결국 자유는 편안한 휴식이나 무사안일, 혹은 욕망의 자연스러운 분출로 이해되어서는 안 됩니다. 이것만큼 심각한 오해도 없으니까요. 자신의 나태와 무기력을 극복하려는 불굴의 의지가 없다면, 자유는 불가능하기 때문입니다. 그래서 김수영은 말했던 겁니다. "혁명은 왜 고독한 것인가를. 혁명은 왜 고독해야 하는 것인가를." 이제 명확해지지 않았나요? 김수영에게 있어 자유란 바로 고독한 혁명이었던 셈입니다.

자유, 꿈으로 자신을 구속하고
그것을 실현하려는 능력

혁명의 대상이 아침에 일찍 일어나는 일이나 휴일에 아이들과 산책하는 일과 같은 사소한 일이어도 좋고, 아니면 억압과 불의가 횡행하는 나쁜 사회를 고치는 것과 같이 커다란 일이어도 상관은 없습니다. 어느 경우든 자신의 꿈을 위해서 끈덕지게 노력하는 의지가 없다면 자유란 불가능한 일이기 때문입니다. 이제 함부로 이야기할 일이 아닙니다. '나는 구속을 싫어해. 제발 나를 자유롭게 내버려 둬', '학교나 회사 생활은 너무나 부자유스러워. 여행이라도 다녀올까 봐'. 과연 이런 투정이 자유가 가진 심오한 의미를 감당할 수 있을까요? 자유란 자신이 품고 있는 꿈으로 자신을 구속하고 그것을 실현하기 위해 집요하게 노력하는 능력이기 때문이지요.

 어느 면에서 자유란 인간의 자연스러운 능력이 아니라, 얼핏 보면 부자연스러운 능력이라고도 할 수 있습니다. 굉장한 인위적인 노력이 없다면 꿈을 실현한다는 것은 있을 수도 없는 일이니까요. 그러나 잊지 마세요. 이런 억지스러운 능력 때문에 우리 개인의 삶이나 인류의 삶은 조금씩 인간이 품고 있던 꿈에 근접하고 있다는 사실을요. 또 한 가지 깊이 마음에 새길 것이 있습니다. 그것은 자유롭기 위해서 평상시 깊은 인문학적 반성과 성찰을 쉬지 않아야 한다는 겁니다. '나는 어떻게 살고 있는

가?' 하는 냉엄한 자기 진단뿐만 아니라 '어떻게 살아야 한 번뿐인 삶을 값지게 사는 것일까?' 하는 처방에도 조금도 게을러서는 안 될 겁니다. 현실에 대한 투철한 인식과 미래에 대한 간절한 꿈이 없다면, 우리는 자유로울 수도 없고 자유에 대해 이야기할 수도 없기 때문이지요.

종교와 죽음

원래 장례식엔 사람들이 많이 오는 법이죠. '한번 가서 만나야지, 만나야지' 이러다가 어떤 사람이 죽으면 그제서야 거기를 가 보게 되잖아요. 이번이 〈다상담〉의 마지막인데 일종의 장례식을 하는 것 같아요. 언젠가 한번 '벙커1'에 오겠다고 다짐하다가 끝내 못 오신 분들이 모두 극적으로 참여하신 것 같네요. 〈다상담〉의 임종을 보러 오셔서 그나마 고맙다는 생각입니다. 그러기에 있을 때, 살았을 때 잘하라는 말이 있잖아요.(웃음) 〈다상담〉의 마무리에 걸맞게 이번 테마는 종교와 죽음입니다. 장례식에나 어울리는 칙칙한 주제죠. 마지막 주세인 만큼 굉장히 복잡하고 상당히 아픈 상담들이 많이 도착했습니다. 특히 죽음은 논의하기에 그리 만만한 주제는 아닐 거예요. 우리는 아직도 이렇게 팔팔하게 살아 있으니까요. 공자孔子의 말을 빌리면, 사는 것도 모르는데, 무슨 죽음을 논할 수 있겠어요. 그렇지만 아무리 젊어도 우리는 주변에서 너무나 많은 죽음을 목도하고 슬퍼하며 살아가고 있지요. 그러니까 죽음을 꼭 나와 상관없는 문제라고 볼 수도 없지요. 물론 죽음을 다루면서 종교를 빼놓을 수는 없죠. 그래서 종교에 관한 고민들도 다루어 보려고 해요. 마지막 〈다상담〉이라서 그런지, 아니면 주제의 성격 때문인지, 사연들을 읽고 아픈 내용이 많아서 너무나 부담이 됐어요. 그렇지만 깊게 심호흡을 하고 먼저 죽음에 대해 이야기를 해 보죠.

나의 죽음은 고통이 아니다

저는 죽음을 1인칭, 2인칭, 3인칭의 죽음으로 나누어 분석합니다. 1인칭의 죽음은 '나'의 죽음이에요. '너'의 죽음이 2인칭의 죽음이고요. '그들'의 죽음이 3인칭의 죽음입니다. 저는 1인칭의 죽음은 힘들지 않다고 말해요. 내가 죽으면 고통은 없으니까요. 우리는 살아 있기 때문에 고통을 느끼는 거잖아요. 죽으면 고통이 없죠. 그러니 나의 죽음은 고통이 아니라는 겁니다. 여러분들 자살하는 게 힘들 것 같죠? 가령 10층 건물 옥상에서 떨어진다고 해 보세요. 올라가서 뛰어내리기까지만 힘들지 뛰기만 하면 저절로 모든 게 해결돼요. 죽으면 더 이상 고통스럽지 않아요. 만약에 떨어졌는데 아프면 살아 있는 거예요. 내가 죽었다는 건 감각이 없다는 걸 의미해요. 시체를 발로 뻥 차 봐요. 죽은 사람이 아프다고 하나요? 아프다고 그러면 살아 있는 거예요. 설죽은 거죠. 죽으면 고통이 없다는 것은 우리에게 하나의 희망이에요.

그래서 진짜 힘들면 자살을 하셔야 돼요. 진짜 고통스러워서 자살하는 사람이 그래서 생기는 거예요. 아침에 일어났는데 여러분의 애인이나 아이가 죽어 있는 걸 봤다고 생각해 보세요. 아침에 눈 뜨는 게 고통스러운 사람도 있어요. 그러면 자살하는 거예요. 누가 뭐라고 그러나 신경 쓸 필요도 없어요. 죽었는데 무슨 상관이에요. 죽으면 모든 게 끝나요. 깔끔한 거예요. 힘드시면 자살하세요. 농담 아니에요. 이게 철학자로서 마지막 충고예요. 바둥바둥 살지 말고, 비루하게 살지 말고요. 아무리 해도 이 고통에서 빠져나갈 데가 없고 내일은 더 절망스러울 것이라는 생각이 들 때, 비굴한 모습 보이지 않고 세상을 떠나는 건 행복한 거예요.

옛날에 역적질을 한 사람이 잡히면 어떻게 됐는지 아세요? 삼족을 멸하는 건 물론이고 그 자신도 고문으로 만신창이가 돼요. 옛날에는 고신拷訊이라는 제도가 있었어요. 일종의 고문인데, 당시에는 고문이 합법적이었던 거예요. 그 시절 고문을 당한다는 건 죽는 걸 의미했어요. 항생제가 없던 시절이잖아요. 그러니까 비록 무죄로 판명되어도, 고신을 당한 사람들은 후유증으로 백이면 백이 세상을 떠나게 되어 있어요. 더군다나 이미 자신의 가족과 친척들은 이미 저잣거리에서 능지처참을 당했고, 만일 아버지가 돌아가셨다면 아버지가 누워 있는 관을 땅에서 꺼내 관째 토막을 내는 부관참시를 당했을 거예요. 사실 자신이 고문당하는 것보다 살아서 사랑하는 사람들이 처참하게 죽는 것을 보는 것이 더 고통스러운 법이죠. 그 고통을 알기 때문에 역모를 들켜 관군이 들이치면 서둘러 혀를 깨물어 버렸던 거예요. 죽으면 어떤 고통도 느끼지 않으리라는 것을 옛사람들은 정확히 알고 있던 거죠.

우리에게도 자살을 두려워하지 않았던 강인했던 시절이 있었어요. 지혜로운 사람은 알아요. 자살이라는 건 굉장히 편안해지는 거예요. 우리는 자살을 두려워하도록 약하게 길러진 거죠. 우리가 안 죽으면 국가는 좋잖아요. 연금도 내고, 부모님 부채도 물려받고요. 이런 것들을 우리가 해 줘야 되니까 국가에서는 자살을 방지해요. 그런데 우리에게는 죽음을 선택할 수 있는 당당한 권리가 있어요. 자살을 하건 말건 국가가 무슨 상관이에요?

자살하려고 덤벼드는 사람처럼 무서운 사람은 없어요. 길에서 만난 깡패가 꼭 이러죠? '너 죽을래?' 이때 우리가 이기는 방법이 뭔지 아세요? '죽여, 이 새끼야. 어디 한번 죽여 봐!' 이러면 끝나요. 우리를 겁 주는 사람들은 꼭 마지막에 '너 죽는다'라는 느낌으로 공포를 주려고 해요. 죽을 수도 있다는 공포를 주는 게 고문이잖아요. 경찰이 몽둥이를 들고 쫓아오거나 국정원에 잡혀가면 그런 느낌으로 협박을 한다고요. 그럴 때 여러분이 '그렇지 않아도 죽으려고 했다. 자살도 귀찮고 어디 한번 맞아 죽어 보자' 이러면 협박이 안 돼요. 이런 생각을 가진 사람은 단호하죠. 죽자고 덤비는 사람이 그래서 무서운 거예요. 1인칭의 죽음은 사실 고통스럽지 않죠. 이건 저만이 아니라 에피쿠로스Epikouros부터 장자까지 모두 이야기하는 거예요. 나의 죽음이라는 건 무섭지 않다고요.

죽음의 고통이란, 너의 죽음이 주는 고통

이제 두 가지 죽음의 종류가 남죠. 2인칭의 죽음과 3인칭의 죽음, 즉 '너'의 죽음과 '그들'의 죽음입니다. 우리가 '너'라고 부르는 사람은 그다지 많지 않아요. 우리는 사랑을 할 때 그 사람을 '너'라고 불러요. 내 앞에 있는 너를 가리키는 게 아니라 사랑하는 사람을 말하는 거예요. 그래서 여기서 말하는 2인칭은 사랑하는 사람을 말해요. 2인칭이 없는 사람은 불쌍한 사람들이죠. 세상이 낯설고 모두 '그들'로 보여요. 어머니, 아버지라도 '너'로 안 보일 수 있어요. 어머니가 자신의 아이가 '너'로 안 보이고, 그냥 아이로 보일 수도 있어요. 모두가 3인칭으로 보이는 게 제일 슬픈 거죠. 외로운 거예요. 세상이 다 낯설고 모든 사람이 그, 그녀, 그들로 보일 때가 있어요. 직장에 가도 나만 있는 것 같은 느낌이 들 때가 있잖아요. 직장에 '너'가 한 명만 있으면 다닐 만하죠.

3인칭은 '그들'인데 나와 무관하다는 느낌이 드는 사람들이에요. 예를 들면 텔레비전에서 필리핀에서 배가 침몰해 일곱 명이 죽었다는 뉴스가 나와요. 슬프신가요? 슬픈 사람은 훌륭한 사람이에요. 슬프다는 건 '그들'을 '너'로 봤다는 거예요. 인류 역사상 '그들'을 완벽하게 '너'로 봤던 사람이 세 명 있어요. 예수, 싯다르타, 마호메트. 그들이 실제로 그랬는지는 모르겠지만 그들 종교에서는 그렇게 주장해요. 완벽한 인간은 세상 사람들이 다 '너'로 보이는 사람이에요. 그러니까 아프죠. 그런데 우리는 왜 아프죠? 살아 있기 때문에 아프죠. 그래서 삶은 본질적으로 행복이 아니에요. 고통에 대한 감수성이에요. 예를 들면 우리가 진짜 사회적으로 살아 있다면 노숙자를 보고 아파야 돼요. 그런데 여러분들은 안 아프죠? 최소한 그 사람과 관련해서 나는 죽어 있는 거예요.

우리는 '너'인 사람이 죽을 때 제일 아파요. 내가 사랑하는 남편, 사랑하는 애인, 사랑하는 아이가 사라졌을 때 우리는 죽음이 주는 가장 큰 고통을 느껴요. 그렇다면 누군가의 죽음이 안 아플 수 있는 방법이 있을까요? 그 누군가를 '그들'로 생각하면 돼요. 내 아이가 죽어도 내 아이가 '그들'이라면 옆집 아이와 별 차이가 없죠. 내 아이를 나와는 아무 상관이 없는 콩고에서 축구하다가 죽은 그 아이와 같은 급으로 보면 돼요. 모든 사람을 '그들'로 보면 아프지 않아요. 방법 하나 아셨죠? 타인의 죽음으로 아프고 싶지 않다면, 사랑하지 마세요. 사랑하면 무조건 아파요. 사랑하는 것이 사라지면 고통스러운 법이에요. 사랑의 징후 중에 제가 대표적으로 이야기했던 게 뭐죠? 내가 사랑에 빠졌다는 대표적인 징후는 부재의 고통이라고 했잖아요.

부재의 고통이 느껴지면 사랑하고 있는 거죠. 같이 있을 때 행복했는데 그 사람이 없으니 고통스러운 거예요. 이 고통은 그 사람을 만나야만 해소될 수 있어요. 딱히 하는 것이 없어도, 그냥 그 사람을 봐야 돼요. 부재의 고통이 없다면 사랑은 사라진 겁니다. 남편의 출장이 길어질수록 행복한 분들 계시죠? 사랑이 없는 거예요. 부재의 고통은커녕 남편의 부재에서 쾌감을 느끼는 거죠. 이건 스스로 점검하시면 돼요. 고통스러워서 그 사람을 보러 가는 거고, 전화를 걸어서 목소리를 듣는 거예요. 그 사람을 만나야만 치유가 되거든요. 그런데 '너'의 죽음은 뭐예요? 그 사람이 돌아오지 않는 거예요. 살아 있는 사람은 내 앞에 없어도 언젠가 돌아오리라는 희망을 가질 수 있죠. 상태가 안 좋은 사람은 '너'가 죽었는데도 돌아오리라 생각하기도 해요. 그래서 만들어진 게 귀신이죠. 한학자들 이야기를 빌면 '귀신 귀鬼' 자가 '돌아올 귀歸' 자와 음이 같아요. 돌아오는 존재를 말해요. 그만큼 '너'의 죽음은 우리한테 힘든 일인 거예요.

어쩌면 이렇게 말할 수도 있을 거예요. 나의 죽음이 무서운 이유는 우리가 어렸을 때부터 '너'의 죽음을 많이 봐 왔기 때문에 거기서 오는 이미지를 나한테 투사한 것이라고요. '너'의 죽음을 한 번도 안 봤다면 나의 죽음이 그렇게 두렵거나 힘들진 않을 거예요. '그럴 것 같다'는 느낌이 드는 거죠. 우리에게 죽음이 의미가 있다는 건 내가 죽음을 느낀다는 거잖아요. 나에게 고통으로 다가오고, 내가 느낄 수 있는 죽음이 의미 있는 죽음인 것이죠. 그런데 나에게 고통을 주는 건, '너'의 죽음뿐이잖아요. 나의 죽음도 아니고, 그들의 죽음도 아니에요. 죽음의 고통은 '너'의 죽음이 주는 두려움이에요. 그러니 죽음의 공포에서 벗어나고 싶다면 아무도 사랑하지 마세요. '너'를 만들지 마세요. 애완견을 사랑하지 않았다면 상관없었잖아요. 그런데 애완견을 사랑했기 때문에 애완견의 죽음이 고통스러운 거죠. 사랑을 해야 그 사랑하는 대상의 부재에 고통을 느끼니까요. 어떤 사람의 죽음이 너무 아팠다는 건 거꾸로 이야기하면 그 사람을 너무 많이 사랑했다는 거예요.

'정 떼고 죽는다'는 말도 있죠. 여러분 부모님들이 치매에 걸리면 속으로 그럴 수 있어요. '빨리 죽었으면.' 이건 정 떼는 과정이에요. 물론 나중에 눈물은 나죠. 눈물은 나지만 시원섭섭해요. 어머니가 치매에 걸리면 어머니가 어머니로 보이기보다 자꾸 치매 환자로 보이죠. '말도 못 하시잖아. 어린아이야' 이렇게 되는 거예요. 가족들이 죽기 전에 병원에 있는 기간이 길어질 때 있잖아요? 그때 여러분은 '빨리 없어졌으면' 하고 정을 떼는 연습을 하는 거예요. 그래서 옛날 어른들이 '정 떼고 죽는다'는 이야기를 하셨던 거예요. 돌아가신 저희 아버지는 정을 뗄 시간을 안 주셨어요. 갑자기 사고로 돌아가셨거든요. 저희 아버지는 행복하죠. 상 치르는 날이 눈물바다잖아요. 만약 저희 아버지가 5년간 병실에 누워 계시다 돌아가셨더라면 슬픔과 안도가 묘하게 교차하는 자리가 됐을 거예요.

사랑한 만큼
고통이다

3인칭의 죽음은 뭐죠? '그들'의 죽음이죠. 무관심한 어떤 사람들의 죽음이에요. 나와 무관한 사람인데 아프다면, '그들'이 다 '너'로 느껴진다면 우리가 그걸 감당할 수 있을까요? 신문을 넘겨도 기사에 나오는 사람들이 모두 '너'라면, 그 고통을 우리가 어떻게 감당할 수 있겠어요? 그 고통은 성인聖人만 감당해요. 그래서 약한 사람은 타인을 사랑하지 않아요. 사랑하지 않으려고 해요. 누구를 사랑하면 그 고통을 감내해야 되니까요. 누구든 언젠가는 죽고, 사라지고, 떠나잖아요. 여러분들이 1,000명을 사랑하면 1,000명의 고통을 감당해야 돼요. 1억 명을 사랑하면, 1억 명의 고통을 감당하는 거예요. 인류를 사랑하고 싶으세요? 감당 안 돼요. 〈We are the World〉라는 노래 기억나시죠? 아프리카 아이들을 돕자고 부르던 노래잖아요. 그걸 감당할 수 있겠어요? 사람들을 많이 사랑하지 마세요. 사랑하지 않으면 죽음의 고통은 많지 않을 거예요. 애초에 '너'라는 존재가 없으면 우리는 죽음으로부터 자유로워진다고요. 다 '그들'인데 고통이 없죠. 잔혹범들에게는 '너'가 없어요. 히틀러한테는 '너'가 없을 거란 말이에요. 그러니 그들은 타인을 죽여도 고통을 받지 않은 거죠.

우리 어른들이 누가 죽으면 '죽은 사람은 죽은 거고 산 사람은 살아야지' 이렇게 말씀하시죠. 이게 여러분을 설득해요. '맞아, 우린 살아야 돼' 이렇게요. 그런데 진짜로 사랑했던 누군가의 존재가 사라지면, 그 고통은 내가 다 감당해야 되는 거예요. 그러니까 여린 사람은 그 고통을 못 견뎌요. 우리가 졸도하는 것도 그런 이유예요. 만약 '너'가 죽게 되면 우리는 졸도해요. 못 받아들이니까요. 졸도했다가 깼는데 여전히 내가 사랑하는 사람이 죽어 있어요. 또 졸도해요. 졸도가 뭐예요? 자살 같은 거죠. 누가 죽었을 때, 사랑하는 사람 때문에 졸도한 경험 있나요? 졸도 정도는 해 줘야 돼요. 그 졸도의 깊이가 사랑의 깊이거든요. 사랑하는 사람이 죽었을 때 달관의 제스처를 취하는 사람이 있어요. '어차피 태어나면 죽는 거고 네가 먼저 갔을 뿐이고' 이런 사람은 사랑을 못 해 본 사람이에요. 혹은 한때는 사랑을 했지만 지금은 그렇지 않은 사람일 거예요.

아이러니하게도 '너'의 죽음에서 고통을 느낄 수 있는 사람이 진짜 강하게 사랑을 해 본 사람이에요. 그래서 자살하는 사람들 중에 '너'가 죽었을 때 따라서 죽는 사람들이 멋있는 거예요. 아침에 일어나도, 그 사람은 안 돌아와요. 영정 사진만 남아 있죠. 부재의 고통이 갈수록 더 심해져요. 못 견뎌요. 자기가 사랑하는 사람이 죽었을 때 자살하는 사람들은 진짜 깊게 사랑한 거예요. '너'의 죽음으로 고통을 느꼈던 분 있나요? 있어야 돼요. 처음에는 너무나 고통스러워 목숨을 끊으려고 할지도 몰라요. 그렇지만 힘들어도 조금만 더 견뎌 보세요. 그 죽음, 그 고통을 감내하면서 살아 보라는 거예요. 얼마 지나지 않아 고통이라는 쓰디쓴 상처를 안게 된 이유가 바로 그 사람을 사랑했고, 그 사람과 행복했던 추억이 많아서라는 것을 알게 될 테니까요. 이어서 곧 꿋꿋하게 살게 되죠. 살아 있어야 사랑과 행복의 추억에 잠겨 행복감을 느낄 수 있다는 걸 아니까요. 정말 행복한 사람이죠. 진짜 사랑했던 사람이 있었다는 이야기니까요. 너무 슬프지 않나요? 내 사랑의 깊이를 그 사람의 죽음에서 찾아야 된다는 것이.

많이 사랑할수록, 죽음이 힘들어요. 나중에 확인하실 수 있을 거예요. 내가 어머니, 아버지를 얼마만큼 사랑했는지요. 어머니가 돌아가셨는데 그다지 슬프지 않은 분들도 있을 거예요. 자책할 필요 없어요. 그게 솔직한 내 모습이에요. 사랑할 만한 사람이 아니었던 거예요. 사랑한다고 스스로 믿고 있는 것과 실제로 내 가슴 깊은 곳에서 눈물이 터져 나오는 건 달라요. 제대로 울면 소리도 잘 안 나요. 전혀 낯선 소리가 내 안에서 나요. 영혼의 깊은 무언가를 건드린 거죠. 그렇게 울어 보신 분 있을 거예요. 괴물이 낼 것 같은 소리가 나와요. 아무리 예쁜 사람이라도 그런 소리가 나요. 마치 아이가 첫 걸음마를 하는 것처럼 완전히 낯선 소리예요. 아주 깊은 곳에서 나는 비애죠.

그러니까 사랑을 하면, 그 커플은 둘 다 장수해야 돼요. 사랑을 하는 사람은 내가 사랑하는 그 사람에게 부재의 고통을 주면 안 되니까요. 진짜 사랑하는 사람이 있는데 그 사람을 남겨 두고 내가 죽는다고 생각해 보세요. '저 사람이 얼마나 힘들까' 이런 생각이 드셔야 해요. 사랑하는 사람이 암을 선고받고 병원에 누워 있으면, 여러분은 가서 멱살을 잡아야 해요. '나 사랑한다면서? 장난 치냐, 이 새끼야?' 이러면서 뺨을 막 때려도 돼요. 이 인간이 죽고 나서 내가 당할 고통은 어떡하라고요. 먼저 죽는 사람은 미안하다고 해야 해요. 먼저 죽는 사람은 유언도 남기면 안 돼요. 어디 건방지게 말을 남겨요? 고통을 다 남겨 주고 가잖아요. 돌아가실 때, 사랑하는 사람이 있다면 절대 유언을 남기지 마세요. 입 닥치고 있어야 돼요. 죄인이에요. 유구무언이죠. 죄인이 뻔뻔스럽게 무슨 말을 할 수가 있어요.

나는 사랑하는 그 사람이 죽은 다음에 죽어야 돼요. 고통을 주고 가는 게 사랑이에요? 고통을 받아야 사랑이에요. 내가 더 오래 살아서 너의 시신을 치우고 너의 무덤에 꽃을 꽂아 놓는 거예요. 그걸 하려고 할 때 우리는 사랑을 하는 거예요. 만만치 않아요. 사랑과 고통은 함께 가는 거예요. 〈사랑〉 편에서 제가 이런 비유를 한 적이 있어요. 사랑이 거대한 나무라고요. 부재의 고통은 그 나무의 그림자 같은 거예요. 나무는 그대로 두고 그림자를 반 토막 낼 수는 없어요. 사랑하기 때문에 부재의 고통이 생기는 거죠. 사랑하기 때문에 그 사람이 떠나면 아픈 거예요. 그런데 그 아픔만 제거할 수 있을까요? 없어요. 같이 가는 거예요. 사랑과 고통은 하나의 패키지란 말이에요. 사랑하기로 작정한 사람은 그로부터 받을 고통도 기꺼이 감당하기로 작정한 사람이기도 해요. 절절하지 않나요? 사랑과 고통, '너'의 죽음이란 게 뭔지 아시겠죠? '너'의 죽음으로 고통을 느끼신다면 스스로 보여 주신 거예요. 여러분이 살아서 할 수 있는 최고의 영광, 사랑을 해 봤다는 것을요.

죽음의 공포를 먹고 자라는 종교

아주 어린 꼬맹이들은 자신이 죽는 게 무서워요. 아마 꼬맹이는 자신이 애지중지 키우던 햄스터와 같은 애완동물이 죽는 것을 경험했을 거예요. 그 아픈 경험을 자신의 죽음에도 투사하는 거죠. 여기서 부모님들이 중요한 역할을 하게 될 거예요. '그냥 죽은 거야. 햄스터랑 좋았던 기억만 생각하렴. 네가 살아 있다면 그 기억은 영원한 테니'라고 말해야 되죠. 그런데 부모님들은 오버를 해요. '햄스터는 지금 먹지 않아도 배부르고, 항상 포근하고 따뜻한 곳으로 갔어.' 이런 부모님들의 철없는 위로가 먹혀드는 순간 꼬맹이들의 논리에는 종교가 자리를 잡게 되죠. 천국이 있을 거라고요. 성숙한 사람은 천국을 믿지 않아요.

경주에 사는 선배가 죽어서 제가 상갓집에 갔어요. 거기에 신부님이 한 분 계세요. 저는 목사보다 신부를 더 좋아해요. 신부들은 술을 마시거든요. 상갓집에서 그 신부님과 술을 마시는데 하시는 말씀이 이래요. "개똥밭에 굴러도 이승이 좋다"라고요. 천국에 갔는데 왜 슬퍼해요? 천국에 가는 건 좋은데, 돌아오지 못하잖아요. 부재하는데 무슨 의미가 있어요? 그래서 우리는 죽음을 보고 슬퍼하는 거예요.

비유를 하나 들어 볼게요. 여러분 애인이 다른 사람한테 가서 행복하게 잘 사는 게 좋아요? 아니죠. 내 옆에 없으면 의미 없는 거잖아요. 어린아이가 어머니한테 '나 죽으면 어떻게 돼?' 하고 물을 때 성숙한 어머니는 이럴 거예요. '아무것도 없어. 그냥 죽는 거야, 애야.' 그런데 이렇게 말하는 어머니도 있죠. '천국이 있어. 거기에는 젖과 꿀이 흐르고 모든 곳에 게임기가 설치돼 있어. 아이템도 공짜고.' 이러면 아이에게 위로는 되죠. '엄마, 괜찮은 것 같아요.' 이러고 자러 가겠죠. 이 표현을 고상하게 바꾸면 그게 성경 구절이고 《법화경》 구절인 거예요. 죽음에 대한 고통과 두려움을 종교로 위로받는 거예요. 유치한 사람만이 그런 위로를 받으려고 해요.

종교는 미래에 대한 공포를 먹고 자라는 거예요. 종교가 존재하는 이유이기도 하죠. '죽은 다음에 어떻게 될까?', '내일 어떻게 될까?' 이런 미래에 대한 공포가 있으면 우리는 종교를 찾게 돼요. 그런데 미래가 막연하게 두려우신 분들 계시죠? 그중에서도 죽음은 미래의 가장 극적인 두려움이죠. 정말 암담하잖아요. 그러니까 미래에 대한 공포가 종교의 가능성이에요. '닥치면 닥치는 대로 살지' 이런 마음으로 미래에 대한 공포를 갖지 않는다면 종교는 필요 없어요. 물론 이것보다 더 확실한 방법은 지금 바로 여기에서 엄청 행복한 거예요. 현재에 살고 있다는 것이 충만한 순간, 우리는 더 이상 미래를 생각할 필요가 없잖아요. 근사한 영화를 볼 때 내일을 걱정하지 않는 것처럼요. 멋진 사람과의 만찬은 내일의 업무 보고도 잊게 만들잖아요.

그래서 종교를 극복하려는 사람들은 현재를 사랑해야 돼요. 아니 거꾸로 말해도 돼요. 현재를 사랑하는 사람만이 종교를 믿지 않을 거라고. 종교에서 벗어나고 싶은 분들 계시죠. 어떤 사이비 교주 밑에서 벗어나고 싶기나 어떤 스님의 농간에서 탈출하고 싶으신 분들 계실 거예요. 표어만 정하면 돼요. '우리에게 내일은 없다.' 그런데 스님들은 항상 말하죠. 공덕을 쌓으라고. 교회에서는 예수님 말씀대로 살라고 하죠. 그래야 미래가 보장된다고요. 여기에 자본가가 끼어들어요. 지금 돈 쓰지 말고 보험에 들라고요. 미래에 대한 공포 속에 종교와 자본주의는 항상 같이 살아요. 그래서 짐멜이나 벤야민은 자본주의를 세속화된 기독교라고 정의 내렸던 거예요. 미래를 두려워하시는 분은 둘 중 하나죠. 교회나 절에 가든가, 느낌은 좀 다르지만 보험이나 연금을 드는 거예요. 연금이나 보험은 들어 놓으면 죽기 전에 언젠가는 받는 거고, 내세나 천국이나 극락은 죽은 다음에 받는 거예요. 차이는 그 정도예요.

사랑한다는 건
지금을 산다는 것

이순재 씨가 보험 광고에서 그러잖아요. 묻지도 따지지도 않고 가입시켜 드린다고요. 심지어 보험 회사는 최근에 자식에 대한 어른들의 애정까지 이용하기 시작했죠. 당신이 죽으면 자식들이 부담할 장례비가 만만치 않을 거라고요. 그러니 보험에 드시라고요. 그런데 보험에 가입하면 매달 내는 그 돈은 누구 돈이에요? 자식 돈이에요. 나쁜 새끼들이죠. 할아버지가 '너희들을 위한 거야' 이러면서 자린고비처럼 아끼고, 손주한테 과자 하나 안 사 주면 할아버지가 죽을 때 어떨까요? 당연히 할아버지와 손주 사이에는 사랑이 싹틀 수가 없죠. 그러니까 보험 회사는 손주가 할아버지를 '너'라고 생각할 기회조차 박탈하는 거예요. 손주에게 사랑의 슬픔도 남기지 못하고 이 세상을 떠나가는 할아버지가 너무나 측은하지 않나요? 이런 상태라면 할아버지의 보험금으로 장례는 치르겠지만, 영혼 없는 쿨한 장례일 거예요.

    자본주의가 사랑이라는 미명하에 가족 관계를 산산이 쪼개 놓고 있는 겁니다. 할아버지, 할머니들은 자식들한테 왜 그렇게 돈을 아끼고 사는지 말씀을 안 하시죠. 할아버지, 할머니들은 남겨진 후손들에 대한 마지막 사랑이라고 생각하고 보험을 드신 거예요. 끝까지 자식들에게 병원비나 장례비 같은 경제적 부담을 주고 싶지 않았던 겁니다. 내 병원비나 장례비는 내가 모아

뭐야겠다는 둥 이런 이야기를 했다가는 자식들이 '미쳤어요? 장례를 왜 걱정해요. 편히 사셔야죠' 이러니 말씀을 안 하시는 거예요. 분명 '자뻑'이지만, 이것이 노인분들이 사랑을 표현하는 서투른 방식이죠. 문제는 자본주의가 이런 미성숙한 사랑을 가지고 집요하게 공격하며 이윤을 남기려고 한다는 거예요. 요새 장례비가 많이 드니까 자식들을 위해서 사랑을 베풀라고요. 그런데 결국 자식들에게 사랑을 못 받는 길로 가는 거잖아요.

자식한테 용돈을 받으시면, 모으지 마시고 쓰세요. 가족들한테 '애들아, 내가 돈 좀 모았다. 이거 가지고 제주도 가자' 이러시면서 가족들이랑 사랑을 나누세요. 그 할아버지가 돌아가시면 가족들이 어떻겠어요? 아프죠. 사랑하는 사람이 된 거예요. 할아버지가 '너'가 된 거예요. 그러니 할아버지가 돌아가시면 아프죠. 보험 드신 분들 계시죠? 모두 다 해약하세요. 그리고 그 돈으로 가족들과 친구들과 행복한 시간을 보내세요. 그들에게 여러분이 '너'가 되는 경험, 그러니까 사랑을 남겨 주세요. 그리고 교회나 사찰에 다니거나 헌금을 내는 것도 하지 마세요. 그 시간에 그 돈으로 가족과 친구들과 행복하게 지내세요. 보험이나 종교에 얼마 되지 않는 돈과 시간을 낭비하지 마세요. 보험과 종교에 사로잡혀 있는 만큼 여러분은 하루하루 행복할 수 있는 기회를 스스로 포기하고 있는 거니까요.

가족 간에 사랑이 돈독해서 같이 있는 게 너무나 좋고, 함께 식사하는 게 너무나 좋고, 여행하는 게 좋고, 수다 떠는 게 좋다면 어머니는 교회에 나가지도 않아요. 선택의 여지가 없어요. 살아 있는 '너'로부터 사랑받는 사람은 신의 사랑을 갈구하지 않아요. 종교는 처음에 약한 자, 스스로 죽지도 못하는 비겁한 자, 나약한 자들한테 먹혀들어 가잖아요. 그래서 잘 생각을 해 보셔야 돼요. 가족 중에 누군가가 신에 올인하고 있다면 이렇게 되돌아보셔야 돼요. 나는 진짜 그 사람을 사랑하고 있는지, 그 사람의 이야기를 들어 준 적은 있는지를요. 목사나 신부나 스님들은 그 사람의 이야기를 다 들어 주죠. 여러분 같으면 누구한테 가겠어요? 사랑이 결여된 집안에서 신에 대한 맹목이 나와요. 신은 그런 상황에서 찾게 되는 거예요.

　나쓰메 소세키夏目漱石의 소설《나는 고양이로소이다》읽어 보셨어요? 소설의 화자는 인간을 관찰했던 비범한 고양이죠. 인간을 속속들이 알아요. 인간은 항상 지행합일을 강조하지만 자기네 고양이 족속들은 이미 지행합일이 되어 있다고 하죠. '우린 먹고 싶으면 먹고 싸고 싶으면 싸는데, 쟤네들은 싸고 싶은데 안 싸고 먹고 싶은데 안 먹고 심지어 다이어트를 하네?' 이러죠. 고양이 족속은 그러지 않아요. 이들은 완벽해요. 전문용어로 이론과 실천의 합일, 변증법적 통일이 이루어진 존재라고요. 이 책을 읽어 보면 우리가 동물보다 못하다는 자각에 이를 거예요. 어쩌면 그래서 우리가 동물을 학대하는지도 몰라요. 합일된 완벽한 그들의 모습, 죄책감이 없는 모습이 부러워서요. 다람쥐들은 '나는 멋진 다람쥐이고 싶어. 명품 도토리 없나?' 이러지 않아요. 우리만 난리죠.

오만 가지 종교나 문화를 보면 우리의 생각과 행동이 일치하지 않는 것을 가리기 위해 만들어진 것들이 많아요. 물론 그게 우리 인간의 매력이기도 하죠. 여하튼 동물은 종교가 없어요. 비가 안 오면 인간은 기우제를 지내죠. 다람쥐가 비 안 온다고 도토리 모아서 기우제 지내는 것 보셨어요? 사자가 토끼 잡아 놓고 기우제 지내나요? 쿨하게 기다리죠. 동물들은 그래서 종교가 없는 거예요. 그냥 견디다가 '죽으면 죽는가 보다' 그러고 살아요. 동물에게는 죽음이 없어요. 미래가 무섭지 않죠. 그래서 지금이 중요한 거예요. 애완견을 데리고 교회에 가지 마세요. 그 개가 여러분을 봐요. '저렇게 나약한 것이 내 주인이네? 나는 교회 안 가는데? 나는 불완전하지 않거든' 이렇게 생각할 거란 말이에요.(웃음)

현재에 집중을 해야 종교에서 벗어나요. 자신을 현재에 살도록 하는 사랑하는 사람이 생기면 그 돈을 보험이나 헌금으로 쓰겠어요, 아니면 그 사람을 위해 쓰겠어요? 물론 사랑하는 사람은 언젠가 여러분에게 씻을 수 없는 고통을 주면서 떠날 수 있어요. 살아서 여러분을 떠날 수도 있고, 죽어서 여러분을 떠날 수도 있어요. 그러니까 종교나 보험은 여러분한테 간교한 제안을 하는 거죠. '언젠가 떠날지 모르는 애인과 있을래, 영원히 떠나지 않는 신이나 돈과 있을래?', '지금 애인이랑 스파게티 먹을래, 아니면 지금은 라면 먹고 천국에 가서 먹물 리조토 먹을래?'

저 같으면 천국에서 먹을 먹물 리조토를 포기해요. 지혜로운 사람은 현재를 잡고 사랑을 잡아요. 현재를 잡으면 종교는 의미가 없어요. 사랑을 하면 우리는 종교를 찾지 않아요.

무신론자와 기독교인의 결혼 생활

저는 두 아이를 자녀로 둔 서른다섯 살의 평범한 가장입니다. 저는 신을 믿어 본 적이 없지만 기독교 집안의 여성과 결혼하면서 의무적이고 형식적으로 교회를 다니고 있습니다. 장모님이나 교회 사람들에게 신을 믿지도 않으면서 믿는 척을 해야 하는 것이 서글픕니다.

특히 아이들에게까지 기독교의 철학과 어울리지 않는 제 삶의 철학을 편하게 말할 수 없다는 것이 괴롭습니다. 맞벌이 하는 우리 부부를 위해 옆집으로 이사 오셔서 아이들을 돌봐 주는 장모님이 고맙긴 하지만 장모님에게 기독교 신앙을 주입받을 아이들을 생각하면 걱정이 앞섭니다. 자신의 삶을 사색하고 고민하는 대신 신의 논리 안에서 단순화된 사고방식을 가지게 될 아이들이 걱정스럽습니다. 이러한 제 생각을 드러낸다면 저를 사탄 대하듯 하실 장모님이 두렵습니다. 사실 박사님이 해 주실 답이 환청처럼 들립니다. '쓸데없는 고민하지 말고 그냥 장모님 집에 오시지 못하게 하고 교회 가지 마세요!' 그렇게 하는 게 맞는 걸까요?

종교랑 정치적 견해가 다른 사람과는 결혼하시면 안 돼요.

여러분과 다른 정당을 지지하는 애인은 버리셔야 돼요. '속궁합'이 맞으면 뭐해요? 다른 정당을 지지하는데. 이건 안 돼요. 중요한 가치들이 몇 개 일치해야 돼요. 프로야구를 볼 때에도 응원하는 팀이 같아야 좋다고요. 특히 종교는 치명적인 거죠. 종교가 다르면 안 돼요. 부인에게 선택을 강요하셨어야죠. '신을 사랑하니, 나를 사랑하니' 이렇게 강요해 보셨어요? 못 하셨죠? 결혼하실 때 부인을 너무 좋아하셨던 거예요. 어떻게 해서든지 간에 부인을 얻으시려고 혈안이 되셨던 거죠. 오히려 '나 교회 다닐게. 결혼해 줘' 이렇게 하셨을 수도 있고요. 저항 안 해 보셨죠? '너 촌스럽게 어떻게 교회를 다니니?' 이런 이야기 안 해 보셨죠? 결혼을 하면서 한일합방 비슷한 불평등 조약을 맺으신 거예요.(웃음) 그래서 형식적으로 교회를 다니시는 거죠. 이건 민방위 훈련이나 예비군 훈련이랑 비슷한 거예요. 의무적으로 교회를 가는 거죠.

그러게 왜 그런 식으로 결혼을 하셨어요? 우리 인간의 삶에서 가치관, 특히 종교를 둘러싼 문제는 굉장히 심각한 거예요. 부인은 본인을 선교의 대상으로 볼 거고 본인은 또 교회에 안 다니려고 할 거예요. 지금은 이런 갈등이 드러나지 않지만 나중에 터져요. 준비를 해 두셔야 돼요. 부부 사이는 괜찮으세요? (네.) 나중에 원만하지 않을 때는 그 종교 문제가 두 사람한테 폭탄처럼 다가올 겁니다. 그건 준비를 하셔야 돼요. 그리고 아이들이 기독교를 믿게 된다면 아버지를 선택하지 않고 어머니한테 갈 거예요. 그러니까 왜 그 비극을 만들었냐고요. 본인을 사랑하는 여자잖아요. 물어봤어야 했어요. '네가 믿는 신을 사랑하니, 나를 사랑하니?' 둘을 사랑할 수는 없어요. 나를 사랑해야 돼요. 신을 사랑하는 사람은 결혼을 하면 안 돼요. 지금은 관계가 좋을 수도 있겠지만 나중에 시간이 지나면 어떨 것 같아요? 사랑은 성적인 매력이 사라진 후에는 가치관이 맞아야 유지되는 거예요. 서로 중요하다고 생각하는 것, 좋아하는 것들이 여럿 맞을 때 관계가 유지되는 건데, 종교를 강하게 믿는 사람은 내적 논리가 종교적인 논리로 많이 연결되어 있거든요. 그래서 걱정이 되는 거예요. 미리 그 갈등을 준비하셔야 할 것 같아요.

그리고 본인이 말씀하신 것처럼 처음에 장모님을 못 오시게 했었어야죠. 그런데 지금 장모님이 계시면 이득이 있는 거죠. 아이 양육을 날로 하시잖아요. 우리가 왜 결단을 못 하는지 아세요? 장단점이 있어 보이면 그것과 헤어지지 못해요. 인생을 잘 돌아보세요. 어떤 남자나 어떤 여자를 좋아할 때, 장단점이 보여서 좋아하는 경우는 없어요. 좋거나 싫거나 둘 중 하나예요. 우리는 그 사람과 같이 있을 수밖에 없을 때 그 사람의 장점을 찾아요. 며느리가 시어머니의 장점도 찾아요. 가령 '시어머니는 국을 잘 끓여요' 이렇게요. 30년을 하셨으니 국을 잘 끓이는 건 어쩌면 너무나 당연한 일이잖아요. 그런 이상한 장점을 찾아요. 오만 가지 장점을 찾는단 말이에요. 우리 인생이 슬픈 것 중 하나는 어떤 대상의 장단점을 보게 된다는 거예요.

장단점을 보는 것의 핵심은 사실 상대방에게서 견딜 수 없는 단점을 발견했다는 것에 있죠. 그런데 단점에도 불구하고 왜 장점을 찾으려고 할까요? 그건 단점으로 다가오는 그 상대방을 완전히 거부할 수 없어서 그러는 거예요. 그 관계에서 벗어나면 본인의 삶이 불안해지거나 위험해지니까요. 그러니까 장점을 억지로 만들어 놓는 거예요. '이 세상에 장단점 없는 게 어딨어요?' 이렇게 묻는 분들도 계실 거예요. 여러분이 여행을 하다가 어떤 마을이 마음에 들어요. 그럼 그냥 좋은 거예요. 장단점이 있다는 건 뭐예요? 거길 빠져나오지 못할 때만 쓰는 거 아닌가요? 여행 간 그 마을이 싫은데 '여기는 수돗물이 나온다' 이런 거라도 찾는 거예요. 그런 장점은 남루한 거라니까요. 우리 인생이 그런 거 아니에요? 좋거나 말거나인 거예요. 싫은데 그걸 버릴 수가 없을 때, 혹은 거길 떠날 수가 없을 때 우리는 장점을 찾아내요. 그걸 떠나면 자신이 힘들어질 것 같고, 생계가 위험해질 것 같아서 그러는 거죠. 그래서 장단점이 보이기 시작하면 준비를 하셔야 돼요. '이제 떠날 때가 됐구나' 하고요. 장점을 보려고 하는 허영의 마음, 날조된 마음을 벗어나기 위해서는 떠나셔야 돼요.

지금 본인은 장모님이 교리를 전파하지 않고서 아이만 돌보기를 원하시는 거잖아요. 둘 다를 원한다고요. 그런데 더 무서운 게 뭔지 아세요? 장모님이 아이를 돌보지 않으면서 교리를 전파할 수도 있어요. 대가가 있는 거예요. 장모님은 아이를 돌보면서 목회 활동을 하시는 거예요. 이건 막을 수가 없어요. 막으려면 단절을 해야 되고 이제 현실적 문제로 들어가는 거죠. '이 아이를 누가 돌보고 이 경제적인 문제는 어떻게 할까?' 이 문제죠. 아이를 양육하는 데 경제적으로 이익이 얼마나 되는지를 계산하는 게 핵심이에요. 이분은 그걸 감당해야 돼요. 그게 문제거든요. 본인 연봉이 100억이면 이 문제는 벌어지지 않아요. 그러다 보니까 이 종교를 받아들일 수밖에 없어요. 돈이 없으니까 장모님한테 아이를 맡긴 거잖아요. 그게 싫으면 직장 그만두고 아이들이랑 같이 남아 있던가요.

지금 문제는 정신적인 것만이 아니라 나의 생활, 육아 같은 경제적인 문제랑 맞물려 있다는 거예요. 본인이 양육비를 더 많이 감당하셔서 장모님이 못 오시게 하시던가요. 지금 그럴 돈이 없다면 장모님이 아이를 돌보게 하고 장모님이 없을 때 교육을 더 강하게 하세요. '오늘 할머니가 뭐라고 그랬어?' 물으면 아이가 '하나님이 이렇게 뭘 만들었대요' 하고 대답하잖아요. 그러면 '얘야, 그건 거짓말이란다. 할머니는 이야기를 좋아하시는 분이야' 이렇게 하셔도 돼요. 무슨 말인지 알죠? 부인을 위해서, 그리고 지금 본인의 생활을 유지하고 싶다면 교회에 계속 나가시는 것도 하나의 방법이죠. 아이들 다 결혼해서 독립하고, 부인도 죽은 후에 '더럽게 힘들었다' 이렇게 하시면 돼요. 하실 수 있겠어요? 그것도 하나의 선택이에요. 어떤 선택이든 그 결과는 본인이 감당해야 한다는 걸 잊지는 마세요. 그게 나약하든 강하든 인간이 반드시 알아야 할 것입니다.

종교가 만든 우정과 사라진 신앙심 사이

스물세 살 대학생입니다. 저에게는 10년 지기 친구들이 있습니다. 어릴 적부터 성당에서 만난 친구들입니다. 그중 둘은 신학교에 들어갔습니다. 신부를 할까 생각했을 정도로 저 또한 독실한 신자였습니다. 그런데 그 10년을 무너뜨릴 엄청난 사건이 생겼습니다. 대학에 들어가면서 철학에 관심을 가졌고 리처드 도킨스Richard Dawkins의 《만들어진 신》이라는 책을 읽었습니다. 그 책의 마지막 장을 덮는 순간 머리가 무거워지고 제가 여태까지 믿었던 모든 것이 무너지는 느낌이 들었습니다. 애인과 헤어진 듯한, 마음속에 블랙홀이 생긴 듯한 기분이었습니다. 《만들어진 신》을 반박하는 책도 읽어 보았지만 개운해지기는커녕 더 답답해지기만 했죠. 그러고 나서 최근에 그 친구들을 만났는데 도저히 얼굴을 볼 수가 없었습니다. 친구들을 볼 때마다 뭔가 속이는 것 같은 기분이 듭니다. 친구들에게 제가 '신이 없다'라고 말하면 친구들이 뭐라고 할지 혹시 절교하자고 하지는 않을지 걱정입니다. 신이 없다고 생각되는 지금, 더 이상은 성당을 나가기

> 힘들 것 같습니다. 앞으로 친구들을 어떻게 대해야 할까요?
> 성당 사람들은 어떻게 만나야 할까요?

안 만나면 돼요. 이게 놀라운 경험인데요, 스님들이 사찰을 나가는 유일하고 결정적인 이유가 뭘까요? 신부가 언제 성당을 떠날 것 같아요? 여자를 만나면 나와요. 한 여자를 사랑하면 신을 배신해야 돼요. 사랑은 그런 겁니다. 신을 사랑하면 여자를 사랑하지 못해요. 그러니 이분이 좋은 여자를 만나면 쉽게 해결돼요. 선택지가 있잖아요. '친구들인가, 이 여자인가' 너무 쉽지 않나요? 그런데 재수 없게 도킨스인 거예요.(웃음) 책인 거죠. 그래서 힘든 겁니다. 자신을 변하게 한 것이 매력적인 여자가 아니라 이미 지긋한 중년의 나이를 자랑하는 도킨스라는 사실이 짜증나는 거죠. 친구들을 버리고 애인과 함께 있다면 그나마 멋진 일인데, 이건 뭐 도킨스 책만 한 권 덩그러니 손에 있는 것 같으니까요. 그런데 중요한 건 '신이 없다'는 생각을 하신다는 거잖아요. 본인이 달라져 버린 거예요.

지금 이분이 정말 두려워하는 게 무엇인지 아세요? 10년 동안 만났던 성당 친구들을 떠나 홀로 외롭게 있으리라는 불안감과 외로움이죠. 그러나 아셔야 해요. 신을 믿으며 성당에 다니지 않는 사람들이 더 많다는 사실을요. 그들에게 도킨스 책은 어떻게 다가오는지 아세요? '뭐 이런 당연한 이야기를 이렇게 두꺼운 책으로 주절주절 떠드는 거야.' 축하드려요. 이제 본인의 신념과 맞는 사람들과 새로운 우정도 만들고, 운이 좋으면 멋진 여자를 만나 사랑도 나누실 거예요. 물론 새롭게 만날 친구나 애인은 신이 없이도 당당히 살아가는 멋진 사람들이겠지요. 이제 새로운 시작이니, 설렌 마음으로 세상에 나와요.

문제는 그 친구들에 대한 마지막 애정이죠. 지금 본인이 친구들의 존재를 배신하고 있다는 건 알죠? 정직하지 않잖아요. 모든 인간관계에서 소중한 사람과의 마지막은 정직함으로 끝나야 돼요. 친구들 다 불러 모으세요. 신학교 간 그 친구들도 다 불러 모아서 밥 사 주고 한마디 하는 거죠. '너희들 도킨스 책 읽어 봤어? 나는 성경보다 《만들어진 신》을 선택한다. 미안하다.' 그렇게 마지막을 정리하셔야 해요. 이건 하셔야 돼요. 지금 친구들의 눈치를 본다는 건 그 친구들과 있는 게 편해서, 습관이 되어서 그래요. 그러니까 그 친구들이 나를 떠나는 게 힘든 거예요. 그런데 2~3년 지나면 다 끝나요. 한쪽이 변할 때 다른 한쪽도 변하는 게 관계라는 거예요. 그러니까 미리 끝내는 게 예의예요. 소중한 친구나 사랑하는 사람과의 관계는 정직하게 시작해야 하고요, 끝날 때도 정직해야 합니다. 마지막 예우인 것이죠.

제 제자가 결혼할 때 남자랑 약속을 하나 했는데 그게 저는 너무 멋있었어요. 자신을 사랑하지 않아도 되고 다른 사람을 사랑해도 되는데 그 이야기를 제일 먼저 서로에게 해 줘야 된다는 약속이었거든요. 다른 사람을 통해서 그걸 듣는 건 싫다고요. 훌륭하지 않아요? 어쨌든 이혼했어요. 남편이 먼저 말했어요. 너무 아프죠. 그런데 아픈 게 아니에요. 부부는 같이 변해요. 변하긴 같이 변하는데 누가 먼저 말하는지, 누가 더 민감한지의 문제인 거예요. 당연하죠. 어떤 걸 잡고 있다가 다른 걸 잡을 때가 있죠? 원래 잡고 있던 걸 놓으려고 다른 걸 잡는 것일 수도 있어요. 우리는 대개 나는 변하지 않는 상수라고 생각해요. 나는 상대방을 계속 사랑하고 있는데 상대방이 변한 것이라고요. 하지만 나도 모르게 상대방에게 계속 상처를 주고 배신을 했을 거란 말이에요. 자기가 받는 상처는 금방 알지만 상대에게 준 상처는 잘 모르거든요. 그 말을 듣고 제 제자도 남편한테 말하는 거죠. 먼저 이야기해 줘서 고맙다고요. 고마운 거예요. 그 힘든 이야기를 꺼낸다는 건 만만치 않은 일이거든요. 본인도 이 점을 생각하고 친구들에게 이야기를 하시면 될 것 같아요.

종교에 빠져 세상과 단절한 어머니

어머니의 유일한 삶의 이유는 종교입니다. 어머니에겐 빛이지만, 제가 보기엔 빛 좋은 개살구 같은 사이비 종교입니다. 어머니에게 가장 중요한 가치가 종교가 된 지 10년이 넘었습니다. 어머니는 기도회에 참석하시느라 자주 외박을 하셨고 그 때문에 아버지는 화를 내셨지만 저는 어머니를 이해한답시고 편을 들었습니다. 어머니에게는 친구도 한 명 없었고 아버지는 매일 술에 취해 폭력을 일삼았기 때문입니다. 어머니의 유일한 삶의 낙이 종교인데 그것마저 빼앗으면 어머니가 죽을지도 모른다고요. 어머니의 고통스러운 결혼 생활에 작게나마 위로가 된다면 아무리 미심쩍은 사이비 종교라도 괜찮다고 생각했어요. 그런데 정신을 차려 보니 어머니가 없더라고요. 종교를 향한 단 하나의 창구만을 남겨 놓고 그 외의 세상과는 모두 단절해 버린 광신도만 남아 있었어요.

그런 어머니가 1년 전부터 많이 아프십니다. 누워서 끙끙 앓는 것 외에는 아무것도 할 수 없을 정도로요. 그런데 어머니는 병원에 가기를 거부하세요. 기도하면 낫는 병이라고요. 안방에서 거실로 몇 걸음 옮길 힘도 없으면서, 지방에서 2박 3일간 열리는 기도회는 택시를 타고 가서라도 꼭 참석하십니다. 어머니를 위하는 것이라고 생각했던 그 수년간의 방치가 돌이킬 수 없는 단절이 되었다는 것이 저는 너무나 절망스럽습니다. 어머니는 말을 걸어도 대화할 수 없고, 관심을 기울여도 닿을 수 없는 섬이 되셨어요.

이분이 겪고 있는 고민은 많은 분들이 겪는 문제예요. 어떤 고통 때문에 죽을 것 같고, 또 심지어 죽기도 하는 것은 그 고통을 마치 나만 겪는 문제라고 느끼기 때문입니다. 나만 겪는 문제라고 생각되면, 우리의 고통과 고뇌는 자살에 이를 정도로 심각해질 수 있어요. '나만 죽으면 돼' 이런 손쉬운 방법을 찾게 되니까요. 반대로 사람이면 대부분 겪는 문제를 나도 겪고 있다는 것을 알면, 우리는 그만큼 덜 고통스러울 거예요. 어떤 고통이든 나만 겪는 문제라는 생각에서부터 여러분은 벗어나셔야 돼요. 불교 용어를 빌리면 다반사茶飯事라고 하거든요. 밥 먹듯이 일어나는 일이라는 의미예요.

먼저 성숙한 사람의 태도에 대한 이야기를 하나 해 드릴게요. 키르케고르Søren Aabye Kierkegaard라는 철학자가 있어요. 실질적으로 크리스천에 가까운 철학자예요. 그런데 이 사람이 신과의 관계가 아니라 인간과의 관계를 통찰한 부분이 있어요. 키르케고르는 사랑의 본질을 이렇게 말해요. "사랑하기 전에 나는, 나 자신에 대해선 주관적이다. 그런데 타인에 대해선 객관적이다"라고요. 여러분은 여러분 자신을 잘 알죠. 무엇이 힘든지, 지금 느끼는 것이 무엇인지, 자신의 고통이 무엇인지 잘 알잖아요. 그러니 자신에게는 주관적인 겁니다. 그런데 타인의 고통에 대해서는 거리를 두죠. 우리는 타인을 객관적으로 봐요. '저 사람의 성별은 뭐고, 어느 학교에 다니고……' 이렇게 평가하잖아요. '당신은 이러이러하니까' 하고 생각하죠. 타인에 대해서 객관적이라는 건 그 사람을 사랑하지 않는다는 거죠.

그런데 사랑을 하게 되면 이런 태도가 180도 달라져요. 그때 여러분은 타인을 주관적으로 보게 돼요. 타인을 주관적으로 본다는 건 마치 내가 그 사람인 것처럼 느끼려고 한다는 거예요. 물론 그건 불확실해요. 제가 그 사람의 고통을 있는 그대로 느꼈는지 알 수 없으니까요. 근본적인 불확실성이고, 그것이 바로 진리라고 키르케고르는 말하죠. 그렇다면 사랑에 빠졌을 때 나는 나에 대해서 어떤가요? 나를 객관적으로 보기 시작해요. 그 사람 시선에서 나를 보기 때문이죠. 저 사람이 나를 어떻게 볼지를 생각하는 거예요. 사실 이 정도 되면 성숙하게 사랑하는 겁니다. 그래서 우리가 사랑에 빠지면 예쁜 옷을 입으려고 하나 봐요. 예뻐 보이려고요. '내 아이는 나를 어떻게 보지?', '내 애인은 나를 어떻게 보지?', '내 후배는 나를 어떻게 보지?' 이런 생각들 하시죠? 후배에 대해서 이렇게 생각한다면 그 후배를 사랑하는 거예요. 그런 사람을 함부로 대하겠어요?

　나를 객관적으로 보고, 타인을 주관적으로 본다는 건 참 예쁜 거죠. 그게 사랑의 위대함이라고 키르케고르는 말했던 겁니다. 나에 대해선 누구나 주관적이에요. 그런데 타인에 대해 주관적인 건 굉장히 어려운 일이에요. 내가 그 사람이 아닌 이상 어떻게 그 사람일 수 있겠어요? 그래서 그게 근본적으로 불확실한 것이라고, 그것이 사랑의 진리라고 했던 것입니다. 이 이야기를 마음속에 외워 보세요. '사랑에 빠지면 나는 나에 대해 객관적이고 사랑하는 사람인 타인에 대해서는 주관적이다.' 키르케고르의 이야기를 먼저 알고 계시고요. 너무 중요한 이야기니 여러분도 저를 따라해 보세요. "사랑에 빠지면 나는 나에 대해 객관적이고 사랑하는 사람인 타인에 대해서는 주관적이다!" 〔사랑에 빠지면 나는 나에 대해 객관적이고 사랑하는 사람인 타인에 대해서는 주관적이다!〕 참 잘했어요.(웃음)

이분의 어머니가 이제 문제인데요. 우리 주변에 이런 경우가 상당히 많아요. 사랑을 못 받으니까 사랑을 해 주는 사람한테 가는 거죠. 우리는 다른 사람이 나를 사랑한다고 나를 사랑해 주는 사람을 버리진 않아요. 사랑을 받아야 되는데 못 받으면 다른 걸 보게 되는 거예요. 출발은 나예요. 어떤 부부 중 한 명이 바람을 피웠다고 하면 우리는 한 사람이 누군가한테 한눈을 팔아서 상대를 버렸다고 생각해요. 하지만 그런 경우는 대개 없어요. 그 전에 둘 사이의 사랑이 끝났던 거예요. 바람을 피운 건 그래서 사후적인 일인 경우가 많아요. 우리는 어떤 걸 꽉 잡고 있으면 다른 걸 못 잡아요. 그런데 잡고 있던 걸 놓은 거예요. 잡고 있던 걸 놓았으니 공허하죠. 그러다가 다른 예쁜 어떤 게 보이니 그걸 잡은 거예요. 이런 메커니즘이 있는 겁니다.

이분의 아버지도 그 역할을 했죠. 어머니를 사랑하지 않았어요. 이분도 자식으로서 어머니의 외로운 모습을 방치한 거고요. 그런데 어느 날 어머니가 아픈 거죠. 더 외로워지신 거죠. 이럴 때 사랑이 더 필요하니, 어머니는 다니던 기도원에 들어가신 거예요. 그나마 그곳은 어머니에게 외로움을 주지는 않으니까요. 그 기도원을 어떻게 끊게 할지도 사실 심각한 문제예요. 너무나 오랫동안 못 받은 그 사랑만큼 그 기도원에서 사랑을 받으셨을 거예요. 기도원에서 어머니를 이끌었을 그 사람이 어머니를 어떻게 대했을 것 같아요? 키르케고르를 흉내 냈을 거예요. 그 사람은 어머니를 주관적으로 바라봤을 거예요. 당연히 어머니는 그렇게 소망하던 사랑을 받는다고 느끼셨겠죠. 지금 이분은 걱정하는 척하지만 사실은 이렇게 되물어 봐야 돼요. 어머니를 본인 삶에서 굉장히 불편함을 주는 존재로 여겼던 건 아닌지, 어머니라는 사람을 진짜 아끼는 것인지 본인 스스로에게 물어봐야 해요. 어머니가 그저 평범한 어머니처럼 그냥 늙어갔으면 좋겠다고 생각하셨을 수도 있어요. 아픈 모습을 보면 자식으로서 또 뭔가를 해야 되잖아요. 어쩌면 그게 너무나 귀찮은 건지도 몰라요. 본인의 마음에 이런 생각이 있지는 않은지 되물어 봐야 돼요. 어머니가 이렇게 되신 데 모든 가족들이 일조를 한 거예요. 그런데 그 결과를 책임지지 않으려고 그 탓을 종교로만 돌리신 게 아닌가 하는 생각이 들어요.

어떤 사람이 종교에 헌신을 할 때는 가까운 사람들에게 원인이 있을 때가 많아요. 여러분 친구가 수녀나 비구니가 됐다면 거기에는 여러분 탓이 있는 거예요. 여러분이 손을 꼭 잡고 있는데 어딜 가겠어요? 사랑하는 사람이 옆에 있는데 그 모든 인간관계를 단절하고 누가 떠나느냔 말입니다. 못 가요. 사실은 그게 중요하거든요. 스스로 이 문제에 직면하셔야 돼요. 남 보기 창피한 어머니가 아니라 정상적인 어머니 정도로 본인 곁에 계셨으면 좋겠다고 생각한 건 아닌지 되물어 보셔야 합니다. 어머니가 아무런 투정이나 불평도 없이 집안에 서 있는 오래된 가구처럼 있기를 바랐던 것은 아니었는지요.

어머니 입장에서는 기도원에 가는 게 나아요. 사기든 뭐든 거기에선 사랑을 해 주잖아요. 이 부분을 고민해 보셔야 돼요. 키르케고르 이야기를 해 드렸던 것은 이런 이유에서예요. 본인이 어머니를 생각하면서 자신에 대해서는 얼마나 객관적이었고 어머니에 대해서는 얼마나 주관적이었던가를 생각해 보세요. 거기서 해결의 실마리를 찾으실 거예요. 어머니 입장에서 본인이 어떤 딸인지 생각해 보세요. 나쁜 딸이죠? 바쁘다고 어머니를 돌보지 않았죠. 방치하셨잖아요. 어머니를 진짜로 사랑하시는지 본인 스스로에게 물어보세요. 이분이 어머니를 진짜 이해하려고 하셨는지, 어머니의 그 외로움을 생각해 보셨는지 저는 모르겠어요.

어머니가 어떠셨을지 생각해 보세요. 어머니도 사랑을 갈망하는 평범한 여자예요. 그렇지만 여러 이유로 남편과 따뜻한 사랑을 나누지 못하고 살아오신 거예요. 어머니 나이를 생각해 보면 당시에 어머니가 이혼을 해도 여자가 혼자 먹고사는 게 어려웠잖아요. 옛날에 왜 이혼을 못했는데요? 결혼한 여자가 밖에 나가서 할 수 있는 일이라곤 몸 파는 것밖에 없었던 시절이에요. 그런 시대였으니 아버지를 떠나실 수도 없었겠죠. 어쩌면 자식들을 보고 '내가 애들 때문에 산다' 이렇게 사셨을 수도 있어요. 그런데 어느 순간에 아이들이 당신을 필요로 하지 않는 단계에 왔다고 느꼈다면 어떠셨을까요? 모두가 당신 손을 뿌리쳤다면 어머니도 뭔가를 잡아야 되는 거잖아요. 어머니도 약한 사람이거든요. 그런데 그때 그 기도원이 손을 내밀어 준 거예요. 내가 당신 편이라고. 그러니 거기에 그토록 몰두하셨던 거죠.

물론 종교 행위를 강제로 끊을 수는 있어요. 기도원을 사기죄로 고소한다든지 그 기도원에 가서 난동을 부리든지요. 그러면 그 다음에 어떻게 할 건데요? 그렇게 해서 돌아온 어머니를 어떻게 할 거예요? 집은 변한 게 없잖아요. 어머니를 사랑할 준비, 다시 기도원 같은 곳에 가지 않게 꽉 잡을 준비는 하고 계신가요? 솔직하게 고민을 해 보셔야 하는 문제입니다. '어머니가 그렇게 된 데 나는 아무 잘못 없어' 아직도 스스로 이러실 수 있어요. 여러분 중에도 다른 형태로 버전이 바뀌었을 뿐 비슷한 고민을 하시는 분들이 있을 거예요. 어머니가 춤바람이 났을 수도 있고, 도박에 빠졌을 수도 있어요. 그럴 때 본인 스스로도 점검을 해 보셔야 돼요. 지금 이분도 어머니가 정상적이지 않으시니 신경을 쓰는 거예요. 하지만 이분이 원하는 대로 어머니가 정상적인 가정 생활로 돌아왔을 때 또 방치하실 거예요.

뭔가를 꽉 잡고 있는 사람 있죠? 우리는 잡은 게 확실하면 그걸 안 놔요. 그런데 그 기도원을 놓게 해야 되잖아요. 그럴 때 잡고 있는 것보다 더 섹시한 걸 줘서 잡고 있는 것을 놓도록 유혹하는 방법이 있어요. 어머니에게 줄 수 있는 다른 게 있어야 돼요. 그게 무엇이 될 수 있을지를 고민해 봐야 되죠. 아버지가 다시 어머니를 사랑할 리는 없을 것 같고요. 참한 아저씨를 소개해 드릴 수도 있겠죠. 그런 것도 시도해 볼 수 있을 거예요. 부모가 아이 손에 쥐어진 이상한 걸 빼앗을 때 쓰는 방법이잖아요. 사탕 같은 걸 대신 쥐어 주는 거죠. 아이가 웬만하면 잡고 있던 걸 안 놓을 거예요. 간신히 잡은 거니까요. 사탕 준다고 되겠어요? 그러니 굉장히 집요하게 이야기해야 하는 거죠. 그런데 그걸 하실 수 있을지는 모르겠어요. 10여 년을 방치했잖아요. '사랑받으려고 하지마, 엄마. 그냥 옆집 아줌마나 다른 엄마들처럼 평범하게 좀 있어 줘' 이걸 원하는 게 아닌지 본인 스스로에게 물어보셔야 해요. 여러분도 본인 스스로를 돌아보시길 바랍니다.

신이라는 운영체제를 포맷하기

저는 어머니 뱃속에서부터 교회를 다닌 스물한 살의 대학생입니다. 저는 온통 교회에 둘러싸여 살고 있습니다. 모든 가족과 친척들이 교회에 다닙니다. 남에게 피해 한 번 안 주고 사는 가족들이지만 예수에 대한 비난 앞에서는 무섭게 돌변합니다. 저 역시 마찬가지입니다. 하루는 제가 사이비 종교를 전도하러 온 사람을 마구 공격해서 그 사람의 전도를 포기하게 만든 적이 있어요. 그런데 그 사람의 모습이 마치 저의 모습과 닮아 있다는 생각에 갑자기 회의감이 엄습했습니다. '개독'이라 불리는 기독교인의 모습이 그 사람에게서 보였고, 그 사람의 모습이 저의 모습이기도 하다는 생각이 들었습니다. 뿌리부터 흔들리는 기분이었습니다.

제 생각의 기반에는 컴퓨터 운영체제처럼 언제나 예수가 있습니다. 아니, 죄와 회개가 있었습니다. 제 고민은 이놈의 운영체제가 사라지지 않는다는 것입니다. 이제 저는 신이 없기를 소망합니다. 그렇지만 종교를 벗어나기가 힘듭니다. 목사님의 설교도 고문이고, 주말에 교회에 나가기도 싫지만 나갈 수밖에 없습니다. 이 사실을 가족에게 말하면 모두 저를 저주할 것 같아요.

공식처럼 외워 두세요. A를 잡으면 B를 잡을 수 없다고. 그러니까 역으로 A를 버리려면 B를 잡아야 하는 거죠. 신이 없기를 소망하신다면, 그러니까 근본적으로 거기서 벗어나고 싶다면 다른 어떤 걸 잡으셔야 돼요. 그런데 사실 이분은 신이 있다고 강하게 믿고 계시는 분이에요. 비유를 해 보죠. 돈을 잃어버렸을 때, '잃어버린 돈을 잊어야지' 하고 생각해 보세요. 그게 잊혀요? 더 강하게 기억이 나죠. 그래서 어떤 사람이 죽으면 우리는 그 전보다 훨씬 더 그 사람에게 집착해요. 우리는 사라진 것에 집착해요. 소중한 어떤 것이 사라지면, 우리는 그것을 쿨하게 잊지 못해요. 우리에게 집착이 언제 생기는지 아세요? 어떤 게 내 머릿속에는 그대로 있는데 현실에는 없을 때, 그럴 때 우리는 그것에 집착하게 돼요. 없으면 없을수록 집착은 더 커져요.

신이 없기를 소망한다고 하셨지만 이분은 절대 못 벗어나요. 이분한테는 확고하게 신이 있거든요. 이런 식으로는 못 벗어난다는 거예요. '성적은 아무것도 아니야' 이러는 아이들이 진짜 성적에 연연해요. 성적에 연연하지 않는 아이들은 애초에 성적을 떠올리지도 않아요. 그러니까 중요한 건 머릿속으로 '없다'고 부정하는 행위 자체가 어쩌면 그걸 지키려고 발버둥치는 행위일 수 있다는 거예요. 오히려 유지시키고 있는 거죠. 한번 생각해 보세요. 헤어진 지 10년이 지났는데, 애인이 없어졌다고 계속 이야기하는 사람이 있어요. 무섭지 않아요? 머릿속에서는 그 사람이 떠나지 않는다는 거잖아요. 신이 없다고 떠들면 뭐해요? 신이 있잖아요. 신이 있으니 부정하죠. 없으면 부정 자체를 안 해요.

〔무얼 하든 신의 개념이 갑자기 어디선지 모르게 튀어 나와요. 신을 생각하지 않고 있다가도 생각을 할 수밖에 없어요.〕맞아요. 도처에 신이 있거든요. 신이라는 존재가 참 묘해요. 존재하지 않기 때문에 부서지질 않아요. 부술 수가 없어요. 이게 신이 존재하는 비법이거든요. 가령 이렇게 이야기해 볼 수 있을

거예요. 마을 뒷산에 동굴이 있는데 거기 귀신이 산대요. 마을 사람들이 우르르 가서 보면 귀신이 없어요. 그렇다고 마을 사람들 마음이 편해지진 않아요. 마음속에 이미 귀신이 존재하는 거예요. 보지 않았기 때문에 무서운 거거든요. 아니 정확히 말해 나는 볼 수 없는데 나를 항상 보고 있는 존재로 상정되는 그 무엇이 신이 되어 버리는 거죠. 그러니 무섭죠. 이건 역으로 여러분이 약해서 생기는 문제이기도 해요. 왜 속이 부실해서 헛것을 본다는 말이 있잖아요.

신이라는 존재에 대한 우리의 정서적 태도가 뭔지 아세요? 신은 내가 보지는 못하지만 나를 보는 존재예요. 골목을 가다가 누가 나를 보는 것 같은 느낌이 들 때 있죠? 이게 신이에요. 사실 시선이라는 메커니즘 때문에 신이 있는 것 같은 착각이 발생하는 거예요. 보는 자는 강한 자, 보이는 자는 열등한 자예요. 동네 깡패들이 항상 하는 말이 뭐예요? '눈 깔아!' 그러잖아요.(웃음) 여러분 직장에서 후배가 여러분 눈을 똑바로 쳐다보면 어떤 느낌이 들어요? '내가 뭘 잘못했나' 하고 검열하게 되죠? 시선이라는 건 굉장히 중요해요. 신이라는 존재는 여러분을 보는데, 여러분에게는 보이지 않는 존재로 그려져요. 그래서 항상 옆에 있다는 느낌이 드는 거예요. 이런 경우는 굉장히 많아요. 산길을 가거나 골목을 걸을 때 무섭죠? 누군가 여러분을 보는 것 같은 느낌이 들죠? 거기에서 인간의 약함이 시작되는 거죠.

저는 야간산행을 혼자서 가요. 여러분들 야간산행 못 가 봤죠? 가면 무서울 거예요. 도처에서 나를 보고 있다는 느낌이 들어요. 산속에 아무도 없는데 짐승 소리도 들리고 헤드 랜턴에 반사된 짐승 눈이 보일 때도 있어요. 무서울 것 같죠? 그런데 그 느낌을 가지면 안 되죠. 내가 강하면 야간산행은 별게 아니에요. 동물들은 눈이 딱 마주치면 한쪽이 도망갈 때까지 모든 상황이 정지된 것처럼 있어요. 우리는 서로 간을 보는 거예요. 여러분이 고개를 돌리는 순간 보는 존재가 아니라 보이는 존재가 되는 거예요. 그러면 여러분이 사냥감이 되는 거죠. 시선은 동물적인 본능이에요. 나보다 지위가 높은 사람한테 한번 해 보세요. 눈을 계속 쳐다보는 거예요. 그러면 한 대 맞죠? 눈 깔라는 거예요. 그래서 우리가 왕 앞에선 절을 하잖아요. 신하가 왕한테 고개를 숙이고 인사하는 건 목을 쳐도 된다는 이야기예요. 안 보겠다는 거니까요. 안 보면 사냥감이 되는 거란 말이에요. 그래서 여러분이 누구랑 싸울 때 절대 그 사람 눈에서 시선을 떼지 마세요. 그럼 나중에 '이런 미친 새끼가 있나' 하고 가요. 사실 쫄아서 가는 거예요. 인간이 남을 이기려면 시선을 깔면 안 돼요. 목숨을 걸어야 돼요. 아버지를 이기는 방법을 가르쳐 드린 거예요. 물론 맞아요. 맞더라도 눈을 깔면 안 돼요. 쳐다보는 거예요. 응시하는 거예요. 아버지가 슬슬 위축되시면 자리를 피해요. 그날 이후로 아버지는 여러분을 때리지 않아요.

귀신이나 신의 존재는 뭐예요? 나를 보되 내가 보지 못하는 존재예요. 그러니 도처에 있다는 느낌이 드는 거죠. 이게 신

허약하고 쫄아 있을 때 헛것이 보여요.
이 헛것이 바로 신이지요.
그러니까 신은 우리의 약함을 먹고 자라는 괴물인 셈이에요.

의 정의고, 인간한테만 일어나는 현상이에요. 너무 약해서요. 지렁이가 그러는 것 봤어요? 지렁이가 기어가는데 누군가 지렁이를 보잖아요. 그래도 지렁이는 몰라요. 툭툭 쳐도 다른 데로 가잖아요. 앞서 말씀드렸던 것처럼 나쓰메 소세키의 이야기가 맞아요. 동물은 그런 의미에서 완벽하죠. 동물들의 시선은 분열되어 있지 않은데, 우리의 시선은 분열되어 있죠. 다람쥐는 보이는 것은 보고 보이지 않는 것은 안 보잖아요. 그런데 우리는 보이지 않는 것을 보려고 해요. 그런데 안 보이니까, 그걸 무서워하는 거예요.

응시할 수 있는 사람은 종교를 붕괴시켜요. 교회 다니시는 분들은 앞으로 교회에 가서 목사랑 눈싸움을 해 봐요. 목사가 설교하다가 '음, 내가 뭘 잘못 말했나?' 이러면서 설교가 꼬이기 시작해요. 스님 만나도 그러면 돼요. 시선을 유지하는 건 힘들어요. 시선에서 나의 강함이 나와요. 내가 어떤 존재냐, 나의 몸 상태가 어떠냐에 따라서 우리는 많이 달라져요. 약해졌을 때 종교 단체에 가면 혹 가요. 시선의 강함을 유지하셔야 돼요. 한번 생각해 보세요. 대통령도 쫄아요. 대통령이 여의도에서 연설할 때 온 국민이 째려보면 굉장히 무섭겠죠. 시선은 굉장히 중요한 거예요. 민주적인 시선은 권위자 앞에서 눈을 안 깔아요. 시선이라는 건 그래서 정치적이기도 하죠.

허약하고 쫄아 있을 때 헛것이 보여요. 이 헛것이 바로 신이지요. 그러니까 신은 우리의 약함을 먹고 자라는 괴물인 셈이에요. 우리 인생에서 가장 허약하고 쫄면서 살아가는 시절은 유년 시절이죠. 그래서 평범한 여자가 어머니라는 절대적인 여신으로 보였던 거고, 그래서 우리는 어머니로부터 쉽게 떠나지 못하는 거예요. 아무리 도망쳐도 아무리 거짓말을 해도 모든 것을 알고 있는 것처럼 보였던 존재가 바로 어머니이니까요. 그러니까 약한 사람에게 신이라는 헛것은 어머니라는 헛것과 항상 오버랩될 수밖에 없지요.

　군대 아직 안 갔다 왔죠? 〔네.〕 군대를 가세요.(웃음) 가장 중요한 것은 어머니를 떠나셔야 된다는 거예요. 아이가 부모로부터 독립을 못 했잖아요. 전형적인 마마보이 기질이 있거든요. 어머니랑 단절하세요. 어머니로부터 진정한 독립을 하실 때 머릿속에 신이 사라지실 거예요. 어머니로부터 독립하는 가장 좋은 방법은 군대에 가는 거예요. 합법적이니까요. 종교가 머릿속에서 사라질 때까지 군대에 있어요. 물론 이건 호랑이를 피하려고 늑대 굴로 뛰어드는 것이기는 해요. 사실 군대만큼 교회나 성당을 닮은 데도 없으니까요. 항상 우리를 쫄게 하고 약하게 만드는 것이 바로 군대잖아요. 그렇지만 찬밥, 더운밥 가릴 때가 아니죠. 일단은 호랑이를 피하고 볼 일이에요. 군대 가서 문제는 그때 해결하는 걸로 해요.(웃음)

　주변에 떠돌아다녔던 신의 근원적인 이미지가 이분에게는 어머니예요. 어머니가 도처에서 출몰하시는 거예요. 어머니가 원흉이거든요. 이분에게는 부모의 이미지가 신의 모델이에요. 나를 제일 처음 봤던 사람이 부모예요. 그런 경험 많이 하셨을 거예요. 나는 숨겼는데 다 알고 계시고, 내가 한 거짓말도 아시고요. 이런 경험들이 쌓이는 거거든요. 어머니가 없는 곳으로 가야 되죠. 이분이 본인의 운영체제가 변하지 않는다고 하셨는데요. 하드웨어를 붕괴시킬 순 없으니, 소프트웨어를 붕괴시켜야 할 것 아니에요? 방법이 뭘까요? 다른 소프트웨어를 깔거나 포맷하는 거예요. 굉장히 힘든 작업이에요. 그러니까 21년에 걸쳐서 만들어진 프로그램을 제거한다는 건 만만한 작업이 아닙니다. 가장 확실한 포맷의 방법은 역시 여자 친구와 사랑에 빠지는 거예요. 여자 친구만 사귀면 되고 여자 친구가 무신론자면 돼요. '어머니냐, 여자 친구냐' 결정을 하면 돼요. 일단은 군대를 가야 돼요. 연애하다가 군대에 가면 굉장히 힘들어져요. 제대로 사랑에 빠지면 어머니도, 군대도, 그리고 신까지 일체의 권위적인 것들은 모조리 폐기하려고 할 테니까요.

신을 보았지만 믿을 만한 종교는 없습니다

저는 30대 싱글 여성입니다. 어려서부터 저에게는 신이 있었습니다. 발길 닿는 곳, 제가 있는 곳 어디에나 있었죠. 그런데 교회의 남성 중심적인 구조 때문에 반감을 가지게 되어 매번 교회를 길게 다니지 못했습니다. 다니는 교회의 교파를 바꾸어도 봤지만 제 신념에 위배되지 않는 교회를 찾기는 힘들었습니다. 저는 여성 사제와 낙태를 찬성하고, 혼전 순결에도 반대하거든요. 그 후 천주교의 정치·사회적인 행보가 마음에 들어 세례를 받고 천주교인이 되었고 동네 성당에서 청년부 활동까지 했습니다. 그런데 천주교 교인들의 교리와 생활이 따로인 모습에 저는 또다시 회의를 느꼈습니다. 활동했던 성당의 청년부 회장부터 혼인빙자 사기꾼이더라고요. 성당에서도 회의를 느낀 후 성당을 나가지 않게 되었고 이제는 신이 보이지 않습니다.

그러면 그냥 그대로 살라고 하실 것도 같습니다만, 저는 어린 시절부터 신이 있다고 느껴 왔고 많은 성령 체험을 해 왔기에 이 모든 느낌을 무시하고 신이 없는 채로 사는 게 힘이 듭니다. 가끔 성당에 가서 기도하고 싶기도 합니다. 그런데 현실적으로 저의 신념에 위배되지 않는 종교를 찾을 수가 없습니다. 영적인 감수성이 발달한 사람을 위한 박사님의 조언을 듣고 싶습니다.

누가 나를 보는 것처럼 느끼시는 거잖아요. 영적인 체험이 그런 거거든요. 영적인 체험이라는 건 아주 강한 약함의 체험, 섬세함의 체험이에요. 자신이 약할수록 외부에 무언가 자기보다 더 강한 것이 있다고 느껴지는 착각이죠. 배가 고프면 헛것이 보이는 것과 같은 거예요. 그런데 어쨌든 이분은 낙태를 찬성하고 여성 사제도 인정해요. 이건 다 인간적 가치예요. '나도 인간인데 남자와 여자가 뭐가 달라?' 이런 거잖아요. 사실 기독교에서는 여성을 남성보다 열등한 존재로 취급해요. 그런데 왜 그걸 인정하지 않아요? 사실 이분은 종교적인 삶과는 무관하게 살고 계신 분이에요. 이분에게는 기독교의 신은 없어요. 여호와는 싫어하는 거예요. 그런데 신적인 걸 느낀다고 했잖아요. 그러면 무속 쪽이 아닌가요? 제가 살풀이를 해드릴 수도 없고.(웃음)

〔점을 보러 간 적이 있었는데요. 그 무당이 저보고 이런 데 다니지 말라고, 기 뺏긴다고 하더라고요. 절대로 자기 찾아오지 말고 궁금한 게 있으면 전화로 물어보래요.〕 그분이 위축됐기 때문에 기를 뺏긴다고 느꼈을 거예요. 이분 눈매가 날카로워요..(웃음) 상대의 눈이 날카로워서 자신을 투사하는 느낌이 들 때 우리는 고개를 숙여요. 눈매 때문에 생기는 착시효과인데 그게 그냥 무서운 거예요. 별게 아니에요. 편안한 얼굴은 내가 쳐다봐도 될 것 같은 얼굴이죠. 그런데 눈빛이 부리부리해서 나를 쳐다보는 것 같은 얼굴을 가진 사람들도 있어요. 그런 눈빛과 시선이 충돌했을 때, 우리는 눈을 깔아요. 그러니까 강하게 사는 하나의 방법이 될 수 있어요. 매서운 눈으로 성형 수술을 하세요.(웃음) 물론 후유증도 만만치 않을 거예요. 취업도 안 되고, 결혼하기도 힘들지 몰라요. 자기 밑에 있을 사람인데 무서운 사람을 뽑겠어요?

시선이 주는 느낌이 있죠. 인간만이 가지고 있는 묘한 느낌이에요. 그래서 라캉이나 사르트르Jean Paul Sartre 같은 철학자들이 시선의 변증법이라는 말을 했던 거예요. 시선이 인간의 내면을 너무 많이 결정한다는 거죠. 그 눈빛을 견디는 사람이면 괜찮아요. 그런데 그 눈빛에 판타지를 가지고 무서워하는 분들도 있을 거예요. '나를 읽어 내는 것 같아. 나를 사냥감으로 보는 것 같아' 이런 느낌이 들 때 고개를 숙이잖아요. 이런 메커니즘이 있는 거예요. 이분은 눈매가 굉장히 강해서 상대를 읽을 것 같은데 막상 본인은 쫄아 있어요. 눈을 부라리면서 사세요. 그러면 영적인 체험도 모두 없어질 거예요.

〔그런데 저는 실제로 그런 걸 봤어요. 인간을 뛰어넘는 어떤 초월적인 존재를 봤어요.〕 본인의 판타지인데 그걸 봤다고 하지 마세요. 제발 저한테 가지고 오세요. 신이 있으면 좀 데리고 와요. 자기한테만 보이는 걸 실제로 봤다고 하면 안 되죠. 그러면 안 돼요. 무조건 가지고 오세요. 삶의 진리는 그거예요. 보여 주셔야 하는 거예요. 제가 신을 죽일 테니까 보여 주세요. 못 가져오니 제가 못 죽여요. 가지고 오려고 하실 때 그게 없다는 걸 확인하실 거예요. 처절하게 확인하셔야 해요. '없구나'라고요. 불교에서 이런 이야기를 많이 해요. '선생님, 저는 마음이 괴로워요.' 이러면 스님이 이렇게 말해요. '네 마음 가져와 봐. 내가 고쳐줄게.' 그러면 그 제자가 그러죠. '마음을 어떻게 가져가요?' 그러면 큰 스님이 그러잖아요. '이제 네 마음 다 고쳤다.' 마음

자체도 가지고 올 수 없는데, 고통스러운 마음을 어떻게 가지고 오겠어요? 저한테 마음을 가져와 봐요. 그건 여러분 마음이고 여러분 안에 있는 거예요. 저한테 못 가져와요, 절대. 똑같은 문제인 것 같아요. 그러니까 그런 걸 그렇게 많이 고민하지 마세요. 봤다고 그러지 마시고요.

[그런데 정말 봤어요.] 배가 고프면 바나나가 날아다니는 것을 보죠. 보긴 본 거죠. 그런데 그것이 어떤 메커니즘에서 발생하는지 알아야 해요. 그래야 바나나가 날아다니는 착각에서 벗어날 수 있으니까요. 지금 저는 이분을 죽이고 싶어요. 이분만 죽이면 이분이 봤던 그것도 죽어 버릴 테니까요. 자기가 기원이에요. 그런데 객관적으로 무언가를 봤다고 하면 답이 없죠. 저는 안 보여요. 영성이 없어서 그럴까요? 아니에요. 저는 밤에 산을 걸어 다니면서 귀신을 안 봐요. 그냥 걸어 다녀요. 여러분은 밤에 귀신이 나올 것 같죠? 실제로는 거미들이 나와요. 야간산행하시는 분들은 아실 거예요. 낮에 거미줄을 다 걷어 내니까 밤에 거미들이 줄을 쳐요. 그래서 야간산행을 할 때 눈에 거미줄이 막 걸려요. 그런데 여러분은 '산에 뭐가 있는지 모른다. 무섭다' 이러죠. 사실은 랜턴으로 비추면 거미줄인 거예요. 그러니까 그런 생각하지 말았으면 좋겠어요. 자기 생각에 빠지는 거예요.

잘 생각을 해 보셔야 돼요. 본인 스스로를 죽여야 초월적 세계에서 벗어날 수 있어요. 그런 영적인 체험이라는 것을 기억하고 믿으면 계속 그것의 지배를 받으실 거예요. 본인이 완전히 다른 인간인 것처럼 자신을 죽였을 때 그런 것들이 다 날아가요. 종교적 현상의 근본적인 원인을 외부에서 찾지 마세요. 내부에서 찾으셔야 돼요. 항상 생각하세요. 다람쥐한테는 신이 없다는 것을요. 다람쥐가 일요일에 교회에 다녀요? 늑대가 다녀요? 도대체 인간은 왜들 그래요? '신은 인간의 모습을 하고 있다'고 하죠. 신이 자기의 모습을 본 따서 인간을 만든 게 아니에요. 우리의 공포를 본 따서 인간이 신을 만들어요. 다람쥐는 너무 쿨하잖아요. 안 만들어요. 신을 우리가 만든단 말이에요. 메커니즘만 알려 드린 거예요. 나는 못 보지만 누군가 보고 있다는 느낌을 우리가 영적 체험이라고 말하는 거예요. 약하거나 초조할 때 그런 느낌이 드는 거예요. 눈을 부라리면서 사세요. 여러분이 굉장히 강하다면 신을 죽일 수 있을 거예요.

《자본론》 주석에 이렇게 나와요. "어떤 사람이 왕이 되는 것은 단지 다른 사람들이 이 사람에 대해 신하로서의 태도를 취하기 때문이다. 그런데 사람들은 거꾸로 그가 왕이기 때문에 자신들이 신하가 되는 것이라고 믿는다." 마르크스가 자본주의 메커니즘을 비판할 때 쓴 주석이거든요. 내가 신하이기 때문에 왕이 있어야 된다는 거예요. 바뀌는 건 하나도 없이. 신하인 자기를 죽이지 않으면, 민주주의는 불가능할 거예요. 왕이 없어지면 다시 왕을 찾을 텐데 어떻게 민주주의가 가능하겠어요. 신하인 자신을 죽이면, 이제 왕으로 자신의 삶을 살아 낼 수 있는 거예요.

강해져야 돼요.

　자기를 죽여서 강해지는 연습을 할 수 있는 방법을 알려 드릴게요. 사람들 만났을 때 눈싸움을 하세요. 걸어 다닐 때 그냥 다니지 마세요. 여러분들 보통 고개를 숙이거나 다른 데 보면서 걷죠? 그러면 여러분은 보이는 존재가 되는 거예요. 그러지 말고 앞으로는 사람들을 훑어보세요. 길 가다 보면 남자들이 여자분들 몸을 훑어보는 것 같은 느낌 드시죠? 여자분들 남자들이 지나가면 그냥 지나치지 말고 아래위로 훑어보세요. 여자가 남자를 훑어보고 남자가 여자를 훑어보다가 둘의 시선이 부딪히잖아요. 그럴 때 여자가 지지 않으면 돼요. 그런 경우가 많아지면, 그때 남녀평등은 비로소 가능해져요. 그러면 남자들이 꾸미고 다니기 시작할 거예요.(웃음) 사람들을 훑어본다는 게 무슨 말인지 아시겠죠? 시선의 문제를 항상 고민하시면 될 것 같아요.

　이분처럼 영적인 체험을 했다고 하는 사람들이 너무 많죠. 그게 나의 약함에서 비롯된 환각일 뿐이라는 걸 아셔야 해요. 다른 사람이 못 봤을 때 '왜 이게 안 보여? 너는 속물이어서 그런 것이 보이지 않나 봐' 제발 이러지 마세요. 다른 사람들은 안 보여요. 그들은 건강하기 때문이에요. 너무나 여리고 약해진 나의 문제일 뿐이에요. 환각에 사로잡히신 분은 지금 너무 스트레스를 받은 상태이거나 굉장히 긴장되고 초조한 상태일 거예요. 신경증적인 문제가 있는 것일 수도 있어요. 그건 전혀 두려워할 문제는 아니고요. 치료를 받으면 되는 거니까요.

수녀 생활이 끝난 뒤 방향을 잃은 삶

저는 11년간 수녀로 살았습니다. 어려서부터 가톨릭 신자였던 부모님은 유별난 신앙 교육을 하셨고 종교 중심의 가정 분위기 속에서 자랐습니다. 이사를 할 때 집을 선택하는 우선순위도 '성당에서 가까우면 좋다'는 것이었을 정도로요. 관계 형성도 성당 중심으로 이루어졌습니다. 사제들과 수녀들의 모습을 보며 자랐지요. 수녀원에 입회하고 15년간 수도 생활을 했습니다. 그리고 4년 전, 전적으로 타의에 의해 제 꿈은 이룰 수 없는 것이 되었습니다. 수도 생활을 정리한 후 저의 삶은 '나는 누구인가'라는 의문으로 시작해 삶에 대한 끊임없는 물음표들로 채워졌습니다. 벗어나고 싶었던 신앙이지만 살아온 삶과 제 존재 자체를 부정하게 될까 두려워 부여잡고 살았습니다. 나의 꿈, 나답게 산다는 것이 무엇인지 어디서부터 나 자신을 찾아가야 하는 건지 막막함으로 다가옵니다.

그 수녀원에서는 왜 나오신 거예요? 〔수녀가 되려면 수련기를 지낸 이후에 종신서원이라는 최종 관문을 통과해야 해요. 그런데 이 종신서원 심사에서 거부를 당했어요. 11년을 수녀원에서 살았으나 일방적으로 거부당했고, 이후에는 외국 수도회를 갔어요. 거기서 4년을 더 살았고요.) 신앙은 가지고 계세요? (지금요? 딜레마인 것 같아요.) 딜레마면 믿지를 마세요. 사실 절이나 수녀원 같은 신앙 공동체는 굉장히 편한 곳이에요. 예전에 민주화운동하다가 쫓겨서 절에 들어간 친구가 한 명 있었어요. 웬일인지 그는 거기서 머리를 깎고 중이 되어 버렸어요. 그의 말로는 절에 있으니까 마음도 편하고 생활도 너무 편하대요. 오히려 중생들이 더 대단하다는 느낌이 들더래요. 아이 키우느라 힘들죠, 부인이 박박 긁어서 힘들죠, 어떤 여자는 시어머니가 괴롭히죠. 이런 것을 견디니 정말로 대단한 사람들이라는 생각이 저절로 든다고 하더군요. 그런데 자기는 만사가 편하다는 거예요.

이 세상에서 제일 힘든 게 세속 생활을 하는 거예요. 타인과의 관계가 제일 편한 곳이 어딘지 아세요? 기숙사예요. 기숙사에는 놀랍게도 계급이 없어요. 동기들만 있어요. 선배들이 괴롭혀도 괜찮아요. 동기들이 있으니까요. 수행 공동체가 가진 가장 큰 매력은 사립학교 기숙사와 같은 느낌을 준다는 거예요. 순수성이 유지되거든요. 사실은 여린 분들만이 수도원에 들어가요. 거기서 삶의 대부분을 소녀처럼 지내신 거예요. 진짜 강한 사람들은 나이 든 어부라고요. 거친 풍파를 겪어 냈으니까요. 20년 동안 수녀로 사신 분과 20년 동안 술집에서 일한 아가씨 중에 삶을 더 잘 아는 건 술집 아가씨예요. 그분들은 금방 사람을 읽어요. 이제 이분은 어린아이로 세상에 나오신 거예요. 아무것도 몰라요. 삶의 대부분을 수녀원에 올인하셨거든요. 거기서 거부당했다는 건 심각한 문제예요. 이제 세상에 나오신 거예요. 종교를 접으셔야 해결되는 문제예요. 그래야지 거기서 벗어날 수 있어요.

종교인들 경건해 보이죠? 겉으로 보기에는 순수하고 순결해 보여요. 그렇지만 방귀를 뀌지 않는 사람과 꼬르륵 소리를 내지 않는 배를 가진 사람은 항상 의심하셔야 해요. 어쨌든 수행 공동체에 처음 들어갔을 때만 경건하지, 나머지는 생활이에요. 절에 들어가나 여기에 있으나 다르지 않아요. 마시고 싸고 질투하고 왕따시키고. 사람살이가 다 똑같아요. 여러분이 생활하는 거나 중들이나 수녀들이 생활하는 거나 사람 사는 건 똑같아요. 먹을 게 있어야 되니 장사도 해야 돼요. 염주도 팔아야 되고 묵주도 팔아야 돼요. 다 팔아야지 먹고 살죠. 제가 절에 가면 스님들한테도 그래요. 절에 칠성각, 산신각, 지장전 좀 없애라고요. 영혼 장사 좀 하지 말라고요. 누가 산신 믿는다고 그걸 두냐고 하면 얼굴이 빨개지죠. 머리까지 빨개져요. 신부들도 그래요. 절에 있는 산신각이나 교회가 무슨 차이가 있어요? 다 같아요. 영혼 장사잖아요.

종교 단체에 언제 돈이 제일 많이 생겨요? 불교의 경우 천도제 때 아닌가요? 고인과 남은 유족을 위한다는 명목으로 수백에서 수천만 원까지 돈이 오가잖아요. 500만 원에서부터 시작해요. 옵션 들어가면 1,000만 원, 1,500만 원까지 돼요. 성당은 안 그런가요? 마찬가지예요. 있는지도 없는지도 모르는 천국이나 극락을 위해서, 혹은 미래에 대한 공포를 가지고 장사하는 거잖아요. 여러분이 불교에 환멸을 느끼려면 머리를 깎고 절에 들어가서 1년만 생활해 보시면 돼요. 가톨릭이 싫으시면 수녀원에 들어가서 1년만 계시면 돼요. 교회도 마찬가지예요. 신학대학원에 입학하셔서 생활해 보면 알아요. 제정신이면 '이곳에 있으면 안 된다. 사기다' 이걸 알아요.

이제는 터전을 만들고 사셔야 돼요. 옛날에는 영혼 장사도 하고 헌금을 받아먹을 수 있었는데, 이제 그 영업이 힘들어진 거예요. 거기서부터 하나하나 시작하자고요. 그럼에도 신앙이라는 걸 계속 가지신다면 본인이 유아적이라는 의미예요. 기도한다는 건 잘못을 비는 거잖아요. 어린아이는 '잘못했어요'라고 하죠. 인문학을 하는 사람은 자신이 잘못했다고 용서를 구걸하지 않아요. 우리는 누구한테도 기도하지 않아요. "신은 죽었다"라는 니체의 정신이나 "부처를 만나면 부처를 죽이고 부모를 만나면 부모를 죽이라"라는 임제의 정신을 관통하지 않는다면, 그 사람에게는 인문정신이 없다고 할 수도 있어요. 구태여 기도를 한다면 인문학자는 내 자신이나 타인, 그러니까 인간에게만 하지요.

종교를 극복하자는 것은 부모로부터의 독립이면서 동시에 신앙으로부터의 독립이기도 해요. 동시에 이 세상을 살아가는 것이기도 해요. 계속 기도하면 계속 힘드실 거예요. 신에게 기도하는 행위 자체가 나 스스로 주인으로 살아가지 못하고 있다는 사실을 보여 주는 것이니까요. 왼뺨을 때리면 오른뺨을 내밀지 말아요. 그럼 계속 맞게 되어 있어요. 왜 때리느냐고 악을 써야지, 왜 바보처럼 맞고 있어요? 물론 좋은 사이라면 결코 폭력이 오가지 않을 거예요. 얼마나 만만했으면 때리겠어요? '때리지 마!' 최소한 이렇게 발악이라도 해야지요. 그게 인문정신이고 민주주의의 정신이에요. 고통을 감내하지 마세요. 고통을 감내하면 때리는 사람이 편하다고요.

인간적 가치를 하나하나 만드세요. 다시 시작하셔야 돼요. 본인을 다섯 살 꼬맹이라고 생각하시면 돼요. 꼬맹이가 되면, 이 세상에 자기가 좋아하는 음식이 없죠. 꼬맹이들은 거칠게 시작해야 해요. 김치부터 시작해야 해요. 짜고 매운데, 하나하나 다 먹으면서 맛있는 게 무엇인지 찾아가는 과정들이 필요하죠. 나이랑 상관없이 본인이 어린아이라는 걸 받아들이세요. 그리고 이제 수녀원에서 하지 못했던 일들을 하나하나 다 해 보세요. 남자 친구도 사귀어 보시고요. 하나하나 더 좋은 가치들을 많이 찾아요. 대신 다섯 살밖에 안 됐는데 너무 쉽게 '나의 꿈은 뭐지?' 이러지는 마세요. 일단은 '웰컴 투 세속'이에요. 이제 우리랑 같은 번뇌의 세상에 던져진 겁니다. 이곳에 있으셔야 돼요. 이 세상에 있으셔야 돼요. 왜 원효가 머리를 다시 기르고 서라벌 시내로 내려갔을까요? 자비든 사랑이든 아픔이 있는 곳에 있어야 되거든요. 그런데 교회나 성당이나 절은 영혼 장사를 하죠. 잘 오신 거예요. 여기서 기독교가 진짜 괜찮은 건지 한번 시험을 해 보세요. 저랑 승부를 겨뤄 보는 거예요. 저는 기독교가 나쁘다고 할게요. 어쩔 수 없어요. 그렇게 사시면 돼요.

삶 따로 교리 따로

저는 종교를 가지고 있지는 않지만, 한때 친한 친구의 권유로 교회를 나갔습니다. 성경이라는 게 제가 그동안 좌충우돌하며 찾으려 했던 답을 글로 써 놓은 것이더군요. 그래서 설교를 듣고 성경을 보는 것은 좋은데, 알면 알수록 어깨가 무거워져서 얼마 지나지 않아 제 자유를 위해 교회를 그만 나가기로 했습니다. 예를 들자면 이런 거죠. "네 이웃을 네 자신과 같이 사랑하라"라는 구절이 성경에 있습니다. 그 구절이 저는 옳다고 생각하고 그렇게 해야 한다고 생각해요. 하지만 현실에서 마음에 들지 않는 사람을 사랑하는 것은 쉽지 않잖아요. 종교의 가르침을 실천하기 어려워 마음이 무거웠습니다. 제 친구는 그러더군요. 사랑을 할 만한 사람을 사랑하는 것은 쉬운 일이지만, 우리는 그럴 만하지 않은 사람을 사랑하기 위해 노력해야 한다고요. 이런 주옥 같은 이야기, 감동적이긴 하지만 한편으로는 '안 들었으면 좋앉을 걸' 하는 생각이 들더군요.

박사님은 어떤 것에도 얽매이지 말고 진정한 자기를 찾아 행복하게 살라고 하시지만, 그것이 인생의 전부라면 결국에는 자기만족을 위한 삶만 남게 되잖아요. 사람은 사회적 동물이고 공동체의 가치를 이루기 위해 어떤 때는 희생이 필요할 수도 있고, 자기만족이 안 되더라도 그러한 가치를 따랐을 때 보람을 느낄 수도 있는 것 아닐까요?

"네 이웃을 네 자신과 같이 사랑하라"라는 말을 옳다고 생각하시나요? 진짜 옳다고 생각하신 거예요? 옳다고 생각하는 걸 하지 못할 때는 회의가 드는 게 아니라 자기가 남루하다고 느끼게 돼요. '나 쓰레기 아니야? 나는 너무 비겁한 것 같아' 이렇게 돼요. 옳은 건 그래서 우리를 아프게 해요. 진짜 옳은 것을 알면 그걸 하지 못할 때 환장해요. 자아분열이 돼요. '이걸 따를 것인가, 말 것인가' 이렇게 되거든요. '내가 왜 그 말을 들어 가지고' 이러면서 저주를 할 수도 있고요. 그래서 지성인들이 고뇌하는 거예요. 이럴 때 우리의 길은 둘 중에 하나예요. 옳은 것을 긍정하고 자신의 비겁함에 직면하는 당당한 길, 아니면 옳은 것을 실현 불가능한 백일몽에 불과하다고 폄하하고 자신의 비겁함을 정당화하는 비루한 길.

불행히도 대개의 경우 우리처럼 평범한 사람들은 옳은 것을 폄하하고 자신을 합리화하는 비루한 길을 선택해요. 자신이 그 옳은 걸 하지 못한다고 '이론적인 이야기일 뿐이야' 한다든가 '이상적인 이야기일 뿐이야' 이렇게 이야기하시는 분들도 있죠. '지구상에 어떤 사람이 이걸 실천할까?' 이러면서 폄하하시는 분들도 있고요. 자신이 배운 옳은 걸 욕하고, 옳다고 생각하는 그 주장과 신념을 저주해요. 쓸데없는 생각이고 관념에 불과하다면서요. 그런데 아주 가슴 깊이 '옳은 건 옳다'고 받아들이면 자신을 욕하게 돼요. 그 비난을 자신에게 던져요. '내가 배워서 뭐해. 내가 알고 있는 걸 살아 내지도 못하면서' 이렇게 스스로를 저주하죠. 진짜 지성인이라면 '제가 하지 못해도 옳은 건 옳은 거예요' 이렇게 말할 수 있어야 되는 거예요.

그래서 옳은 것을 배운다는 건 아픈 일이에요. 그래서 어른들도 그러잖아요. 모르는 게 약이라고요. 아는 건 저주예요. 강한 사람에게는 안다는 것이 강함이 되지만 그 역량이 안 되는 사람들한테는 무거운 저주예요.《차라투스트라는 이렇게 말했다》에서 니체도 말한 적이 있지요. "너희들은 네가 알아야 될 것들을 감당할 용기가 있는가!" 니체의 말을 깊이 음미해 보세요. 이건 역으로 우리가 감당할 만큼만 알려고 한다는 슬픈 현실을 폭로하는 말이기도 하니까요. 나약한 우리는 대개 감당할 수 있을 만큼만 알려고 그래요. 그게 속 편하니까요. 그래서 우리가 지적으로 발달하지를 못하는 거예요. 달랑 나를 정당화할 만큼만 알아요. 지성인의 일차적 덕목은 지능이 아니라, 용기라고 할 수 있어요. 용기 있는 사람은 미인만 얻는 것이 아니라 진리도 얻을 수 있는 셈이죠.

그 친구도 만나지 마세요. 오버하지 마세요. 이웃을 사랑하라고요? 여러분이 품으로 안아 줄 수 있는 사람은 한 사람이에요. 여러분은 신이 아니에요. 한 명밖에 못 안아요. 카페에서 어떤 아가씨랑 내가 앉아 있으면 그 순간 다른 아가씨는 외롭게 내버려 둬야 돼요. 양다리를 걸칠 수도 있겠죠. 하지만 그럴 때 우리는 깊이 있는 관계를 맺지 못해요. 그래서 양다리를 걸치는 사람은 항상 외로워질 수밖에 없죠. 어떤 사람을 만난다는 결단이 뭔지 아세요? 다른 사람을 안 만난다는 거예요. 겸손해지자고요. 우리는 모든 사람을 사랑하지는 못해요. 이건 누구도 제대로 사랑하지 않겠다는 선언이니까요. 잘해도 이것은 관념적인 사랑에 지나지 않죠. 이분의 친구는 바보예요. 우리가 사랑할 만하지 않는 사람을 사랑하기 위해 노력해야 한다고요? 왜요? 동물인 주제에 왜요?

〔그 친구는 독실한 기독교 신자예요.〕 그러니까요. 그런 사람들 만나면 안 된다고 그랬잖아요. 모두를 사랑한다는 건 모두에 대한 양다리예요. 이쪽에서 사랑하고 '죄송합니다' 하고 또 저쪽에 가서도 도와줘야 돼요. 다 사랑할 수 있으면 그때 사랑해요. 그러나 이것은 기독교에서 성인 대접을 하는 테레사 수녀 같은 분도 하지 못했던 것 아닌가요? 수녀님도 분명 아셨을 거예요. 정말 사랑을 실천했다면 말이에요. 지금 한 아이를 보듬

어 줄 때, 다른 아이는 방치할 수밖에 없다는 사실을요. 그래서 아마 미안해 했겠죠. 그 방치된 아이에게 죄책감도 갖고요. 정말로 사랑을 해 본 사람은 모든 사람을 사랑할 수 없다는, 그것은 결코 인간이 할 수 없는 일이라는 걸 알아요. 반대로 모든 사람을 사랑하고 있다고 착각하는 사람은 아무도 제대로 보듬어 주지 않는 거예요. 그냥 생각만으로 모두를 사랑하고 있다고 착각하는 것일 뿐이죠.

자기만족을 위한 삶만 남는 것 아니냐고 하셨죠? 자기만족을 위해 사세요. 까먹지 마세요. 타인을 만족시키는 것도 자기만족이라는 사실을 말이에요. 황지우 시인이 말했던 것처럼 이타심은 이기심이니까요. 타인에 대한 사랑도 자기만족이 없다면 지속가능하지 않다는 사실을 아셔야 해요. 내가 좋아서 타인을 돕는 것과, 공동체적 가치 때문에 타인을 돕는 것은 완전히 다른 거예요. 공동체적 가치, 사회적 가치요? 지금 왜 본인이 그걸 생각해요? 사회에서 억압받는 사람들이 왜 그걸 걱정하죠? 지금 노예가 주인이 걱정할 것을 대신 걱정하는 것 아니에요? 내가 일을 안 하면 주인이 힘들까 봐 그래요? 왜 그런 생각들을 해요? 내가 하고 싶은 대로 하는 거예요. 하실 수 있어요? 그래야 진정으로 사랑을 할 수도 있고, 진정으로 타인을 돌볼 수도 있는 거예요. 공동체 가치 때문에 억지로 하는 게 얼마나 오래 가겠어요?

'나는 이걸 할 거야', '나는 이 사람을 사랑할 거야' 이건 모두 자기만족이지요. 그런데 아무리 하라고 해도 못 하잖아요. 기껏 핑계를 대는 게 희생이고, 공동체적 가치예요. 그러니까 자신이 비겁해서 하지 못한 것을 공동체적 가치 때문에 하지 못했다고 변명하는 거예요. 그렇게 사시는 게 무얼 의미하는지 아세요? 집에서 아버지한테 맞으면서 참는 거예요. 집에 분란이 일어나니까 조용히 하는 거죠. 아버지라는 타인을 '배려'하면서. 독재자에게 저항도 안 해요. 사회가 시끄러워지니까 그렇게 한 건가요, 아니면 공권력이 무서워서 그렇게 한 건가요? 고민해 보세요. 사람들이 왜 시내에서 드러누워요? 시끄러워야 하니까요. 사회는 시끄러워야 해요. 그게 민주주의 사회예요. 소란스러워야 돼요. 그런 시끄러운 소리들의 조화를 도모하는 게 민주주의 사회니까요.

방종이라는 건 권력자가 우리의 자유를 저주할 때 사용하는 단어예요. 선생님이 학생에게, 독재가가 국민에게, 혹은 권위적인 아버지가 자식에게 그렇게 말하는 거죠. 하지만 우리가 밑에서 보면 알아요. 자기만 자유를 구가하려고 선생, 독재자, 아버지가 만든 용어가 바로 방종이라는 사실을요. 자기가 하면 자유고 남이 하면 방종이라는 식이지요. 그래서 우리 시인 김수영도 말하지 않던가요. "우리들의 사회에서는 백이면 백이 거의 다, 사랑을 갖지 않는 사람의 자유가, 사랑을 가진 사람들의 자유를 방종이라고 탓하고 있습니다. 이런 사회에는 자유가 없습니다." 김수영이 1963년에 쓴 〈요즈음 느끼는 일〉이라는 산문에 등장하는 구절입니다. 권위적인 사람들은 자신과 자신이 가진 권위만을 사랑하죠. 그러니 그들이 타인을 사랑할 리가 없죠. 사실 타인을 사랑한다는 건, 그 타인의 자유를 사랑한다는 것 아닌가요. 그런데 권력자는 타인의 자유를 방종이라고 하잖아요. 그러니 이게 어떻게 사랑이겠어요.

같은 산문에서 등장하는 김수영의 말은 매우 중요해요. 외울 정도로 음미할 필요가 있는 통찰력 있는 글이죠. "자유의 방종은 그 척도의 기준이 사랑에 있다는 것만을 말해 두고 싶습니다. 사랑의 마음에서 나온 자유는 여하한 행동도 방종이라고 볼 수 없지만, 사랑이 아닌 자유는 방종입니다." 누가 가장 방종스러워요? 권력자가 방종스럽죠. 함부로 하잖아요. 가장 자유롭게 하고 싶은 걸 마음껏 하죠. 하지만 독재자에게는 국민에 대한 사랑이 없죠. 무슨 사랑이 있어요? 그들의 모든 자유는 방종이라고요. 전두환이 우릴 사랑했어요? 사랑을 가진 자유는 방종이 아니라고 그랬어요. 그 사랑은 나에 대한 사랑이기도 하고 타인에 대한 사랑이기도 해요. 나를 진짜 사랑하는데 자유가 방종에 이른다고요? 사랑이 없을 때 자유는 방종이 돼요. 여러분들의 자유에는 사랑이 있잖아요. 나를 더 표현하고 싶고, 타인에게 더 잘 알려 주고 싶잖아요.

자기를 사랑해서 자기만족에 이르세요. 자유와 사랑은 같은 거예요. 내가 자유로워야 누구를 사랑하죠. 마마보이가 어떻게 다른 여자를 사랑하겠어요. 자유롭지 않은데요. 사랑에 빠지면 자유를 요구해요. 독재적인 억압체재에서 제일 소중한 건 사람들이 서로 사랑하는 거예요. 조지 오웰의 《1984》 보셨나요? 통제된 사회에서 남자와 여자가 사랑에 빠지자 체제가 위기에 빠져요. 사랑은 중도 절을 떠나게 해요. 하물며 체제요? 사랑을 하는 사람은 자유를 요구해요. 사랑을 하는 사람은 아버지의 간섭을 저주해요. 사랑을 하는 사람들은 그래요. 자유와 사랑은 같은 거예요. 왜 자유로워야 돼요? 사랑해야죠. 나를 사랑하고 내가 하는 일을 사랑하고 내 여행을 사랑해야죠. 사랑을 왜 해요? 나는 자유로우니까요. 자유와 사랑은 같은 거예요. 자유롭지 않은 사람은 사랑을 못하고요. 사랑을 한 사람은 자유로워야 된다는 걸 알아요. 사랑하는 자, 자유로운 자예요. 자유로운 자, 사랑하는 자일 거예요. 정리되시나요? 그렇게 살아가자고요.

애완동물의 죽음

9년간 함께 했던 애완견을 한 달 전 어쩔 수 없는 사정으로 안락사시켰습니다. 애완동물을 키우면서 별나지 않아야 한다는 강박관념 때문에 비싼 사료, 비싼 이동장, 비싼 옷, 비싼 장난감 등은 모두 사치라고 생각하며 살았습니다. 안기고 싶어 할 때 안아 주면 된다고요. 하지만 지금은 그렇게 생각했던 제 자신이 너무나도 밉습니다. 좋은 음식을 먹는 것도, 좋은 기분에 취하는 것도, 편하게 자는 것도 어렵습니다. 그리고 너무나 외롭습니다. 사는 게 뭔지 모르겠습니다. 종교도 없는 제가 죽은 애완견을 위해 1주일에 한 번씩 절에 다닌 지 한 달이 되었습니다. 강아지가 죽은 후, 갑자기 윤회설을 믿고 싶어졌거든요. 그래서 절에 다니며 혼자서 49재를 지내고 있습니다. 아프면 아프다고 말할 수 있는 사람으로 태어나라고 기도합니다. 이것도 제 마음 편하자고 그러는 것이겠지요. 죄책감에 허덕이고 있는 이 상태를 어찌해야 할까요? 이런 감정이 정상인지 비정상인지도 의문입니다.

걱정하지 마세요. 너무나도 정상적인 감정을 가지고 있는 거예요. 이분처럼 어떤 사람들에게는 애완동물의 죽음이 '너'의 죽음일 수 있어요. 사랑은 별게 아니에요. 보통 우리는 남자한테 마음을 허락하고 여자한테 마음을 허락하는 이성애적인 걸 사랑이라고 하잖아요. 그런데 누구든 그 상대가 '너'로 보이면 그게 사랑이에요. 그러니까 그 '너'는 애완동물일 수도 있고 동성일 수도 있는 거예요. 이분은 애완동물을 사랑한 겁니다. 그러니까 사랑하는 사람은 상대방보다 무조건 더 오래 살아야 돼요. 그건 사랑하는 사람이 반드시 지켜야 할 의무니까요. 홀로 남은 사람이 사랑하는 사람이 떠나서 생긴 그 고통을 다 감내하면서 살아야 한다는 것을 안다면 말이죠. 상대방보다 오래 사는 것, 그래서 차라리 사랑하는 사람이 떠난 고통을 내가 떠안는 것, 그게 나를 사랑해 줬던 그 사람한테 내가 해 주어야 할 일이에요. 그래도 49재는 좀 오버한 거죠. 제가 알기로 불교에서는 축생들은 죄를 저지르지 않아서 지옥의 심판을 받지 않는다고 하거든요. 어느 중한테 속으신 거예요. (웃음)

우리는 정을 붙이고 살아야 되잖아요. 나를 그 사람이 '너'로 인정해 줘야 해요. 개는 사람을 가리죠. 나를 알아봐요. 그러니까 인간이 개만도 못할 때도 있어요. 집에 들어가도 가족들은 여러분이 오든지 말든지 시큰둥하죠. 그런데 개는 와서 막 반갑다고 하잖아요. 애완동물이 더 정서적 안정을 주죠. 이 개가 인간을 닮아 있어요. 개 키우시는 분들은 알 거예요. 개는 남의 눈치를 봐요. 참는 거예요. 그러니까 개는 굉장히 인간적인 느낌으로 다가오죠. 개의 충직함은 거기에 있어요. 자신이 독립하기 위해서 저항을 하거나 주인을 물어뜯어야 한다는 자의식이 없어요. 그래서 동물들 중에서 우리를 가장 슬프게 만드는 동물이 개일 거예요.

동물들은 보면 대부분의 자아가 통일되어 있어요. 그런데 개는 관찰을 해 보면 분열이 되어 있어요. 그러니까 자신을 반성할 수 있는 거죠. 동일한 '내'가 '반성되는 나'와 '반성하는 나'로 분열되지 않으면, 반성은 불가능할 테니까요. 이것이 분열이죠. 그래서 개는 주인을 의식하면서 자기 자신을 봐요. 말은 안 해도 약간의 반성 능력이 있어요. 개가 반성하는 거 보셨죠? 개는 반성을 해요. 주인이 개를 데리고 산책을 가잖아요. 개똥을 주우려고 봉지를 하나 들고 다니죠. 그런데 개가 가다가 실례를 한 거예요. 주인이 앉아서 똥을 주워 봉지에 넣겠죠. 그러면 개가 뒤를 돌아봐요. 주인을 보는 거예요. '조심해야지. 참아야 되겠다' 이런 느낌으로요. 주인이 갑자기 멈춰서 자신의 똥을 치우는 제스처가 개한테는 굉장한 스트레스일 거예요. 개가 반성을 하는 거죠. 개는 그래요. 개도 '너'가 될 수 있는 거죠. 이분에게도 그 애완견이 '너'였던 것입니다.

애완동물과 애완동물을 키우는 사람의 차이를 가만히 보면 이런 거예요. 더 오래 사는 것이 얼마 못 사는 것을 돌봐요. 숙명이에요. 항상 그 잣대로 생각을 하셔야 돼요. 본인이 먼저 죽었어 봐요. 그러면 그 애완견도 슬퍼했겠죠. 나를 사랑해 주던 사람이 죽었으니 어떻게 슬프지 않겠어요. 그래서 사랑할 때 우리는 그 상대보다 먼저 죽으면 안 돼요. 애완동물에게 슬픔을 줄 순 없잖아요. 애완동물이 먼저 죽었을 때 그 고통을 감내하는 게 진짜 사랑인 겁니다.

〔하나 더 중요한 건 애완견의 죽음을 겪으면서 부모님에 대한 생각을 하게 된 거예요. 사랑하는 어머니도 죽을 거니까 살아 있는 동안 다 해 줘야 된다는 조급한 마음이 자꾸 들어요.〕 이분께 질문할 게 있어요. 죽은 애완견 때문인지, 어머니한테도 잘해 드려야 겠다는 생각이 든다고 하셨잖아요. 그래서 어머니

한테 어떻게 잘해 주시려고요? (주말에 늘 같이 다녀요.) 키르케고르 이야기 생각이 나시나요? 사랑이란 '나 자신에 대해서는 객관적이고, 타인에 대해서는 주관적인 것'이라고 했죠. 나 자신에 대해 객관적이라는 것은 타인의 입장에서 나 자신을 본다는 것이고요, 타인에 대해 주관적이라는 것은 내가 마치 그 타인 본인이라도 되는 것처럼 본다는 거잖아요. 그래야 사랑이라고요. 같이 있어 주는 게 중요한 건 아니에요. '나는 이만큼 해 준다' 이게 중요한 게 아니에요. 아무 의미 없는 행위예요. 그래서 키르케고르의 말을 가슴 깊이 새겨야 돼요. 너무나 본능적으로 '이 사람과 있으니 좋다'는 정도에 만족하시면 안 돼요. 진짜 상대를 좋아한다면 상대가 어떻게 느낄지를 마치 그 사람인 것처럼 '주관적으로' 생각해야 돼요. 그래야 그 사람이 좋아하는 것을 해 줄 수 있고, 그랬을 때 그 사람도 과거보다 행복을 느낄 가능성이 더 많을 거예요.

제가 그래서 물어보는 거예요. 본인이 하고 싶은 대로 하시는 건 아닌가요? 사실은 내가 이렇게 해 주고 싶고 이것을 사 주고 싶은 것이지 상대는 그걸 원한 게 아닐 수도 있잖아요. 개가 털을 다 깎고 옷을 입고 싶었을까요? 개가 샴푸 하는 것을 좋아했을까요? 개가 좋아한다기보다는 내가 좋아서 그런 거잖아요. 내 입장에서 개를 객관적으로 보고 한 행동이잖아요. 이걸 사랑이라고 그러면 위험하죠. 키르케고르가 말한 사랑의 정의가 옳다면 말하지 못하는 개를 집에 가두면 안 돼요. 새들이 우리에 갇혀서 얼마나 힘들어하는지 아실 거예요. 그렇게 가두어 놓고서 '어머, 예쁘다' 이러면서 고급 지렁이를 사 주죠?(웃음) 자유를 빼앗아 놓고 새한테 영양가 많은 고급 지렁이를 사줘요. 사랑이에요? 모르겠어요.

키르케고르가 말한 사랑의 정의가 하나의 잣대예요. 사랑을 하려면 그 타인을 마치 타인 본인인 것처럼 봐야 해요. 자기가 좋은 대로 보면, 그 타인은 사실 나를 중심으로 해서 펼쳐지는 풍경에 지나지 않죠. '털을 깎으니 우리 개 참 예쁘네.' 내가 보기에 좋은 풍경이 된 거죠. 자연 보호라는 말 있죠? 법정 스님 책에 보면 그런 이야기가 많아요. "자연은, 태양과 물과 바람과 나무는, 아무 보상도 바라지 않고 무상으로 준다." 소로 Henry David Thoreau 이야기도 하면서요. 법정 스님도 지금 자연을 하나의 풍경으로 보고 있는 것 아닌가요? 정말 자연은 우리에게 무언가를 주려고 존재하는 것일까요? 정말 도토리나무는 우리에게 도토리를 주려고 있는 것일까요? 정말 메추리는 우리에게 메추리 알을 주는 걸 기쁘다고 할까요? 정말 도토리나무가 그걸 원할까요? 메추리들이 진짜 그걸 원할까요? 원하지 않잖아요.

진짜 자연을 사랑한다면 사랑의 원칙을 똑같이 생각해 보셔야 해요. 자연을 생각할 때 인간 스스로가 자신에 대해서 객관적이고, 자연에 대해서 주관적일 수 있어야 돼요. 그런데 우리가 자연의 그 마음을 어떻게 알아요? 모르죠. 그래서 아까 이야기했잖아요. 근본적으로 불확실성이지만 그렇게 몸을 던지는 것을 사랑의 진리라고 한다고요. 내가 저 사람 속에 들어간 것처럼 안다는 건 불확실해요. 그러니 계속 노력하는 거예요. 그게 바로 사랑입니다. 어머니를 생각하실 때 이 부분을 고민해 보시면 될 것 같아요.

사랑하는 이의 자살

1년 전 5월 늦은 밤, 전화 한 통이 왔습니다. 열일곱 살 꽃다운 나이인 제 조카딸이 세상을 떠났다는 것이었습니다. 사고도 아닌 자살이었습니다. 그저 멍하게 그 아이 죽음을 받아들여야 했습니다. 죽은 조카를 너무나도 잘 따랐던 열세 살 난 제 딸아이에게도 그 아이의 죽음을 숨기지 않았습니다. 마지막 인사할 기회를 뺏고 싶진 않았거든요. 딸아이는 차가운 영정 앞에서 눈물만 흘렸습니다. 1년이 지난 지금 아무렇지도 않은 듯 살아가지만 딸아이를 볼 때마다 가슴이 먹먹합니다. 내 아이도 저렇게 잃어버리는 건 아닐까 겁이 납니다. 조금이라도 딸아이와 연락이 되지 않으면 하던 일도 멈추고 집으로 달려갑니다. 운전대를 잡은 손이 떨리고 숨이 턱밑까지 차오르는 공포감을 느낍니다. 이 막연한 두려움이 가끔 저를 집어삼켜 암흑 속에 가둡니다.

따님이랑 어머니 두 분이 아까부터 계속 우세요. 왜 울었는지 이제야 알겠어요. 어머니, 지금 사시는 건 어떠세요?〔남편이 사업에 실패해서 경제적으로 힘들어진 점이 있긴 해도, 세 식구 잘 살고 있어요. 저는 만족해요.〕 따님 사랑하세요?〔너무 사랑해요.〕 꼬마야, 엄마 사랑하니?〔네.〕 너는 아직도 눈물이 남았니? 지금 저녁 7시 30분부터 여섯 시간째 울고 있어요.(웃음) 심각해지지 맙시다. 우리 모든 삶의 심각함은 연극 같은 거예요. 슬퍼서 눈물을 흘리다 보면, 자기도 모르게 계속 눈물이 나고 더 슬퍼지는 경험, 한 번쯤은 다 해 보셨지요? 나중에는 왜 우는 줄도 모르고 자신이 울고 있다는 사실 때문에 더 울게 되는 경험 말이에요. 자기 눈물에 취해서 연기를 하지 마세요.

이럴 때 주변에 웃음을 줄 만한 애완동물이 있으면 참 좋은데 말이죠.(웃음)〔애완동물도 죽었어요.〕 헉! 죄송해요. 그래서 우리 꼬마가 죽음 이야기만 나오면 그렇게 계속 울었던 거구나. 애완동물 이름이 뭐니?〔고양이고 이름은 팡이예요.〕 팡이 기억나지? 너 팡이 죽어서 아팠지? 그 아픈 걸 감당하는 걸 사랑이라고 그런단다. 엄마 사랑하니?〔네.〕 사랑이 뭔지 아니? 네가 엄마를 사랑한다면 엄마보다 오래 살아야 돼. 엄마가 죽는 것까지 네가 다 봐야 돼. 할 수 있니? 네가 이 세상을 떠나면 엄마는 어떨까?〔아프시겠죠.〕 그러니까 네가 커서 엄마 돌아가시는 거 다 보고 교외에 묻어 드리고 꽃도 꽂아 드려야 돼. 네가 다 해야 돼. 할 수 있니? (음.) 엄마 사랑한다면서? 너 거짓말쟁이야? (아뇨.) 사랑하는 사람은 강해져야 돼. 힘든 일을 할 수 있어야 사랑하는 사람이잖아. 그렇지? 팡이를 생각해 봐. 그 죽은 고양이. 팡이는 나쁜 거야. 네가 죽은 다음에 죽었어야 했는데 너보다 먼저 죽었잖아. 그런데 네가 먼저 죽었으면 팡이가 아팠을 거야. 무슨 말인지 알지? 사랑하는 게 떠나면 아프잖아. 그래서 사랑하면 더 오래 살아야 하는 거야. 까먹지 마. 엄마 항상 사랑하지? (네.) 얼마만큼? (많이요.)

자살하는 것들은 나쁜 것들이에요. 자실을 선택했던 이분의 조카딸도 어린 거예요. 자기가 죽으면 다 끝나리라고 생각한다고요. 사랑을 모르는 겁니다. 이기주의자들이에요. 자기만 힘들대요. 심지어는 자기 주변의 사람들에게 더 큰 고통을 주죠. 그런데 사랑을 느꼈으면 아이가 죽지 않았을 거예요. '내가 없으니까 우리 엄마가 너무 힘들어 하는구나' 이렇게 느꼈어야 해요. '나 없으니 편안해 하네? 난 여행 가니까 편안하게 잘들 지내' 이런 느낌 말고요. 사랑을 주면 그 사람은 떠나지 않아요. 하루키의 《노르웨이의 숲》이라는 소설이 있죠? 저는 이 책이 아름다운 사랑 이야기로 무장한 고급 포르노라고 생각해요. 어쨌든 거기에 보면 열일곱 살에 자살하는 남자아이가 나와요. 그런데 이 죽은 아이에게는 여자 친구가 있었거든요. 이 새끼는 모른 거예요. 사랑하면 안 죽어요. 죽은 남자아이는 그 여자 친구를 사랑한 게 아니죠. 사랑이 그런 게 아니잖아요. 사랑하는 사람에게 부재의 고통을 남겨 주는 것이 어떻게 사랑일 수 있겠어요. 친구가 다 죽고 애인이 다 떠난 다음에 자살해야 돼요. 친구나 애인을 사랑했다면 말이죠. 그런데 이 남자아이는 그냥 제 풀에 죽어요. 이 남자아이는 자기만을 사랑했던 거예요. 한마디로 어린아이였던 셈이지요.

제 누이가 한 번은 저한테 전화를 해서 그래요. "신주야, 내가 살아야 될 이유를 좀 가르쳐 줄래?" 저는 한마디하고 전화 끊어요. "누나야, 사랑해."(웃음) 제가 왜 "사랑해"라고 말했겠어요? 살라는 거예요. 누이가 세상을 떠나면 그건 사랑하는 동생 가슴에 대못을 박는 일이라는 거예요. 그러니 힘들어하는 사람이 있다면 '죽지 마' 이런 말은 필요 없어요. 그냥 조용히 '사랑해' 한마디만 마음을 담아 던지면 돼요. 죽음을 진지하게 생각하는 모든 사람이 듣고 싶은 말은 딱 하나예요. 사랑한다는 말. 우리에겐 그게 필요하단 말이에요. 친구가 죽겠다고 할 때 '죽지 마. 무슨 문제야?' 이런 말 하지 마세요. 친구 손을 꽉 잡고 '사랑해' 그러면 못 죽어요. 죽음과 사랑이라는 건 항상 연동되어 움직여요. 저의 누이는 잘 살고 있어요.(웃음)

용서받고 싶은 타인의 죽음

[저는 사람을 죽였습니다. 벌써 6년째 형사 소송과 민사 소]

송이 진행 중이고, 대법원에 계류 중입니다. 6년 전 그날 의사였던 저는 한 아이의 마지막 호흡을 관장했습니다. 그 아이의 삶은 몰랐지만 아이 어머니의 절규에서 제 가슴까지 후벼 파이는 아픔을 느꼈습니다. 그날은 절명수가 있다고 수술을 말리던 아이 할아버지의 뜻을 어겼다는 이유로 아들을 죽인 것은 자신이라며 울부짖던 아이의 어머니는 그러면서도 저를 포함한 의료진에게 "너희들이 내 아들을 죽였다"라고 소리쳤습니다. 저와 그 어머니는 공범이 되어 그 아이를 죽였습니다. 법정 공방이야 어찌 되든 간에 그 아이의 어머니 앞에서 무릎을 꿇고 빌고 싶습니다. 그러나 그 행위가 저만을 위한 것일 뿐, 그 사람에게는 또 다른 상처가 되진 않을까 걱정입니다. 제가 정말 그렇게 할 용기가 있긴 한 걸까요? 길을 가다가도, 밥을 먹다가도 문득문득 그 아이의 죽음이 저에게 말을 겁니다.

그 아이 어머니에게 빌고 싶으세요? (제 욕심인 것 같기도 하고요.) 의사로서 아이의 죽음에 잘못하신 게 있어요? (의사로서는 잘못한 게 없습니다.) 그런데 왜 빌어요? (그 아이의 어머니가 아파하니까요.) 신이신가요? 그 죽음에 왜 오버를 하세요. 우린 신이 아니에요. 그렇다고 너무 쉽게 한 죽음에 대해서 퉁치고 사죄하고 넘어가면 안 돼요. 그 죽음을 의사로서 아프게 받아들이고 끌고 가셔야 돼요. 아이가 집에서 유리병을 깨서 어머니에게 혼난다고 해 보죠. 그럴 때 '잘못했어' 하고 용서받는 건 쉬운 일이에요. 그런데 유리병을 깬 건, 깬 거예요. 뭔가를 훼손시키고 돌아오지 못하게 한 건 맞아요. 그러니까 용서의 문제라기보다 더 아프게 받아들이는 쪽으로 가야 하는 문제인 것 같아요. 산 자들이 용서를 해서 될 문제는 아닌 것 같아요.

재판이 대법원에서까지 계속 진행되잖아요. 그런데 아마 승소하실 거예요. 최선을 다하셨으니까. 법정에서 최종심 판결이 나오잖아요. 그런 후에 그분들을 한번 만나세요. 그때 사과하셔도 돼요. 지금 중간에 그러는 건 아니에요. 그분들은 이게 자기 식으로 스트레스를 해소하는 방법이고, 한을 푸는 방법이거든요. 중간에 쉽게 '잘못했어요' 이러지 말자고요. 본인이 잘못했다는 이야기가 아니에요. 이렇게 재판을 진행하는 과정이 당혹스럽기도 할 거예요. 그렇지만 상대방이 풀릴 때까지 견뎌 주는 것도 해야 될 일이라는 생각이 들어요. 그분들은 한을 품어서 뭔가로 풀겠다는 사람들이에요. 그런 사람들의 기운을 빼시면 안 돼요. 끝까지 가 보자는 거잖아요. 지금 이 소송이 그 사람들한테는 아이를 떠나보내는 하나의 방식이란 말이에요. 그런데 중간에 갑자기 '제가 잘못했어요' 이러면 묘해져요. 타깃이 사라지는 거니까요.

그분들은 지금 누군가의 탓을 하고 싶은 거고, 마침 담당 의사를 고르신 거예요. 그게 참 못된 짓이긴 하지만 사람이 그렇게 될 때가 있어요. 그 아이의 부모, 특히 그 남은 어머니를 위해서 할 수 있는 방법은 끝까지 무언가 그분들이 할 수 있는 것처럼, 마치 의사한테 복수하는 것처럼 내버려 두는 겁니다. 그 힘든 과정을 감당하세요. 더 비범하시다면 죽을 때까지 욕 듣는 걸 선택하실 수도 있어요. 그 어머니한테 '당신을 만나서 내 아이가 죽었어'라고 계속 욕을 듣는 거죠. 그 어머니에게는 아이를 애도하는 하나의 방식이거든요. 그걸 선택하셔도 돼요. 더 아픈 사람이 덜 아픈 사람을 보듬어 줄 수 있는 거예요. 더 강해지세요. 항상 죽음을 떠안아야 할 의사잖아요.

죽음을 선택하지 않을 수 있는 방법

저는 살아야 할 이유를 부여잡고 살고 있는 것 같습니다. 딱히 죽고 싶다는 마음이 있는 건 아니지만 죽을 이유와 살 이유 사이에서 저는 끊임없이 제가 살아야 할 이유를 선택해 집중하면서 살아요. 그래서인지 제가 선택한 일을 할 때엔 미친 사람처럼 집중을 합니다. 그래서 살아 있고자 할 때에는 강하게 살아 있지만, 어느 순간 살고자 하는 노력을 잠시라도 게을리 하면 어둠의 느낌이 다가옵니다. 텔레비전을 보고 있을 때도, 일을 하고 있을 때도 느닷없이 어둠을 확인합니다. 《의자놀이》를 읽고는 1주일간 집 밖으로 나가지 않았고, 제가 과외를 해 주는 아끼는 제자가 가장 친한 친구가 중간고사를 망치기를 진심으로 바라는 걸 보면서 마음이 너무 힘들어 10여 년간 했던 과외 교사직도 정리했고요. 심지어 얼마 전 미군이 '아이언맨 슈트'를 제작해 실전에 투입한다는 뉴스를 접하고는 꺼이꺼이 울기도 했습니다.

삶의 가치와 죽음의 가치가 조용하고 차분하게 제 양옆에 앉아 있다는 느낌입니다. 물론 저는 아프고 슬프지만 삶의 손을 잡으려 합니다. 좋아하는 음악이 고맙고, 친구가 고맙고, 술이 고맙고, 키우는 강아지가 고맙습니다. 하지만 어느 순간 어둠이 다가올 때, 죽음의 고요함이 더 매력적일 때, 지독히 혼자임을 느끼고 있을 때 덜 아플 수 있거나 그 고통을 즐길 수 있는 방법이 있을까요? 도와주세요.

제가 상담할 수 없는 비범한 정신을 가지신 분이에요. 보통 사람들은 그냥 맹목적으로 살아 있으니 살아가는데, 이분은 살려는 이유를 잡으려고 하잖아요. 사실 죽음은 금기시되어 있지만 지독한 고통을 감내하기보다는 죽음을 선택하는 것이 더 편해요. 죽으면 고통은 사라지니까. 삶이 힘들고 죽음은 편하다는 진실을 얼핏 보는 사람들이 있어요. 이분도 그런 거죠. 그래서 살려는 이유를 잡으려고 하는 거예요. 아니면 쉽고 편한 길, 즉 죽음을 선택할 것 같으니까요. 삶은 고통이고 죽음은 평화라고 할 수 있지요. 그럼에도 불구하고 우리는 왜 죽음을 선택하지 않을까요? 그건 살아 있는 것이 힘들지만 그래도 우리는 무엇인가를 사랑하고 있기 때문이에요. 사랑하는 건 애인이어도 되고, 애완동물이어도 되고, 노을이어도 되고, 아니면 슈베르트의 음악이어도 돼요. 그걸 보고, 듣고, 만지고 싶은 거죠. 죽으면 그 모든 게 소용이 없으니까.

이분은 기본적으로 삶의 이유가 사랑이라는 것을 아는 분이에요. 그런데 불행히도 이분 주변에는 사랑할 만한 가치가 없는 것들이 점점 늘어 가요. 그러니까 이분은 점점 두려운 거예요. 사랑할 것이 없다면, 그래서 돌볼 것이 없다면 우리가 존재할 이유도 그만큼 약해진다는 거니까요. 이럴 때 제가 권해 드리고 싶은 방법은 스스로 무언가를 만들라는 것, 그러니까 창작자 혹은 창조자가 되라는 겁니다. 그것이 완성될 때까지 우리는 죽지 않을 테니까요. 작가가 왜 글을 쓰는 것 같아요? 1966년 〈말리서사〉라는 글에서 김수영은 말했던 적이 있어요. "아직도 나는 시를 통한 구원을 받지 못하고 있는 것처럼 죽음에 대한 구원을 받지 못하고 있다." 이제 죽어도 좋을 정도로 만족스런 시를 쓰는 순간, 김수영은 더 이상 죽음을 무서워하지 않으리라는 거죠. 이건 반대로 말해 아직도 만족스런 시를 완성하지 못했기에, 죽음이 아니라 삶을 갈망한다는 말이기도 하죠.

어느 경우든 김수영은 죽음으로부터 자유를 얻은 것이죠. 완성된 시가 나오지 않았을 때는, 반드시 살아서 완성된 시를 써야 한다는 생각을 갖게 될 겁니다. 또 완성된 시가 나오면, 이제 죽는 것이 두렵지 않은 상태에 이른 거니까요. '위대한 음악을 작곡하겠어', '앞으로 그 누구도 흉내 낼 수 없는 사랑을 하겠어', '난 아이를 낳아야겠어'. 이렇게 무언가를 이루려고 할 때, 우리는 살아갈 이유를 찾게 돼요. 제가 명동예술극장에서 강연을 했던 적이 있는데요. 거기에 할머니랑 손녀가 온 거예요. 그런데 알고 보니 어머니랑 딸이래요. 그분은 굉장히 늦게 결혼을 하셨고, 굉장히 늦게 목숨을 걸고 아이를 낳겠다는 결단을 하셨던 거예요. 얼굴이 너무나 편안해 보였어요. 도대체 비결이 뭐냐고 물었더니 이 아이를 낳고 싶었대요. 이 아이를 통해서 구원받는다는 생각으로 아이를 낳은 거예요. 그래서 손녀 같은 딸이랑 손잡고 극장에 오셨던 거죠. 어쨌든 그분은 이제 죽음을 두려워하지 않게 된 거예요.

〔저도 글을 쓰고 싶어요. 그런데 글을 쓰다 보면 자기 파괴적인 것 같아서 별로 건강하지 않은 것 같다는 생각이 들어요.〕 잘못 생각하시는 거예요. 지금 일기와 같은 글, 아무에게도 보이지 않으려는 글을 생각하시는 것 같아요. 그렇지만 모든 글은 궁극적으로 타인이 읽으라고 쓰는 거예요. 그러니까 글을 쓴다는 것은 일종의 구애 행위라고 할 수 있지요. 김수영이 완성된 시를 쓰려고 했을 때, 그는 혼자만 몰래 보고 불에 태우려는 시를 쓰려고 한 건 아니에요. 타인에게 자신의 삶을 있는 그대로 전해 주려는 목적이었으니까요. 그러니 자신만 읽으려고 글을

쓰지는 마세요. 한참 쓰다가 '내가 이걸 왜 쓰지?' 이런 회의에 쉽게 빠지니까요.

정말로 훌륭한 작가는 어린 시절에 일기를 쓸 때도 온 가족을 배려해요. 어머니가 읽어도 감동할 수 있는 일기를 써요. 물론 그 안에 자기의 고뇌는 고스란히 녹아 있죠. 시인 파울 첼란 Paul Celan의 말처럼 모든 글은 유리병 편지 같은 거예요. 누군가 한테 그걸 던지는 마음, 이것이 바로 사랑의 마음 아닌가요? 나의 글을 썼으니 나도 사랑한 거고, 그걸 타인에게 보여 주니 타인도 사랑하는 거니까요. 그렇지만 정말 중요한 것은 무언가 더 완전한 글을 쓰려고 노력하는 태도일 겁니다. 이런 태도 때문에 우리는 삶을 갈구할 수 있으니까요. 앞에도 말했지만 완전한 글을 쓴다고 해서 우리가 살아야 할 이유가 사라지는 것은 아니죠. 이제 완전한 글을 썼으니 죽음의 공포도 없고요. 그렇게 완전한 글이 내 곁에 있는데, 어떻게 우리가 자신의 목숨을 끊겠어요. 생명의 위험을 무릅쓰고 아이를 낳은 그 어머니가 이제 아이를 낳았다고 죽는 일은 없잖아요. 오히려 그 아이를 낳았다는 희열에, 그리고 그 아이가 자라는 것을 본다는 즐거움에, 그 어머니는 아주 행복하게 삶을 살아 낼 테니까요.

이제 정말 마무리가 할 때가 되었네요. 〈다상담〉 전체의 마무리이자, 종교와 죽음이라는 테마와 관련된 상담의 마무리이기도 합니다. 전체의 마무리로 역시 종교와 죽음이 좋을 것 같다는 막연한 느낌이 들어 상담을 시작했지만, 너무나 힘든 고민들이 많아 저로서도 감당하기 힘든 시간이었어요. 저도 여러분처럼 너무나 인간적인 한 명의 사람에 불과하니까요. 마지막이라는 생각 때문인지, 어느새 새벽이 다가올 정도로 집요하게 여러분과 함께 있으려고 했네요. 여러분을 떠나는 것이 저로서도 무척 아쉬웠나 봐요. 그렇지만 죽음에 대한 공포, 그리고 종교의 유혹에서 벗어나는 방법이 명료해진 것 같아 무척 다행입니다. 그건 사랑입니다. 사랑의 상실, 혹은 결여 때문에 우리는 죽음을 생각하고 종교에 빠집니다. 그래서 죽음을 두려워하지 않기 위해, 그리고 종교라는 환각에서 벗어나기 위해, 우리는 결국 어떤 식으로든지 무언가를 사랑해야만 한다는 겁니다. 그래서 이렇게 결론을 내릴 수도 있을 것 같네요. 삶은 사랑이고, 사랑이 바로 삶이라고 말입니다.

마지막으로 한마디만 더 할게요. 사실 〈다상담〉을 그만두게 된 결정적인 이유 중에 하나가 제가 교주화되고 있다는 느낌이 들어서였어요. 여러분이 저를 교주로 만들지 않으셨다면 저는 여기서 아마 상담을 계속했을 거예요. 이건 중요한 거예요. 인문학자는 넘어져 있는 사람을 일으켜 세우지 않아요. 인문학자는 목사나 중이랑은 달라요. 종교는 다가와서 여러분을 일으켜 세우죠. 그러다가 자기에게 기대라고 할 거예요. 그렇게 기대서 한번 서 보면 세상이 좋아 보여요. 그런데 그렇게 기대다 보면 종교가 없을 때, 그 목사나 중이 없으면 여러분은 혼자 설 수 없게 돼요. 이럴 때 종교는 말하겠죠. '자, 돈을 좀 주시죠. 그러면 제게 계속 기댈 수 있어요.' 우리는 이걸 헌금이라고 부르거든요. 인문학자는 넘어져 있는 사람을 일으켜 세우지 않아요. 인문학자는 일어나려는 사람만 도와줘요. 일어나려는 사람은 조금만 도와주면 스스로 서거든요. 언제까지고 그 사람을 도와줄 순 없죠. 철학자나 인문학자도 사생활은 있거든요.(웃음)

저는 여러분과 같은 평범한 사람이죠. 그러니 결혼도 하고 연애도 하는 거예요. 종교인들이 왜 결혼을 안 하는지 아세요? 계속 사람들을 넘어지지 않게 받쳐 줘야 된다는 역할을 자임하고 있기 때문이에요. 종교는 그런 거예요. 그런데 여러분이 저를 종교의 방식으로 소비한다는 느낌이 많이 들어요. 그냥 저한테 자꾸 기대려고 하면 안 되잖아요. 여러분들이 스스로 서라고 지금까지 상담한 거거든요. 그런데 여러분이 기대니까 제가 어떻게 해야 돼요? 피할 수밖에요. 누군가에 의존해서 서 있느니, 차라리 땅바닥에 넘어져 있는 게 나아요. 그래야 스스로 일어나려는 발버둥이라도 칠 테니까요. 언제고 여러분이 스스로 서 있으려고 한다면, 저는 여러분 곁에 다시 돌아올 거예요. 여러분이 저한테 기대면 저는 빠져나가요. 그걸 아셔야 돼요. 〈다상담〉을 그만두게 한 건 다 여러분들이에요. <u>스스로 서세요. 스스로!</u>

죽음마저 무력화시키는 사랑의 힘

슈베르트의 현악 4중주 〈죽음과 소녀〉를 들으며

사랑의 폭,
죽음과의 거리

높은 건물 옥상에 올라가 보세요. 신발을 곱게 벗어 놓고 아찔한 난간에 서 보세요. 삶과 죽음이 서로 맞붙어 격렬한 섬광이 발생하는 순간이 펼쳐집니다. 삶은 죽음이 아니어서 삶이고, 죽음은 삶이 아니어서 죽음입니다. 그러니까 삶은 죽음과 가급적 가장 멀리 있을 때 삶일 수 있는 법이고, 죽음도 삶과 가장 멀리 있을 때 죽음일 수 있는 법이지요. 그런데 지금 이곳 옥상 난간에 서 있는 순간, 삶과 죽음은 너무나 가까이 붙어서 어느 것이 삶이고 어느 것이 죽음인지 경계마저 애매해집니다. 삶이 죽음으로 나아가고, 죽음은 기꺼이 삶을 포옹하려고 합니다. 삶과 죽음 사이를 차단하는, 그래서 둘 사이에 거리를 만들 수 있는 무언가가 필요합니다. 그렇지만 지금 그것이 사라지고 없습니다. 그러니 삶과 죽음이 서로 엉키고 있는 아찔한 난간에 지금 서 있는 것 아닌가요?

삶과 죽음을 가로막을 수 있는 차단막은 무엇일까요? 그건 사랑입니다. 자신을 사랑하는 것이 있어도 좋고, 아니면 자신이 무척 사랑하는 것이 있어도 좋습니다. 어쨌든 삶과 죽음이 마주치는 옥상 난간에서는 삶과 죽음의 춤사위를 갈라놓을 무언가가 필요합니다. 이곳에서 사랑하는 것, 혹은 사랑해 주는 것이 있다고 생각하는 것은 아무런 도움이 안 됩니다. 사실 옥상 난

간에 서 있는 이유는 우리가 지금까지 사랑이라고 생각했던 것이 사실 사랑이 아니었다는 자각 때문이지요. 사랑의 제스처가 아니라 진정한 사랑만이 우리를 옥상 난간 위에 서지 않도록 만들 수 있습니다. 이 아찔한 곳에서 죽음과 춤을 추며, 아무리 무언가를 사랑했다고 혹은 무언가의 사랑을 받았다고 떠들어도 이건 헛소리에 지나지 않을 뿐이니까요.

죽음에 직면한 인간의 당당함

사랑은 삶과 죽음 사이에 끼어들어, 우리의 삶을 죽음과 멀리 떨어지도록 만듭니다. 사랑의 폭만큼 우리는 죽음과 멀어지게 될 겁니다. 아주 빠른 속도로 사랑이라는 두툼한 차단막을 가로질러 죽음에 안기는 것, 이것만큼 우리가 바라는 것이 또 있겠습니까. 이건 마치 사랑하는 것에 안기듯이 죽음에 안기는 셈이니까요. 반대로 우리가 가장 피하려는 것은 사랑이 없어지는 것을 아주 느리게 목격하고 죽음과 직면하는 겁니다. 이럴 때 우리는 옥상 난간 위에 서 있는 자신을 발견하게 될 겁니다. 아니면 죽음이 자신을 가로막는 사랑을 난폭하게 옆으로 밀어붙이고 우리 앞에 서 있는 경우도 있습니다. 불치병이어도 좋고, 아니면 치명적인 사고여도 좋습니다.

진정한 위기는 바로 이때 오죠. 어느 경우든 사랑의 차단막이 제거되어 죽음에 직면해도 삶은 자신의 힘만으로 스스로를 지키려고 할 겁니다. 그렇지만 이건 철봉에 매달리기를 하는 것처럼 덧없는 일 아닌가요? 처음에는 버틸 수 있지만, 어느 사이엔가 우리는 죽음에 떨어질 테니까 말입니다. 클라우디우스Matthias Claudius라는 시인이 〈죽음과 소녀〉라는 시에서 이야기하고자 했던 것도 바로 이것입니다. 먼저 사랑이라는 차단막이 없어진 소녀가 다가오는 죽음을 보며 공포에 사로잡혀 소리를 지르기 시작하면서 시는 시작됩니다.

지나가다오. 아! 나를 지나가다오.
가버려, 거친 죽음이여.
나는 너무나 젊어. 제발, 가 버려.
내게 손도 대지 마.
내게 손도 대지 마.

이제 사랑이라는 차단막도 사라지고 없습니다. 그러니 이제 죽음은 아무런 보호도 받을 수 없는 소녀의 여린 몸에 마음껏 손을 댈 수 있게 된 겁니다. 아무리 절규를 한들 무슨 소용이 있나요. 그러나 죽음은 서글프게 그리고 감미롭게 속삭입니다. 모든 사랑이, 그리고 삶이 항상 거부하려고 하는 자신의 신세가 처량하고 외로웠던 것일까요? 죽음은 사랑받고 싶었던 겁니다. 죽음은 자신과 소녀 사이에 있던 차단막, 즉 사랑보다 자신이 더 부드럽다고 절대로 난폭하지 않다고 속삭이고 있으니까요. 죽음마저도 소녀를 통해 사랑이라는 감정을 맛보려고 했나 봅니다. 이것이 비극일 줄은 모른 채.

내게 너의 손을 다오, 아름답고 상냥한 그대여.
나는 친구야, 너를 해치려고 온 게 아니야.
기운을 내라. 나는 난폭하지 않아.
아주 감미롭게 내 품에서 잠자렴.

죽음의 유혹은 성공할까요? 소녀는 죽음의 품에 안길 수 있을까요? 분명 죽음의 말은 옳습니다. 죽음은 소녀를 모든 고통에서 해방시켜 줄 테니까요. 살아서 겪을 수 있는 모든 고통도 죽음의 품에서는 덧없는 것이겠지요. 그것은 편안함이자 안식일 테니까요. 죽음의 품에 안기는 순간 배고픔도 없고, 실연도 없고, 심지어 고통마저도 사라지게 될 겁니다. 기꺼이 죽음을 사랑해서 그의 품에 안기는 순간, 소녀는 겉으로는 죽는 것처럼 보일 겁니다. 그렇지만 죽음은 자신의 실패를 한탄하게 될 겁니다. 마침내 비극은 찾아온 겁니다. 소녀가 죽음을 사랑하는 순간, 죽음이 가장 싫어하는 사랑이라는 차단막을 보게 될 테니까요. 바로 이 점이 중요합니다. 소녀가 죽음을 사랑해 껴안는 순간, 죽음과 소녀 사이에 다시 사랑이라는 차단막이 생기게 됩니다. 그래서 죽음은 끝내 좌절할 수밖에 없게 되지요.

바로 이것입니다. 마지막에 인간이 항상 죽음에 승리하는 이유는 바로 이것입니다. 기꺼이 죽음마저 사랑할 수 있는 힘이 인간에게 있는 한, 인간은 마지막 미소를 던질 수 있을 겁니다. 그래서일까요? 기꺼이 죽음과 싸우다 죽어 간 모든 사람들의 얼굴에는 최종적으로 희미한 미소가 남아 있는 법입니다. 애인도, 가족도, 친구도 죽음과 자기 사이의 차단막이 되어 줄 수 없을 때가 있지요. 죽음과 직면하고 있는 삶이 시작되는 겁니다. 하지만 인간은 어느 순간 죽음마저도 사랑해 버릴 수 있습니다. 이럴 때 죽음이 가져다 주는 압도적인 공포감은 씻은 듯이 사라지게 됩니다. 사랑하는 대상에게는 공포감을 느낄 수 없는 법이니까요. 아니, 오히려 우리는 겁먹은 죽음의 몰골을 볼 겁니다. 바로 이것이 죽음으로서는 예상하지 못한 인간의 위대함이지요. 그래서 죽음은 결코 인간을 이길 수는 없습니다. 죽음이 인간을 자신의 품에 안는 것이 아니라, 인간이 죽음을 자신의 품에 꼭 안기 때문이지요. 죽음을 정복하고 죽은 인간의 당당함! 그것이 바로 인간의 죽음입니다.

슈베르트의
〈죽음과 소녀〉를 들으며

1817년 슈베르트 Franz Peter Schubert가 스무 살 때 클라우디우스의 〈죽음과 소녀〉를 토대로 가곡을 씁니다. 소녀의 공포와 죽음의 유혹만을 다룬 가곡이지요. 1823년 사창가를 기웃거리다 매독에 걸린 슈베르트는 병원 신세를 지게 됩니다. 정말 죽음 앞에 서 있는 아찔한 경험, 조금씩 자신의 살을 파고드는 죽음의 공포를 슈베르트는 제대로 맛본 셈이지요. 다행스럽게도 슈베르트는 죽음보다 자신이 더 위대하다는 사실을 자각하게 됩니다. 막연히 죽음을 하나의 공포로 믿고 있던 우리에게 슈베르트는 그 사실을 알려 주려고 합니다. 1824년에 그가 발표한 현악 4중주곡 제14번 〈죽음과 소녀〉는 그래서 탄생한 것 아닐까요? 죽음마저 기꺼이 사랑해서 껴안아 버린 그의 내면이 스케르초의 격렬하고 해학적인 화음으로 우리에게 전달됩니다.

현악 4중주곡 〈죽음과 소녀〉의 1악장과 2악장은 죽음의 압도적인 힘에 떨고 있는 소녀의 공포와 불안감이 그대로 전해집지다. 특히 2악장에서는 가곡 〈죽음과 소녀〉의 멜로디를 변주하면서, 압도적인 죽음과 그것에 직면한 가녀린 소녀 사이의 팽팽한 긴장감이 서럽게 울려 퍼지고 있습니다. 여기까지는 슈베르트를 듣는 데 별다른 문제가 없습니다. 죽음을 선고받은 사람들이면 처음에 느낄 수 있는 자연스런 감정이니까요. 그러나 3악장에서부터 전개되는 스케르초 선율부터는 반전이 일어납니다. 소녀가 죽음을 사랑하기 시작하니까요. 이제 소녀에게 자신의 유일한 애인은 죽음이 되어 버린 겁니다. 죽음으로서는 경천동지할 일 아닌가요? 도망치던 소녀가 이제 자신을 포옹하려고 달려듭니다. 격렬한 프레스토로 이어지는 4악장에서는 소녀의 포옹을 거부하려고 도망치는 죽음이 우습기까지 합니다. 그렇지만 소녀의 집요한 사랑을 어떻게 죽음이 뿌리칠 수 있단 말인가요. 소녀가 죽음마저 가슴에 품고 죽는 찬란한 순간은 이렇게 찾아오지요.

에필로그

이젠 안녕

> 이제 나는 명령한다
> 차라투스트라를 버리고
> 그대들 자신을
> 발견할 것을
>
> — 니체의 묘지명

1.

2013년 10월 31일 목요일에 저는 울 뻔 했습니다. 정말 두고두고 창피한 일이 벌어질 수도 있는 순간이었습니다. 그날은 마지막 〈다상담〉이 열리는 날이라 마음이 무척 무거웠는데, 설상가상으로 그날 다루려고 했던 것이 '종교와 죽음'이라는 테마였기에 더 무거운 마음이 들 수밖에 없었습니다. 지금까지 제가 받아 온 관심과 애정에 대한 고마움을 표현하는 마지막 자리라서 더 큰 부담감이 엄습했습니다. 그러나 제가 할 수 있는 감사의 표시가 뭐 별게 있겠습니까. 과거보다 더 진지하게 여러분의 고민에 함께 울고 웃는 것밖에요. 그러니 아마도 새벽 해가 뜰 때까지 상담은 진행될 겁니다. 종교와 죽음과 관련된 고민의 내용도 너무나 아프고 지독했고, 그날이 마지막 날이라서 그런지 테마와는 상관없는 고민도 많이 접수되었으니까요. 그러니 아마 〈다상담〉 역사상 최장의 상담 시간을 기록할 겁니다. 그래서 든든히 마음을 다지고 '벙커1'에 들어섰습니다.

제 위기의 순간은 '종교와 죽음'과 관련된 기조 강연을 한 뒤에 찾아왔습니다. 보통 그날 테마와 관련된 기조 강연을 먼저 합니다. 한 사람 한 사람의 고민을 디테일하게 파고들다 보면, 해당 테마를 전체적으로 어떻게 생각해야 하는지 총론을 간과하기 쉽기 때문이지요. 바꾸어 말한다면, 기조 강연은 제가 해당 테마를 어떻게 이해하고 있는지 먼저 보여 주는 자리라고 할 수도 있을 겁니다. 그날도 그랬습니다. '종교와 죽음'과 관련된 기조 강연을 마친 뒤, 저는 대기실에 들어가 뜨거워진 목을 차가운 냉커피로 식혔습니다. 10여 분을 쉰 뒤, 저는 대기실을 떠나 다시 단상으로 올라갔습니다. 바로 그 순간 조명이 꺼지고 제 뒤에 영상이 비치더군요. 완전히 무방비 상태였습니다. '벙커1' 식구들과 여러분들이 제게 만든 선물이었습니다. 지금까지 고마웠다는 마음을 영상 편지로 담아 보내 주었던 겁니다. 갑자기 어두운 실내에서 참가했던 여러분들이 스마트폰의 불빛을 흔들며 노래를 부르는 겁니다. 015B의 노래 〈이젠 안녕〉이었지요.

정말 울 뻔했습니다. 아무런 준비 없이 글자 그대로 무방비 상태로, 철학자로서 마지막 의무를 다하려는 마음만 먹고 단상에 올라갔습니다. 그리고 한 사람 한 사람의 너무나 무거운 고민을 힘닿는 대로 제가 들어 주려고, 이제 본격적으로 상담을 진행하려고 했던 순간이었습니다. 그런데 저의 무거움과 비장함을 여러분이 위로해 주는 겁니다. 의자에 앉아 있는 순간, 저의 뇌리에는 1년이 넘도록 진행되었던 슬픔과 기쁨, 절망과 희망, 고뇌와 눈물로 점철되었던 일들이 주마등처럼 스치고 지나갔습니다. 상담에 집중하느라 혼미해진 정신을 다잡으려고 대기실에서 연신 커피를 마셨던 일, 상담이 다 끝난 새벽에 혼자서 터벅터벅 집으로 돌아가던 일 등등. 그런데 여러분들이 그걸 모두 알아주었던 겁니다. 아! 혼자가 아니었구나. 여러분들이 제게 기댔던 것이 아니라, 제가 여러분에게 기댔다는 걸 확인한 순간이기도 했습니다. 어쩌면 아마 제 인생에서 다시 올 수 없는 가장 행복한 순간이었을 겁니다. 항상 외롭다고 생각했던 어떤 철학자가 가장 외롭지 않은, 가장 행복한 사람이었다는 것을 느꼈으니까요.

2.

정말 울 뻔 했습니다. 엉엉 울면서 쏟아지는 눈물을 닦을 것 같았습니다. 바로 그 순간 다행스럽게도 김어준이 단상으로 난입했죠. 정말 고마운 순간이었습니다. 김어준이 죽음과 관련된 자신의 황당한 입장을 밝히는 동안, 저는 감정을 추스를 기회를 얻었던 겁니다. '어준 씨! 고맙습니다.' 김어준이 강단을 점거

하는 동안, 저는 철학자의 역할을 생각했습니다. 철학자란 끝내 당당해야 한다는, 산처럼 일체 감정의 동요 없이 여러분 곁에 있어야 하는 의무를 다시 생각했습니다. 꽃이 폈다고 즐거워하거나 멧돼지가 똥을 쌌다고 화를 내지 않아야 합니다. 산불이 났다고 호들갑을 떨지도 않아야 하고 산사태가 났다고 놀라지도 않아야 합니다. 그래야 꽃도 피고, 새도 모여들고, 들짐승도 깃들 수 있으니까요. 움직이면 산이 아니니까요. 물론 제가 산처럼 강고한 사람은 아닙니다. 그렇지만 제가 감정에 휩쓸리면, 어느 누가 제게 기댈 수 있다는 말입니까. 한 사람 한 사람의 고민을 품으려면, 저는 산처럼 있어야 합니다. 산이 아니더라도, 산의 시늉이라도 해야 합니다. 김어준이 이야기하는 동안, 저는 다시 여유로운 산처럼 제 감정을 다잡을 수 있었습니다.

마지막 〈다상담〉 내내 저는 여러분에게 마지막 독설을 던졌습니다. 제가 〈다상담〉을 마무리하는 이유는 바로 여러분 때문이라고 나무랐습니다. 여러분들이 제게 너무 기대거나 혹은 저를 소비하고 있다는 느낌이 든다는 말을 덧붙이면서 말입니다. 사실 그건 일정 정도 정확한 진단이라고 할 수 있습니다. 이제 제가 아무리 여러분의 감정을 건드리려고 해도, 여러분들은 이제 그냥 그걸 제 스타일로 받아들이고 있었습니다. 심지어 욕을 먹으면 기뻐하기까지 했으니까요. 그렇지만 제가 여러분을 자극했던 것은 여러분의 자긍심과 자존심을 일깨우고 싶었기 때문입니다. 그래야 여러분도 당당하게 자신을 고민하고 표현할 수 있을 테니까요. '네가 뭔데 그래? 네가 나를 알아? 나의 고민을 아냐고?' 뭐 이러면서 저에게 저항하는 모습을 저는 보고 싶었던 겁니다. 저는 제가 망가져도 된다고 생각했습니다. 욕을 먹어도 된다고 생각했습니다. 여러분이 다시 스스로 당당한 삶의 주인이 되려고 노력한다면 말입니다. 그런데 불행히도 어느 순간 〈다상담〉이 일종의 관광 명소처럼 되어 가고 있다는 느낌이 들었습니다.

저는 여러분의 사랑을 먹고사는 연예인이 아닙니다. 저는 여러분을 불편하고 불쾌하게 만들어서 스스로 생각하도록 만들어야 하는 철학자이기 때문입니다. 이성복 시인도 말하지 않던가요. "일상적 삶은 '느낌'에서 '사실'로, '위험'에서 '안전'으로의 끊임없는 이행이다. 예술이 진정한 삶을 복원하기 위한 시도라면, 예술은 일상적인 삶과는 반대방향으로 진행할 것이다. 즉 사실에서 느낌으로, 안전에서 위험으로." 안전하다고 생각하는 삶을 위험하게 만드는 철학자이니, 제가 욕을 먹고 제가 비난을 받아야죠. 1년 넘게 〈다상담〉을 진행했던 저의 마음은 그랬습니다. '내가 더 힘들자', '내가 더 욕을 먹자', '내가 더 망가지자'. 내가 더 힘들수록 여러분은 편해질 거고, 내가 더 욕을 먹을수록 여러분은 당당해질 거고, 내가 더 망가질수록 여러분은 완전해질 거라고 믿었습니다. 그런데 자꾸 거꾸로 되어 가고 있었습니다. 여러분보다 제가 더 편해지고, 제가 더 당당해지고, 제가 더 완전해지고 있었으니까요. 〈다상담〉을 멈출 때가 되었다고 생각한 것은 그래서입니다. 이제 좋은 효과보다는 좋지 않은 효과가 생기기 시작했으니까요. 그래서 가장 아름다울 때 마무리를 하고 싶었던 겁니다.

3.

오늘 늦은 밤, 〈다상담〉 마지막 권의 에필로그를 쓰면서, 저는 여러분에게 사과하고 싶습니다. 제가 여러분들에게 가혹하게 굴었던 것은 여러분들을 깨우고 싶었기 때문입니다. 아무리 제 동기가 순수했다고 해도, 저의 언행에 마음 깊은 곳에 지울 수 없는 상처가 생긴 분도 있을 겁니다. 혹은 저를 만난 뒤 삶이 더 복잡해지신 분도 있으실 겁니다. 머리 숙여 사죄합니다. 그냥 '네가 뭔데 나한테 이런 상처를 줘. 너도 잘 살지 못했잖아' 이렇게 야단치면서 저를 욕하세요. 저는 기꺼이 그 욕을 감당하며 살 생각입니다. 그리고 여러분에게 깊은 감사를 표시하고 싶습니다. 지금 저는 알고 있습니다. 제가 여러분을 더 사랑한 줄 알았는데, 사실 여러분들이 저를 더 사랑했던 것 같습니다. 넌지시 건네준 영양제와 건강 음료, 제가 좋아하는 담배, 그리고 땀을 비 오듯 흘리는 날에 제게 건네주었던 손수건, 목이 마를 때 제게 주었던 시원한 커피. 고맙습니다. 그 하나하나가 제게는 무엇과도 바꿀 수 없는 따뜻한 응원이었고, 철학자로서 아무나 누릴 수 없는 행복이었습니다.

끝으로 여러분과 저를 편하게 만나도록 주선했던 '벙커1' 식구들의 면면이 떠오릅니다. 먼저 '벙커1'의 늘씬한 안주인 배상명이 떠오릅니다. 이 예쁜 아가씨는 여러분들의 고민을 취합하고 검열해(?) 제게 여러분의 고민을 전달해 주던 메신저였습니다. 〈다상담〉이 열리는 날 커피 한 잔을 들고 저를 맞이했던 것도 바로 그녀입니다. 처음부터 〈다상담〉을 함께 하다가 김어준의 '혹사'로 지금은 '벙커1'을 떠나 요양 중인 남수영 아가씨도 기억하고 싶네요. 그리고 팟캐스트와 동영상을 편집했던 멋진 아가씨 김수기도 빼놓을 수가 없지요. 그녀는 마지막 〈다상담〉을 편집하느라 가슴이 먹먹했다는 이야기를 제게 부끄러운 듯이 건네기도 했습니다. 〈다상담〉 예고편을 멋지게 만들어 준 나호영이란 총각도 빠지면 서운할 것 같네요. 그리고 묵묵하게 자기 일을 하면서 동시에 저를 항상 밝게 해 주었던 박주성과 이도성의 얼굴도 떠오릅니다. 물론 이영상도 빼놓을 수 없지요. 그리고 마지막을 함께 하지 못하는 비정규직의 설움(?)을 겪은 정민희도 떠오르네요. 강연과 상담 때문에 속 깊은 이야기를 하지 못했지만, 항상 〈다상담〉에 참석하신 분들의 마른 목과 주린 배를 채워 주었던 1층 카페 식구들의 이름도 불러 보고 싶습니다. 카페 두목 혜원, 그리고 두목 밑에서 꿋꿋하게 우리를 위해 노고를 아끼지 않았던 분들도 있습니다. 범진, 성현, 현화, 민아, 예경, 혜지, 성은, 은주, 경희 등등. 아주 천천히 고마운 마음을 담아 젊고 아름다운 이분들의 이름과 얼굴을 더듬어 봅니다.

참, 마지막으로 한 가지 고백해야 할 것이 있습니다. 이 글을 쓰면서 015B의 〈이젠 안녕〉을 들으며 10월 31일, 김어준 때문에 흘리지 않았던 눈물을 마음껏 흘려 보았습니다.

"우리 처음 만났던 어색했던 그 표정 속에 서로 말 놓기가 어려워 망설였지만, 음악 속에 묻혀 지내 온 수많은 나날들이 이젠 돌아갈 수 없는 아쉬움 됐네. 이제는 우리가 서로 떠나가야 할 시간, 아쉬움을 남긴 채 돌아서지만 시간은 우리를 다시 만나게 해 주겠지. 우리 그때까지 아쉽지만 기다려 봐요. 어느 차가웁던 겨울날 작은 방에 모여 부르던 그 노랜 이젠 기억 속에 묻혀진 작은 노래 됐지만, 우리들 맘엔 영원히. 안녕은 영원한 헤어짐은 아니겠지요. 다시 만나기 위한 약속일 거야. 함께 했던 시간은 이젠 추억으로 남기고 서로 가야할 길 찾아서 떠나야 해요."

제가 지금까지 썼던 모든 책들의 에필로그 중 이번 에필로그는 가장 부끄러운 에필로그가 될 것 같습니다. 그러나 제가 더 나이가 들어 할아버지가 되는 순간, 2012년과 2013년에 제가 얼마나 행복했는지 기억하기 위해 이렇게 기록하고 있는 겁니다. 이제 〈다상담〉을 타임캡슐에 넣어 땅에 묻을 때가 된 것 같습니다. "안녕은 영원한 헤어짐은 아니겠지요. 다시 만나기 위한 약속일거야." 안녕, 〈다상담〉!